KB170409

" 협동조합에 관심이 있는 자,
협동조합에 참여하는 자,
협동조합의 활동을 지원하고 돕는 자
이 모두를 가리켜 외국에서는
'코퍼레이터(Cooperators, 협동조합인)'라고 부릅니다.

한국 경제와 사회의 혁신을 이끌어 나갈
한국의 코퍼레이터 여러분들과
사랑하는 부모님께 이 책을 드립니다. "

협동조합, 참 쉽다

이 도서의 국립중앙도서관 출판시도서목록(CIP)은 e-CIP홈페이지(http://www.nl.go.kr/ecip)와
국가자료공동목록시스템(http://www.nl.go.kr/kolisnet)에서 이용하실 수 있습니다.(CIP제어번호 : CIP2016013655)

협동조합, 참 쉽다

처음 읽는 기본법과 누구나 따라하는 설립 실무

초판 1쇄 발행 2013년 7월 5일
개정1판 1쇄 발행 2014년 7월 15일
개정2판 1쇄 발행 2016년 6월 20일

지은이 이대중
펴낸이 윤미정

편집 차언조
홍보 마케팅 이민영

펴낸곳 푸른지식 출판등록 제2011-000056호 2010년 3월 10일
주소 서울특별시 마포구 성산동 9-15번지 2층
전화 02)312-2656 팩스 02)312-2654
이메일 dreams@greenknowledge.co.kr
블로그 greenknow.blog.me

ⓒ 이대중 2013, 2014, 2016
ISBN 978-89-98282-77-6 03320

협동조합, 참 쉽다

처음 읽는 기본법과
누구나 따라하는 설립 실무

2016년 개정판

이대중 지음

푸른
지식

함께 꾸는 꿈은 현실이 됩니다

박원순 서울시장

"인간은 사회적 동물이다."

제가 참 좋아하는 말입니다.

수천 년 전에 아리스토텔레스는 어떻게 이런 생각을 했을까요?

현자의 지혜는 시대를 거슬러도 빛나는 것이겠지요.

2012년 12월 협동조합법이 만들어지면서, 서울시도 협동조합에 대한 관심이 뜨겁습니다. 서울시는 4대 권역에 협동조합 지원센터를 운영하고 있는데, 1년만에 천여 개의 협동조합이 만들어지고 있습니다. 빠른 시간에 협동조합이 늘어나는 것을 보면서, 저는 아리스토텔레스의 지혜를 떠올립니다. 경쟁과 성장 사회를 건너오면서 잃어버렸던 인간 본연의 모습— 인간은 사회적 동물이다. 즉 관계 속에서 함께하는 —을 경제에서도 찾고 있는 것은 아닐까요?

저는 협동조합이 지금의 기업 중심 경제와 대척점에 있다고 생각하지 않습니다. 오히려 이윤과 성장을 추구하는 경제에 바탕을 두면서, 사회적 가치와 더불어 함께하는 방법을 찾음으로써 서로를 보완한다고 생각합니다.

그렇다면 협동은 경쟁을 이길 수 있을까요?

물론 협동조합이 기존의 경제 구조를 깰 필요도, 이길 필요도 없다고 생각합니다. 다만 협동조합도 경쟁력을 갖는다는 것은 이미 100년 넘는 협동조합 역사를 갖고 있는 유럽에서 희망을 찾을 수 있습니다. 협동조합 기업인 스페인의 몬드라곤은 스페인 경제 10위 안에 드는 영향력을 갖고 있습니다. 사회연대경제장관까지 두고 있는 프랑스는 경제의 10%를 협동조합과 사회적기업이 담당하고 있다고 합니다.

협동조합은 그리 멀리 있는 것이 아닙니다. 이미 우리 사회 곳곳에 있는 소비자 협동조합은 물론이고, 보육, 돌봄, 건설, 지역 등 생활 곳곳에서 협동조합을 만들 수 있습니다.

이 책《협동조합, 참 쉽다》가 좋은 지침서가 되리라 믿습니다.
'함께 꾸는 꿈은 현실이 된다.'고 했습니다. 이 책을 통해 협동조
합으로 더불어 함께 행복한 사회를 현실로 만들 수 있길 바랍니다.

서울시장 박원순

새로운 기업모델의 가능성을 여는 한국

자마니 이탈리아 볼로냐대학 교수

협동조합기본법 제정에 이어 상세 해설서 발간이라는 반가운 소식을 접해 듣게 되어서 멀리서 감사의 인사를 드리고 싶습니다. 특히 최근 한국에서 협동조합에 대한 관심이 높아지는 상황에서 협동조합기본법을 알기 쉽게 풀이한 해설서를 발간하는 것은 매우 시의적절한 조치로 생각됩니다. 저와 제 아내도 이번 작업에 참여하여 작은 조언을 드리게 된 것을 매우 행복하게 생각합니다.

저는 한국의 새로운 협동조합법이 미래 지향적이고 선견지명적인 법이라고 생각합니다. 특히 국제사회가 불안정해지고 환경 문제로 인해 갈수록 어려움을 겪고 있는 상황에서 다양한 영역에서 협동조합을 허용한 법제는 매우 현명한 대처 방안으로 보입니다. 협동조합은 사람과 사람 간의 관계, 기업의 책임과 민주적인 의사 결정, 개개인의 경제활동에서 사회적 책임 등을 제고하여 보다 많은 사람들의 안정적인 삶의 질을 높이는 것을 그 목표로 하고 있습니다.

이 같은 측면에서 협동조합기본법은 각자가 직접 소유하고 운영하는 새로운 기업모델을 설립할 수 있도록 하여 새로운 가능성의 문을 열게 한 것이라고 볼 수 있습니다. 보다 공정하고 행복한 세상을 열 수 있도록 도와준 기본법 제정은 큰 성과이고 한국 정부는 그 같은 결단을 분명히 자랑스러워할 것으로 믿습니다. 새로운 협동조합법을 시행하고 설립을 준비하는 한국의 행복과 발전을 기원합니다.

이태리 볼로냐에서
베라, 스테파노 자마니

훌륭한 법은 지혜의 산물이자 우리 사회에 유익한 공공재

국경복 국회예산정책처장

협동조합기본법안은 손학규, 김성식 의원이 각각 대표 발의하였고, 이정희 의원은 입법 청원을 하였다. 제정 법안이었기 때문에 심사해야 할 위원회의 결정이 선결 문제였다. 이는 법안의 소관 부처를 어디로 정해야 하는지의 문제와 직결되었다. 통상 법률안 소관위원회 결정은 국회의장이 하는데, 사전에 전문적이고 실무적인 검토는 차관급인 입법차장의 책임하에 이루어진다. 당시 기획재정위원회 수석전문위원이었던 나는 기획재정부에 연락하여 이 법안을 맡을 의사가 있는지를 물었다. 며칠 후 국회의 결정을 따르겠다는 답변이 왔다. 관련위원회 수석전문위원들이 모인 입법차장 주재 회의에서 우리 위원회에 이 법안들을 회부하는 것으로 의견이 모아졌다.

이들 법안이 우리 위원회에 회부되자 걱정이 앞섰다. 솔직히 협동조합 분야는 나의 전문 분야가 아니었고 심사의 기초자료가 될 통합안을 만드는 데 도움이 되는 자료도 별로 없었다. 나는 송병철, 상지원 부이사관에게 우리 위원회가 담당하게 되었다고 말하고 이 의안들을 단일안으로 통합하는 실무 작업을 맡겼다. 기획재정부도 협동조합기획단을 설치하였고 당시 이대중 과장은 기획단 소속이었다. 이들은 법안 초안 작성을 위하여 야근은 물론이고 주말도 반납하면서 사명감을 가지고 열심히 일했다. 특히 이 과장은 국회 입법조사관들과 긴밀히 연락하면서 유관 부처인 법무부, 금융위원회 등의 의견을 청취, 정리하여 우리에게 전달해 주는 창구 역할도 했다. 그는 협동조합기본법이 탄생하는 과정에서부터 법 제정 후 집행 과정에도 참여하였기 때문에 이 기본법을 가장 잘 이해하고 있는 공무원 가운데 한 사람이다.

독자들께서는 이 책을 읽으면서 어느 조문에서 입법적 고민이 있었는지도 알 수 있을 것이다. 협동조합을 만들거나 운영하려는 분, 연구하려는 분들은 이 책을 통하여 큰 도움을 받게 될 것이다.

훌륭한 법은 지혜의 산물이자 우리 사회에 유익한 공공재公共財다.

협동조합기본법이 우리나라를 융성하게 하고 경제를 한 차원 더 높게 발전시키는 데 일조하게 될 것을 의심치 않는다. 지면을 빌려 법안을 제안해 주신 의원님, 심사해 주신 국회 기획재정위원회 위원님, 기획재정부 간부님과 실무 책임자께도 진심으로 감사를 드린다.

2013년 7월
국회예산정책처장 국경복

진정한 협동의 가치가 확산되기를 꿈꾸며

협동조합의 영문 표기는 무엇일까? 'Cooperative'이다. 이 단어는 '협력하는, 협동하는'의 뜻을 지닌 형용사이다. 그런데 명사로 사용될 때는 '협동조합'의 의미를 갖는다. 이처럼 협동조합에서 '협동'이라는 단어는 우리말뿐만 아니라 영어에도 내제되어 있다. 그만큼 협동의 가치를 중요히 여기고 강조하는 것이다.

그렇다면, 질문이 있다. 어떻게 협동이 가능한가? 답은 의외로 간단하다. 교육과 훈련이다. 경쟁하고 생존하겠다는 습성은 인간의 본능에 가깝다. 굳이 가르치거나 학습을 시키지 않아도 인간은 급박한 상황이나 위기에 봉착하면 본능처럼 생존을 위해 경쟁한다. 그러나 협동이나 협력은 다르다. 협동에는 기술과 노하우know-how가 있어야 하고 구체적인 절차와 방법도 습득해야 가능하다. 여기에서 한 걸음 나아가, 양보하고 배려하는 미덕도 요구된다. 단기적으로는 조금 볼 수 있는 손해에 비해 협동으로 얻는 미래적 가치와 성과가 더 크다고 믿는 전략적인 시각이 필요하다. 이는 협동조합을 시작하기 전에 반드시 믿어야 하는 가치이다. 조합원 간 신뢰를 구축해야 하는 이유가 바로 여기에 있다.

유치원과 어린이집은 단체 생활을 가장 먼저 배우는 공동체이다. 이곳에서 가장 먼저 배우는 것은 무엇인가? 바로 일정한 질서와 규율을 지키는 것이다. '줄을 서야 합니다.' '양보를 해야 합니다.' '어려운 친구를 도와주어야 합니다.' 이러한 가르침은 협동이라는 가치와 원칙을 이해하는 과정이다. 어린이가 유치원에서 '협동'이라는 가치와 정신을 배우듯이, 조합원이라면 협동조합에 참여하고 운영하기 위한 가치인 '협동'을 반드시 교육받아야 한다.

2012년 12월 협동조합기본법 시행 이래 3년 반이 지난 현재(2016년 4월) 우리나라에는 모두 9,300개가 넘는 협동조합이 생겨났다. 한국 사람은 동업은 어렵다는 편견에도 불구하고 이러한 반응은 매우 주목할 만한 성과이지만, 아직 갈 길은 멀다. 매출과 순이익이라는 가시적인 성과를 측정하기에 앞서 논의해야 할 것이 있다. 공동체 복원이라는 작은 가치의 부활을 논의하기에도 아직 이르다. 상당수 신설 협동조합이 사업을 접거나 개점휴업 상태이기 때문이다. 이것이 우리가 당면한 엄연한 현실이자 과제다. 협동조합과 같은 사회적 기업들이 잘되기 위해서는 우선 국가와 사회에서 이들이 활동하고 자라날 수 있는 토양과 생태계를 마련하는 것이 중요하다. 더욱더 중요한 것은 참여하는 개개인의 자구적인 노력과 열의일 것이다.

이러한 협동의 가치는 ICA(국제협동조합연맹)의 협동조합 7대 원칙에서도 명확히 명시되어 있다. "조합원, 선출된 임원, 경영자 직원들에게 교육과 훈련을 제공해야 한다."라는 ICA 제5원칙은 협동조합이 운영되는 핵심적인 가치이고 원칙이자, 성공한 모든 협동조합들의 축적된 노하우이고 살아있는 교범이기도 하다. 조금 더 나아가 협동조합 경영과 운영에 필요한 최소한의 법률적인 지식을 갖추는 교육과 훈련을 각자가 다할 때, 사회적 경제 생태계 조성이라는 과제도 실현된다고 믿는다.

지난번 개정판 이후 협동조합기본법은 2차례의 법 개정 작업을 거쳤다. 본 개정판은 최근 개정된 법 조항을 중심으로 개정된 법조문과 설명을 추가로 반영하였다. 아무쪼록 협동조합이라는 새로운 경제주체에 대해 관심을 갖고 준비하시거나 활동하시는 분들이 본 개정판을 통해 필요한 법률적 지식을 갖추고 협동조합의 핵심가치인 교육 훈련이 확산되는데 이 책이 조금이나마 도움이 되기를 바란다.

2016년 6월
광화문에서 이대중

우리 사회의 부족한 2%를 채우는 날까지

2014년 6월 통계청은 '국민 삶의 질'이라는 새로운 측정지표를 발표하였다. 다양한 분야의 국가통계를 발표하는 기관에서 하나 더 만들어낸 것이 무슨 의미가 있냐고 물을 수 있지만, 국민소득GNI, 실업율과 같은 물질적인 지표와 비만율, 질병율, 자살률, 교통사고 사망률, 독거노인비율, 봉사 참여율 등과 같은 비물질적인 지표를 종합하여 우리 국민 삶의 현 주소를 측정하겠다는 새로운 시도는 매우 의미 있는 것으로 평가하지 않을 수 없다.

국민의 행복과 삶을 복합적으로 분석하려는 노력은 2008년 글로벌금융위기 이후 전 세계적으로 광범위하게 진행되고 있다. 경제협력개발기구OECD는 2009년부터 '더 나은 삶의 지수Better Life Index'를 통해 삶의 질과 지속가능성을 기반으로 하는 웰빙 수준을 평가하여 왔고 주요 선진국인 영국과 일본은 국가웰빙측정MNW 지표를 통해, 호주는 호주사회발전측정지표MAP로 국민들의 삶의 수준을 측정하고 제고하려는 노력을 하고 있다. 이는 높은 경제성장에도 불구하고 국민들의 삶과는 현실적인 2%의 괴리가 존재한다는 것을 어느 정도 인정하는 것이 아닐까 생각해 본다.

박근혜 대통령은 여러 차례 "한국이 넘어야 할 마지막 관문은 사회적 자본을 쌓는 것이고, 사회적 자본은 결국 신뢰"라고 말했다. 그렇다면 사회적 자본과 신뢰는 무엇인가? 그리고 어떻게 이러한 사회적 신뢰를 쌓아갈 수 있을까? 늘어나는 사회적인 갈등, 저출산 문제, 공동체 붕괴, 청소년·노인 자살률, 소외계층, 취약계층의 경제·사회적 과제들은 어떻게 풀어갈 것인가? 여기에 대한 해법은 결코 간단치 않다. 유능한 정부 그리고 효율적인 시장경제만으로 해결될 수 있을까?

분명한 것은 정부(제1영역)나 시장(제2영역)의 힘으로만 해결할 수 있을 정도로 우리 경제·사회구조가 간단하지 않다는 것이다. 부족한 2%를 채우기 위해서는 제3영역의 역할이 무엇보다 중요하다. 우리 사회 곳곳에서 활동하기 시작한 사회적 가치 기업인 마을기업, 사회적 기업, 자활공동체, 사회복지법인, 협동조합 들이 바로 제3영역의 주체들이다.

2012년 12월 협동조합기본법 시행 이래 1년 반 만에 5,000개가 넘는 협동조합이 탄생하였다. 이러한 반응은 매우 주목할 만한 성과이지만, 아직 갈 길은 멀다. 매출과 순이익이라는 가시적인 수치보다 상호협력과 호혜를 중시하는 사회적 경제에 대한 논의가 막 시작되는 시점에서 절반 이상의 신설 협동조합은 사업을 접거나 개점휴업 상태인 것이 지금의 엄연한 우리 현실이기 때문이다. 협동조합과 같은 사회적

가치 기업들이 잘 되기 위해서는 우선 이들이 활동하고 자라날 수 있는 토양과 생태계를 마련하는 것이 중요하지만 참여하는 개개인의 자구적인 노력과 열의도 필수적이다. 협동조합의 7원칙에서 언급하듯 교육과 훈련을 받아 협동조합 경영과 운영에 필요한 최소한의 법률적인 지식을 갖추는 것도 중요하다. 사회적 경제 생태계는 모든 주체들의 노력이 합쳐질 때 실현되지 않을까 생각해 본다.

2014년 1월 협동조합기본법은 모두 48개 법 조항이 바뀌거나 신설되는 큰 법률개정 작업을 거쳤다. 본 개정판은 최근 개정된 법 조항을 중심으로 개정된 법조문과 설명을 추가로 반영하였다. 아무쪼록 본 개정판이 협동조합이라는 새로운 경제주체에 대해 관심을 갖고 준비하거나 활동하는 분들에게 필요한 법률적 지식을 갖추는 데 도움이 되기를 바란다.

2014년 6월
광화문에서 이대중

협동조합을 준비하는 분들에게 작은 길잡이가 되길…

2011년 말 대한민국에는 특기할 만한 사건들이 있었다. 4년 넘게 비준이 지연되었던 한미 자유무역협정FTA이 국회 본회의를 전격 통과하였고, 김정일이 갑작스럽게 사망하는 사건도 발생했다. 이러한 상황에서 새로운 법률 하나가 제정되었다. 2011년 12월 29일, 국회에서는 본회의 재석 176인 중 찬성 176인이라는 경이적인 수치로 새로운 법이 제정되었다. 여러 정국 현안에 걸쳐 입장차를 보이기도 하는 여·야가 만장일치로 찬성표를 던진 법안. 아니, 누구도 반대표를 던질 수 없었던 법안. 바로 협동조합기본법이었다.

협동조합기본법 제정 작업은 현재 대한민국이 당면한 시대적 상황 인식과 대안 마련에 대한 고민에서부터 시작되었다. 2011년 광복절 기념사에서도 제시되었던 '공생발전'의 구체화를 위해 범정부 차원의 TF가 구성되었고, 영리와 비영리, 시장과 공공 영역, 일자리와 복지라는 양극에 서 있는 영역을 연결해 줄 수 있는 새로운 모델을 고민하기 시작했다. 그리고 협동조합이 최선의 모델이라는 결론에 도달하게 되었다. "협동조합은 시장과 정부가 실패한 분야에서 새로운 대안이 될 수 있다." 2012년 2월 박재완 기획재정부 장관이 협동조합 전문가들과 만난 자리에서 언급한 내용이다.

협동조합기본법이 2012년 12월 시행됨에 따라, 뜻이 맞는 5인 이상이 모이면 누구나 분야와 업종에 상관없이 협동조합을 자유롭게 설립할 수 있게 되었다. 그리고 법 시행 6개월을 넘어선 2013년 5월 말 현재, 이미 1,210개가 넘는 신규 협동조합이 설립을 마무리하였고 더 많은 조합들이 설립 준비 중에 있다. 60년 이상의 역사를 자랑하는 한국 협동조합의 원조인 지역 농협(1,166개)의 개수를 넘어서는 숫자이다. 굳이 외국의 초기 사례를 찾아 비교해 보지 않아도 이는 대단한 반향이라 할 수 있다. 하지만 협동조합기본법에 평가를 내리기는 아직 이르다. 향후 국민들이 이 법을 어떻게 이용해 주느냐에 따라 평가가 좌우되기 때문이다. 그렇지만 법 제정 실무자로서 가지는 의견은 기본법이야말로 국민들의 일상과 가장 밀접한 민생 법률이라는 사실이다. 실제 지금까지 생겨난 대부분의 협동조합은 생활 밀착형 협동조합이 주류를 이루고 있으며, 우리 사회에 공동체의 중요성과 회복의 필요성을 알리고 있다. 그런 측면에서 협동조합기본법은 작지만 분명 의미 있는 변화를 일으켰다고 믿고 있다.

민생 법률이라는 기본 전제에서 출발했으나, '법률'이라는 형식을 빌다 보니 딱딱한 법률 용어가 많아졌다. 119개에 달하는 조문을 혼자서 끝까지 읽는 것도 쉽지 않은 일이라는 생각이 들었다. 이에 기본법 제정 작업에 참여한 실무자의 한 사람으로서, 협동조합에 관심 있는 독자들에게 조금이라도 도움이 될 수 있도록 '협동조합기본법 해설과 설립 안내서' 집필을 시작하게 되었다.

이 책을 찾는 분들은 크게 세 가지 유형으로 구분될 수 있을 것이다. 첫째, 협동조합을 처음 접하고 알아 가는 협동조합 초보자. 둘째, 뜻과 마음이 맞는 5인 이상이 모여 협동조합 설립을 준비하는 예비 협동조합인. 셋째, 협동조합을 체계적으로 공부하는 학생, 협동조합 컨설턴트와 교육자, 협동조합 업무를 담당하는 중앙과 지방의 담당공무원, 그리고 연구를 구상 중인 전문가들이 포함될 것이다. 협동조합기본법 119개의 조문 모두를 숙지해야 할 필요는 없다. 그러나 기본법에 대한 명확한 개념 인식과 이해는 반드시 필요하다. 협동조합은 임의 단체가 아닌 법인격으로서의 법적 단체이기 때문이다. 법적 보호와 인정legal recognition을 받을 수 있게 되었지만, 기초적인 법률 지식과 이해 없이 협동조합을 설립하고 운영하게 될 경우 오히려 여러 법적 제약과 위반 소지가 야기되어 어려움이 생길 수도 있다.

협동조합에 대한 최근 우리 사회의 관심은 긍정적이지만, 아직까지는 그에 따른 인식이나 이해도가 상대적으로 낮은 것이 사실이다. 이를 개선하려는 노력도 초기 단계에 있다. 뿐만 아니라 협동조합을 체계적으로 연구한 학자나 연구진이 국내에는 절대적으로 부족한 상황이다. 협동조합 선진국이라는 캐나다, 이탈리아, 스페인, 영국 등에는 협동조합계의 석학들이 있고, 이들은 주류 경제학자들과 함께 바람직한 경제, 사회모델에 대해 학회나 저작 등을 통해 활발하게 활동하고 있다. 협동과 협력에 대한 긍정적인 시도가 우리 사회를 건강하게 혁신하는 사회적인 무브먼트로 지속되기 위해서는 체계적인 연구와 교육, 학습이 무엇보다 중요하리라고 생각한다. 이에 대한 지속적인 노력이 확대되기를 기대해 본다.

끝으로, 기본법을 발의하고 국회 심의와 통과에 적극 힘써 주신 손학규, 김성식, 이정희, 이용섭 의원님께 감사를 드린다. 뿐만 아니라, 기본법이 세상에 나오는 과정 동안 수고하고 헌신하신 숨은 공로자들이 많다. 기본법 조문 내용 하나하나를 읽어가며, 꼼꼼히 챙겨 주신 신제윤 금융위원장님(당시 기획재정부 제1차관), 강호인 전 조달청장님(당시 기획재정부 차관보), 국경복 국회 예산정책처장님(당시 국회 기획재정위원회 수석전문위원), 박병옥 건강보험심사평가원 감사님(당시 대통령실 서민정책비서관), 장호현, 최유성 국장님, 김종걸 한양대 교수님, 김기태 협동조합연구소장님, 최동일, 이윤정 사무관께 감사의 인사를 드린다. 각자 다른 곳에서 다른 역할을 맡고 일하셨던 분들이지만, 모두 협동조합기본법 제정에 최선의 열정으로 힘써 주신 진정한 주역들이다. 그리고 이 책의 편집과 집필 전반에 걸쳐 도움을 주신 푸른지식 윤미정 대표님과 직원분들께 감사의 뜻을 전하며, 모쪼록 이 책이 협동조합을 체계적으로 알아가고 준비하며 연구하는 분들에게 작은 길잡이가 되기를 소망한다.

2013년 7월

광화문 사무실에서 저자 이대중

이 책의 사용법

1. 내게 맞는 기본법 읽기

이 책은 제7장 제119조로 구성된 협동조합기본법의 사실상 전 조문에 대한 해설을 담고 있습니다. 법률 전체를 읽어 보는 것이 좋은 지침이 되겠지만, 일부 내용은 어렵고 독자에 따라서는 중요도가 높지 않을 수 있습니다. 예를 들어 '1인 1표', '조합원', '협동조합 원칙' 등은 모두 다 알아야 하는 내용이지만, '사회적협동조합연합회의 설립', '파산절차' 등은 전문가나 담당 공무원들에게 필요한 내용입니다.

　따라서 독자에게 필요한 내용을 뽑아내 독자 눈높이에 맞추어 초급, 중급, 고급으로 내용을 구분하여 실었습니다. 협동조합에 관심 있는 사람들은 처음부터 끝까지 읽는 것을 추천하지만, 그러기 어렵다면 아래에 체크된 부분만을 살펴보더라도 도움이 될 것입니다.

1. 초급(입문자)   협동조합에 처음 관심을 갖게 된 '초보' 협동조합인

2. 중급(설립 준비자)   협동조합을 준비하고 설립 작업 중인 '중참' 협동조합인

3. 고급(연구, 교육자) 협동조합 실무 업무를 맡거나, 연구 중인 '고참' 협동조합인

16. 임원의 요건은 무엇인가?		O	O
17. 선거운동은 왜 필요한가?		O	O
18. 이사장, 임원, 감사의 직무는 무엇인가?		O	O
19. 임직원의 겸직 금지 규정, 왜 필요한가?		O	O
20. 협동조합은 어떤 사업을 할 수 있는가?	O	O	O
21. 협동조합으로 금융업과 보험업을 할 수 없는 이유는?	O	O	O
22. 협동조합 사업은 조합원들만 이용할 수 있는가?			O
23. 회계 관련 규정에는 어떤 것이 있는가?		O	O
24. 법정적립금은 무엇인가?	O	O	O
25. 협동조합은 배당이 가능한가?		O	O
26. 채권자 권리는 어떻게 보호받는가?		O	O
27. 합병과 분할의 방식은 무엇인가?			O
28. 협동조합은 어떻게 해산하는가?			O
29. 등기는 무엇인가?	O	O	O
〈제3장 협동조합연합회〉			
30. 협동조합연합회는 어떻게 설립하는가?	O	O	O
31. 협동조합연합회의 의결권은 어떻게 정해지는가?			O
32. 협동조합연합회도 각종 사업을 할 수 있는가?			O
〈제4장 사회적협동조합〉			
33. 사회적협동조합은 어떻게 설립할 수 있는가?	O	O	O
34. 사회적협동조합으로 병원과 의료 기관을 설립할 수 있는가?	O	O	O
35. 어떤 협동조합으로 설립할 것인가?		O	O
36. 출자금환급청구권은 무엇인가?		O	O
37. 사회적 협동조합은 어떤 사업을 할 수 있는가?	O	O	O
38. 소액대출과 상호부조는 무엇인가?			O
39. 사회적협동조합 자료는 왜 공개해야 하나?			O
40. 부과금이란 무엇인가?		O	O
41. 협동조합과 사회적협동조합 간 합병·분할은 가능한가?			O

2. 협동조합 설립 및 운영 관련 서식 활용하기

협동조합 관련 서식을 푸른지식 홈페이지(http://greenknow.blog.me/)에서 다운로드 받을 수 있습니다.

정부 규격 서식을 담았으니 자유롭게 사용하십시오.

목차

1

협동조합기본법 해설   36

2 협동조합 설립 실무 해설

별책 부록:

협동조합기본법 전문과 꼭 필요한 협동조합 서식

(푸른지식 홈페이지(http://greenknow.blog.me/) 에서 다운로드 가능합니다)

1. 협동조합기본법 3단 비교표

2. 일반 협동조합 정관 (예시)

3. 사회적협동조합 정관 (예시)

4. 일반 협동조합 설립관련 서식 및 자료 (예시)

(1) 협동조합 설립신고서 (예시)

(2) 협동조합 창립총회 공고문 (예시)

(3) 협동조합 사업계획서 (예시)

(4) 협동조합 수입지출예산서 (예시)

(5) 협동조합 설립동의자 명부 (예시)

(6) 협동조합 임원 명부 (예시)

(7) 협동조합 창립총회 의사록 (예시)

5. 사회적협동조합 설립관련 서식 및 자료 (예시)

(1) 사회적협동조합 설립인가 신청서 (예시)

(2) 사회적협동조합 창립총회 공고문 (예시)

(3) 사회적협동조합 사업계획서 (예시)

(4) 사회적협동조합 수입지출 예산서 (예시)

(5) 사회적협동조합 설립동의자 명부 (예시)

(6) 사회적협동조합 임원 명부 (예시)

(7) 사회적협동조합 창립총회 의사록 (예시)

6. 기획재정부 관련 서식 및 자료

(0) 다양한 협동조합등 사회적협동조합 서식의 종류

(1) 협동조합 협동조합연합회 설립신고서 (기획재정부)

(2) 협동조합 협동조합연합회 설립신고필증 (기획재정부)

(3) 협동조합 협동조합연합회 사업계획서 (기획재정부)

(4) 협동조합 협동조합연합회 수입 지출 예산서 (기획재정부)

(5) 협동조합 협동조합연합회 사업결산 보고서 (기획재정부)

(6) 협동조합 협동조합연합회 정관변경 신고서 (기획재정부)

(7) 협동조합 협동조합연합회 해산신고서 (기획재정부)

(8) 사회적협동조합 사회적협동조합연합회 설립인가 신청서 (기획재정부)

(9) 사회적협동조합 사회적협동조합연합회 설립인가증 (기획재정부)

(10) 사회적협동조합 총회 의사록 공증 면제 추천 신청서

(11) 총회 의사록 공증 면제 추천 검토의견서

(12) 사회적협동조합 사회적협동조합연합회 사업계획서 (기획재정부)

(13) 사회적협동조합 사회적협동조합연합회 수입 지출 예산서 (기획재정부)

(14) 사회적협동조합 사회적협동조합연합회 사업결산 보고서 (기획재정부)

(15) 사회적협동조합 사회적협동조합연합회 사업결과 보고서 (기획재정부)

(16) 소액대출 및 상호부조 사업결과 보고서 (기획재정부)

(17) 사회적협동조합 사회적협동조합연합회 정관변경인가 신청서 (기획재정부)

(18) 사회적협동조합 사회적협동조합연합회 해산신고서 (기획재정부)

(19) 설립동의자 명부

(20) 조합원 모집 홍보기간 신고서

(21) 총회, 대의원 총회, 이사회 활동상황 (기획재정부)

(22) 협동조합 사회적협동조합 설립등기 신청서 (법원행정처)

(23) 협동조합연합회 사회적협동조합연합회 설립등기 신청서 (법원행정처)

7. 협동조합 신청현황 (2014.2.28)

협동조합기본법 해설

1

Part I

협동조합 이해하기

1. 협동조합이란?

KEY POINT

협동조합은 '공동으로 소유하고 민주적으로 운영되는 기업'이다.

협동조합법을 제정하는 업무를 맡았던 시점이 기억납니다. '협동조합' 개념조차 익숙하지 않았던 상황에서 법을 제정해야 한다는 어려움과 부담감이 다시금 생각나는데, 협동조합을 처음 접하게 된 사람의 심정도 이와 비슷하지 않을까요? 기본법 해설에 앞서 협동조합에 대한 필수 상식 세 가지를 살펴보겠습니다.

협동조합은 기업이다

"협동조합은 무엇인가요?" 협동조합기본법 제정을 맡은 이후 가장 많이 받았던 질문이 아닐까 생각해 봅니다. 그런데 여전히 이 질문은 어렵고 난해한 것 같네요. 아마 협동조합을 공부하고 싶어 여러 책을 펼쳐 본 사람들도 비슷한 경험을 하게 될 것입니다.

ICA라고 불리는 국제협동조합연맹은 협동조합을 가리켜 '공동으로 소유하고 민주적으로 운영되는 사업 조직을 통해 공동의 경제·사회·문화적 수요와 요구를 충족시키기 위해 자발적으로 결성한 자율적인 단체'라고 하였습니다. 그런데 이 해석은 또 무슨 뜻일까요? 더욱더 어려워지는 것 같습니다.

협동조합에 대한 국제적인 정의

구분	협동조합 정의
협동조합기본법(제2조)	협동조합이란 재화 또는 용역의 구매·생산·판매·제공 등을 협동으로 영위하는 사업 조직
국제협동조합연맹(ICA)	공동으로 소유하고 민주적으로 운영되는 사업 조직을 통해 공동의 경제·사회·문화적 수요와 요구를 충족시키기 위해 자발적으로 결성한 자율적인 단체
EU 협동조합조합법	공통의 이해를 가진 개인들이 자발적으로 모인 공동소유체 조직으로 자주적이고 민주적인 방식으로 운영되는 기업
미국 농업부(USDA)	회원들이 소유·통제하고 회원들의 이익을 위해 수익을 비율적으로 분배·운영하는 조직
미국 뉴욕협동조합법	비영리 조직으로 조합원들의 상호자족·협동 및 경제적 이익을 증진하기 위해 활동하는 단체

"협동조합을 한 단어로 설명해 주세요."라는 질문을 받는다면, '기업'이라고 답할 수 있습니다. 그렇다면 우리가 아는 '주식회사'와 같은지 묻는다면, 원칙적으로 협동조합은 경제활동을 하는 사업 조직이

라는 점에는 공통분모를 발견할 수 있습니다. 그러나 다른 점도 많이 있습니다. 이번에는 어떤 점들이 다른지 살펴보겠습니다.

협동조합의 독특한 소유구조

협동조합 기업의 운영 원칙 : 소유자, 경영자, 사용자가 동일

투자자 = 경영자 = 소비자

회사가 작동하려면 세 종류의 구성원이 필요합니다. 바로 투자자, 경영자, 소비자입니다. 투자자는 회사 운영에 필요한 자금을 제공하고, 경영자는 실제 회사를 운영하고, 소비자는 회사가 생산한 물건을 구입합니다. 이렇듯 세 구성원은 일반적인 기업 형태 내에서 각각의 역할을 담당합니다. 그런데 협동조합은 이 세 종류의 구성원이 같은 형태의 기업입니다. 어떻게 이런 것이 가능할까요? 한 가지 사례를 들어 살펴보지요.

'A' 중소기업에 다니는 직원 30명은 매일 점심때면 큰 고민에 빠집니다. 회사 규모가 작아 자체 식당이 없어서, 점심때마다 먹을 만한 식당을 찾아다니는 것이 큰 숙제이기 때문입니다. 하루는 한 직원이 제안을 했습니다. 직원들이 일정한 돈을 거두고 부족분은 회사의 지원을 받아 '직원식당협동조합'을 만들자는 내용이었습니다. 식당 장소와 장비는 회사에서 제공하고 식당에서 일하는 요리사는 직원들이 직

접 고용하여 운영하는 것입니다. 이러한 형태로 운영되는 사업 조직, 즉 기업이 협동조합입니다. 이 식당의 투자자는 직원들입니다. 요리사는 외부에서 고용되지만 식당 경영도 직원들이 참여하고, 식사를 하는 고객도 바로 직원들입니다.

'협동조합'은 조합원들이 공동으로 출자하고 참여하여 소유하고 운영되는 사업 조직입니다. 자본도 필요하지만, 인적 자원인 '휴먼 네트워크'가 중요시되는 기업입니다. 이 때문에 미국 농업부는 협동조합을 가리켜 '사용자가 소유하고, 사용자가 통제하며, 사용 규모를 기준으로 이익을 배분하는 사업체'라고 부릅니다.

협동조합은 '협력적인 경쟁'을 추구한다

두 번째 특징입니다. 협동조합은 '협력적인 경쟁을 추구합니다.' 이는 2012년 세계협동조합의 해를 맞아, ICA가 협동조합의 특징을 알기 쉽게 설명하기 위해 사용한 문구입니다. '협력'과 '경쟁'이라는 두 단어는 서로 모순되는 것처럼 들리지만, 어떻게 보면 협동조합의 특징을 매우 잘 표현한 문구입니다. 협동조합 기업은 시장에서 운영되고 경쟁의 원리에 따라 운영됩니다. 반면, 협동조합 기업은 지역사회에 기여하고, 조합원 모두에게 고루 봉사하는 공익적인 의무도 갖고 있습니다. 협동조합이 '야누스'적인 측면을 가지고 있다고 하는데, 이는 협동조합이 다른 주체들과 경쟁하지만 때로는 협력하는 특징도 갖고 있기 때문입니다.

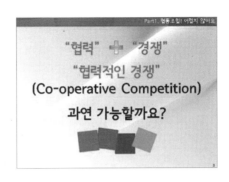

2012 UN 협동조합 해, ICA 기념 홍보물

협동조합과 주식회사의 차이점

일반적으로 가장 잘 알려진 기업인 '주식회사'와 협동조합을 비교하면 협동조합의 개념을 보다 쉽게 이해할 수 있습니다.

주식회사의 첫째 목표는 무엇일까요? 최근 들어 기업의 사회적 책무가 강조되지만, 기업의 우선 목표는 이윤을 극대화하여 주주들에게 더 많은 이익이 돌아가게 하는 것입니다. 반면, 협동조합은 조합을 소유하고 이용하는 조합원들에게 그 혜택benefit이 골고루 돌아가게 합니다. 주식회사는 1주 1표의 의결권을 부여합니다. 주식을 많이 보유할수록 목소리가 커지고, 51%의 주식을 보유하면 회사의 주인이 되지요. 그러나 출자금(협동조합은 주식 대신 출자금이라고 합니다.)과 관계없이 모든 조합원에게 균등한 의결권을 배정합니다.

협동조합과 주식회사의 비교

구분	협동조합	주식회사
정 의	협동조합은 조합원의 권익을 증진하고 지역사회에 공헌하고자 하는 사업 조직	회사란 상행위나 그 밖의 영리 목적으로 설립된 법인
설립 목적	조합원 경제적 이익 및 상호부조 자발적 결성, 공동 소유, 민주적 운영	영리, 이윤의 극대화
의결권	1인 1표 (출자좌수 관계없이)	1주 1표 (유한회사 일부는 1인 1표)
정보공개	제한적 공개 (사회적협동조합 등 한정)	경영 공개(주식회사)
법정적립	잉여금 일부 법정 적립	규정 없음
배당	잉여금 배당 원칙(제한적 범위)	출자금 배당 원칙
근거법령	협동조합기본법	상법

*출처 : 2011년 국회 기획재정위원회 심사자료

국제협동조합연맹(ICA)의 협동조합 7대 원칙

제1원칙 : 자발적이고 개방적인 조합원 제도

협동조합은 자발적인 조직으로서, 조합원으로 책임을 다할 의지가 있는 모든 사람들에게 차별 없이 열려 있다.

제2원칙 : 조합원에 의한 민주적 관리

협동조합은 조합원에 의해 관리되는 민주적인 조직으로서, 조합원들은 정책 수립과 의사 결정에 활발하게 참여한다.

제3원칙 : 조합원의 경제적 참여

조합원은 협동조합에 필요한 자본을 조성하는 데 공정하게 참여하며, 조성된 자본을 민주적으로 통제한다.

제4원칙 : 자율과 독립

협동조합은 조합원들에 의해 관리되는 자율적인 자조 조직이다.

제5원칙 : 교육 훈련 및 정보 제공

협동조합은 조합원, 선출된 임원, 경영자, 직원들이 협동조합의 발전에 효과적으로 기여하도록 교육과 훈련을 제공한다.

제6원칙 : 협동조합 간의 협동

협동조합은 지역, 전국, 국제적으로 함께 협력 사업을 전개함으로써 협동조합 운동의 힘을 강화시키고 조합원에게 효과적으로 봉사한다.

제7원칙 : 지역사회에 대한 기여

협동조합은 조합원의 동의를 얻은 정책을 통해 조합이 속한 지역사회의 지속 가능한 발전을 위해 노력한다.

* ICA 7대 원칙과 기본법과의 관계는 Part Ⅲ(다른 법률과의 관계 알아보기)에서 상세히 살펴보겠습니다.

2. 협동조합의 역사

최초의 협동조합은 '1844년 영국의 로츠데일에서 시작'되었다.

협동조합의 유래

협동조합은 아주 오랜 역사를 갖고 있습니다. 일부 학자들은 인류가 한 곳에 정착하여 공동생활을 한 시점부터 협동이 시작되었다고 합니다. 실제 과거에는 모든 산업이 협동을 통해서만 가능했기 때문이지요. 특히 1차 산업인 농업과 어업은 절대로 혼자서 할 수 없지요. 또한 생필품을 제작하는 초기 수공업도 협동의 결과물입니다.

인류의 문명으로 되돌아가지 않아도 협동조합은 있었습니다. 이탈리아의 저명한 학자에 따르면, '평화의 기도'로 잘 알려져 있는 성 프란체스코가 13세기 수도원에서 함께 농사를 짓고 공동생활을 하며, 가진 것을 어려운 이웃과 나누고 베풀었던 것이 이탈리아 협동조합 정신의 시작이라고도 합니다.

협력과 협동의 원칙은 우리나라에서도 찾을 수 있습니다. 바로 '오가통[1]', '두레[2]', '향약[3]', '계[4]' 등으로 불리는 것이 바로 대표적인 사례입니다.

18세기 산업혁명은 공장과 대량생산 체제를 가져왔습니다. 특히 대도시에서는 산업자본을 앞세워 대형 회사들이 하나둘 상권을 장악하고 주력 경제모델로 자리잡게 되었습니다. 그렇지만 근대적인 협동조합은 바로 같은 산업혁명 시기에 시작되었습니다. 특히 급격한 산업화에서 경제적 혜택을 누리지 못하는 도시근로자 계층에서 협동조합은 대안적인 모델로 관심을 받기 시작했습니다.

협동조합의 아버지, 로버트 오웬

협동조합의 아버지라고 불리는 사람이 있습니다. 근대 협동조합의 사상적인 기반을 제공한 영국의 로버트 오웬(Robert Owen, 1771~1885, 기업인, 사회혁신가, 협동조합 운동가)이 바로 그 주인공입니다. 당시에 성공한 기업가이기도 했던 오웬은 산업혁명 이후 갈수록 힘들어 하는 도시 근로자들의 삶에 관심을 갖게 됩니다. 당시 근로자들은 하루 평

---

1 지방의 행정구역(소지구) 내의 성원들이 자기 구역 내의 치안 유지와 복리 증진에 공동으로 노력 및 협력.
2 농촌 사회의 상호 협력, 감찰을 목적으로 조직된 공동 노동 조직.
3 조선 시대 향촌 사회의 상부상조와 질서 유지를 위해 마련된 41조목의 자치 규약.
4 전통적인 상호부조의 협동 조직. 돈이나 곡식을 거두어 여러 사람이 이용한 것이 유례. 지금까지 그 명칭과 형태가 존속.

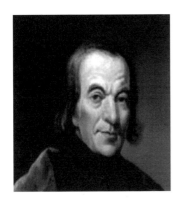

로버트 오웬 *출처 : 영국 협동조합박물관 자료

균 18시간을 일했습니다. 자본가들은 부족한 노동력을 충당하기 위해 노예는 물론 어린이들까지 공장으로 불러들였습니다. 당시 자료에 따르면, 햇빛도 들지 않은 지하 가죽공장에서 화학물질 냄새를 맡으며 하루 18시간 이상 일한 피혁 근로자들의 평균 수명은 40세를 넘지 못했다고 합니다. 당시의 상황이 얼마나 힘들었는지 알 수 있을 것 같습니다.

이러한 열악한 현실을 바꾸기 위해 오웬은 1800년에 영국 뉴 라나크New Lanark의 방적공장을 인수하여 공장 개혁 운동을 실천했습니다. 그는 12세 미만 아동의 공장 노동을 금지시켰고, 하루 평균 근로시간도 10시간 45분으로 제한하는 방안을 마련했습니다. 이후에도 오웬은 어린이 교육, 협동조합 공동체co-operative community 사업 등 다양한 사회 혁신 활동을 전개하였지만, 자본과 이윤을 앞세운 현실 사회의 높은 벽에 막혀 성공적인 운영 모델을 찾지는 못했다고 합니다.

최초의 성공적인 협동조합, 로츠데일의 성공 비결은

이러한 상황에서 최초의 협동조합이 설립됩니다. 바로 1844년 영국 로츠데일에 설립된 '공정선구자조합Rochdale Society of Equitable Pioneers'입니다. 축구로 유명한 맨체스터 인근 로츠데일에서는 지역 상권을 독점한 중간상인들의 횡포가 너무 심했다고 합니다. 생필품 가격을 하루가 다르게 올리고, 심지어는 밀가루에 분필가루를, 곡물에 모래를 섞어 팔기도 하였다고 하니, 그 심각성을 짐작할 수 있습니다. 당시 임금 근로자들은 생계를 유지하기 위해 어른, 아이 할 것 없이 전 가족이 공장에서 일을 해도 살림은 나아지지 않았습니다.

이러한 어려운 현실을 직접 해결하기 위해 28명의 방직공과 숙련공들이 모여 작은 소매점을 만들었습니다. 산업혁명 당시에 방직공들은 기계화로 인해 가장 먼저 일자리를 잃게 되는 위치에 놓인 취약계층이었습니다. 자율적이고 공정한 규칙도 정하고 스스로 필요한 생필품을 사고팔기 시작한 것이 최초의 협동조합입니다. 초기에는 지역 상인들의 반발로 어려움도 많았다고 합니다. 상인들이 단합하여 곡물을 제공하지 않았고, 전기 공급마저 끊어져 야간에는 촛불을 켜고 영업을 해야 했지만, 이들의 시도는 대성공이었습니다. 수년 만에 불과 28명에서 시작한 로츠데일 조합원은 수천 명으로, 가게는 천여 개 이상으로 확산되었습니다.

제대로 학교교육 한번 받지 못한 28명의 방직공과 재단사들로 구성된 로츠데일 조합의 성공 비결은 과연 무엇이었을까요? 선구자

영국 로츠데일의 로드레인 최초 협동조합 가게

들은 정직한 마음으로 사람들을 움직였습니다. 진실을 앞세우고 이윤 추구를 뒤로 하며, 이익을 얻기 위해 부정을 저지르곤 하던 당시 사회를 따라 하지 않았습니다. 선구자들은 분명한 사업 아이디어와 전략을 갖고 있었습니다. 조합원들에게 물건을 시장가격으로 판매하고 남은 이익은 적립하여 연말에 돌려준다는 새로운 경영 비법을 제시했습니다. 또한 선구자들은 연구하고 공부하며 조합을 운영하였습니다. 낮에는 각자의 일터에서 일했지만, 밤에는 함께 모여 협력과 협동에 대해 공부하고 새로운 경영 원칙을 마련하였습니다. 이렇게 마련된 원칙은 계속 발전하여 지금의 '협동조합 7대 원칙'에 그 토대를 제공하게 됩니다.

협동조합, 다른 유럽으로 확산되다

로츠데일 조합은 산업화되고 자본화된 시장에서도 협동조합이 가능하다는 것을 확인시켜 주었습니다. 바로 '경쟁'만이 아닌 '협동의 경제' 모델의 시작을 연 것입니다. 이후 로츠데일 조합 사례는 다른 유럽 국가로 빠르게 확산되었습니다. 농업이 발전한 프랑스에서는 농민들이 결성한 생산자협동조합이 시작되었고, 화폐경제 또는 자본경제의 확산으로 인해 고리대금업자의 횡포가 가장 큰 문제였던 독일에서는 상호부조의 개념으로 도입된 신용협동조합이 처음으로 시작되었습니다.

근대 협동조합의 시작은 영국, 프랑스, 독일 등에서 시작되었습니다. 이들의 공통점은 무엇일까요? 바로 근대화와 산업화가 가장 빨리 시작된 지역이라는 점입니다. 또한 산업화에 따른 여러 가지 사회적 부작용을 해결하고자 하는 시민의식이 시작된 곳이기도 합니다. 영국의 소비자조합, 프랑스의 농업생산자조합, 독일의 신용조합은 각각 다른 형태로 시작되었지만, 그 배경과 근본은 같은 맥락에서 찾을 수 있습니다. 바로 그 지역과 사회가 가지고 있는 문제점을 해결하기 위한 노력의 결과이고, 자발적·자율적인 과정을 거쳐 조직으로 발전되었다는 점입니다.

로츠데일 선구자조합의 창립 규약 (1844년 규약)

제 1 조

협동조합의 목적과 계획은 1인 1파운드의 출자금으로 충분한 금액의 자본을 조달하여 조합원의 금전적 이익과 경제 여건을 개선하기 위한 제도를 갖추는 것이다. 이를 위해 다음과 같은 계획과 결정을 실행한다.

1. 식료품, 의류품 등을 판매하기 위한 매장 개설

2. 각자의 가정 및 경제적 여건을 개선하기 위해서 서로 돕기를 바라는 조합원이 함께 거주할 수 있는 주택을 건축, 구입 또는 건설할 것

3. 실업 상태에 있는 조합원, 또는 반복되는 임금 삭감에 고통받는 조합원의 일자리를 마련하기 위해 협동조합이 결정한 물품 제조를 시작

4. 협동조합 조합원에 대한 더 많은 이익과 안전을 위해서, 협동조합의 토지 또는 부동산권을 구입하거나 임차하여 실업 중인 조합원 또는 자신의 노동에 비해 부당하게 낮은 급료밖에 받지 못하는 조합원에게 그 토지를 경작하도록 함

5. 협동조합은 생산, 분배, 교육 및 관리 능력을 갖출 수 있도록 노력. 공동이익을 나누고 자립적인 자치 거주지를 설립하고 다른 협동조합 활동을 지원

6. 금주를 장려하기 위해 사정이 되는 대로 본 협동조합의 건물 일부를 금주 호텔로 개설

*출처 : iCOOP 생협연합회, '협동조합의 이해'

3. 협동조합의 종류

협동조합은 '상상의 산물'입니다.

이탈리아 볼로냐대 스테파노 자마니 교수

협동조합, 상상력을 자극하라

협동조합 학계의 세계적 석학인 이탈리아 볼로냐대 자마니 교수는 협동조합을 '상상의 산물'이라고 부릅니다. 상상하는 것은 무엇이든지 설립이 가능하다는 뜻인데, 이번에는 경제적, 사회적, 문화적 영역에서 어떤 협동조합 설립이 가능한지 살펴보도록 하지요.

협동조합은 초기에는 소비자, 생산자, 신용 분야에서 주로 설립이 이루어졌지만, 이후 빠르게 다양한 영역으로 확산됩니다. ICA는 가장 대표적인 협동조합으로 9개 분야를 선정하였지만, 각각의 분야 내에서 다양하고 창의적인 형태의 협동조합이 얼마든지 가능합니다.

협동조합의 분류

구분	협동조합의 분류		
초창기(19세기)	① 소비자협동조합	② 생산자협동조합	③ 신용협동조합
국제협동조합연맹 (ICA) 9대 분야	① 농업협동조합	② 금융협동조합	③ 소비자협동조합
	④ 어업협동조합	⑤ 의료협동조합	⑥ 주택협동조합
	⑦ 서비스협동조합	⑧ 보험협동조합	⑨ 여행협동조합
ICA 해석	경제·사회·문화적 수요와 요구를 충족하기 위한 자율적인 단체		

다양한 협동조합, 어떻게 구분할까

2013년 한국에는 협동조합 열풍이 일고 있습니다. 2012년 12월 협동조합기본법 시행으로 협동조합의 진입 장벽이 크게 낮아졌기 때문이지요. 대리운전기사협동조합, 환경미화원협동조합, 도시락협동조합, 시민교육협동조합, 유아교육협동조합 등 다양하고 특색 있는 협동조합이 생겨났습니다. 어떠한 유형의 협동조합이 가능한지 살펴볼까요?

먼저 협동조합은 참여하는 조합원의 역할에 따라, 생산자와 소비자 협동조합으로 구분될 수 있습니다. 생산자조합은 물건을 만드는 생산자들이 모여 공동으로 판매, 자재 구매, 브랜드를 개발하는 조합입니다. 대표적인 사례로는 미국의 선키스트, 서울우유 등이 있습니다. 반면 소비자조합은 물건을 구입하는 소비자들이 공동의 매장을 운영하여 필요한 물건을 구매하는 조합입니다. '한살림', 'iCOOP 생협' 등이 좋은 사례입니다.

협동조합의 다양한 구분 방식

구 분	협동조합의 구분			
조합원 역할	① 생산자협동조합		② 소비자협동조합	
조합원 구성	① 일반 협동조합 (조합원≠직원)	② 직원(근로자) (조합원=직원)	③ 다중이해관계 협동조합 (조합원=다양)	④ 사업자 협동조합 (조합원=사업자)
설립 목적	① 일반 협동조합		② 사회적(비영리)협동조합	

다음으로 협동조합은 조합원의 구성에 따라 구분될 수 있습니다. '일반 협동조합'에서 조합원들은 사업 운영을 위해 직원을 고용하고 업무를 맡기게 됩니다. 반면에, '직원협동조합'에서는 직원들이 조합원으로 참여하여 조합을 설립합니다. 이때 조합원 곧 직원(조합원=직원)이 되는 독특한 지배 구조가 생기게 됩니다. 비슷한 유형으로 직원 소유 기업을 생각할 수 있습니다.

최근에는 개인, 법인, 봉사 단체, 집단 등 다양한 구성원들이 조합원으로 참여하기도 하는데, 이를 가리켜 '다중이해관계협동조합multi-stake holder cooperative'이라고 합니다. 다중이해관계협동조합은 주로 사회적 가치, 공익 등을 추구하는 영역에서 활동하는 데 적합합니다.

끝으로, 협동조합은 설립 목적에 따라 구분될 수 있습니다. 일반적인 사업을 하는 협동조합과 공익적인 사업을 우선적으로 수행하는 사회적협동조합이 있습니다.

협동조합 조합원 구성에 따른 구분 방식

구 분	협동조합의 구성 원칙	예시 분야
일반 협동조합	조합원이 참여하여 조합을 만들고 일하는 직원은 외부에서 채용하는 협동조합 형태 (조합원 ≠ 직원)	육아, 돌봄, 소비자, 공동구매
직원협동조합	조합원이 직접 일하면서 직원으로 근무하는 협동조합 형태 (조합원 = 직원)	환경미화, 대리운전 등
다중이해관계 협동조합	다양한 계층과 소속의 조합원이 참여하는 협동조합 형태 (조합원 =소비자 + 직원 + 법인 + 지역단체 등)	사회적, 의료협동조합 등
사업자협동조합	사업자나 기업이 조합원으로 참여하여 협동조합 설립하는 형태 〔조합원 =사업체(회사, 개인사업자, 법인)〕	슈퍼마켓, 카센터, 개인택시

이탈리아의 사회적협동조합 소개

기본 원칙		• 수익의 80% 이상은 배당 불가, 이자율은 채권수익율로 제한
		• 1인 1표의 의결권
		• 청산 시 자산은 배당 불가(기존 단체 등으로 귀속)
		• 협동조합은 법인격을 지니고 유한책임을 짐
		• 설립 목적은 지역사회 공익 증진과 시민들의 사회 통합에 기여
사회적 협동조합	A Type	• 목적 : 보건, 사회, 교육 등 사회서비스 제공
		• 구성 : 외부인(기업, 금융기관, 자원봉사 등) 50%까지 참여 가능
	B Type	• 목적 : 사회적 소외 계층 노동시장에 편입(장애, 중독 등)
		• 구성 : 소외 계층이 최소 30% 이상 참여

법 시행 이후 협동조합 설립 현황

설립 현황

2016.6.1. 기준

	설립 현황
사회적협동조합	473
사회적협동조합연합회	4
일반 협동조합	8,952
일반 협동조합연합회	48
총계	9,477

*출처 : 기획재정부, 협동조합기본법 포털사이트

2012년 12월 협동조합기본법 시행 이후 다양한 형태의 협동조합들이 설립되고 있습니다. 슈퍼마켓, 대리운전, 택배 등 전통적인 자영업자는 물론 교육, 의료, 사회봉사 등의 공익적인 기능을 수행하는 사회적협동조합도 만들어지고 있습니다. 이러한 폭발적인 반응은 사실 아무도 예측하지 못했던 것 같습니다.

법 시행 40개월(2012.12~ 2016.6) 동안 총 9,477개 협동조합이 설립되었습니다. 한 달 평균 237개가 넘는 협동조합이 새로 문을 연 것입니다.

다양한 협동조합의 유형

이러한 협동조합 중에서는 당초 정부가 예상했던 협동조합도 있지만, 이전에 생각하지 못했던 협동조합도 있습니다. 특별한 협동조합 몇 곳을 찾아보지요.

드림인터내셔널협동조합(직원협동조합 유형)

- 사람에게는 꼭 필요한 것들이 있습니다. 그중에 하나를 뽑는다면 '직업'이라는 단어가 아닐까요? 특히 어떤 이들에게는 일할 곳이 있다는 사실이 그 어떤 것보다 큰 의미로 다가오기도 합니다. 바로 익숙하지 않은 나라에서의 생활이 일상화된 결혼이주여성들에게는 더욱 그렇지 않을까요? 광주YWCA에서 출발한 드림인터내셔널협동조합은 결혼이주여성들이 일자리 창출을 위해 설립한 협동조합입니다. 이주여성들의 육아와 일을 병행하기 위해 영어와 중국어 학습을 제공하는 온라인/오프라인 교육프로그램을 제공하며, 최근에는 정부의 (예비) 사회적기업으로 지정되어 사업지원금을 받기도 하였습니다. 아직까지 조합원은 10여 명 규모로 크지 않지만, 앞으로는 결혼이주여성의 안정적인 생활, 취약계층 고용, 사교육비 절약 등의 여러 가지 의미 있는 효과를 줄 수 있는 활동도 기대됩니다.

서울의류봉제협동조합(사업자협동조합 유형)

- 서울 창신동 봉제공장 사업주 180명이 모여 설립한 조합입니다. 말이 사업주지, 대부분 직원 2~3명이 일하는 영세한 사업장입니다. 하향 길에 접어든 봉제 산업의 발전을 위해 공동의 교육 프로그램과 브랜드 개발을 위해 모인 것입니다. 협동조합을 통해 200~300명의 규모를 확보하면,

우선 다양한 원단과 재료 구입을 저렴하게 할 수 있고, 급하게 요구하는 주문에도 보다 신속하게 대응하여 경쟁력 제고가 가능합니다.

부산 골목가게협동조합(사업자협동조합 유형)

- 부산의 동네슈퍼, 편의점 주인 200명도 모였습니다. 하루가 다르게 늘어나는 대형마트, 기업형슈퍼마켓(SSM)과 당당히 경쟁하기 위해 설립된 골목가게협동조합은 공동브랜드 사용, 공동구매, 공동마케팅 등으로 새롭게 도약을 기대하고 있습니다.

행복도시락 사회적협동조합(사회적협동조합 및 다중이해관계협동조합 유형)

- 국내 1호 사회적협동조합인 '행복도시락'은 결식 아동과 저소득층 노인에게 무료 급식을 제공할 목적으로 설립된 공익적 성격의 협동조합입니다. 행복도시락 사회적협동조합에서는 식자재 공동구매, 공공기관 도시락 납품 등의 수익사업을 병행하며, 실업 해소를 위해 취약 계층을 조리원과 배달원으로 고용하여 의미 있는 일자리를 제공합니다. 한 가지 특색은 대기업이 조합원으로 참여하여 재정적인 지원을 수행하는 새로운 형태의 사회공헌 모델을 제시한 것입니다.

기타 여러 유형

- 잉쿱 영어교육협동조합 : 영어강사와 소비자들이 만나 저렴한 영어교육 제공
- 미중물협동조합 : 폐지를 주워 생계를 유지하는 저소득층 주민의 공동

사업 수행

- 다문화협동조합 : 결혼 이주 여성의 경제활동과 한국 적응을 지원

*출처 : 기획재정부, 협동조합 설립 현황 자료 참조

Part II

처음 읽는
협동조합기본법

1. 협동조합기본법의 구성

KEY POINT

협동조합기본법은 '4장(협동조합, 사회적협동조합, 연합회, 사회적협동조합연합회)과 4칙(총칙, 보칙, 벌칙, 부칙)'으로 구성되어 있다.

협동조합기본법은 무엇일까요? 협동조합을 자율적으로 설립하도록 허용한 법입니다. 그렇지만 기본법이라는 이름과 달리, 법률이라는 특성 때문에 어렵게 보이는 것이 사실입니다. 제2부(협동조합기본법의 이해)는 이 책의 하이라이트라고 볼 수 있습니다. 그리고 이 책을 집필하게 된 직접적인 이유이기도 합니다. 총 119개와 부칙 3개조로 구성된 기본법을 하나하나 구분하여 살펴보겠습니다.

협동조합기본법은 크게 두 파트로 구성되어 있습니다. 본칙의 7장, 119조와 부칙의 3조로 총 122조문이 있습니다. 기본법의 핵심 내용은 제2장부터 제5장까지입니다. 4가지 협동조합 유형 즉, 협동조합, 사회적협동조합, 연합회, 사회적협동조합연합회의 설립, 사업, 운영을

협동조합기본법의 기본 체계

협동조합기본법 기본 체계(7장, 119조)

제1장(총칙)	
(법인격)	• 협동조합을 '법인', 사회적협동조합은 '비영리법인'으로 규정
(정책)	• 협동조합정책을 총괄, 기본 계획 및 실태 조사, 협동조합의 날
(타법과 관계)	• 개별 협동조합법, 공정거래법과의 관계 정리
제2장(협동조합)	
(의결·선거권)	• 출자좌수에 관계없이 1개의 의결권 및 선거권을 가짐
(설립 등록)	• 5인 이상, 협동조합 설립 시 시·도지사에게 신고
(적립금)	• 잉여금의 100분의 10 이상 적립
(해산)	• 잔여 재산을 정관이 정하는 바에 따라 처분
제3장(협동조합연합회)	
(설립 등록)	• 협동조합연합회 설립 신고, 등록 등
(의결·선거권)	• 협동조합의 조합원수, 사업 참여량 등에 따라 자율 결정
제4장(사회적협동조합)	
(설립 인가)	• 설립 절차, 사업, 소액대출 등을 협동조합과 구분(인가)
(적립금)	• 잉여금의 100분의 30 이상 적립
(소액대출)	• 총 출자금 범위 내에서 소액대출 및 상호부조 가능
(해산)	• 사회적협동조합의 경우 국고 등에 귀속
제5장(사회적협동조합연합회)	
(설립 인가)	• 사회적협동조합연합회 설립 인가, 절차 등
제6장(보칙) & 제7장(벌칙)	
(보칙)	• 권한의 위임 사항을 보칙으로 규정
(벌칙)	• 의무 위반 사항에 대한 벌칙을 규정

담고 있습니다. 법률 전반에 공통적으로 적용되는 사항은 제1장(총칙), 제6장(보칙), 제7장(벌칙), 부칙 등 4개의 '칙'에서 확인할 수 있습니다.

핵심 내용

그럼, 기본법의 가장 핵심적인 내용은 무엇일까? 가장 중요한 세 가지는 다음과 같습니다. 첫째, 기본법은 협동조합이라는 새로운 사업 조직에 '법인격'을 부여합니다. 이는 우리에게 익숙한 '주식회사', '사단법인' 등과는 다른 새로운 형태의 법인의 등장을 의미하는 것입니다.

둘째, 기본법은 정부에 협동조합에 다양한 정책적인 책무를 규정합니다. 정부는 2년 주기로 실태 조사를 하고, 협동조합의 자율적인 활동을 추진하기 위한 기본계획을 3년마다 수립하여, 협동조합 정책을 총괄, 조정하여 수행하여야 합니다. 협동조합 정책을 다른 관계기관들과 유기적으로 협의도 하고, '협동조합의 날'을 법정기념일로 지정하여 홍보하는 활동을 전개해야 합니다.

가장 주목해야 할 부분은 세 번째입니다. 기본법은 협동조합의 설립 요건을 5인 이상으로 대폭 완화하고, 사실상 모든 경제, 사회 분야로 확대(단, 금융업 제외)하여 자유로운 협동조합 설립을 가능하게 하였습니다.

아하! 협동조합

숫자로 알아보는 협동조합기본법

1	'1인 1표'의 의결권(상법은 '1주 1표')
2	2개의 법인격(법인·비영리법인)
3	3개 협동조합 이상 설립 가능(연합회 설립)
4	기본법에 없는 4가지(육성, 직접 지원, 금융업, 투기 행위)
5	5인 이상 설립 가능(최소 설립 인원)
6	제6조(원칙) 조합원 봉사, 민주적 운영
7	7월 첫 ⊕는 '협동조합의 날'(홍보)
8	8개 협동조합법의 일반법(기본법 성격)

① 1인 1표 : 출자액수에 관계없이 모든 조합원이 동등하게 1인 1표를 행사

② 2개의 법인격 : 협동조합(법인), 사회적협동조합(비영리법인)에 법인격 부여

③ 3개 협동조합 : 연합회의 최소 협동조합 설립 기준

④ 기본법에 없는 4가지 : 육성, 직접 지원, 금융·보험업, 투기 활동은 불허.

⑤ 5인 이상 설립 가능 : 최소 설립 인원을 5인으로 대폭 완화

⑥ 제6조(기본 원칙) : 조합원에 봉사, 민주적 운영, 자발적 결성 등의 기본 원칙 준수

⑦ 7월 첫 토요일은 협동조합의 날 : 국가기념일 지정, 홍보 및 장려 활동 전개

⑧ 8개 협동조합법의 기본법 : 기존 8개법의 모법 성격을 지닌 기본법의 제정

1. 왜 협동조합기본법인가?

> **제1조(목적)**
>
> 이 법은 협동조합의 설립·운영 등에 관한 기본적인 사항을 규정함으로써 자주적·자립적·자치적인 협동조합 활동을 촉진하고, 사회통합과 국민경제의 균형 있는 발전에 기여함을 목적으로 한다.

KEY POINT

협동조합은 '경제적인 성과와 사회적인 책임을 동시에 추구하는 것이 가능하다는 사실을 국제사회에 일깨워 주고' 있습니다.

반기문, UN 사무총장

왜 협동조합기본법인가

협동조합기본법 제정 업무를 맡으면서, 작성에 오랜 시간이 필요한 조문이 있었습니다. 바로 제1조 목적으로 법 제정의 취지에 대한 조항입니다. 그런데 제1조를 자세히 살펴 읽는 사람은 많지 않습니다. 제1조는 어떤 내용을 담기 전에 왜Why라는 질문을 던집니다. 협동조합기본법 중 가장 많은 고민이 있었던 제1조는 어떤 내용을 담고 있을까요?

제1조(목적)는 기본법의 입법 취지를 담고 있습니다. "왜 협동조합기본법인가요?"라는 근본적인 질문이지요. 반대로 하면 "기본법이 없으면 안 되나요?"라는 더 어려운 질문으로 바뀔 수도 있습니다. 제1조는 새로운 '협동조합'이 우리 경제와 사회 통합에 기여하고 나아가 국가경제의 균형 발전에 기여한다고 명시했습니다. 그렇다면 우리의 경제와 사회상황은 어떨까요?

여기에 대한 답은 OECD, 즉 경제협력개발기구에서 최근 발표한 보고서에서 찾아볼 수 있습니다. 2013년 2월 OECD는 한국의 경제와 사회에 대한 정책보고서를 발간했습니다. "한국은 반세기 만에 괄목할 경제 성장을 이루었으나, 급속한 저출산·고령화 진행, 소득 불균형 확대, 상대적 빈곤층 증가로 인해 사회 전반에 부정적 영향이 나타나고 있습니다." 그리고 "한국은 사회 통합을 위한 효과적인 정책 대응이 절실히 필요"하다고 진단했습니다. 협동조합기본법 제정 작업은 바로 같은 경제와 사회 인식하에서 검토되고 시작되었습니다.

국가경제는 발전하고 대기업들은 큰 수익과 실적을 거두고 있지만, 다른 한편에는 빈곤층도 늘고 있습니다. 이익을 쫓는 자본 중심의 기업만으로는 사회 통합과 균형 발전이 어렵다는 시대적인 인식하에서 협동조합 도입의 필요성이 검토되기 시작되었습니다.

협동조합기본법 제안 이유(국회 법안 제출 이유) - 2011년 12월

2008년 국제금융위기 이후 협동조합은 새로운 경제주체로서 대안적 경제모델로 주목받고 있음. 이는 협동조합이 이용자 소유 기업으로서 단기적인 이윤 추구보다는 장기적인 이익에 관심을 둠으로써 안정적인 경영이 가능하고, 인적 자원을 중심으로 운영되므로 일자리 확충과 고용 안정에 기여할 수 있다는 점에서 비롯된 것임. 또한, 사회 양극화와 빈부 격차 등 사회갈등 요인을 치유하는 공생 발전의 포용적인 새로운 시장경제의 발전을 모색할 필요가 있는데, 협동조합은 새로운 경제사회 발전의 대안으로 인식되고 있음.

자본주의 경제의 취약점을 보완하는 협동조합의 잠재력과 발전 가능성, 새로운 경제 성장의 추동력으로서 중요성을 인식하게 된 UN총회는 2012년을 '세계협동조합의 해'로 지정하는 결의문을 채택하고 협동조합의 발전을 위한 법·제도 정비를 권장하고 있음. 이러한 시대적 추세에 대응하여 협동조합을 활성화함으로써 새로운 사회통합적인 경제모델을 우리사회에 구축할 필요성이 있음.

....

*출처 : 국회 기획재정위원회 자료

기본법은 어떤 법인가

제1조는 기본법이 어떤 기능을 하는지 설명합니다. 협동조합법을 가리켜 일부는 모법mother, 기본법basic 또는 일반법general이라고 합니다. 무슨 의미일까요? 기본법은 '협동조합'이라는 새로운 법인을 인정하는 법입니다. 협동조합 설립과 운영에 필요한 기본적인 사항을 규정합니다.

가장 중요한 제1조는 '협동조합'의 핵심가치를 제시합니다. 협동조합에는 금과옥조와 같은 원칙이 있는데, 바로 '자주'와 '자립'과 '자치'입니다. 누군가의 도움을 받지 않고 스스로 문제를 해결하는 방식은 협동조합과 다른 유사한 조직을 구분할 수 있는 핵심적인 잣대이기도 합니다. 제1조에서는 협동조합은 지원하고 촉진하되, 인위적인 육성과 직접 지원은 하지 않겠다는 정책적인 의지를 명확하게 표현하는 내용이 포함되어 있습니다.

정부차원의 육성과 지원 정책으로 협동조합을 단기적으로 성장할 수 있으나 장기적 관점에서는 성장에 장애 요인이 되었다는 것은 이미 협동조합 역사에서 확인된 부분입니다. 여기에 우리나라도 예외는 아닙니다.

협동조합기본법 제정의 필요성

경제, 사회 양극화에 따른 시대적인 요구

2008년 글로벌 금융 위기 이후 '협동조합'은 새로운 경제주체로서 그 가치와 효용성을 주목받게 됩니다. 협동조합은 이용자 소유 기업으로서 단기보다는 장기적인 가치와 이익을 추구하며, 위험을 회피하는 운영을 하게 되므로 안정적인 경영이 가능합니다. 특히 자본주의의 취약점을 보완하는 새로운 경제 성장 모델로 인정받아, UN은 2012년을 '세계협동조합의 해'로 지정하여 다양한 홍보활동을 전개하기도 하였습니다.

기존의 8개 협동조합법의 한계 봉착

우리나라에는 8개의 협동조합법이 있습니다. 그러나 1차 산업 중심이 대부분입니다. 경제 구조가 크게 변화(1차→3차 산업)하고, 사회 양극화가 확산되며, 빈곤 계층이 증대하는 상황에서 변화된 경제·사회 구조에 적합한 새로운 협동조합 설립과 양성은 한계를 맞게 됩니다. 또한 협동조합 정책을 총괄하는 정부 부처의가 부재로 통일적인 정책 수립도 어려운 상황이었습니다.

• 1차 산업 : 농협, 수협, 엽연초, 산림
• 2차 산업 : 중소기업중앙회
• 3차 산업 : 신협, 새마을금고
〈법 제정 이전 : 1차 산업 중심〉

→

1차, 2차, 3차 전 산업에서 자유로운 협동조합 설립
〈법 제정 후 : 전 산업〉

다양한 경제적, 사회적 자본(Social Capital) 확산

기본법 제정은 '협동조합'이라는 새로운 형태의 조직을 도입하여 소액, 소규모, 즉 민생경제에 적합한 기업모델이 서로 협력하고 협업하는 기반이 마련할 것으로 보입니다. 서민 경제와 지역경제를 활성화되고, 지역을 기반으로 하는 새로운 일자리 창출 등이 기대됩니다.

내용	협동조합법 제정	새로운 형태의 협동조합 설립	일자리 창출 및 지역경제 활성화	국민경제 기여
의미	(새로운 법인격 등장)	(소액·소규모 조합)	(서민·지역경제 활성화)	(공생 발전)

해외에는 어떤 협동조합법이 있는가

해외에서는 각국의 역사와 실정에 맞는 다양한 형태의 '협동조합' 법을 가지고 있습니다. 협동조합의 오랜 역사를 지닌 독일, 이태리, 스페인 등은 협동조합에 관한 기본법을 채택하고 있으며, 영국과 스위스, 뉴질랜드는 민법과 상법의 형태로 협동조합을 운영하고 있습니다.

일본을 통해 협동조합이 도입된 한국에서는 농협법, 수협법 등과 같은 개별 특별법 형태로 법제를 운영해 왔으나, 2012년 새로운 협동조합기본법이 시행된 것과 더불어 한국은 프랑스, 대만 등과 함께 기본법과 개별법이 공존하는 법체계를 지니게 되었습니다. 법제도 측면에서는 우리에게 근대 협동조합을 처음 알려 준 일본보다 앞서 가게 된 것이죠.

주요 국가별 협동조합법체계의 분류

기본법 체제	독일, 스웨덴, 스페인, 캐나다, 브라질, 헝가리, 인도, 태국 등
기본법 + 특별법	한국(2012년 이후), 프랑스, 러시아, 대만
특별법만 존재	한국(2011년 이전), 일본, 루마니아, 우루과이
민법, 상법 형태	영국, 스위스, 멕시코, 벨기에, 이탈리아, 체코, 뉴질랜드 등

*출처 : 국회 기획재정위원회, 한국협동조합연구소 자료

〈사례 1〉일본 생활협동조합법

협동조합 도입배경 : 1900년도

일찍부터 근대화를 시작한 일본은 1800년대 후반, 영국과 프랑스 등 유럽의 영향을 받아 산업근대화가 시작되었습니다. 당시는 경제와 산업자본의 발전으로 도시는 중소 자영업자들의 경영난이 가중되어 사회 문제화되었고, 농촌은 고리대금으로 농민들의 삶이 어려워지는 상황이었지요.

　이에 대한 구제 방편으로 일본 정부는 독일 신용조합을 토대로 한 협동조합 설립을 도입하기로 하였습니다. 이에 독일의 생활협동조합법을 바탕으로 한 일본 산업조합법이 1900년에 제정되었습니다. 산업조합법 제정으로 도시 지역의 근로자들이 모여 지역 단위의 생협을 만들 수 있었고 공장에서는 복리후생을 목적으로 직장 내 생협 등을 만들게 되었습니다. 이렇게 만들어진 협동조합은 1927년을 기준으로 전국에 시민생협 106개, 조합원 75,000명이 활동하는 조직이 되었다고 합니다.

생활협동조합법 제정 : 1947년대

1947년 일본 협동조합연맹은 패전 이후 생필품의 안정적인 판매와 배급이 가장 중대한 과제가 됨에 따라 사업권 보증 등을 반영할 수 있는 새로운 협동조합법인 생활협동조합법 제정을 서두르게 되었습니다.

　　이미 농협법, 수협법 등이 제정된 상황에서 농협, 수협과의 연대 없이 일본협동조합연맹이 단독으로 ① 경제통제하에서 사업권 보장, ② 로츠데일 원칙 준수, ③ 민주적인 운영, ④ 면세 원칙 도입, ⑤ 15% 범위 내에서 비조합원 사업 이용 등이 반영된 법안을 마련하게 되었습니다.

생활협동조합법 평가

1948년 통과된 생활협동조합법 안은 당초 생협의 핵심 요구 사항인 사업권과 신용 사업 인정 등을 반영하지 않아 많은 불만을 불러오기도 하였지만, 독립적인 개별법으로 생협을 최초로 인정하는 성과를 거두었습니다. 특히 기존에 기반을 잡은 농협, 수협 등의 도움 없이, 민주적인 운영과 로츠데일 원칙을 반영하였다는 점에서 일본 협동조합 발전의 토대를 마련했다는 평가를 받게 되었습니다.

〈사례 2〉 유럽연합(EU) 협동조합헌장

개요

EU(유럽연합)는 일반적인 기업모델과 독특한 특징과 구조를 지니고 있는 협동조합의 국경 간 거래를 촉진하기 위해 협동조합경제유럽헌장Statute for a European Cooperative Society을 2003년 7월 제정하였습니다. EU는 협동조합을

'공통의 이해를 가진 개인이나 법인들의 자발적인 공동의 소유 조직으로 자주적이고 민주적인 방식으로 운영되는 기업모델'로 그 개념을 정의하고 있습니다.

2012년 EU 협동조합의 주간, 4월 23-27일

협동조합경제유럽헌장 주요 내용

협동조합경제유럽헌장은 협동조합 설립 방식과 원칙, 기본 자금 규모, 운영 방식을 규정하고 있습니다. 설립 요건으로 5인 이상의 개인 및 법인의 연합으로 설립이 가능하고 개인이나 법인은 유럽경제구역EEA 내에 거주하여야 하며 EU 국적을 보유한 자연인 5명 또는 2개 이상의 법인을 최소 설립 요건으로 하고 있습니다.

협동조합간 합병은 EU 규정에 의해 설립된 다른 협동조합간 합병으로 그 범위에 제한을 두었고, 전환할 경우에는 (1) EU 규정에 의해 설립, (2) 유럽경제구역EEA 내에 설립, (3) 2년 이상 운영, 국가보조금 지원 경험 등의 요건을 명시하고 있습니다. 의결 권한은 원칙적으로 1인 1표의 원칙을 두되, 협동조합 성격에 따라 예외를 두기도 하였고, 의사 결정기구로 총회와 이사회로 구성되는 2단계 체제와 이사회로만 구성되는 1단계 체제로 구분하고 있습니다.

〈사례 3〉 미국 뉴욕 주 협동조합법

개요

50개의 주정부로 구성된 미국은 주 단위로 서로 다른 법과 제도를 가지고 있습니다. 뉴욕은 전 세계 유수한 다국적기업의 본사가 위치하고 있으며, 미국 전체로 볼 때도, 경제, 산업적으로 중요도가 높은 지역입니다. 이에 뉴욕 주는 협동조합을 조합원들의 상호 자조·협동 및 경제적 이익을 증진하기 위해 활동하는 비영리 조직의 단체로 규정하였습니다.

관련법 적용

뉴욕 주 협동조합법은 우리의 상법과 유사한 기업집단법Business Corporation Law이 자동적으로 적용되지만 협동조합법과 기업집단법이 충돌할 경우 협동조합법을 우선적으로 적용하도록 하였습니다. 또한, 비영리단체 법인격을 감안하여 기업집단법상 배당, 청산, 주식 구분 등의 조항들은 적용되지 않게 규정하였습니다.

주요 내용

뉴욕 주에서 협동조합을 설립하려면 최소 5인 이상의 사람(자연인)이 필요합니다. 이용자Subscriber로 불리는 조합원의 2/3은 미국 시민이 되어야 하며, 최소 한 명 이상은 뉴욕 거주자이고, 이사Director 중 한 명은 미국 시민이면서 뉴욕 주 거주자여야 합니다.

　뉴욕 주 협동조합의 가장 큰 특징은 자금 조달 방법입니다. 뉴욕 주는 협동조합의 자본 조달을 쉽게 하기 위해 여러 종류의 주식을 발행하고 거래할 수 있

뉴욕 Cooperative식 주택조합   뉴욕 심리치료 협동조합

게 하였습니다. 단, 의결권과 선거권은 원칙적으로 1인 1표 원칙을 준수하게 하였지만, 예외적인 경우, 단서 조항을 두어 비례 투표도 가능하도록 하였습니다.

끝으로, 협동조합을 해산할 경우 조합원 2/3 이상의 투표를 거쳐야 합니다. 이 경우 조합원들은 협동조합의 부채에 대하여 출자한 범위 한도 내에서 유한적인 책임을 진다는 내용도 명시되어 있습니다.

〈사례 4〉 이탈리아 사회적협동조합법

개요

이탈리아는 1991년 시민사회의 통합과 지역사회 발전을 목표로 사회적협동조합법을 제정하였습니다. 전 세계적으로도 최초의 사례입니다. 이탈리아는 일찍부터 사회적 경제 영역을 구성하는 사회연대운동, 상호협의단체, 공익법인, 자원봉사 단체 등이 있었지만 기존의 법체계상 주식회사, 유한회사, 합자회사와 같이 제3섹터에 맞는 법인격을 찾기는 어려웠던 현실적인 문제에 봉착했습니다. 이런 상황에서 사회적협동조합법은 새로운 사회적 경제 영역을 활성화할 것으로 보입니다.

주요 내용

이탈리아 사회적협동조합법은 소외 계층들에게 보건, 교육 등 사회서비스를 제공하는 Type A형 사회적협동조합과, 전체 직원 중 최소 30%를 소외 계층을 고용해야 하는 일자리 제공형 Type B형 사회적협동조합으로 구분됩니다. 양쪽 모두 법인격이 부여되고 유한책임을 지게 되며, 협동조합의 원칙인 1인 1표의 선거권을 부여받습니다.

사회적협동조합의 이윤 배분은 최대 80%까지만 분배되고 지급되는 이자율(보통 일반 예금 금리보다 약간 높음)로 채권 수익률을 정하고, 청산 시 자산 배분이 금지되어 다른 사회적협동조합 등에 귀속되도록 하였습니다. 조세 혜택에 관한 사항으로는 사회서비스를 제공하는 Type A의 경우에는 일체의 세금 우대가 없는 반면, 취약 계층을 고용하는 Type B의 경우 취약 계층의 보수에 한해서는 세제 혜택이 주어집니다.

사회적협동조합의 설립은 다른 협동조합의 설립과 동일한 절차가 필요합니다. 최소 설립 인원은 9명의 조합원입니다. 그러나 일부 소규모 협동조합의 경우에는 승인을 거쳐 3명에서 8명의 인원으로도 설립이 가능합니다.

지원 제도 및 의의

이탈리아 사회적협동조합법에는 어떤 지원 제도가 있을까요? 취약 계층에 일자리를 제공하는 Type B 협동조합이 공공기관의 일정 금액 이하 계약을 입찰할 경우, 경쟁 계약이 아닌 수의 계약을 맺을 수 있게 하는 지원 제도를 가지고 있습니다. 우리나라의 일반적인 방식인 최저가 낙찰 제도에 비해 매우 유리한 지원 방안이지요.

2007년 현재 이탈리아에는 8천 개가 넘는 사회적협동조합이 의료, 교육, 사회서비스 분야에서 활동 중입니다. 종사자는 무려 24만 명으로 많은 사회적 일자리를 창출하였습니다. 뿐만 아니라 3만 4천 명의 자원봉사자들도 참여하며 사회통합에 크게 기여하고 있습니다.

이탈리아 사회적협동조합 종사자　　　　　Type A 협동조합, 사회서비스 제공

〈사례 5〉 다른 주요국 입법체계

영국 : 일반법 형식

1949년 제정된 법률정리절차법Consolidation of Enactment Act에 따라서, 영국은 1965년 협동조합에 관한 통합법 형태로 산업협동조합 및 공제조합법Industrial and Provident Societies Act이 제정되었습니다. 그런데 이와는 별도로 각각의 업종별, 산업별로 다양한 법들이 있습니다.

2009년 취임한 영국의 카메론 총리는 협동조합의 역동성, 비중, 사회적

가치를 인정하고 '더 큰 사회Big Society'라는 정책비전을 선거 과정에서 제시하였습니다. 최근에는 Big Society 달성을 위해 17개 업종별로 나뉜 협동조합법을 단일 법제로 통일화하는 법제 작업을 야심 있게 추진하고 있습니다.

이탈리아 : 헌법 – 민법 – 개별법 형식

협동조합이 일찍부터 발달된 이탈리아에서는 협동조합 관련 규정이 헌법에 근거를 두고 있습니다. 대단하지요? 뿐만 아니라 민법과 개별법에도 협동조합을 설립하고 지원하는 내용이 담겨 있다고 합니다.

이탈리아 헌법 제45조는 "공화국은 상호부조의 특성을 갖고 사적 투기를 지향하지 않는 협동조합의 사회적 기능을 인정. 협동조합의 특성과 목적을 보장하기 위해 헌법은 적절한 수단을 통해 협력을 증진하고 장려한다."라며 협동조합 가치를 보장하고 있습니다. 민법은 협동조합에 관한 기본법적인 성격으로써, 협동조합에 관한 조문이 무려 38개나 있습니다.

프랑스 : 일반법– 개별법 공존 형식

프랑스는 일반법인 협동조합의 지위에 관한 법률과 개별 업종별 협동조합을 규정하는 법률의 이중구조를 가지고 있습니다. 협동조합의 지위에 관한 법률은 모든 협동조합에 적용되는 사항을 규정하는 내용을 담고 있으며, 기타의 개별 협동조합법들은 해당 협동조합 조직과 사업에 필요한 사항만을 규정하고 있어 일반법과 개별법이 상호 보완적인 기능을 수행하는 관계입니다.

2. 협동조합과 사회적협동조합은 무엇인가?

제2조 (정의)

이 법에서 사용하는 용어의 뜻은 다음과 같다.

1. "협동조합"이란 재화 또는 용역의 구매·생산·판매·제공 등을 협동으로 영위함으로써 조합원의 권익을 향상하고 지역 사회에 공헌하고자 하는 사업 조직을 말한다.

2. "협동조합연합회"란 협동조합의 공동이익을 도모하기 위하여 제1호에 따라 설립된 협동조합의 연합회를 말한다.

3. "사회적협동조합"이란 제1호의 협동조합 중 지역주민들의 권익·복리 증진과 관련된 사업을 수행하거나 취약계층에게 사회서비스 또는 일자리를 제공하는 등 영리를 목적으로 하지 아니하는 협동조합을 말한다.

4. "사회적협동조합연합회"란 사회적협동조합의 공동이익을 도모하기 위하여 제3호에 따라 설립된 사회적협동조합의 연합회를 말한다.

KEY POINT

협동조합은 '협동으로 생산하고 조합원 권익을 향상하며 지역에 봉사하는 사업 조직'이다.

협동조합의 범위는 어디까지인가

제2조는 협동조합을 '재화 또는 용역의 구매·생산·판매·제공 등을 협동으로 영위하는 사업 조직'이라고 정의하였습니다. 이 의미를 자세히 풀어 보지요. 첫째는 '재화와 용역', 둘째는 '구매, 생산, 판매, 제공'입니다. 두 개의 조건을 배합해 보면 아래의 영역에서 협동조합 설립이 가능한데, 쉽게 풀어쓰면 못 만드는 것이 없다고 할 수 있습니다. 기존의 농업, 제조업도 여기에 포함되고, 소매업, 유통업도 모두 가능합니다.

뿐만 아닙니다. 지금까지 경제활동 영역으로 보지 않았던 공익·봉사·기부활동 등도 가능하며, 다양한 영리와 비영리 영역까지 그 범위가 확산됩니다. 유일하게 제한되는 영역이 있는데, 바로 '금융 및 보험업'입니다. 여기에 대한 자세한 설명은 이후 21번에서 다시 살펴보도록 하지요.

협동조합기본법 시행에 따른 협동조합 설립 가능 영역

	구매	생산	판매·제공
재화	소매업	농업, 제조업(1, 2차 산업)	유통업
용역(서비스)	운수업	3차 산업	금융업, 봉사, 공익활동

협동조합과 사회적협동조합의 차이

그렇다면 '협동조합'과 '사회적협동조합'은 어떻게 구분될까요? 제2조(정의)만을 살펴보면, 2개의 차이점이 명확하지 않을 수 있습니다. 대신 두 협동조합 간의 상호 관계를 살펴보면, 차이점을 어렵지 않게 확인할 수 있습니다.

'협동조합'은 (1) 재화 또는 용역의 구매 · 생산 · 판매 · 제공 등을 협동으로 영위함으로써 (2) 조합원의 권익을 향상하고 지역사회에 공헌하고자 하는 (3) 사업 조직이라는 요건을 충족해야 합니다. 요약하면, 협동조합 '사업의 범위', '사업의 목적', '사업의 조직'이 모두 충족될 때 협동조합이라고 할 수 있습니다. '사회적협동조합'은 '협동조합' 중에서 공익적인 기능을 수행하고 영리를 목적으로 하지 않은 협동조합입니다. 여기서 공익적이란, 취약 계층 일자리 제공, 사회서비스 제공 등을 뜻합니다. '연합회'의 정의는 보다 명확한데, 협동조합과 사회적협동조합의 상급 단체로 설립될 수 있는 것이 '연합회'입니다.

협동조합기본법상 협동조합과 사회적협동조합의 관계

3. 협동조합은 어떤 명칭을 사용할 수 있는가?

제3조(명칭)

① 협동조합은 협동조합이라는 문자를, 협동조합연합회는 협동조합 연합회라는 문자를, 사회적협동조합은 사회적협동조합이라는 문자를, 사회적협동조합연합회는 사회적협동조합연합회라는 문자를 각각 명칭에 사용하여야 한다.

② 이 법에 따라 설립되는 협동조합과 협동조합연합회(이하 "협동조합등"이라 한다) 및 이 법에 따라 설립되는 사회적협동조합과 사회적협동조합연합회(이하 "사회적협동조합등"이라 한다)는 대통령령으로 정하는 바에 따라 다른 협동조합등 및 사회적협동조합등의 명칭과 중복되거나 혼동되는 명칭을 사용하여서는 아니 된다.

③ 이 법에 따라 설립된 협동조합등 및 사회적협동조합등이 아니면 제1항에 따른 문자 또는 이와 유사한 문자를 명칭에 사용할 수 없다. 〈개정 2014.1.21.〉

④ 협동조합연합회 또는 사회적협동조합연합회는 그 명칭에 국가나 특별시·광역시·특별자치시·도 또는 특별자치도(이하 "시·도"라 한다)의 명칭을 사용하여 국가나 시·도의 대표성이 있는 것으로 일반인의 오해나 혼동을 일으켜서는 아니 된다. 다만, 출자금, 회원 등 대통령령으로 정하는 요건을 충족하는 경우에는 기획재

정부장관의 인가를 받아 국가나 시·도의 명칭을 사용할 수 있다.
〈신설 2014.1.21., 2016.3.2.〉

⑤ 기획재정부장관은 협동조합연합회 또는 사회적협동조합연합회
가 그 명칭에 제4항에 따른 국가나 시·도의 명칭을 사용함으로
써 국가나 지역에 대한 대표성 등에 일반인의 오해나 혼동을 일으
킬 우려가 있는 경우에는 대통령령으로 정하는 바에 따라 협동조
합연합회 또는 사회적협동조합연합회에 그 명칭의 사용을 금지하
거나 수정을 명할 수 있다. 〈신설 2014.1.21.〉

〔시행일 : 2016.9.3.〕 제3조제4항

협동조합은 설립 신고시 반드시 '협동조합'이라는 명칭을 사용해
야 한다.

협동조합은 어떤 명칭을 갖게 되는가

아이가 태어나면 가장 먼저 아이 이름을 정하듯이, 협동조합도 설립하
려면 이름을 정해야 합니다. 어떤 명칭을 사용할 수 있고, 어떤 명칭과
절차를 거쳐 이름을 확정할 수 있는지 함께 살펴보지요.

협동조합 명칭에 대한 원칙은 없습니다. 굳이 따지자면, '무원칙'이
원칙입니다. 이는 기본법은 명칭 사용에 별다른 제한을 두지 않기 때문

입니다. 순수한 우리말 명칭도 가능합니다. 영어, 한자 등 외국어로 쓰인 명칭도 가능합니다. 다만 기본법은 유사 명칭과 중복에 따른 혼란을 막기 위해 최소한의 대비책은 가지고 있습니다. 같은 명칭을 지닌 협동조합이 여러 개 생겨나면, 여러 가지 부작용도 예상되기 때문입니다. 또한 협동조합연합회나 사회적협동조합연합회는 '대한민국'과 같은 국가나 '부산광역시'와 같은 시, 도의 명칭을 사용해서는 안됩니다. 해당 지역의 대표성이 있는 것으로 오해를 가져올 수 있기 때문입니다. 그러나 현행법 시행 이후 다양한 업종에서 많은 협동조합이 설립되고 제도 운영이 정착되고 있는데 국가나 시·도의 명칭 사용을 획일적으로 금지하는 것은 자율적이고 자발적인 협동조합 활성화에 장애 요인이 될 수 있습니다. 이러한 요인을 감안하여 최근 법 개정(2016.3.2)시 일정한 요건(출자금, 회원 수)을 갖춘 협동조합은 기획재정부장관 인가를 받아 국가나 시·도 명칭을 사용할 수 있습니다.

협동조합기본법상 명칭 사용 예시

명칭 앞   '협동조합' 마을공동체

명칭 중간   문화예술 '협동조합' 사람들

명칭 뒤   위쿱 We Coop '협동조합'

협동조합을 설립하려면, '협동조합'이라는 단어를, 협동조합연합회는 '협동조합연합회'라는 단어를, 사회적협동조합은 '사회적협동조합'이라는 단어 등을 반드시 사용해야 합니다. '협동조합'이라는 단어는 명칭 앞, 중간, 뒤 어디에나 올 수 있습니다. 중요한 것은 '협동조합'이라는 단어를 담는 것이지요. 가칭 '협동하는 사람들의 조합'은 등록될 수 있는 명칭으로 아닙니다. 정 사용하고 싶으면 '협동조합, 협동하는 사람들'은 가능하겠지요.

둘째로, 이미 등록되어 등기가 완료된 협동조합 명칭을 동일한 광역시·도에서는 다시 사용할 수 없습니다. 만약 서울시에 '공동육아 협동조합'이라는 명칭이 등기되었다면, 서울시에서 같은 명칭을 사용할 수 없습니다. 그러나 인천시, 경기도 등 다른 시·도에서는 '공동육아 협동조합'이라는 명칭을 사용할 수 있습니다. 따라서 협동조합 명칭을 정하기 전에 내가 설립하고자 하는 광역시·도 내에 동일한 명칭이 존재하고 있는지를 필히 확인해야 합니다.

동일한 명칭 확인 방법 : 법원 등기소 또는 정부 협동조합 사이트에서 조회

* 비용 : 열람수수료 700원, 발급수수료 1,000원
*출처 : 법원 인터넷등기소 검색 화면

〈단계 1〉 법원 등기소 사이트에 접속 (http://www.iros.go.kr)

〈단계 2〉 아래 단계를 통해 명칭 검색

(1) '법인등기'에서 '열람' 선택 → (2) '상호로 찾기' → (3) '등기소'에서 '전체등기소' 선택 → (4) '법인구분'에서 '협동조합, 협동조합연합회, 사회적협동조합, 사회적협동조합연합' 선택 → (5) '상호'에서 '원하는 '명칭' 검색

〈단계 1〉 정부협동조합 공식사이트에 접속(http:// www.cooperative.go.kr)

〈단계 2〉 아래 단계를 통해 명칭 검색

(1) 전체 화면에서 '협동조합현황' 선택 -〉 (2) '협동조합명'에서 '원하는 명칭' 검색

셋째로, 농업협동조합법, 수산업협동조합법 등 개별 협동조합법에 따라 이미 설립된 협동조합 명칭은 사용할 수 없습니다. '○○농협', '○○신협' 등이 그런 대표적인 사례입니다. 여기에 대한 규정은 기본법에는 담겨 있지 않습니다. 대신, 농협법, 신협법에 명시되어 있습니다. 8개 분야별 협동조합법은 대부분 유사 명칭 사용을 금지하는 규정을 가지고 있으며, 위반하는 경우에는 과태료(200만 이하, 제119조) 처벌을 받을 수 있기 때문에 이 부분은 꼼꼼하게 챙겨 보아야 합니다.

넷째로 국가나(한국, 대한민국) 광역시·도 명칭을 사용하여 국가나 시·도의 대표성이 있는 것으로 혼돈을 일으키는 명칭은 사용하여서는 안됩니다. 단, 일정한 요건(출자금, 회원 수)을 갖춘 협동조합은 기획재정부장관 인가를 얻은 후 국가 및 시·도 명칭을 사용할 수 있습니다.

협동조합법상 유사 명칭 사용금지 현황

근거법	명칭 회원(기초단위)	명칭 연합회	명칭 중앙회	명칭 사용 금지조항
1 농업협동조합법	농업협동조합 (농협)		농업협동조합 중앙회	O
2 수산업협동조합법	수산업협동조합 (수협)	수산업협동조합 협의회(조합협의회)	수산업협동조합 중앙회	O
3 엽연초생산 협동조합법	엽연초생산협동조합		엽연초생산 협동조합중앙회	X
4 산림조합법	산림조합		산림조합중앙회	O
5 신용협동조합법	신용협동조합 (신협)		신용협동조합 중앙회	O
6 새마을금고법	새마을금고		새마을금고 중앙회	O
7 소비자생활 협동조합법	소비자생활협동조합 (생협)	연합회	전국연합회	O
8 중소기업 협동조합법	사업체 (회사) / 협동조합 (사업, 지역, 전국) / 협동조합 연합회		중소기업중앙회	X
9 협동조합기본법	협동조합	협동조합연합회		O

4. 법인격은 무엇인가?

> **제4조(법인격과 주소)**
>
> ① 협동조합등은 법인으로 한다.
>
> ② 사회적협동조합등은 비영리법인으로 한다.
>
> ③ 협동조합등 및 사회적협동조합등의 주소는 그 주된 사무소의 소재지로 하고, 정관으로 정하는 바에 따라 필요한 곳에 지사무소를 둘 수 있다.

KEY POINT

협동조합기본법은 '협동조합과 사회적협동조합이라는 새로운 법인격을 부여'한다.

법인격은 무엇인가

협동조합기본법 119개 조문 중에서 가장 중요한 조문은 무엇일까요? 바로 제4조(법인격)일 것입니다. 기본법은 협동조합에 '법인격'을 부여하는 법률이기 때문입니다. 앞서 몇 차례, 그리고 이후에도 자주 등장하는 단어가 '법인격'입니다. 그렇다면 '법인격'은 무엇일까요?

법률을 전공하지 않았다면, '법인격'이라는 단어가 생소하고 낯설 것입니다. 그렇지만 '법인격'은 결코 어렵지 않습니다. 우리 일상적인 생활과 비교해 보지요. 아이가 태어나면 인근 주민 센터에서 출생신고를 하고 주민번호를 부여받게 됩니다. 주민번호를 부여받은 아이는 합법적인 대한민국 국민으로 법적인 보호를 받고 권리와 의무도 수행해야 합니다.

법인격도 같은 방식과 원칙으로 접근해 볼까요? 주식회사나 사단법인도 관련법(민법 또는 상법)에 따라 설립되면, 법원 등기부에 기재되고 주민번호처럼 고유한 법인번호를 받게 됩니다. 이를 가리켜 법률적인 인격을 인정받는 것, 바로 '법인격을 부여'받았다고 할 수 있습니다.

회사가 거래, 계약 등 의미 있는 법률 행위를 하려면 첫째, 법적 권리를 부여받아야 하고, 둘째, 의무를 부담할 수 있는 법적인 주체가 되어야 합니다. 이런 권리와 의무가 없다면 거래, 계약을 할 수 없고 했더라도 원인 무효가 됩니다. 왜냐하면 세금 납부 등의 법적인 의무를 부과할 수 있는 주체가 아니기 때문입니다.

사람에게 납세·국방·교육·근로와 같은 권리와 의무가 있듯이 회사나 단체를 사람처럼 간주(의제)하여 법적 권리를 주고 동시에 의무를 부담하게 하는 것을 가리켜 '법인격 부여'라고 합니다.

법인격의 종류

우리나라 법인격의 구분과 종류

법인								자연인
공적 법인					사적 법인			
행정기관	지방자치단체	헌법기관	공공기관	특수법인	영리	영리+비영리	비영리	국민
외교부, 교육부 등	서울특별시, 광역시 등	헌법재판, 선관위 등	국책연구소 공단, 공사	한국은행 금감원 등	주식회사, 유한회사 등	협동조합, 사회적 협동조합	재단, 사단, 종교, 병원	

법인격은 사람(자연인)은 물론 회사와 공공기관과 같은 법인도 가질 수 있습니다. 법인은 다시 행정기관, 지방자치단체, 공공기관과 같은 공적인 법인과 주식회사, 유한회사와 같은 사적인 법인으로 구분할 수 있습니다.

협동조합 법인격 부여의 의미

2012년 12월 협동조합기본법이 시행되기 전까지 우리나라에는 8개의 개별 협동조합법만이 존재했습니다. 다시 말하자면, 8개 분야가 아닌 다른 영역에서의 협동조합 설립 자체가 제한되고 인정되지 않았던 것입니다. '협동조합'이라는 간판을 걸었다고 하더라도, 법적으로 인정받지 못하는 법외의 임의 단체였던 것입니다.

이러한 측면에서 협동조합기본법은 다양한 영역에서 비공식적으로 활동해 오던 협동조합을 법적으로 인정하고, 공식적인 정부 정책의 대상에 포함시켰다는 큰 의미를 가지고 있습니다.

개별 협동조합법 법인격 현황

농협	수협	엽연초 협동조합	산림조합	중소기업 협동조합	신용 협동조합	새마을 금고	소비자생협
법인	법인	법인	법인	법인	법인	법인	비영리법인

*출처 : 국회 기획재정위원회 자료

5. 협동조합의 핵심가치는 무엇인가?

제5조(설립목적)

협동조합등 및 사회적협동조합등은 구성원(협동조합의 경우 조합원을, 연합회의 경우 회원을 말한다. 이하 "조합원등"이라 한다)의 복리 증진과 상부상조를 목적으로 하며, 조합원등의 경제적·사회적·문화적 수요에 부응하여야 한다.

제6조(기본원칙)

① 협동조합등 및 사회적협동조합등은 그 업무 수행 시 조합원등을 위하여 최대한 봉사하여야 한다.

② 협동조합등 및 사회적협동조합등은 자발적으로 결성하여 공동으로 소유하고 민주적으로 운영되어야 한다.

③ 협동조합등 및 사회적협동조합등은 투기를 목적으로 하는 행위와 일부 조합원등의 이익만을 목적으로 하는 업무와 사업을 하여서는 아니 된다.

제7조(협동조합등의 책무)

협동조합등 및 사회적협동조합등은 조합원등의 권익 증진을 위하여 교육·훈련 및 정보 제공 등의 활동을 적극적으로 수행하여야 한다.

> **제8조(다른 협동조합 등과의 협력)**
>
> ① 협동조합등 및 사회적협동조합등은 다른 협동조합, 다른 법률에 따른 협동조합, 외국의 협동조합 및 관련 국제기구 등과의 상호 협력, 이해 증진 및 공동사업 개발 등을 위하여 노력하여야 한다.

KEY POINT

협동조합은 '조합원 최대 봉사, 민주적 운영, 공동사업 개발 등의 책무'를 수행해야 한다.

협동조합의 핵심가치는 무엇인가

ICA 홈페이지, 세계협동조합의해 기념 홍보자료

자연의 법칙은 무엇일까요? 자연의 모든 존재는 '적자생존'의 원칙 아래 치열한 생존경쟁을 통해 살아갑니다. 그러나 경쟁만 하는 것은 아닙니다. 자연계에서도 협력과 협동은 찾아볼 수 있습니다.

진화론의 아버지로 불리는 생물학자 찰스 다윈은 '협동하는 집단이 더 우월하다.'고 밝힌 바 있습니다. 수많은 자연계의 사례를 살펴본 결과, 치열하게 경쟁하여 생존하는 집단보다 군집하여 협동하는 집단의 생존성이 높다는 것입니다.

'협동조합'에도 협동이란 단어가 담겨 있습니다. 옥스퍼드 사전은, '협동이란, 같은 목적을 성취하기 위해 함께 행동'이라고 정의하였는데, 협동조합의 핵심가치들은 기본법에 어떻게 담겨 있을까요?

협동조합의 핵심가치를 가장 잘 표현한 내용은 ICA, 즉 국제협동조합연맹의 7대 원칙입니다. ICA 원칙은 법률이 아닙니다. 반드시 지켜야 할 운영 규칙도 아닙니다. 그러나 협동조합을 구별하는 기준이고, 협동조합이라면 준수해야 할 최소한의 의무와 덕목입니다. 다시 말해 협동조합인지를 구분할 수 있는 가장 좋은 잣대입니다.

자주적, 자립적, 자치적, 자발적으로 시작된 협동조합의 특징을 반영하듯 ICA 원칙은 법적인 개념으로 시작되지 않습니다. 대신 1844년 로즈데일조합의 9가지 원칙에서 시작하여 150년간의 토론, 시행, 시행착오, 재검토 등을 거쳐 1995년 맨체스터 대회에서 확정되었다고 합니다. ICA 원칙은 전 세계 모든 나라와 협동조합들이 존중하고 인정하는 가장 가치 있는 협동조합 개념이자 원칙으로 확고히 자리 잡고 있습니다.

'협동조합의 정체성(Identity)에 관한 ICA 성명' 주요 내용(1995년)

① 협동조합의 정의

협동조합은 공동으로 소유하고 민주적으로 관리되는 사업체를 통해 공동의 경제적, 사회적, 문화적 필요와 욕구를 해결하기 위해 자발적으로 조직된 자율적인 단체이다.

② 협동조합의 가치

협동조합은 자조, 자기책임, 민주, 평등, 형평성, 그리고 연대의 가치를 기반으로 하며, 조합원은 협동조합 선구자들의 전통에 따라 정직, 공개, 사회적 책임, 타인에 대한 배려 등의 윤리적 가치를 신조로 한다.

③ 협동조합의 7대 원칙

- 제1원칙 : 자발적이고 개방적인 조합원 제도
- 제2원칙 : 조합원에 의한 민주적 관리
- 제3원칙 : 조합원의 경제적 참여
- 제4원칙 : 자율과 독립
- 제5원칙 : 교육 훈련 및 정보 제공
- 제6원칙 : 협동조합 간의 협동
- 제7원칙 : 지역사회에 대한 기여

협동조합기본법에는 ICA 원칙이 곳곳에 담겨 있습니다. ICA 원칙은 기본법의 교과서이기도 합니다. 제1조(목적)는 ICA의 정의를, 제7조(협동조합 책무)는 ICA 제5원칙을 기초로 하고 있습니다.

협동조합기본법에 담겨진 ICA 협동조합 주요 원칙

	협동조합 가치에 대한 기본법 내용	기본법 조문	ICA 원칙
1	자주 · 자립 · 자치적 협동조합 활동 촉진	제1조(목적)	정의, 가치
2	지역사회에 공헌하는 사업 조직	제2조(정의)	제7원칙
3	조합원의 경제적 · 사회적 · 문화적 수요 부응	제5조(설립 목적)	정의
4	조합원 등을 위하여 최대한 봉사	제6조(기본 원칙)	제2원칙
5	협동조합은 자발적으로 결성하여 공동으로 소유하고 민주적으로 운영	제6조(기본 원칙)	제1, 2, 4원칙
6	교육 · 훈련 및 정보 제공 활동을 적극 수행	제7조(책무)	제5원칙
7	다른 협동조합 등과 상호 협력, 이해 증진 및 공동 사업 개발	제8조(협력)	제6원칙

6. 어떻게 다른 협동조합과 협력할 수 있는가?

> **제8조(다른 협동조합 등과의 협력)**
>
> ① 협동조합등 및 사회적협동조합등은 다른 협동조합, 다른 법률에 따른 협동조합, 외국의 협동조합 및 관련 국제기구 등과의 상호 협력, 이해 증진 및 공동사업 개발 등을 위하여 노력하여야 한다.
>
> ② 협동조합등 및 사회적협동조합등은 제1항의 목적 달성을 위하여 필요한 경우에는 다른 협동조합, 다른 법률에 따른 협동조합 등과 협의회를 구성·운영할 수 있다.

KEY POINT

협동조합은 '다른 협동조합과 연합회 또는 협의회를 구성하고 운영'할 수 있다.

협동조합이 지닌 힘의 원천

'협동조합은 규모의 경제economies of scale가 아닌 협력의 경제economies of

cooperation 방식으로 경쟁력을 갖습니다.' 협동조합 분야 세계적인 석학인 자마니 교수는 협동조합이 가지는 경쟁력의 원천은 다른 협동조합과의 협력이라고 강조합니다.

일반적인 기업은 덩치가 커지면 유리합니다. 따라서 기업들은 회사의 규모를 키워 대량생산 체제를 구축하고 생산원가를 낮추어 경쟁력을 확보합니다. 그러나 협동조합은 다릅니다. 만약 협동조합이 대기업과 같은 '규모의 경제economies of scale5' 전략을 추진한다면, 성공을 장담하기 어려울 것입니다.

협동조합 간의 협력을 협동조합의 의무로 규정한 제8조는 이러한 의문에 대한 작은 해답을 줄 수 있을 것입니다. 협동조합이 시장에서 경쟁에서 살아남고 성장하기 위해서는 철저한 협업과 협력 전략이 필요합니다. 반드시 추구해야 하는 필수 덕목입니다.

협동조합 간의 협력

협동조합 간의 협력은 어떻게 작용할까요? 협동조합의 규모는 크지 않습니다. 물론 해외에는 대기업 규모의 협동조합도 있지만, 대부분은 소규모입니다. 이러한 소규모 협동조합은 소유 및 참여 측면에서는 장점이 있지만, 시장에서 다양한 사업을 하는 데는 어려움도 적지

---

5 경제학 용어다. 기업이 생산라인의 확장을 통해 비용상 절약이 생기는 현상을 뜻한다. 대규모 생산을 하면, (1) 재료를 대량 구매하여 단가를 낮추고, (2) 금융기관에서 대규모 대출을 받으면, 저렴한 이자로 자금을 조달할 수 있으며, (3) 마케팅, 경영, 기술개발 등에서도 절약이 가능하다.

않습니다. 이때 협동조합 간의 협력은 소액·소규모 협동조합이 할 수 없는 공동 사업, 공동투자, 공동마케팅, 공통판매 등의 사업 활동을 가능하게 합니다. 여러 협동조합들이 모이면 얻어질 수 있는 시너지가 발휘되는 것입니다.

협동조합 간 협력의 구체적인 방법은 두 가지가 있습니다. 연합회 또는 협의회의 결성입니다. 협동조합기본법에 의해 설립된 협동조합들이나 사회적협동조합들은 동일한 조합 간에 공동이익을 도모하기 위해 '연합회'를 설립할 수 있습니다. 그리고 다른 법률에 따라 설립된 협동조합(예) 농협, 수협)과는 '협의회'를 둘 수 있습니다.

'협의회'는 다양한 형태와 방식으로 구성될 수 있어 협동조합들의 경쟁력을 높일 수 있습니다. 연합회 구성이 어려운 협동조합과 사회적 협동조합이 모여서 협의회를 만들 수 있습니다. 기본법에 따른 협동조합과 생협법에 따른 소비자협동조합이 모여 이종 협동조합 간 협의회도 구성할 수 있습니다. 이러한 협의회 구성은 연합회와 함께 협동조합들의 공동 협력 사업을 촉진하고 거래 교섭력을 강화하여 개별 협동조합의 힘을 강화시키는 효과를 얻을 수 있습니다.

'협의회'와 '연합회'의 비교

구분	협동조합 협의회	협동조합연합회
구성	협동조합, 사회적협동조합, 농협 등 다른 법률에 따른 협동조합 등	동일 협동조합만 가능 (협동조합 + 협동조합)
최소설립	제한 없음	3개 이상
법인격	없음	있음(법인 또는 비영리법인)
기능	상호 협력, 이해 증진, 공동사업 개발	공동이익 도모, 교육훈련 사업
장점	유연한 운영, 타 법인들과 협력 가능, 다양한 협력을 통한 시너지 효과	법인격 보유, 동일한 경제 사업 가능
단점	소속감과 책무가 낮음. 법인격 부재	다른 협동조합, 타법인과 협력 제한
의결권한	관련 규정 없음	1인 1표(정관에 따른 비례투표 가능)
근거조문	협동조합기본법 제8조	협동조합기본법 제71조

7. 공직선거 관련 규정은 왜 필요한가?

> **제9조(공직선거 관여 금지)**
> ① 협동조합등 및 사회적협동조합등은 공직선거에서 특정 정당을 지지·반대하는 행위 또는 특정인을 당선되도록 하거나 당선되지 아니하도록 하는 행위를 하여서는 아니 된다.
> ② 누구든지 협동조합등 및 사회적협동조합등을 이용하여 제1항에 따른 행위를 하여서는 아니 된다.

KEY POINT

협동조합은 '정당 지지 등 일체의 정치 활동'을 할 수 없다.

공직선거 관련 규정, 왜 필요한가

협동조합과 사회적협동조합은 큰 영향력을 행사할 수 있습니다. 인적 결사체인 협동조합은 경우에 따라서 권역별, 전국별 연합회 결성으로써 집단의사를 표명하는 정치적 영향력을 지닌 집단으로 발전할 수 있기 때문입니다. 제9조는 협동조합의 정치 관여를 금지하는 규정을 두고 있는데, 이렇게 된 데는 크게 세 가지 배경이 작용합니다.

먼저, 협동조합의 정치적 중립은 오래된 원칙 중 하나입니다. 지금은 ICA 7대 원칙에서 누락되었지만, 1844년도 최초의 협동조합 이후 오랜 기간 동안 ICA는 협동조합의 정치적 중립을 누차 강조해 왔습니다. 그리고 현재 정치적 중립 원칙은 명시적으로는 제외되었지만, '자발적이고 개방적인 조합원 제도'에 대한 제1원칙에서 정치적, 종교적 차별을 두지 않는다는 내용으로 그 정신을 이어받고 있습니다.

다른 8개의 개별 협동조합법도 모두 협동조합의 정치 관여 금지를 규정하고 있습니다. 소비자생협법, 농협법, 수협법은 기본법과 같은 수준의 금지 규정을 가지고 있으며, 다른 5개 개별법은 해당 협동조합이 정치에 관여하는 일체의 행위를 금하고 있습니다.

협동조합은 자본의 결합이 아닌 사람들의 결합체입니다. 그것도 같은 뜻을 갖고, 같은 생각을 하는 사람들의 모임입니다. 그렇다 하더라도 협동조합을 이용하여 정치 활동을 하는 것은 매우 위험한 부분입니다. 협동조합은 항상 기업이라는 것을 잊지 않아야 할 것입니다. 끝으로, 공직선거[6] 관여 금지 규정은 위반 시 형사 고발 등의 처벌을 받을 수 있다는 점도 기억해야 합니다.

---

6 대통령 선거, 국회의원 선거, 지방의회 의원 및 지방자치단체장 선거를 지칭.
(관련) : 공직선거법 제2조(적용범위)

8. 정부는 어떠한 역할을 수행하는가?

제10조(국가 및 공공단체의 협력 등)

① 국가 및 공공단체는 협동조합등 및 사회적협동조합등의 자율성을 침해하여서는 아니 된다.

② 국가 및 공공단체는 협동조합등 및 사회적협동조합등의 사업에 대하여 적극적으로 협조하여야 하고, 그 사업에 필요한 자금 등을 지원할 수 있다.

③ 국가 및 공공단체는 협동조합등 및 사회적협동조합등의 의견을 듣고 그 의견이 반영되도록 노력하여야 한다.

④ 국가 및 공공단체는 협동조합과 관련하여 국제기구, 외국 정부 및 기관과 교류·협력 사업을 할 수 있다. 〈신설 2014.1.21.〉

제10조의2(경영 지원)

기획재정부장관은 협동조합등 및 사회적협동조합등의 설립·운영에 필요한 경영·기술·세무·노무(勞務)·회계 등의 분야에 대한 전문적인 자문 및 정보 제공 등의 지원을 할 수 있다. 〔본조신설 2014.1.21.〕

제10조의3(교육훈련 지원)

기획재정부장관은 협동조합등 및 사회적협동조합등의 설립·운영에 필요한 전문인력의 육성, 조합원등의 능력향상을 위하여 교육훈련을 실시할 수 있다. 〔본조신설 2014.1.21.〕

제11조(협동조합에 관한 정책)

① 기획재정부장관은 협동조합에 관한 정책을 총괄하고 협동조합의 자율적인 활동을 촉진하기 위한 기본계획(이하 "기본계획"이라 한다)을 3년마다 수립하여야 한다.

② 기본계획에는 다음 각 호의 내용이 포함되어야 한다.

1. 협동조합등 및 사회적협동조합등을 활성화하기 위한 기본방향

2. 협동조합등 및 사회적협동조합등을 활성화하기 위한 관련 법령과 제도의 개선

3. 협동조합등 및 사회적협동조합등의 발전 전략 및 기반 조성에 관한 사항

4. 협동조합등 및 사회적협동조합등의 상호협력 및 협동조합 정책과 관련된 관계 기관 간 협력에 관한 사항

5. 제6항에 따른 협동조합 실태조사의 결과 및 협동조합 정책의 개선에 관한 사항

6. 그 밖에 협동조합을 활성화하기 위한 여건 조성에 관한 사항

③ 기획재정부장관은 제1항과 제2항에 따라 협동조합에 관한 정책을 총괄하고 기본계획을 수립함에 있어 관계 중앙행정기관의 장과 협의하여야 하고, 특별시장·광역시장·특별자치시장·도지사·특별자치도지사(이하 "시·도지사"라 한다), 관계 기관 및 단체의 장에게 의견의 제출을 요청할 수 있다. 이 경우 그 요청을 받은 자는 정당한 사유가 없으면 그 요청에 따라야 한다.

④ 기획재정부장관은 협동조합에 관한 정책과 협동조합의 자율적인 활동 등에 관한 사항에 대하여 대통령령으로 정하는 바에 따라 시·도지사와 협의·조정할 수 있다.

⑤ 제1항부터 제4항까지의 규정에 따른 협동조합에 관한 정책 총괄 및 기본계획의 수립과 협의·조정 등을 위하여 필요한 사항은 대통령령으로 정한다.

⑥ 기획재정부장관은 협동조합의 활동현황·자금·인력 및 경영 등에 관한 실태파악을 위하여 2년마다 실태조사를 실시한 후 그 결과를 공표하고, 국회 소관 상임위원회에 보고하여야 한다.

⑦ 관계 중앙행정기관의 장 또는 시·도지사는 제6항에 따른 실태조사를 위하여 필요한 자료를 기획재정부장관에게 제출하여야 한다. 〔전문개정 2014.1.21.〕

제11조의2(협동조합정책심의위원회)

① 협동조합의 정책에 관한 주요 사항을 심의하기 위하여 기획재정부장관 소속으로 협동조합정책심의위원회(이하 "심의회"라 한다)를 둔다.

② 심의회는 다음 각 호의 사항을 심의한다.

1. 기본계획의 수립·변경에 관한 사항

2. 협동조합등 및 사회적협동조합등의 설립·합병·분할의 신고 또는 인가에 관련된 사항

3. 협동조합등 및 사회적협동조합등의 관리·감독에 관련된 사항

4. 협동조합 정책과 관련된 관계 행정기관과의 협의·조정 등에 관련된 사항

5. 그 밖에 협동조합과 관련된 법·제도의 개선 등 협동조합등 및 사회적협동조합등의 활성화를 위하여 대통령령으로 정하는 사항

③ 심의회의 위원장은 기획재정부차관이 되며, 위원은 다음 각 호의 위원으로 구성한다.

1. 대통령령으로 정하는 관계 중앙행정기관의 고위공무원단에 속하는 공무원

2. 협동조합에 관한 학식과 경험이 풍부한 사람 중에서 기획재정부장관이 위촉하는 사람

④ 제1항부터 제3항까지에서 규정한 사항 외에 심의회의 구성 및 운영 등에 필요한 사항은 대통령령으로 정한다. 〔본조신설 2014.12.30.〕

제12조(협동조합의 날)

① 국가는 협동조합에 대한 이해를 증진시키고 협동조합의 활동을 장려하기 위하여 매년 7월 첫째 토요일을 협동조합의 날로 지정하며, 협동조합의 날 이전 1주간을 협동조합 주간으로 지정한다.

② 국가와 지방자치단체는 협동조합의 날의 취지에 적합한 행사 등 사업을 실시하도록 노력하여야 한다.

KEY POINT

협동조합 '활성화를 위해 매년 7월 첫째 토요일은 협동조합의 날'로 지정된다.

정부의 책무는 무엇인가

앞서 살펴보았듯 협동조합기본법의 핵심 내용 중 하나는 협동조합을

정책적인 대상으로 인정하고 이에 따른 다양한 정책적 책무를 정부에 부여한 것입니다. 협동조합 정책을 총괄하고, 2년 주기의 실태 조사를 실시하며, 기본 계획을 수립하는 것이 대표적인 사례들입니다. 특히 국가[7]와 지방자치단체[8]는 협동조합의 날에 관한 사업을 실시해야 합니다. 그렇지만 국가 및 공공단체[9]는 협동조합의 자율성을 침해해서는 안 됩니다.

협동조합에 대한 정책은 기획재정부, 관계 중앙행정기관, 지방자치단체라는 3단계로 구분됩니다.

다양한 영역에서 설립되어 운영되는 협동조합을 지원하고 정부 내 관련 협동조합 정책을 일관되게 수립하고 추진하기 위해 '협동조합

협동조합기본법상 정부의 책무

기획재정부	관계 중앙행정기관	지방자치단체
협동조합 정책의 총괄	실태 조사 협력	일반 협동조합 설립 신고
기본 계획 수립	정책협의회의 참여	일반 협동조합 관리
실태 조사 실시	소관 사회적협동조합 인가	자율적인 협동조합 지원
관계기관 등과 정책 협의	소관 사회적협동조합 감독	협동조합의 날 운영
연합회의 설립 신고		교육 및 홍보
사회적협동조합의 인가 등		
협동조합 경영 지원		
협동조합의 날 주관		
교육 및 홍보활동 실시		

정책심의위원회'가 설치됩니다. 기획재정부 차관이 위원장으로 20명 이내의 위원으로 구성되는 심의위원회는 (1) 기본 계획의 수립, (2) 협동조합의 설립, (3) 관리 감독, (4) 법 제도 개선 등의 사항을 심의·의결하는 기능을 수행합니다.

협동조합정책심의위원회 소개

구성	위원장 : 기획재정부차관
	위원 : 관계 중앙행정기관 고위공무원, 협동조합에 관한 학식과 경험이 풍부한 전문가
심의사항	협동조합 기본계획 수립, 변경
	협동조합 설립·합병·분할의 신고 또는 인가 관련
	협동조합 관리·감독 관련
	협동조합 정책 관계 행정기관과의 협의·조정

---

7 '국가'는 일반적으로 중앙행정기관을 지칭함. 이 경우 지방자치단체는 제외됨.
(예시) 지방자치법 제1조(목적)
이 법은… 국가와 지방자치단체 사이의 기본적인 관계를 정함을… 목적으로 한다.
8 '지방자치단체'는 일반적으로 특별시, 광역시·도, 시·군·구 등을 지칭함.
(예시) 지방자치법 제2조(지방자치단체의 종류)
특별시, 광역시·도, 특별자치도 및 시·군·자치구.
9 '공공단체'는 통상 국가로부터 존립 목적이 부여된 법인을 지칭함.
(예시) 공공단체 = 지방자치단체 + 공공기관, 공적 법인(법인격 부여)

9. 협동조합은 어떻게 설립할 수 있는가?

제15조(설립신고 등)

① 협동조합을 설립하려는 경우에는 5인 이상의 조합원 자격을 가진 자가 발기인이 되어 정관을 작성하고 창립총회의 의결을 거친 후 주된 사무소의 소재지를 관할하는 시·도지사에게 신고하여야 한다. 신고한 사항을 변경하는 경우에도 또한 같다. 〈개정 2014.1.21.〉

② 창립총회의 의사는 창립총회 개의 전까지 발기인에게 설립동의서를 제출한 자 과반수의 출석과 출석자 3분의 2 이상의 찬성으로 의결한다.

③ 시·도지사는 제1항에 따라 협동조합의 설립신고를 받은 때에는 즉시 기획재정부장관에게 그 사실을 통보하여야 한다.

④ 제1항부터 제3항까지에서 규정한 사항 외에 협동조합의 설립

신고 및 변경신고에 필요한 사항은 대통령령으로 정한다. 〈신설 2014.1.21.〉

제15조의2(신고확인증의 발급 등)

① 제15조에 따라 설립신고를 받은 시·도지사는 대통령령으로 정하는 바에 따라 그 설립신고를 반려하거나 보완을 요구하는 경우를 제외하고는 신고확인증을 발급하여야 한다.

② 제1항에 따른 신고확인증의 발급에 필요한 사항은 대통령령으로 정한다. 〔본조신설 2014.1.21.〕

제16조(정관)

① 협동조합의 정관에는 다음 각 호의 사항이 포함되어야 한다.

1. 목적

2. 명칭 및 주된 사무소의 소재지

3. 조합원 및 대리인의 자격

4. 조합원의 가입, 탈퇴 및 제명에 관한 사항

5. 출자 1좌의 금액과 납입 방법 및 시기, 조합원의 출자좌수 한도

6. 조합원의 권리와 의무에 관한 사항

7. 잉여금과 손실금의 처리에 관한 사항

8. 적립금의 적립방법 및 사용에 관한 사항

9. 사업의 범위 및 회계에 관한 사항

10. 기관 및 임원에 관한 사항

11. 공고의 방법에 관한 사항

12. 해산에 관한 사항

13. 출자금의 양도에 관한 사항

14. 그 밖에 총회·이사회의 운영 등에 필요한 사항

② 제1항제5호에 따른 출자 1좌의 금액은 균일하게 정하여야 한다. 〈신설 2014.1.21.〉

③ 협동조합의 정관의 변경은 설립신고를 한 시·도지사에게 신고를 하여야 그 효력이 발생한다

제17조(규약 또는 규정)

협동조합의 운영 및 사업실시에 필요한 사항으로서 정관으로 정하는 것을 제외하고는 규약 또는 규정으로 정할 수 있다.

제18조(설립사무의 인계와 출자납입 등)

① 발기인은 제15조의2에 따라 신고확인증을 발급받으면 지체 없이 그 사무를 이사장에게 인계하여야 한다. 〈개정 2014.1.21.〉

② 제1항에 따라 이사장이 그 사무를 인수하면 기일을 정하여 조합 원이 되려는 자에게 출자금을 납입하게 하여야 한다.

③ 현물출자자는 제2항에 따른 납입기일 안에 출자 목적인 재산을 인도하고 등기·등록, 그 밖의 권리의 이전에 필요한 서류를 구비 하여 협동조합에 제출하여야 한다.

④ 협동조합의 자본금은 조합원이 납입한 출자금의 총액으로 한다. 〈신설 2014.1.21.〉〔제목개정 2014.1.21.〕

제19조(협동조합의 설립)

① 협동조합은 주된 사무소의 소재지에서 제61조에 따른 설립등기 를 함으로써 성립한다.

② 협동조합의 설립 무효에 관하여는 「상법」 제328조를 준용한다.

협동조합은 '5인 이상이 모여 9단계를 거쳐 설립'할 수 있다.

제2장(협동조합)의 내용

제2장은 협동조합에 관한 내용입니다. 이제부터는 본격적으로 협동조합의 설립, 운영, 관리, 회계, 등기 등 협동조합을 운영하는 구체적인 방법과 절차를 상세하게 살펴보겠습니다.

협동조합, 어떻게 설립하는가

협동조합기본법은 협동조합 설립에 필요한 절차를 9단계로 규정하고 있습니다. 해당 절차는 기본법 제15조부터 제19조, 그리고 제61조(설립 등기)에서 그 근거를 찾을 수 있습니다. 이번에는 '협동조합' 법인격을 부여받는 법적인 절차를 살펴보겠습니다.

〈제1단계〉 발기인 모집

협동조합을 설립하고자 하는 경우 조합원 자격을 가진 5인 이상의 '발기인'을 모집하여야 합니다. 이때 '발기인'은 조합원 자격을 갖춘 자연인(사람)뿐만 아니라 다양한 법인들도 참여가 가능합니다.

협동조합 설립 기본 절차(9단계)

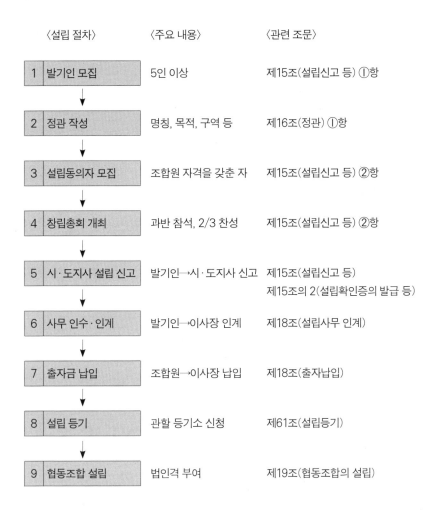

〈설립 절차〉　　　　〈주요 내용〉　　　　〈관련 조문〉

1	발기인 모집	5인 이상	제15조(설립신고 등) ①항
2	정관 작성	명칭, 목적, 구역 등	제16조(정관) ①항
3	설립동의자 모집	조합원 자격을 갖춘 자	제15조(설립신고 등) ②항
4	창립총회 개최	과반 참석, 2/3 찬성	제15조(설립신고 등) ②항
5	시·도지사 설립 신고	발기인→시·도지사 신고	제15조(설립신고 등) 제15조의 2(설립확인증의 발급 등)
6	사무 인수·인계	발기인→이사장 인계	제18조(설립사무 인계)
7	출자금 납입	조합원→이사장 납입	제18조(출자납입)
8	설립 등기	관할 등기소 신청	제61조(설립등기)
9	협동조합 설립	법인격 부여	제19조(협동조합의 설립)

〈제2단계〉 정관 작성

협동조합 운영, 사업, 조직 등의 핵심 사항을 반영한 '정관'을 작성하여야 합니다. 정관은 협동조합의 헌법이라고 불릴 정도로 중요합니다. 공동의 기업인 협동조합의 정관에는 필히 협동조합 명칭, 설립 목적, 조합원 자격 등 총 14개 이상의 사항을 포함하여야 합니다. 이때 출자 1좌의 금액은 균일하게 정하여야 합니다.

〈제3단계〉 설립동의자 모집, 〈제4단계〉 창립총회 개최

발기인이 모집되어 정관이 마련되면, 협동조합의 설립에 동의하는 자(즉 '설립동의자')를 모집하고 이들이 참여하는 '창립총회'를 개최하여야 합니다. 창립총회는 설립동의자 과반 이상의 참석으로 회의가 열리고, 출석한 설립동의자 2/3 이상의 찬성으로 협동조합 설립을 의결할 수 있습니다.

〈제5단계〉 시·도지사에 설립 신고

창립총회를 거친 후 발기인 대표는 설립 신고서와 관련 서류를 작성하여 주사무소 소재지를 관할하는 시·도지사에 설립 신고를 하여야 합니다. '인가'나 '허가'와 같은 행정절차가 아니기 때문에 시·도지사는 특별한 사유가 없는 한 접수일로부터 30일 이내에 '신고확인증'을 교부하여야 합니다.

협동조합 설립 신고 제출서류 : ① 정관 1부 ② 창립총회 의사록 1부 ③ 사업계획서 1부 ④ 설립동의자 명부 1부 ⑤ 임원명부 1부, 임원의 이력서 및 사진 ⑥ 수입·지출예산서 ⑦ 출자좌수를 적은 서류 ⑧ 창립총회 개최 공고문 ⑨ 합병 등 의결한 총회 의사록(해당 시)

〈제6단계〉 관련사무 인수·인계, 〈제7단계〉 출자금 납입

'설립신고필증'을 교부받은 발기인 대표는 지체 없이 협동조합 관련 사무와 서류를 창립총회에서 선출된 '이사장'에게 인계하여야 합니다. 이사장은 조합원이 되려는 자에게 일정 기일을 정하여 정관이 정한 '출자금'을 납입하게 하여야 합니다. 필요시 현물 출자도 가능합니다. 단, 모든 조합원은 1좌 이상을 납입해야 하고, 1인 조합원 출자금은 전체의 30% 범위를 넘을 수 없습니다. 이때 조합원이 납입한 출자금의 총액이 해당 협동조합의 자본금이 됩니다.

〈제8단계〉 설립 등기, 〈제9단계〉 협동조합 설립

협동조합은 출자금의 납입을 마친 날부터 14일 이내에 관할등기소에 설립 등기를 마쳐야 합니다. 법원 인터넷등기소(http://www.iros.go.kr/)에서 전자등기도 가능합니다. 이 경우 시간과 등기 비용 등을 절약할 수 있겠지요. 등기가 끝나면 법인격을 갖춘 협동조합 설립이 완료됩니다.

협동조합 설립 등기 시 제출서류 : ① 정관 1부 ② 창립총회 의사록 1부 ③ 임원 취임승낙, 인감증명서, 주민등록 등·초본 ④ 출자금 납입 확인증명 1부 ⑤ 이사장 인감증명 1부 ⑥ 설립신고필증 1부 ⑦ 등록면허세 영수필 확인서 등

이 단계를 거치면 협동조합은 법인격을 부여받고 각종 사업과 활동을 할 수 있습니다. 그러나 신생 협동조합이 본격적으로 사업을 하고 시장에서 다른 기업들과 경쟁하여 안정적인 수익을 창출하는 것은 만

만치 않은 과제입니다. 어떤 사업을 해야 하고, 어떻게 경쟁력 있는 협동조합으로 운영할 수 있을까요? 또한 정관과 서식은 어떻게 작성하는지 등의 상세한 내용은 Part IV에서 자세히 알아보도록 하겠습니다.

정관 · 규약 · 규정의 관계

협동조합의 내부적인 규율인 정관, 규약, 규정은 어떤 차이가 있을까요? 법률에 비유한다면, 정관은 헌법, 규약은 법률, 규정은 하위 법령으로 비교할 수 있습니다. 정관은 협동조합의 조직과 사업에 관한 핵심 내용을 규정한 최고의 자치 법규입니다. 협동조합 설립 시 가장 우선적으로 작성되어야 하고, 협동조합이 존속하는 기간 동안은 유지되어야 합니다. 정관은 매우 중요하여, 개정 혹은 변경하는 경우에는 관련 규정에 따라 신고 또는 인가의 과정을 거쳐야 합니다. 이에 반해 규약과 규정은 개별 협동조합의 특징과 필요에 따라 제정하고 개정할 수 있습니다.

정관, 규약, 규정의 비교

	정관	규약	규정
근거	법적 근거	내규 근거	내규 근거
성격	최고의 자치 법규	자치 법규	자치 법규
의결	총회 승인, 시·도지사 신고	총회 승인	이사회 승인
내용	목적, 명칭, 조직, 운영, 사업, 조합원 등 14개	정관 이외 사항 (조직·사업에 필요한 사항)	정관·규약 이외 사항 (경미한 사항)
예시	표준 정관(예시)	총회 운영, 선거 운영, 배당, 소위원회, 현물 출자 등	이사회 운영, 감사, 직제, 직원 보수, 복무, 회계 등

협동조합 중간 지원 기관

지역	지원기관명	주소 / 전화번호	
서울	(사)한국 마이크로크레디트 신나는조합	서울특별시 서대문구 충정로2가 157번지 사조빌딩 본관 200호 http://www.joyfulunion.or.kr	
경기	사회적협동조합 사람과세상	경기도 수원시 장안구 경수대로1020번길 7 (파장동) 덕성빌딩 2층 www.pns.or.kr	
인천	사단법인 시민과대안연구소	인천광역시 부평구 경인로 771 (십정동) 종로빌딩 302호 www.sidaeyeon.net	
강원	강원도 사회적경제지원센터	강원도 원주시 호저로 47 (우산동) http://www.gwcs.or.kr	
대구	(사)커뮤니티와경제	대구광역시 남구 대명로 182 대경빌딩 2층 (대명 9동 724-1번지) http://www.cne.or.kr	1800-2012
부산	(사)사회적기업연구원	부산광역시 금정구 중앙대로 1883 (구서동) 현대빌딩 4층 http://www.rise.or.kr	
울산	울산 사회적경제지원센터	울산광역시 중구 태화동 956 http://www.riseulsan.or.kr	
경북	(사)지역과소셜비즈	경상북도 경산시 경산로42길 1412 3층	
경남	(사)경남사회적경제 지원센터	경상남도 창원시 마산회원구 3·15대로 822 (합성동, 백화아트빌) http://www.gncsee.org	

지역	지원기관명	주소	전화번호
광주	(사)광주NGO시민재단	광주광역시 서구 상무중앙로 43 (치평동) BYC 빌딩 7층 http://www.socialcenter.kr	
전북	(사)전북사회경제포럼	전라북도 전주시 완산구 서신동 새터로 (1~122번지) 122-11 (서신동 968-8) 엠플러스빌딩 301호 http://www.jbse.or.kr/korean	
전남	(사)전남지역발전포럼	전라남도 무안군 삼향읍 오룡3길 2 전남중소기업종한지원센터 3층 www.jnsec.co.kr	
제주	(사)제주사회적경제 네트워크	제주특별자치도 제주시 서광로 2411 (삼도일동) 영지빌딩 7층 http://www.jejusen.org	1800-2012
대전	대전사회적경제연구원 사회적협동조합	대전광역시 중구 대흥로10번길 9 (대사동) 풀뿌리시민센터 2층 blog.daum.net/c-cmail	
충북	(사)충북사회적경제센터	충청북도 청주시 흥덕구 사운로 226 (운천동) 5층 http://www.cbse.or.kr	
충남	(세종) (사)충남사회경제 네트워크	충청남도 아산시 신창면 순천향로 22 (순천향대학교) 공과대학 1층 9130호 http://sechungnam.org	

*출처 : 기획재정부, 사회적기업진흥원 자료

10. 조합원의 자격과 의무는 무엇인가?

제20조(조합원의 자격)

조합원은 협동조합의 설립 목적에 동의하고 조합원으로서의 의무를 다하고자 하는 자로 한다.

제21조(가입)

① 협동조합은 정당한 사유 없이 조합원의 자격을 갖추고 있는 자에 대하여 가입을 거절하거나 가입에 있어 다른 조합원보다 불리한 조건을 붙일 수 없다.

② 협동조합은 제1항에도 불구하고 정관으로 정하는 바에 따라 협동조합의 설립 목적 및 특성에 부합되는 자로 조합원의 자격을 제한할 수 있다.

제22조(출자 및 책임)

① 조합원은 정관으로 정하는 바에 따라 1좌 이상을 출자하여야 한다. 다만, 필요한 경우 정관으로 정하는 바에 따라 현물을 출자할 수 있다.

② 조합원 1인의 출자좌수는 총 출자좌수의 100분의 30을 넘어서는 아니 된다.

③ 조합원이 납입한 출자금은 질권의 목적이 될 수 없다.

④ 협동조합에 납입할 출자금은 협동조합에 대한 채권과 상계하지

> 못한다.
>
> ⑤ 조합원의 책임은 납입한 출자액을 한도로 한다.

협동조합은 '가입을 희망하는 조합원을 차별하지 않고 개방적으로 운영'해야 한다.

조합원의 자격

협동조합의 특징 중 하나는 개방적이고 자율적인 조합원 제도입니다. 협동조합은 조합원을 차별하거나 불리한 조건을 달 수 없습니다. 이러한 원칙은 협동조합 역사와 같이 시작됩니다. 최초 협동조합이 설립된 1850년대 당시 여성에게는 참정권이 허용되지 않았습니다. 그러나 협동조합은 여성에게도 균등하게 참여를 허용했습니다.

협동조합기본법은 조합원의 자격으로 협동조합 설립 목적에 동의하고, 의무를 다하며, 일정 액수(1좌 이상)를 출자한 모든 이들에게 차별 없이 허용하도록 합니다.

이때 협동조합 조합원 자격은 자연인(사람)뿐만 아니라, 법인격을 부여받은 다양한 법인(회사, 사단법인 등)도 가능합니다. 내국인뿐만 아니라 합법적으로 국내 체류 허가를 받고 외국인등록번호를 소지한 외국인도 가능합니다.

단, 지방자치단체는 참여할 수 없습니다. 이는 협동조합법의 규정이 아닌, 지방재정법의 제한 규정 때문입니다. 지방재정법 제18조는 지자체의 출자하는 범위를 제한하고 있습니다. 여기에 협동조합은 포함되어 있지 않기 때문이지요.

협동조합 조합원의 자격

자연인 (국민)	주식회사	유한회사	지역신협	사단법인	학교법인	외국인	지자체	자활사업 (비법인)
○	○	○	○	○	○	○	X	X

누구나 조합원으로 가입할 수 있는가

앞서 설명하였듯이 협동조합기본법은 조합원의 자격에 제한을 두지 않습니다. 각각의 협동조합 특징과 목적에 동의하고 의무를 다하고자 하는 모든 이들은 연령, 성별, 학력, 종교, 지역 등에서 차별받지 않고 자유롭게 가입하거나 탈퇴할 수 있습니다.

그렇다면 누구나 모든 협동조합에 가입할 수 있을까요? 원칙적으로 협동조합은 가입 조건을 차별하지 못하도록 규정하지만, 특수한 경우에 예외를 두기도 합니다. 전문적인 학자나 연구자들의 협동조합, 유통업체 대표들이 만든 협동조합, 전, 현직 항공기 조종사들이 모여 만든 협동조합, 특정 지역을 기반으로 하는 지역 협동조합과 아파트주민 공동구매 협동조합 등은 매우 특화된 형태입니다. 이렇듯 특화되고 전문적인 협동조합은 정관을 통해 조합원 가입 범위를 정할 수도 있습니다.

Ⅱ. 1인 1표는 무엇인가?

제23조(의결권 및 선거권)

① 조합원은 출자좌수에 관계없이 각각 1개의 의결권과 선거권을 가진다.

② 조합원은 대리인으로 하여금 의결권 또는 선거권을 행사하게 할 수 있다. 이 경우 그 조합원은 출석한 것으로 본다.

③ 제2항에 따른 대리인은 다른 조합원 또는 본인과 동거하는 가족(조합원의 배우자, 조합원 또는 그 배우자의 직계 존속·비속과 형제자매, 조합원의 직계 존속·비속 및 형제자매의 배우자를 말한다. 이하 같다)이어야 하며, 대리인이 대리할 수 있는 조합원의 수는 1인에 한한다.

④ 제2항에 따른 대리인은 정관으로 정하는 바에 따라 대리권을 증명하는 서면을 협동조합에 제출하여야 한다.

KEY POINT

협동조합은 '모든 조합원에게 균등하게 1개의 의결권과 선거권을 부여'해야 한다.

1인 1표는 무엇인가

협동조합이 소개되면서 주식회사 대신 협동조합 형태로 창업하는 사례가 늘고 있습니다. 반가운 소식임에는 분명하지만, 협동조합으로 창업하여 기업하기 전에 먼저 꼼꼼히 챙겨 보아야 할 부분들이 있습니다. 그것은 1인 1표라는 협동조합만의 독특한 의결권과 선거권입니다. 실제 협동조합 기업과 주식회사 기업의 가장 큰 차이는 의결권과 선거권 행사 방법에서 찾을 수 있습니다.

협동조합을 지칭할 때 '민주적인 기업'이라고 합니다. 기업과 민주주의, 어떤 관계일까요? 주식회사 기업은 1주 1표의 원칙으로 운영됩니다. 51% 이상의 지분을 확보한 주주의 뜻과 의지에 따라 움직이고 경영됩니다. 반면, 협동조합 기업은 1인 1표의 원칙이 적용됩니다. 각자가 보유한 출자좌수에 관계없이 모든 조합원(주식회사 '주주'와 같은 개념)은 각각 1개의 의결권과 선거권만을 보유합니다.

다시 말해, 협동조합 기업은 민주주의의 원칙인 '모든 국민은 하나의 선거권을 갖는다.'에 따라 운영되는 기업입니다. 협동조합을 정의하는 해설 중 하나는 '협동조합은 조합원에 의해 민주적으로 관리되고 운영되는 회사'라고 합니다.

따라서 '협동조합으로 창업'이라는 결정에 앞서, 1인 1표의 의사 결정 방식이, 구상하고 있는 사업과 경영에 적합한지를 신중히 고려해야 합니다.

1인 1표의 장점과 단점

민주적으로 경영되는 기업이라는 개념은 아직까지 우리에게 익숙하지 않은 것이 사실입니다. 일부에서는 이 같은 1인 1표의 의결권과 선거권이 지나치게 사유재산을 제한하고 기업의 의사 결정 체계를 지연하는 요인으로 작용할 수 있다는 문제를 제기하기도 합니다.

그렇지만 지금 이 순간에도 협동조합의 1인 1표 방식으로 의사 결정을 내리는 성공적인 기업들을 어렵지 않게 찾을 수 있습니다. 스페인 축구클럽 FC 바르셀로나, 미국의 통신사 AP, 세계적인 농업기업 선키스트 등이 바로 그러한 예입니다. 그리고 교육, 보육, 농업, 실버, 방송, 지역개발, 사회서비스 등의 분야에서는 주식회사보다 더 경쟁력 있고 적합한 기업모델로 인정받고 있다는 점도 잊지 말아야 할 것입니다.

12. 지분환급청구권은 무엇인가?

제26조(지분환급청구권과 환급정지)

① 탈퇴 조합원(제명된 조합원을 포함한다. 이하 이 조와 제27조에서 같다)은 탈퇴(제명을 포함한다. 이하 이 조와 제27조에서 같다) 당시 회계연도의 다음 회계연도부터 정관으로 정하는 바에 따라 그 지분의 환급을 청구할 수 있다.

② 제1항에 따른 지분은 탈퇴한 회계연도 말의 협동조합의 자산과 부채에 따라 정한다.

③ 제1항에 따른 청구권은 2년간 행사하지 아니하면 시효로 인하여 소멸된다.

④ 협동조합은 탈퇴 조합원이 협동조합에 대한 채무를 다 갚을 때까지는 제1항에 따른 지분의 환급을 정지할 수 있다.

제27조(탈퇴 조합원의 손실액 부담)

협동조합은 협동조합의 재산으로 그 채무를 다 갚을 수 없는 경우에는 제26조에 따른 지분의 환급분을 계산할 때 정관으로 정하는 바에 따라 탈퇴 조합원이 부담하여야 할 손실액의 납입을 청구할 수 있다. 이 경우 제26조제3항을 준용한다.

협동조합은 '탈퇴 조합원에게 출자한 지분을 돌려주어야' 한다.

지분환급청구권은 무엇인가

협동조합을 탈퇴하거나 조합에서 제명된 조합원은 출자 및 기여 지분을 돌려달라고 청구할 수 있습니다. 이를 '지분환급청구권'이라고 합니다. 무슨 뜻일까요? 첫째, 반드시 돌려받을 권리가 있다는 것이고, 둘째, 돌려받지 못한 경우에는 법적으로 보호받을 권리가 있음을 의미합니다. 청구권이 있기 때문에 관련 소송을 제기할 수도 있습니다.

이때 '지분[10]'이라는 개념이 등장합니다. '지분'이란 출자금과 잉여금(또는 수익)을 합한 금액을 뜻합니다. 따라서 탈퇴하는 조합원이 돌려받을 수 있는 금액은 납입한 '출자금'에 조합원으로 활동한 기간(회계 연도 기준) 동안 발생한 '잉여금'을 합한 부분입니다.

지분환급청구권을 제한할 수 있는가

'지분환급청구권'은 법적으로 보호받는 권한입니다. 그러나 협동조합

---

10 지 분 = '출자금' + '잉여금(=수익)'
출자금 = 협동조합 가입 시 조합원이 출자한 '금액'
잉여금 = '영업이익금' - '손실금' - '적립금'

의 재무 여건이 악화되는 경우, 그 금액이 조정될 수도 있습니다. 협동조합의 재산으로 그 채무를 갚을 수 없는 경우를 가리켜 '자본잠식'이라고 합니다. 자본잠식이 발생하는 경우 조합의 지불 능력을 고려하여 탈퇴 조합원에 손실액을 일정 부분 부담시킬 수 있습니다. 이 경우 돌려받을 수 있는 금액은 지분에서 손실금을 제한 액수로 정해집니다.

13. 협동조합 총회는 어떤 기능을 수행하는가?

제28조(총회)

① 협동조합에 총회를 둔다.

② 총회는 이사장과 조합원으로 구성한다.

③ 이사장은 총회를 소집하며, 총회의 의장이 된다.

④ 정기총회는 매년 1회 정관으로 정하는 시기에 소집하고, 임시총회는 정관으로 정하는 바에 따라 필요하다고 인정될 때 소집할 수 있다.

⑤ 이사장은 총회 개최 7일 전까지 회의목적·안건·일시 및 장소를 정하여 정관으로 정한 방법에 따라 총회소집을 통지하여야 한다.

제29조(총회의 의결사항 등)

① 다음 각 호의 사항은 총회의 의결을 받아야 한다. 〈개정 2014.1.21.〉

1. 정관의 변경

2. 규약의 제정·변경 또는 폐지

3. 임원의 선출과 해임

4. 사업계획 및 예산의 승인

5. 결산보고서의 승인

6. 감사보고서의 승인

7. 협동조합의 합병·분할·해산 또는 휴업

8. 조합원의 제명

8의2. 탈퇴 조합원(제명된 조합원을 포함한다)에 대한 출자금 환급

9. 총회의 의결을 받도록 정관으로 정하는 사항

10. 그 밖에 이사장 또는 이사회가 필요하다고 인정하는 사항

② 제1항제1호, 제7호, 제8호, 제8호의2의 사항은 총조합원 과반수의 출석과 출석자 3분의 2 이상의 찬성으로 의결하며, 그 밖의 사항은 총조합원 과반수의 출석과 출석자 과반수의 찬성으로 의결한다. 〈개정 2014.1.21.〉

제30조(총회의 의사록)

① 총회의 의사에 관하여 의사록을 작성하여야 한다.

② 의사록에는 의사의 진행 상황과 그 결과를 적고 의장과 총회에서 선출한 조합원 3인 이상이 기명날인하거나 서명하여야 한다.

KEY POINT

협동조합은 '최고 의사 결정 기관인 총회를 연 1회 이상 개최해야' 한다.

협동조합의 기관은 어떻게 구성되는가

협동조합이 효과적으로 운영되기 위해서는 세 가지 기관이 필요합니

협동조합의 3대 기관

다. 먼저 '총회'를 두어야 합니다. 총회는 협동조합의 최고 의사 결정 기관입니다. 총회는 년 1회 이상 개최해야 하며, 조합원 가운데 선출된 이사장과 조합원으로 구성됩니다. 총회는 ▲정관 변경, ▲임원 선출, ▲규약 제정, ▲사업계획 승인, ▲문제 조합원 제명 ▲탈퇴 조합원에 대한 출자금 환급 등 협동조합에 대한 핵심 의사를 결정하는 중요한 기능을 수행합니다. 총회는 앞서 소개한 1인 1표의 원칙으로 의사를 결정해야 하며, 자세한 내용으로 의사록을 작성하여 기록으로 남겨야 합니다. 의사록은 협동조합에 중요한 기록이므로 반드시 보관하고 필요한 경우 제출해야 합니다.

둘째, 총회 결정 사항을 집행하고 협동조합 사업을 수행하는 '이사회'가 필요합니다. 이사회는 이사장과 이사로 구성되고, 협동조합 재산과 사업의 집행, 총회 소집 의결, 사업계획 작성 등 협동조합 운영에 대한 기본적인 사안들을 담당합니다. 협동조합에 채용되어 근무하는 직원들의 업무를 지시하고 감독하는 것 역시 이사회에 부여된 중요한 기능 중 하나입니다.

셋째, 협동조합의 업무를 감독하는 감독 기관으로 '감사'를 두어야 합니다. 감사는 법적으로 설치되어야 하는 필수 기관입니다. 협동조합은 한 사람의 기업이 아닌 여러 사람들의 공동 기업이므로 투명한 경영을 지키는 것은 중요한 과제입니다. 감사는 협동조합의 업무 집행 상황, 재산 상태, 장부 및 서류 등을 감사하여 총회에 보고하는 의무를 가집니다.

총회, 이사회, 감사의 구성과 기능 비교

	총회 (대의원 총회)	이사회	감사
성격	의사 결정	결정 사항 집행	감사 기능 수행
구성	이사장 + 조합원	이사장 + 이사	감사
기능	• 정관, 규약 변경 • 임원 선출, 해임 • 사업계획 승인 • 조합원 제명 등 • 출자금 환급	• 협동조합 업무 집행 • 총회 소집, 안건 준비 • 사업계획서 작성 • 기타 이사회 의결 사항	• 협동조합의 업무 집행 상황, 재산 상태, 장부 및 서류 등 감사 및 총회 보고

협동조합 조직 운영 사례

협동조합기본법 시행 이후, 기존의 생활협동조합에서 사회적협동조합으로 전환한 사례가 있습니다. 지역 의료 기관의 모범적인 사례로 자리 잡은 '안산의료복지사회적협동조합(이하 안산의료협동조합)'입니다.

　　안산의료협동조합은 협동조합의 필수적인 3대 기관인 ▲총회(대

안산의료복지사회적협동조합 조직도

*출처 : 안산의료복지사회적협동조합 홈페이지 자료

의원 총회), ▲이사회, ▲감사를 두고 있습니다. 세부 사업을 추진하기 위해 ▲조합사업부, ▲의료사업부, ▲노인복지사업부, ▲경영지원실이 있습니다.

이와는 별도로 조합원들이 직접 의사에 참여하는 여러 위원회를 두고 있습니다. 위원회는 이사회와 총회의 부족한 부분을 채우고, 전문적이고 체계적인 경영을 보장하는 역할을 수행합니다. 눈에 띄는 위원회는, ▲조직교육위원회, ▲이용위원회, ▲복지위원회 등입니다. 협동조합 원리와 원칙을 충실히 수행하기 위한 것으로 보입니다.

14. 대의원 총회와 총회의 차이는 무엇인가?

제31조(대의원총회)

① 조합원 수가 대통령령으로 정하는 수를 초과하는 경우 총회를 갈음하는 대의원총회를 둘 수 있다.

② 대의원총회는 조합원 중에서 선출된 대의원으로 구성한다.

③ 대의원총회를 구성하는 대의원 정수는 대의원 선출 당시 조합원 총수의 100분의 10 이상이어야 한다. 다만, 그 대의원 총수가 100명을 초과하는 경우에는 100명으로 할 수 있다. 〈신설 2014.1.21.〉

④ 대의원의 의결권 및 선거권은 대리인으로 하여금 행사하게 할 수 없다. 〈개정 2014.1.21.〉

⑤ 대의원의 임기, 선출방법 및 자격 등 대의원총회의 운영에 필요한 사항은 정관으로 정한다. 〈신설 2014.1.21.〉

⑥ 대의원총회에 관하여는 총회에 관한 규정을 준용하며, 이 경우 "조합원"은 "대의원"으로 본다. 다만, 대의원총회는 협동조합의 합병·분할 및 해산에 관한 사항은 의결할 수 없다. 〈개정 2014.1.21.〉

협동조합은 '그 조합원의 수가 200명을 넘는 경우 대의원 총회를 설치'할 수 있다.

대의원 총회와 총회의 차이점

작은 규모의 협동조합만 있는 것은 아닙니다. 작은 협동조합으로 시작되었지만, 거대 조합으로 성장한 경우를 많이 찾아볼 수 있습니다. 스위스의 미그로는 스위스 국민 절반 이상이 이용하는 거대 소매 협동조합입니다. 스페인의 FC 바르셀로나는 19만 명의 축구팬이 모인 스포츠 협동조합이며, 한국의 농협은 무려 200만 조합원들이 모인 초대형 협동조합 중 하나입니다.

조합원 수가 많아지면 대형화로 얻을 수 있는 장점과 동시에 조합원 간 협력과 의사소통이 약해지는 단점이 있습니다. 외국의 경우, 일부 협동조합의 정체성을 유지하기 위해 조합원 수를 150명으로 제한하는 경우도 있습니다. 조합원 수가 150명이 넘어가면, 2개의 협동조합으로 분할하여 긴밀한 관계를 유지한다고 합니다. 협동조합 대형화는 의사 결정에 어려움을 줄 수 있는데, 이런 한계를 극복하기 위해 기본법은 '대의원 총회'를 설치할 수 있도록 하였습니다. 이 경우 대의원 정수는 조합원 총수의 100분의 10 이상(예, 조합원이 300명일 때, 대의원은 30명)이어야 합니다. 단, 대의원 총수가 100명이 넘는 경우에는 100

명으로 대의원 수를 제한할 수 있습니다.

총회와 대의원 총회의 기능과 역할은 원칙적으로 같습니다. 물론 차이도 있지요. 총회 참석 조합원의 의결권은 배우자와 직계가족 등에게 위임할 수 있지만, 대의원 총회의 경우에는 가능하지 않습니다. 협동조합의 합병·분할, 해산 등의 중대한 사항은 대의원 총회에서 결정할 수 없고, 반드시 총회를 소집하여 결정해야 합니다.

총회와 대의원 총회의 차이 비교

	총회	대의원 총회
설립 요건	모든 조합	조합원 200명 이상 조합
구성	이사장 + 조합원	이사장 + 대의원
의결 방식	1인 1표	1대의원 1표
의결권 위임	O	X
의사 결정 기능	정관, 규약 변경, 임원 선출, 해임, 사업계획 승인, 조합원 제명 등	'총회'와 동일 단, 합병, 분할 및 해산은 의결할 수 없음

15. 이사회는 어떻게 운영되는가?

제32조(이사회)

① 협동조합에 이사회를 둔다.

② 이사회는 이사장 및 이사로 구성한다.

③ 이사장은 이사회를 소집하고 그 의장이 된다.

④ 이사회는 구성원 과반수의 출석과 출석원 과반수의 찬성으로 의결하며, 그 밖에 이사회의 개의 및 의결방법 등 이사회의 운영에 관하여 필요한 사항은 정관으로 정한다.

⑤ 제1항에도 불구하고 조합원 수가 10인 미만인 협동조합은 총회의 의결을 받아 이사회를 두지 아니할 수 있다. 〈신설 2014.1.21.〉

제33조(이사회의 의결사항)

이사회는 다음 각 호의 사항을 의결한다.

1. 협동조합의 재산 및 업무집행에 관한 사항

2. 총회의 소집과 총회에 상정할 의안

3. 규정의 제정·변경 및 폐지

4. 사업계획 및 예산안 작성

5. 법령 또는 정관으로 이사회의 의결을 받도록 정하는 사항

6. 그 밖에 협동조합의 운영에 중요한 사항 또는 이사장이 부의하는 사항

협동조합의 '이사회는 조합의 재산을 관리하고 사업을 집행하는 기관'이다.

협동조합과 의사 결정 방법

협동조합의 최대 강점인 동시에 약점으로 지적받는 것은 바로 '협동'이 라는 개념입니다. 다시 말해 협동이 잘되면 보약이지만 협동이 안 되면 어려움을 겪을 수 있습니다. 주식회사와 같이 주도적인 1인 주인이 없 는 기업의 대표적인 문제점인 것이지요. 협동조합에서 협동을 강화하 고 발전시키기 위한 노력과 시도는 계속되어 왔습니다. 협동조합 종주 국 격인 영국의 협동조합대학에는 '협동조합에서 의사 결정 방법'이라 는 별도 교육과정을 갖고 있습니다. 이는 그만큼 조합원 내부의 유대 와 결속을 증진하여 긴밀한 협력관계를 구축하는 것이 협동조합 성공 에 중요하다는 것을 뜻합니다.

이사회는 어떻게 운영되는가

협동조합의 조합원들이 주요 의사 결정을 위해 총회에 항상 참석하는 것은 어려운 일입니다. 그렇지만 매일매일 다양한 의사 결정은 이루어 져야 합니다. 협동조합은 원활한 조합의 운영과 집행을 위해 총회 산

의사소통 관련 영국 협동조합대학 교육과정

효과적으로 함께 일하는 방법	Working Together Effectively
팀워크와 효과적인 멤버십	Teamwork and Effective Committee Membership
효과적인 협동조합 지배 구조	Effective Co-operative Governance
발표 기법	Presentation Skills
회의 사회 기법	Chairing Skills
기능 · 역할 · 책임	Functions, Roles and Responsibilities

하에 이사회를 둘 수 있습니다. 이때 조합원 수가 10인 미만인 소규모 협동조합은 이사회를 두지 않을 수 있습니다. 이는 소규모 협동조합의 경우에는 '총회'와 '이사회'의 구성원이 거의 같게 되는 그런 가능성이 높아서 소규모 협동조합의 신속하고 효율적인 의사결정을 도모하기 위한 것입니다.

이사회는 총회에서 선출된 이사장을 대표로 하여 이사로 구성되어 있고, 이사장은 이사회의 의장 역할을 수행하게 됩니다. 이사회의 주된 기능으로는, (1) 협동조합의 재산 및 업무 집행에 관한 사항, (2) 총회의 소집과 총회에 상정할 의안, (3) 규정의 제정 · 변경 및 폐지, (4) 사업계획 및 예산안 작성, (5) 법령 또는 정관으로 이사회의 의결을 받도록 정하는 사항, (6) 그 밖에 협동조합의 운영에 중요한 사항 또는 이사장이 부의하는 사항 등 6가지 사항을 과반수 출석과 과반수 찬성으로 의결합니다.

주식회사와 협동조합 조직의 비교 차이

	주식회사	협동조합
최고 결정기구	주주총회	(조합원) 총회
대의원 총회 설치	X	O
집행기구	이사회	
대표	대표이사	이사장
연임 제한	없음	총 2회 연임

16. 임원의 요건은 무엇인가?

제34조(임원)

① 협동조합에 임원으로서 이사장 1명을 포함한 3명 이상의 이사와 1명 이상의 감사를 둔다.

② 이사의 정수 및 이사·감사의 선출방법 등은 정관으로 정한다.

③ 이사장은 이사 중에서 정관으로 정하는 바에 따라 총회에서 선출한다.

④ 조합원인 법인이 협동조합의 임원인 경우 그 조합원인 법인은 임원의 직무를 수행할 사람을 선임하고, 그 선임한 사람의 성명과 주소를 조합원에게 통지하여야 한다. 〈신설 2014.1.21.〉

⑤ 제1항에도 불구하고 사업의 성격, 조합원 구성 등을 감안하여 대통령령으로 정하는 협동조합은 총회의 의결을 받아 감사를 두지 아니할 수 있다. 〈신설 2014.1.21.〉

제35조(임원의 임기 등)

① 임원의 임기는 4년의 범위에서 정관으로 정한다.

② 임원은 연임할 수 있다. 다만, 이사장은 2차에 한하여 연임할 수 있다.

③ 결원으로 인하여 선출된 임원의 임기는 전임자의 임기종료일까지로 한다.

제36조(임원 등의 결격사유)

① 다음 각 호의 어느 하나에 해당하는 사람은 협동조합의 임원이나 제34조제4항에 따른 임원의 직무를 수행할 사람이 될 수 없다. 〈개정 2014.1.21.〉

1. 피성년후견인

2. 피한정후견인

3. 파산선고를 받고 복권되지 아니한 사람

4. 금고 이상의 실형을 선고받고 그 집행이 끝나거나(집행이 끝난 것으로 보는 경우를 포함한다) 집행이 면제된 날부터 3년이 지나지 아니한 사람

5. 금고 이상의 형의 집행유예를 선고받고 그 유예기간 중에 있거나 유예기간이 끝난 날부터 2년이 지나지 아니한 사람

6. 금고 이상의 형의 선고유예를 받고 그 선고유예기간 중에 있는 사람

7. 법원의 판결 또는 다른 법률에 따라 자격이 상실 또는 정지된 사람

② 제1항 각 호의 사유가 발생하면 해당 임원이나 제34조제4항에 따른 임원의 직무를 수행할 사람은 당연히 퇴직된다. 〈개정 2014.1.21.〉

③ 제2항에 따라 퇴직된 임원이나 제34조제4항에 따른 임원의 직무를 수행할 사람이 퇴직 전에 관여한 행위는 그 효력을 상실하지 아니한다. 〈개정 2014.1.21.〉 〔제목개정 2014.1.21.〕

협동조합의 '임원은 이사장 1명, 이사 2명 이상, 감사 1명 이상 총4명 이상'이 필요하다.

임원 구성

협동조합은 민주적인 기업입니다. 그렇다고 모든 의사 결정에 전 조합원이 참여할 수는 없겠지요. 이 경우 사업의 효과적인 집행과 운영을 위해 선출직 임원을 선임할 수 있습니다. 임원의 역할과 기능은 기본법에 명시되지 않았습니다. 각각의 조합의 특성과 기능에 따라 내부 규약, 규칙으로 정할 수 있습니다.

그렇다면 이사회를 구성하기 위해서는 몇 명의 임원이 필요할까요? 협동조합기본법상 임원을 구성하는 최소 인원은 4명입니다. 물론 이보다 많을 수 있지만 적어서는 안 됩니다. 협동조합은 등록신고 전까지 1명의 이사장, 3명 이상의 이사(이사장을 포함)와 1명 이상의 감사를 선출하여야 합니다. 협동조합 이사의 수, 선출 방법, 임기(최고 4년), 연임 여부와 방법 등은 정관으로 정할 수 있습니다.

한편, 모든 협동조합이 반드시 감사를 둘 필요는 없습니다. 사업의 성격과 규모를 감안하여 대통령령으로 정하는 협동조합은 감사를 두지 않을 수 있습니다. 참고로 상법을 보면 자본금 총액이 10억 원 미만인 소규모 주식회사의 경우에는 감사를 예외적으로 임의기관으로 둘 수 있습니다.

이사장 선출

조합원이 아닌 외부 전문가 중에서 이사장을 선출할 수 있을까요? 여기에 대한 답은 조금 복잡할 수 있습니다. 원칙적으로 조합원의 자격은 누구에게나 차별 없이 개방되어 있습니다. 따라서 이사장으로 선출되어 봉사하기로 한 분은 최소한 조합원에 가입하는 것이 우선일 것입니다.

그런데 이런 경우가 있을 수 있겠지요. 해당 조합원들 중 전문적인 경영과 운영에 대한 경험을 가지고 있는 사람이 없어 불가피하게 외부 전문가를 이사장으로 모셔야 하는 상황입니다. 이런 경우가 가능할까요?

답은 가능한 것으로 보입니다. 기본법에는 임원은 반드시 조합원 중에서 선출되어야 한다는 규정이 없기 때문입니다. 유능한 외부 전문가를 초빙하는 것도 한 가지 방법이겠지요. 그래도 협동조합 조합원의 자격과 요건은 모두에게 열려 있기 때문에, 외부인이 이사장으로 선임된다면, 취임하기 전에 조합원으로 가입 절차를 마무리하는 것이 바람직할 것으로 보입니다.

협동조합은 조합원 5인 이상으로 설립이 가능하므로 일부 조합원은 법인이 될 수 있습니다. 조합원인 법인이 임원인 경우에는 해당 조합원인 법인은 임원의 직무를 수행할 사람을 선임하고 그 사람의 성명과 주소를 다른 조합원들에게 알려야 합니다.

임원의 자격

협동조합기본법상 임원의 자격을 제한하는 요건을 찾을 수는 없습니다. 다만, 임원 선출 방법은 정관으로 정하도록 하였기 때문에, 개별 협동조합의 특징과 필요에 따라 정관으로 임원의 기본 요건과 자격에 제한을 둘 수 있습니다.

그렇다고 기본법이 아무런 제한이 없는 것은 아닙니다. 이사장의 임기는 최대 2회 연임으로 제한됩니다. 한 임기가 4년임을 가정한다면, 한 명의 이사장은 최고 12년까지 연속하여 직무를 수행할 수 있습니다. 이는 협동조합이 동일인에 의해 너무 오랫동안 독점되는 것을 막기 위한 것입니다.

또한, 피성년후견인[11], 피한정후견인[12], 파산자[13], 금고 이상의 형을 받은 자 등은 이사장이나 이사가 될 수 없습니다. 협동조합은 조

---

11 피성년후견인(구 금치산자)은 질병, 장애, 노령, 그 밖의 사유로 인한 정신적 제약으로 사무를 처리할 능력이 지속적으로 결여된 사람으로서 가정법원으로부터 성년후견개시의 심판을 받은 사람(민법 10조). 이 경우 법원은 피성년후견인이 단독으로 행할 수 있는 행위를 정함.

12 피한정후견인이란 질병, 장애, 노령 그 밖의 사유로 인한 정신적 제약으로 사무를 처리할 능력이 부족한 사람으로서 가정법원으로부터 한정후견개시의 심판을 받은 자를 지칭(민법 제12조). 이 경우 법원은 피한정후견인이 단독으로 행할 수 없는 행위를 정함.

13 법원으로부터 파산선고(破産宣告)를 받고 현재 그 자에 대하여 파산절차가 진행되고 있는 자.

합원 간 신뢰와 협력이 무엇보다 중요합니다. '법인격'을 부여받고 운영되는 협동조합의 경영과 운영을 법적인 권리가 제한되거나 박탈된 이들에게 맡길 수 없기 때문입니다.

17. 선거운동은 왜 필요한가?

제37조(선거운동의 제한)

① 누구든지 자기 또는 특정인을 협동조합의 임원 또는 대의원으로 당선되도록 하거나 당선되지 아니하도록 할 목적으로 다음 각 호의 어느 하나에 해당하는 행위를 할 수 없다. 〈개정 2014.1.21.〉

1. 조합원(협동조합에 가입신청을 한 자를 포함한다. 이하 이 조에서 같다)이나 그 가족(조합원의 배우자, 조합원 또는 그 배우자의 직계 존속·비속과 형제자매, 조합원의 직계 존속·비속 및 형제자매의 배우자를 말한다. 이하 같다) 또는 조합원이나 그 가족이 설립·운영하고 있는 기관·단체·시설에 대한 다음 각 목의 어느 하나에 해당하는 행위

가. 금전·물품·향응이나 그 밖의 재산상의 이익을 제공하는 행위

나. 공사의 직을 제공하는 행위

다. 금전·물품·향응, 그 밖의 재산상의 이익이나 공사의 직을 제공하겠다는 의사표시 또는 그 제공을 약속을 하는 행위

2. 후보자가 되지 못하도록 하거나 후보자를 사퇴하게 할 목적으로 후보자가 되려는 사람이나 후보자에게 제1호 각 목에 규정된 행위를 하는 행위

3. 제1호 또는 제2호의 이익이나 직을 제공받거나 그 제공의 의사 표시를 승낙하는 행위 또는 그 제공을 요구하거나 알선하는 행위

② 임원 또는 대의원이 되려는 사람은 정관으로 정하는 기간 중에는 선거운동을 위하여 조합원을 호별로 방문하거나 특정 장소에 모이게 할 수 없다.

③ 누구든지 협동조합의 임원 또는 대의원 선거와 관련하여 연설·벽보, 그 밖의 방법으로 거짓의 사실을 공표하거나 공연히 사실을 적시하여 후보자를 비방할 수 없다.

④ 누구든지 임원 또는 대의원 선거와 관련하여 다음 각 호의 방법 외의 선거운동을 할 수 없다. 〈개정 2014.1.21.〉

1. 선전 벽보의 부착

2. 선거 공보의 배부

3. 소형 인쇄물의 배부

4. 합동 연설회 또는 공개 토론회의 개최

5. 전화(문자메시지를 포함한다)·팩스·컴퓨터통신(전자우편을 포함한다)을 이용한 지지 호소

제38조(선거관리위원회의 구성·운영)

① 협동조합은 임원 및 대의원 선거를 공정하게 관리하기 위하여 선거관리위원회를 구성·운영할 수 있다.

② 선거관리위원회의 기능·구성 및 운영 등에 관하여 필요한 사항은 정관으로 정할 수 있다.

협동조합의 '임원은 반드시 선거를 통해 공정한 방법으로 선출'되
어야 한다.

선거운동 규정의 필요성

제37조(선거운동의 제한)는 협동조합 기업이 주식회사 기업과 구별되는
또 하나의 특징을 규정하고 있습니다. 바로 선거운동에 대한 내용입니
다. 민주적인 기업으로 불리는 협동조합의 운영은 조합원이 참여하는
선거를 통해 결정됩니다. 이때 '선거'라 함은, 각각의 조합원이 출자한
액수에 상관없이 균등하게 1인은 1표만 행사함을 의미합니다.

이는 주주총회에서 본인의 지분만큼 투표권을 행사하는 주식회
사와 다르며, 협동조합의 민주적이고 공정한 의사 결정을 위한 규정입
니다.

제한되는 선거운동 방식

협동조합기본법은 4가지 분류로 구분하여 선거운동 제한 요건을 두고
있습니다. 첫째는 제한 행위, 둘째는 제한 기간, 셋째는 금지 행위, 넷
째는 선거운동 방법입니다. 제한받는 행위로는 금전·물품·향응이나
이에 상응하는 의사의 표시 등이 될 수 있습니다. 조합원을 방문하고

모으는 선거 활동은 선거운동 기간 제한되며, 이때 거짓된 사실을 공표하거나 상대 후보자를 비방하는 행위는 처벌을 받을 수 있습니다. 합법적인 선거운동은 ▲선전벽보 부착, ▲선거공보 배부, ▲소형 인쇄물 배부, ▲합동연설회 개최, ▲전화(문자메시지 포함)·팩스·컴퓨터 통신 지지 등으로 제한됩니다.

'선거운동의 제한'을 규정한 제37조에 의거 위반 시 형사 처분(징역 또는 벌금)도 받을 수 있기 때문에 각별히 주의하여야 합니다. 실제 협동조합의 큰 형님 격인 농협법, 수협법에는 선거 관련 내용이 아주 자세히 규정되어 있습니다. '선거운동의 제한'과 더불어 '기부 행위의 제한'과 '축의·부의·금품 제공 제한'에 관한 규정도 있다고 합니다. 이는 선거 과정에 따른 어려움, 문제점, 분쟁의 소지 등이 그만큼 많았다는 것을 보여 주는 반증이겠지요.

협동조합 FC 바르셀로나의 선거 이야기

FC 바르셀로나 홈구장, 축구 그 이상을!

FC 바르셀로나 Sandro Rosell 회장

2008년 6월 스페인의 사업가인 샌드로 로젤 회장은 기자회견을 개최하여 2010년 개최되는 FC 바르셀로나 회장 선거에 출마할 뜻을 밝혔습니다. 이후 2년여의 걸친 선거운동을 통해 2010년 6월 13일 FC 바르셀로나 클럽 조합원 5만 7천 명이 참여한 선거에서 투표자 60%의 지지를 얻어 39대 회장에 선출되었습니다. 이는 웬만한 지방 도시의 시장, 군수를 선출하는 과정과 비슷할 정도로 큰 규모였습니다.

세계적인 축구선수들이 즐비한 FC 바르셀로나는 'socis(쏘시스)'라고 불리는 19만 명의 축구팬들이 주인인 협동조합입니다. 매 6년마다 모든 조합원이 참여하는 '총회Assembly of delegate'를 개최하여 투표를 통해 민주적으로 회장을 선출합니다.

2010년 구단주 선거 열기　　호셉 과르디올라 감독도 한 표!　최종 선거 결과 집계

　　전 세계 수많은 축구클럽 중에서 두 번째로 높은 수익을 창출하는 것으로 알려진 FC 바르셀로나의 회장 선출은 치열하기로 유명합니다. 1899년 구단 설립 이후 110년간 총 39명의 회장이 선출되어 구단을 운영하였습니다. 회장으로 선출되면 구단의 신규 선수 영입, 계약 체결 등 구단 운영 전반을 책임지는 역할까지 수행하게 됩니다. 뿐만 아니라 구단의 성적이 좋지 않으면 다음번 선거에서 탈락할 수도 있어 여러 가지를 챙겨야 하는 어려운 자리이기도 합니다.

스페인 '몬드라곤'의 의사 결정 방식

해외 협동조합의 성공 사례를 이야기할 때 빠지지 않는 곳이 있습니다. 바로 스페인의 몬드라곤입니다. 1956년 스페인 북부 지방인 바스크의 가난한 마을에서 가스난로와 취사도구를 생산하는 작은 협동조합 '울고'로 시작하여 2010년 기준 금융, 제조업, 유통, 지식 등 약 260개 회사로 성장한 몬드라곤

스페인의 몬드라곤 협동조합   몬드라곤 의회

은 초대형 협동조합입니다.

2010년 기준 몬드라곤의 자산은 약 53조 원, 매출은 22조 원, 직원은 8만 4천 명으로 재벌기업이라 할 수 있습니다. 5~10명의 작은 규모라 해도 조합원 간 대화와 토론이 쉽지 않은데, 협동조합에 출자한 3만 5천 명의 조합원이 경영에 참여하는 경우 예상되는 여러 문제와 갈등을 어떻게 해결했는지가 궁금할 수밖에 없습니다.

몬드라곤은 독특한 자체 의사 결정 방식을 가지고 있습니다. 몬드라곤의 최고 의사 결정 기구는 매 4년마다 개최되는 전원 회의체입니다. 이때 조합원들은 직접 선출한 650명의 대의원으로 구성된 '몬드라곤 의회Mondragon Congress'를 출범시키지요. 의회는 몬드라곤 최고 대표성을 지닌 중요한 조직으로, 소속된 조합과 기업들이 준수해야 하는 지침, 규범 등을 제정·개정하고 몬드라곤 전체 운영을 설계하는 기본 정책의 의결 및 승인에 핵심적인 역할을 수행합니다.

'몬드라곤 의회'는 상시적으로 개최할 수 없으므로, 차기 의회 개최 시까지 의회의 기능을 일부 대신하여 정책을 집행하는 '상임위원회Standing

Committee'가 존재합니다. 상임위원회는 몬드라곤의 실질적인 정책과 규칙들을 정하고 필요 시 관련 의견을 조정하는 총이사회General Council를 두고 있습니다. 이렇듯 몬드라곤은 초대형 협동조합임에도 불구하고 민주적인 운영과 효과적인 경영이라는 두 마리 토끼를 한 번에 해결하는 효율적인 의사 결정 방법을 가지고 있는 것입니다.

18. 이사장, 임원, 감사의 직무는 무엇인가?

제39조(임원의 의무와 책임)

① 임원은 이 법, 이 법에 따른 명령, 정관·규약·규정 및 총회와 이사회의 의결을 준수하고 협동조합을 위하여 성실히 그 직무를 수행하여야 한다.

② 임원이 법령 또는 정관을 위반하거나 그 임무를 게을리하여 협동조합에 손해를 가한 때에는 연대하여 그 손해를 배상하여야 한다.

③ 임원이 고의 또는 중대한 과실로 그 임무를 게을리하여 제3자에게 손해를 끼친 때에는 제3자에게 연대하여 그 손해를 배상하여야 한다.

④ 제2항 및 제3항의 행위가 이사회의 의결에 의한 것일 때에는 그 의결에 찬성한 이사도 제2항 및 제3항의 책임이 있다.

⑤ 제4항의 의결에 참가한 이사로서 명백한 반대의사를 표시하지 아니한 자는 그 의결에 찬성한 것으로 본다.

제40조(임원의 해임)

① 조합원은 조합원 5분의 1 이상의 동의로 총회에 임원의 해임을 요구할 수 있다.

② 임원의 해임을 의결하려면 해당 임원에게 해임의 이유를 알리고, 총회에서 의견을 진술할 기회를 주어야 한다.

제41조(이사장 및 이사의 직무)

① 이사장은 협동조합을 대표하고 정관으로 정하는 바에 따라 협동조합의 업무를 집행한다.

② 이사는 정관으로 정하는 바에 따라 협동조합의 업무를 집행하고, 이사장이 사고가 있을 때에는 정관으로 정하는 순서에 따라 그 직무를 대행한다.

③ 제2항의 경우와 이사장이 권한을 위임한 경우를 제외하고는 이사장이 아닌 이사는 협동조합을 대표할 수 없다.

제42조(감사의 직무)

① 감사는 협동조합의 업무집행상황, 재산상태, 장부 및 서류 등을 감사하여 총회에 보고하여야 한다.

② 감사는 예고 없이 협동조합의 장부나 서류를 대조·확인할 수 있다.

③ 감사는 이사장 및 이사가 이 법, 이 법에 따른 명령, 정관·규약·규정 또는 총회의 의결에 반하여 업무를 집행한 때에는 이사회에 그 시정을 요구하여야 한다.

④ 감사는 총회 또는 이사회에 출석하여 의견을 진술할 수 있다.

⑤ 제34조제5항에 따라 감사를 두지 아니하는 때는 총회가 제1항부터 제3항까지의 규정에 따른 감사의 직무를 수행한다.

KEY POINT

협동조합의 '임원은 조합원 1/5의 동의로 열린 총회에서 해임될 수' 있다.

이사장과 이사의 책무

협동조합은 공동의 기업입니다. 참여하는 모두가 주인인 것이지요. 그런데 반대로 해석하면 주인이 없는 기업으로 비춰질 수도 있는 우려가 있습니다. 그렇기 때문에 성공적 운영을 위해서는 유능한 경영진을 확보해야 합니다. 실제 해외에서도 성공적인 협동조합을 자세히 살펴보면, 책임감과 능력이 있고 조합원에게 봉사하는 정신을 갖춘 성실한 임원들을 찾아볼 수 있습니다.

임원의 책무와 조합원의 책무는 어떻게 다를까요? 협동조합의 조합원은 본인이 출자한 금액에 한하여 책임을 지게 됩니다. 무한책임이 아니라 유한책임입니다. 반면, 임원은 다릅니다. 임원이 본연의 성실 근무 책임을 벗어나 '고의 또는 중대 과실'로 협동조합 또는 제3자에게 손해를 가한 경우에는 연대하여 그 손해를 배상하여야 합니다.

또한 제3자에게 손실을 주는 행위가 적법한 절차, 즉 이사회의 의결에 의한 것일 때에도 명백한 반대 의사를 표시하지 않았다면, 동일한 책임을 지게 됩니다. 이는 임원들에게 의무와 더불어 상당한 윤리적 책임이 있음을 확인하는 내용입니다.

감사의 책무

감사는 협동조합의 이사회와 직원들이 그 의무와 책임을 성실히 다하는지를 감사해야 합니다. 감사는 협동조합의 장부나 서류를 대조·확인할 수 있고, 총회 또는 이사회에 출석하여 의견을 진술할 수 있습니다. 협동조합이 이사장을 포함한 이사진과 소송을 할 때에는 감사가 협동조합을 대표하는 위치에 서게 됩니다.

19. 임직원의 겸직 금지 규정, 왜 필요한가?

제44조(임직원의 겸직금지)

① 이사장은 다른 협동조합의 이사장을 겸직할 수 없다.

② 이사장을 포함한 이사와 직원은 감사를 겸직할 수 없다.

③ 임원은 해당 협동조합의 직원을 겸직할 수 없다. 〈개정 2014.1.21.〉

④ 제2항 및 제3항에도 불구하고 임원은 사업의 성격과 조합원의 구성 등을 고려하여 대통령령으로 정하는 바에 따라 직원을 겸직할 수 있다. 〈신설 2014.1.21.〉

⑤ 협동조합의 임직원은 국회의원 또는 지방의회의원을 겸직할 수 없다. 〈신설 2014.1.21.〉

KEY POINT

협동조합의 '이사장은 다른 협동조합 이사장직을 겸직할 수 없다.'

이사장의 다른 협동조합 이사장 겸직 금지 규정

경영학 석사 MBA를 공부하는 학생이라면, 최고 경영자CEO를 꿈꿀 것입니다. 성공적인 CEO들은 한 회사가 아닌 여러 기업의 CEO직을 갖고 회사를 성공적으로 경영합니다. 반면 협동조합에서는 이 같은 겸직이 가능하지 않습니다. 기업의 CEO격인 협동조합의 이사장은 다른 협동조합의 이사장을 겸직할 수 없습니다. 여기에는 배경이 있습니다.

협동조합은 인적인 결합을 중요시하는 기업입니다. 한 사람의 스타 CEO가 여러 협동조합을 맡아 수익을 많이 얻게 하기보다는 각각의 협동조합이 지닌 특징과 조합원의 필요와 요구를 더 잘 반영하는 것이 중요하다는 판단 때문입니다.

이사장이 다른 협동조합의 이사나 감사를 금지하는 규정은 없습니다. 따라서 원칙적으로 A협동조합의 이사장을 맡고 있는 'K'라는 분이 B협동조합의 감사를 맡는 것은 가능합니다.

임원과 직원의 겸직 금지 규정

주식회사가 주주의 이익을 극대화하기 위해 의사 결정을 하듯, 협동조합의 우선가치는 직원들의 이익이 아닌 '조합원의 권익'을 높이는 것입니다. 그렇지만 협동조합 역사를 돌아보면, 이러한 원칙이 잘 지켜지지 않는 경우가 자주 있었던 것 같습니다. 협동조합의 주인이자 고용주인 조합원들은 경제적으로 어려운데, 피고용주인 직원들이 높은 보수를 받는 경우가 있기 때문입니다. 이같은 근본적인 문제의식을 바탕으로 제44조는 임원과 직원의 겸직을 금지하고 있습니다.

임원과 직원이 겸직을 하면 어떤 문제가 발생할 수 있을까요? 실질적인 경영책임자인 임원이 직원으로 구성될 경우, 임원들은 '조합원의 권익'보다는 직원들의 보수와 후생에 더 큰 관심을 갖게 됩니다. 협동조합에 수익이 나도 조합원들에게 돌아가는 혜택을 늘리거나 적립금을 높이 책정하기보다는 자신(임원과 직원)들의 보수를 높이는 데 관심을 갖기 쉽습니다.

이때 매우 심각한 문제가 발생하게 됩니다. 협동조합의 근본적인 가치 및 설립의 목적과도 당연히 배치됩니다. 주인인 조합원의 이익에 도움을 주기 위해 고용된 직원이 주인 행세를 할 때 발생되는 상황을 가리켜 속칭 '대리인 문제Agency Problem[14]'가 발생되었다고 합니다. 실제 '대리인 문제'의 딜레마는 여러 협동조합에서 발생되었고, 외국 협동조합에서도 자주 발생하는 문제 중 하나입니다.

허용되는 경우

임직원의 겸직을 일괄적으로 금지할 경우 또 다른 문제가 생길 수 있습니다. 협동조합 설립 요건이 5인으로 낮아진 상황에서 상당수 소규모 협동조합에서는 ▲조합원, ▲임원, ▲직원이 모두 동일한 경우가 생겨날 수 있습니다.

---

14 경제학 용어임. 협동조합의 주인은 조합원이지만 조합이 커지면 전문경영인과 직원(즉 대리인)을 고용하여 경영 일체를 맡길 수 있다. 이때 조합원과 대리인 간에 발생되는 문제를 지칭한다. 조합원(소유자)과 대리인 사이에는 정보의 불균형, 감독의 불안전성으로 인해 경영을 책임진 '대리인'들이 '조합원'의 이익보다 자신들의 이익을 우선하려는 경향이 생긴다. 예를 들어, 경영진의 연봉을 과도하게 올리고 각종 수당과 혜택 등을 높이는 것을 대표적인 '대리인 문제' 사례로 볼 수 있다.

실제로 서비스 제공을 주된 사업으로 하는 협동조합, 즉 직원협동조합에서는 조합원 대부분이 직원으로 참여하게 되어 임원과 직원, 조합원이 모두 같게 됩니다. 따라서 임직원 간 겸직을 일률적으로 금지할 경우, 당초 취지와 다르게 부작용이 발생될 우려가 있어 부득이 예외 규정을 두게 되었습니다. 크게 3가지 경우인데, (1) 조합원이 직원인 '직원협동조합', (2) 조합원 수가 10명 이하인 '소규모 협동조합', (3) 공익 달성이 목표인 '사회적협동조합'은 예외적으로 임원과 직원의 겸직이 가능합니다.

임직원 겸직이 허용되는 경우(시행령 제8조, 제13조)

유형	요건	겸직허용 사유
직원협동조합	원칙적으로 조합원이 직원으로 근무 ① 조합원 2/3 이상 직원 & ② 조합원인 직원이 전체 2/3 이상	조합원과 직원의 이익이 충돌되지 않음
소규모 협동조합	조합원수 〈 10명 이하	소규모 인력으로 겸직 불가피
사회적협동조합	설립 인가 (비영리법인)	사회적 공익을 실현하기 위함

정치인의 협동조합 임직원 겸직 금지

정치인의 협동조합 임직원 겸직 금지조항(제44조제5항)은 최근 법률 개정시(2014.1.21.) 반영된 내용입니다. 앞으로는 국회법에 따른 국회의원과 지방자치법에 따른 지방의회 의원들은 협동조합의 임원 또는 직원을 겸직할 수 없습니다. 이는 협동조합의 자주, 자립, 자치의 원칙을 존중하고 자율성을 침해하지 않기 위한 것으로 협동조합이 정치 세력화되는 우려와 소지를 줄일 수 있을 것으로 보입니다.

노동자(직원)협동조합과 노동조합과 차이

끝으로 노동자협동조합(또는 직원협동조합)과 노동조합의 차이를 살펴보도록 하지요. 노동자협동조합은 협동조합의 여러 모델 중 하나입니다. 직원들이 스스로 협동조합을 만들어 근로에 참여하는 협동조합을 뜻합니다. 반면 노동조합은 기업이 아닙니다. 이미 개별 기업에서 일하는 근로자들이 모여 근로조건 개선, 경제적·사회적 지위 향상을 위해 조직된 결사체입니다. 노동자협동조합과 노동조합은 명칭은 유사하지만, 본질 및 법적인 성격은 전혀 다릅니다. 한 가지 예로, 우리가잘 아는 '농협'이라는 거대 협동조합 내에는 '전국농협노동조합'이라는노조가 활동하고 있습니다.

협동조합과 노동조합과의 관계

농업협동조합
(농산물 판매·생산하는 협동조합)

농협 노동조합
(농협 직원의 결사체)

20. 협동조합은 어떤 사업을 할 수 있는가?

제45조(사업)

① 협동조합은 설립 목적을 달성하기 위하여 필요한 사업을 자율적으로 정관으로 정하되, 다음 각 호의 사업은 포함하여야 한다.

1. 조합원과 직원에 대한 상담, 교육 · 훈련 및 정보 제공 사업

2. 협동조합간 협력을 위한 사업

3. 협동조합의 홍보 및 지역사회를 위한 사업

② 협동조합의 사업은 관계 법령에서 정하는 목적 · 요건 · 절차 · 방법 등에 따라 적법하고 타당하게 시행되어야 한다.

KEY POINT

협동조합은 '조합원 상담 · 교육, 정보 제공, 지역사회 기여 등의 사업을 수행해야' 한다.

협동조합의 사업에 대한 요건은 2개의 조문에서 찾을 수 있습니다. 제 2조와 제45조입니다. 제2조(정의)는 협동조합을 '재화 또는 용역의 구

매·생산·판매·제공 등을 협동으로 영위하는 사업 조직'이라고 규정하였고, 제45조(사업)는 협동조합은 '설립 목적에 따라 필요한 사업을 자율적으로 정할 수 있다.'라고 명시하였습니다. 두 개의 조문만 놓고 본다면, 사실 협동조합으로 못하는 사업이 없는 것처럼 보입니다. 그러나 여기에는 몇 가지 요건이 있습니다.

첫째, 협동조합의 가치와 원칙을 존중하여 ① 조합원에 대한 교육·상담 사업, ② 다른 협동조합과 협력 사업, ③ 홍보 및 지역사회 기여 사업을 반드시 주된 사업으로 반영하여야 합니다. 이는 국제적인 기준과 원리와도 일맥상통한 부분입니다.

둘째, 협동조합의 사업은 개별법이 정하는 절차와 방법에 따라 시행되어야 합니다. 당연한 이야기로 들릴 수 있지만, 오해하기 쉬운 부분이기도 합니다. 예를 들어, 협동조합으로 병원을 설립하는 경우를 보도록 하지요.

병원은 환자의 생명과 건강을 다루는 중요 핵심 공공 서비스업입니다. 따라서 사회적협동조합 설립 인가가 아닌 관계 당국의 허가를 얻어야 합니다. 의료 기관 개설 허가에 관한 내용을 규정한 의료법 시행규칙 제27조에 따르면, 종합병원 설립을 위해서는, ▲법인설립허가증, 정관 및 사업계획서, ▲의료인 면허증 사본과 사업계획서, ▲건물 평면도 및 그 구조 설명서, ▲진료 과목 및 진료 과목별 시설 등의 개요 설명서 등이 포함된 서류를 복지부장관에 제출하고 허가를 받아야 합니다.

기억해야 할 부분이 있습니다. 협동조합 법인격 부여는 해당사업의 여러 가지 요건 중 하나인 법인 설립이 되었다는 것만을 의미합니다. 따라서 협동조합을 설립하기 이전에 (1) 원하는 사업을 규정하는 법령과 규정의 내용을 꼼꼼히 따져 보고, (2) 협동조합 법인격을 통해 해당 사업이 가능한지를 관계 기관에 문의하고 점검하는 것이 필요합니다.

21. 협동조합으로 금융업과 보험업을 할 수 없는 이유는?

> **제45조(사업)**
>
> ③ 협동조합은 제1항과 제2항에도 불구하고 통계법 제22조제1항에
>   따라 통계청장이 고시하는 한국표준산업분류에 의한 금융 및 보
>   험업을 영위할 수 없다.

KEY POINT

협동조합은 '어떠한 경우에도 금융과 보험 사업을 할 수 없다.'

협동조합과 금융업

전 세계적으로 금융 분야에서 다양한 협동조합들이 활약하고 있습니다. 네덜란드의 라보뱅크는 1천만 명이 넘는 고객(조합원)을 보유한 협동조합 은행입니다. 2008년 세계 금융위기 여파로 자금난에 빠진 영국 로이즈 은행 지점 630여 개를 인수한 기업은 동네 신용협동조합으로 통하던 영국의 '협동조합(코오퍼러티브)은행'이었습니다.

한국의 새마을금고, 신협은 협동조합 방식으로 운영되는 상호금융기관[15]입니다. 뿐만 아니라 한국의 대표적인 협동조합인 농협, 수협, 산림조합 등도 은행 등 금융 사업을 수행하고 있습니다. 이러한 필요와 현황에도 불구하고 협동조합기본법은 금융 사업을 왜 금지하고 있을까요?

금융업은 왜 금지되는가

협동조합의 금융사 진출은 기본법 제정 과정에서 가장 큰 쟁점이었습니다. 만약 기본법이 통과되지 못했다면, 제45조 때문이 아니었을까 하는 생각을 했을 정도로 이 문제는 수 차례 논의를 거치고 또 거쳤습니다. 국회 전문위원들과 수차례 논의, 민간 전문가들의 입장 수렴, 금융위원회 등 관계 부처 입장 고려, 협동조합 단체의 의견 수렴까지 거쳤지만, 한국 현실에 맞는 상부상조형 상호금융모델을 마련하는 것은 쉽지 않았습니다.

결론적으로 협동조합기본법에서는 협동조합의 어떠한 금융 사업도 허용하지 않은 것으로 결정되었습니다. 대신 사회적협동조합에 한해 제한적인 금융 사업인 '소액대출과 상호부조'만을 허용하고, 향후 제도 개선 과제로 연구하기로 합의가 되었습니다.

협동조합이 조합원의 자발적인 동기에 의하여 설립된 자조 조직

---

15 조합원의 자금을 출자받아 이를 조합원들에게 빌려주는 방식으로 영업하는 조합.

임을 감안할 때, 협동조합 운영의 민주성과 자율성이 보장되는 것은 중요합니다. 특히 협동조합이 사업 조직임을 감안할 때, 자율적인 자금 조달의 기능이 필요하다는 점도 인정되었습니다. 그러나 금융업의 특수성을 고려하지 않을 수 없었습니다.

협동조합이 기존의 취지와 달리 금융 및 보험 관련 사업이 무분별하게 시행될 경우 당시 벌어진 저축은행 사태와 같이 조합원과 지역 경제에 적지 않은 피해를 줄 수 있습니다. 특히 소규모, 소액 형태의 협동조합이 다수 설립되어 자율적인 금융 사업을 하는 경우, 최소한의 금융 감독조차 어려운 사각지대에 놓일 가능성도 무시할 수 없었던 것이지요.

뿐만 아니라, 외국의 사례에서도 상법과 민법과 같은 일반법인 협동조합기본법에 포괄적으로 금융업을 허용해 주는 경우는 찾을 수 없었습니다. 이유는 무분별한 금융업은 일반 국민 모두에게 적지 않은 피해를 줄 수 있기 때문입니다. 협동조합의 역사가 상대적으로 긴 외국에서도 '가짜 협동조합'으로 인한 피해가 적지 않았다고 합니다. 협동조합을 가장한 가짜 조합은 협동조합 제도 초기에 가장 경계해야 한다는 협동조합 전문가들의 조언을 다시금 기억하게 됩니다.

한국표준산업분류에 의한 '금융 및 보험업'

코드	업종	코드	업종	코드	업종
64	**금융업**	64919	그외 기타 여신금융업	65301	개인 공제업
641	은행 및 저축기관	6499	그외 기타 금융업	65302	사업 공제업
6411	중앙은행	64991	기금 운영업	65303	연금업
64110	중앙은행	64992	금융지주회사	**66**	**금융 및 보험 관련 서비스업**
6412	일반은행	64999	그외 기타 분류안된 금융업	661	금융지원 서비스업
64121	국내은행	**65**	**보험 및 연금업**	6611	금융시장 관리업
64122	외국은행	651	보험업	66110	금융시장 관리업
6413	신용조합 및 저축기관	6511	생명 보험업	6612	증권 및 선물 중개업
64131	신용조합	65110	생명 보험업	66121	증권 중개업
64132	상호저축은행	6512	손해 및 보증 보험업	66122	선물 중개업
64139	기타 저축기관	65121	손해 보험업	6619	기타 금융지원 서비스업
642	투자기관	65122	보증 보험업	66191	유가증권 관리 및 보관업
6420	투자기관	6513	사회보장 보험업	66192	투자 자문업
64201	자산운용회사	65131	건강 보험업	66199	그외 기타 금융지원 서비스업
64209	기타 투자기관	65139	산업재해 및 기타 보험업	662	보험 및 연금관련 서비스업
649	기타 금융업	652	재 보험업	6620	보험 및 연금관련 서비스업
6491	여신금융업	6520	재 보험업	66201	손해사정업
64911	금융리스업	65200	재 보험업	66202	보험대리 및 중개업
64912	개발금융기관	653	연금 및 공제업	66209	기타 보험 및 연금서비스업
64913	신용카드 및 할부금융업	6530	연금 및 공제업		

*출처 : 국회 기획재정위원회 경제소위 심사자료

22. 협동조합 사업은 조합원들만 이용할 수 있는가?

> **제46조(사업의 이용)**
>
> 협동조합은 대통령령으로 정하는 사업을 제외하고는 조합원의 이용에 지장이 없는 범위에서 정관으로 정하는 바에 따라 조합원이 아닌 자에게 그 사업을 이용하게 할 수 있다. 〔전문개정 2014.12.30.〕

KEY POINT

사업은 '정관에 따라 비조합원들에게도 제공될 수' 있다.

협동조합의 사업은 조합원들만 가능한가

협동조합은 조합원에 의한 조합원을 위한 사업조직입니다. 그렇기 때문에 우선적으로 조합원에게 이익이 되도록 운영되어야 합니다. 그러나 최근 법개정을 통해서 비조합원도 협동조합 사업이 이용이 가능합니다.

　　최초 협동조합기본법이 제정되었을 때는 비조합원의 사업 이용은 금지되었습니다. 이는 두 가지 이유가 있었는데요. 첫째, 협동조합은 우선적으로 조합원의 이익을 위해 활동해야 하기 때문이었고, 둘째 비조합원의 사업 이용을 확대할 경우, 굳이 회비를 납부하면서 조합원으로 가입할 인센티브가 줄기 때문이었습니다. 다시 말해 무임승차의 문제를 예상할 수 있었지요.

이번 법 개정이후에도 비조합원에게 사업을 이용하게 하기 위해서는 정관을 개정하여 구체적인 사용 내용과 범위를 정해야 합니다. 물론 그 범위는 기존 조합원의 이용에 지장이 없는 범위에서 이루어져야 합니다.

비조합원의 협동조합 사업 이용 가능 경우(시행령 제9조)

① 물품이 부패·변질 우려가 있는 경우

② 유·무상으로 홍보품, 견본품을 제공하는 경우

③ 공공기관 등 공익 목적 행사에 참석하는 경우

④ 공공기관 등과 공동으로 사업을 추진하는 경우

⑤ 타법에서 비조합원 이용이 가능한 경우

⑥ 천재지변 등 긴급 상황인 경우

⑦ 학교 내 협동조합으로 운영하는 경우

⑧ 조합원과 같은 가구에 속하는 자인 경우

⑨ 협동조합 가입을 홍보하는 경우

⑩ 기타 기획재정부장관 고시에 따라

23. 회계 관련 규정에는 어떤 것이 있는가?

제47조(회계연도 등)

① 협동조합의 회계연도는 정관으로 정한다.

② 협동조합의 회계는 일반회계와 특별회계로 구분하되, 각 회계별 사업부문은 정관으로 정한다.

제48조(사업계획서와 수지예산서)

협동조합은 매 회계연도의 사업계획서와 수지예산서를 작성하여 총회의 의결을 받아야 한다.

제49조(운영의 공개)

① 협동조합은 다음 각 호의 사항을 적극 공개하여야 한다.

〈개정 2014.1.21.〉

1. 정관과 규약 또는 규정

2. 총회·이사회의 의사록

3. 조합원 명부

4. 회계장부

5. 그 밖에 정관으로 정하는 사항

② 협동조합은 제1항 각 호의 사항이 포함된 서류를 주된 사무소에 갖추어 두어야 한다.

③ 협동조합의 채권자 및 조합원은 제1항 각 호의 사항이 포함된 서

류를 열람하거나 그 사본을 청구할 수 있다. 〈개정 2014.1.21.〉

제49조의2(경영공시)

① 대통령령으로 정하는 일정 규모 이상의 협동조합은 제15조에 따라 설립신고를 한 시·도 또는 협동조합연합회의 인터넷 홈페이지에 경영에 관한 다음 각 호의 사항에 대한 공시(이하 이 조에서 "경영공시"라 한다)를 하여야 한다.

1. 정관과 규약 또는 규정

2. 사업결산 보고서

3. 총회, 대의원총회 및 이사회의 활동 상황

4. 제45조제1항제1호부터 제3호까지의 사업을 포함한 사업결과 보고서

② 제1항에도 불구하고 기획재정부장관은 경영공시를 대신하여 같은 항 각 호의 사항을 별도로 표준화하고 이를 통합하여 공시할 수 있다.

③ 기획재정부장관은 제2항에 따른 통합 공시를 하기 위하여 필요한 자료를 협동조합에 요구할 수 있다. 이 경우 협동조합은 특별한 사정이 없으면 그 요구에 따라야 한다.

④ 제1항부터 제3항까지에서 규정한 사항 외에 협동조합의 경영공시 또는 통합 공시의 절차 등에 관하여 필요한 사항은 대통령령으로 정한다. 〔본조신설 2014.1.21.〕

제50조(법정적립금 및 임의적립금)

① 협동조합은 매 회계연도 결산의 결과 잉여금이 있는 때에는 해당 회계연도말 출자금 납입총액의 3배가 될 때까지 잉여금의 100분의 10 이상을 적립(이하 "법정적립금"이라 한다)하여야 한다.

<개정 2014.1.21.>

② 협동조합은 정관으로 정하는 바에 따라 사업준비금 등을 적립(이하 "임의적립금"이라 한다)할 수 있다.

③ 협동조합은 손실의 보전에 충당하거나 해산하는 경우 외에는 법정적립금을 사용하여서는 아니 된다.

KEY POINT

협동조합은 '투명 경영을 위해 회계장부를 작성하고 운영 상황을 적극 공개해야'한다.

회계장부를 꼭 작성해야 하는가

'회계'란 한마디로 협동조합의 가계부라고 할 수 있습니다. 알뜰한 주부는 가계 상황을 꼼꼼히 정리한 가계부를 작성합니다. 동창회 총무를 1년간 맡게 되면, 회비 수입과 지출 내역을 상세히 기재하여 정기총회에 보고하게 됩니다. 마음이 맞는 친구 5명이 함께 여행을 가더라도 준비를 책임진 간사는 공동으로 지출되는 비용을 관리하고 정산합니다. 동창회에서 회비 수입 및 지출 내역을 정리하듯 협동조합의 재무정보를 정리하고 관리하는 것을 '회계'라고 할 수 있습니다.

협동조합에 있어 투명한 회계 관리는 중요한 의무입니다. 개인 소유의 기업이 아닌 일종의 공동기업인 협동조합의 경영은 더욱 투명하고 공정하게 집행되어야 합니다. 이를 위해서는 일상적인 사업 과정에서 발생하는 모든 거래의 상세 내역을 기록하여 조합원, 직원, 지역사회 등 이해 당사자들에게 제공하는 행위, 즉 '회계'가 필수적입니다. 기본법은 매 회계연도를 정해 회계를 관리하고, 필요한 경우 일반회계와 특별회계로 구분하여 재정 상황을 세밀하게 관리하도록 규정하고 있습니다.

회계상 어떤 의무가 부과되는가

협동조합의 회계상 책무는 두 가지로 구분될 수 있습니다. 협동조합은 사업 조직이므로 세법상 책무와 협동조합기본법상 책무를 모두 충족해야 합니다. 세법상 협동조합은 주식회사와 동일한 법인으로 간주됩니다. 수익의 기준에 따라 과세표준액의 10~22%까지 법인세 납부의 의무가 발생합니다. 세법상 책무는 두 가지입니다. 첫째, 협동조합은 모든 거래 내역을 파악할 수 있도록 '복식부기'에 의해 회계장부를 기록하고 관리하여야 합니다. 둘째, 소득 금액을 확인할 수 있는 증빙 서류를 비치하여야 합니다. 참고로 법인세법에서는 증빙 서류 등 회계장부는 5년간 보관하도록 규정하고 있습니다.

세법과 더불어 협동조합기본법도 두 가지의 회계상 책무를 규정하고 있습니다. 먼저 협동조합은 회계 결산 결과를 총회 보고, 결과 보고 등으로 적극 공개하여야 합니다. 또한 조합원이나 채권자가 그 자료를 요청할 경우 관련 회계 자료를 제공하여야 하는 의무가 있습니

적격한 증빙서류의 종류

① 정규 증빙	② 세금계산서	③ 계산서	④ 신용카드 전표	⑤ 현금영수증
⑥ 기타 증빙	⑦ 간이영수증	⑧ 송금영수증	⑨ 입금표	⑩ 계약서 등

*출처 : 기획재정부 자료

다. 특히 조합원 수가 200인이 넘거나 자기자본 30억 원 이상인 협동
조합은 설립신고서를 발급받은 해당 광역시·도 또는 연합회 홈페이
지에 주요 경영 자료를 공개해야 합니다. 사회적협동조합은 기획재정
부 또는 사회적협동조합연합회 홈페이지에 경영공시 자료를 공개해야
합니다.

운영의 공개 비교

	협동조합	사회적협동조합
공개 대상	• 조합원 200인 이상 또는 자기자본 30억 원 이상	• 모든 사회적협동조합
공개 방법	• 광역시·도 홈페이지 게재 또는 연합회 홈페이지 게재	• 관계 중앙행정기관 홈페이지 게재
공개 내용	• 정관 • 규약 또는 규정 • 총회, 이사회 의사록 • 회계장부, 조합원 명부 등	• (협동조합 공개 내용) + • 수지예산서(수입, 지출) • 소액대출, 상호부조사업 현황 (해당 협동조합에 한해)
경영 공시	• 정관, 규약 또는 규정 • 사업 결산 및 결과 보고서 • 조회, 대의원총회, 이사회 활동상황	

둘째, 모든 협동조합은 잉여금(수익)이 발생할 시에 우선적으로 10%(사회적협동조합은 이보다 높은 30%)의 금액을 적립금으로 필히 배정해야 합니다. 법정적립금 제도는 협동조합만의 독특한 특징입니다. 적립금 규정은 법적인 책무이기도 합니다. 따라서 위반 시에는 처벌 대상이 될 수 있으므로 협동조합 운영자는 주의해야 합니다.

24. 법정적립금은 무엇인가?

> **제50조(법정적립금 및 임의적립금)**
>
> ① 협동조합은 매 회계연도 결산의 결과 잉여금이 있는 때에는 자기 자본의 3배가 될 때까지 잉여금의 100분의 10 이상을 적립(이하 "법정적립금"이라 한다)하여야 한다.
>
> ② 협동조합은 정관으로 정하는 바에 따라 사업준비금 등을 적립(이하 "임의적립금"이라 한다)할 수 있다.
>
> ③ 협동조합은 손실의 보전에 충당하거나 해산하는 경우 외에는 법정적립금을 사용하여서는 아니 된다.

KEY POINT

협동조합은 "적립금을 통해 경제 위기를 극복합니다."

영국 스털링대 존스턴 버첼 교수

위기에 더 강한 협동조합의 비밀

"2008년 글로벌 금융 위기에서도 유럽과 미국의 협동조합들은 구제금융을 받지 않았습니다. 협동조합은 경기 침체로 인한 피해를 줄이고 경기 회복에 도움을 주는 잠재력을 갖고 있습니다." 협동조합의 전문가인 영국 스털링대 존스턴 버첼 교수에 따르면 협동조합은 위기에 강한 저력을 가지고 있다고 합니다. 대공황 이후 최악의 금융 위기로 세계적인 글로벌 은행들이 파산하는 상황에서도 협동조합 은행은 튼튼히 위기를 이겨 냈습니다. 비결은 무엇일까요? 해법은 적립금이라는 협동조합의 독특한 경영 원칙에서 찾아볼 수 있습니다.

법정적립금이란, 협동조합에만 있는 규정입니다. 협동조합은 매 회계연도 사업으로 잉여금(수익과 같은 개념)이 발생하면, 잉여금의 10%를 적립해 두어야 합니다. 적립금 의무에 대한 기간은 없습니다. 자본금의 3배 규모까지만 적립금을 모으면 됩니다.

예를 들어 보겠습니다. 2012년도 결산 결과, 1,000만 원의 잉여금(수익)이 발생했습니다. 이 경우 잉여금의 10%인 100만 원을 별도로 적립해야 합니다. 자기자본금이 300만 원이라면 적립금이 900만 원이 될 때까지 적립의 의무를 다해야 합니다.

기업이 고유 권한일 수 있는 부분을 법적으로 정한 이유는 무엇일까요? 답은 협동조합의 원칙과 가치에서 찾을 수 있습니다. 협동조합은 수익을 많이 내는 구조보다는 장기적이고 지속가능한 경영을 추구합니다. 개인이 아닌 공동의 기업이기 때문입니다. 수익을 많이 배분하면 단기적으로 조합원의 가입 수를 쉽게 늘릴 수 있지만, 반면에 반대 상황이 생기게 되면, 쉽게 조합원이 이탈하는 단점도 있습니다. 이는 협동조합의 장기적이고 지속가능한 경영에 방해가 될 수 있겠지요.

이렇게 적립된 기금은 협동조합의 핵심기능인 조합원의 교육, 훈련에 사용되고 위기가 발생해도 직원을 해고하지 않고 재훈련을 통해 새로운 경제 활동을 준비하기 위해 비축됩니다. '법정적립금' 제도는 비가 오고 바람이 불 때의 위기상황을 미리미리 대비하기 위한 협동조합 경영의 지혜인 것입니다.

25. 협동조합은 배당이 가능한가?

제51조(손실금의 보전과 잉여금의 배당)

① 협동조합은 매 회계연도의 결산 결과 손실금(당기손실금을 말한다)이 발생하면 미처분이월금, 임의적립금, 법정적립금의 순으로 이를 보전하고, 보전 후에도 부족이 있을 때에는 이를 다음 회계연도에 이월한다.

② 협동조합이 제1항에 따른 손실금을 보전하고 제50조에 따른 법정적립금 및 임의적립금 등을 적립한 이후에는 정관으로 정하는 바에 따라 조합원에게 잉여금을 배당할 수 있다.

③ 제2항에 따른 잉여금 배당의 경우 협동조합사업 이용실적에 대한 배당은 전체 배당액의 100분의 50 이상이어야 하고, 납입출자액에 대한 배당은 납입출자금의 100분의 10을 초과하여서는 아니 된다.

KEY POINT

협동조합에는 '2가지 종류의 배당이 있다. 이용실적 배당과 출자금 배당금이다.'

어떻게 배당할 수 있는가

협동조합에서도 배당이 가능합니다. 이는 주식회사에서 주주들에게 이익을 돌려주는 방식과 흡사하나 다른 점도 있습니다. 이번에는 협동조합 배당의 요건, 절차, 방법에 대해 살펴보도록 하겠습니다.

협동조합이 매 회계연도별로 사업을 마감하고 회계를 정리하면 두 가지 경우가 발생할 수 있습니다. 사업을 잘했다면 이익이 날 수도 있지만, 반대로 손실이 발생할 수도 있겠지요. 회계상 용어로 이익은 '잉여금 발생'으로, 손실은 '손실금 발생'으로 표현하겠습니다.

손실금 및 잉여금 처리 절차(기본법 제51조)

경영 결과	처리 절차	배당
손실금 발생 → 적자 보전	① 미처분이월금 ② 임의적립금 ③ 법정적립금 ④ 다음 년도 이월	X
잉여금 발생 → 흑자 배당	① 손실금 보존 ② 법정적립금 ③ 임의적립금 ④ 배당	O

배당을 하려면 우선적으로 흑자 경영이 필요합니다. 잉여금이 발생한 협동조합이 배당하는 사례를 가정하여 살펴보겠습니다.

유기농 농산품을 직거래하는 '해피투게더 협동조합'은 회계 결산 결과, 1,000만 원의 잉여금(이익)을 얻게 되었습니다. 먼저 잉여금은 ① 손실금 보전, ② 법정적립금, ③ 임의적립금 순으로 보전되어야 합니다. 이후 남은 잔액이 '배당이 가능한 금액'입니다. 배당은 ④ 이용 실적에 대한 배당과, ⑤ 납입출자액에 대한 배당 순으로 진행되고 남은 잔액은 다음 회계연도로 이월됩니다.

가칭 '해피투게더 협동조합'의 배당 사례

내용			수입	지출	잔액
잉여금 금액(흑자 경영)			10,000,000		10,000,000
보전	① 이월 손실금 보전	(전년도 손실)		0	
	② 법정적립금 충당	(잉여금 10% 이상)		1,000,000	9,000,000
	③ 임의적립금 충당	(자율결정, 정관)		1,000,000	8,000,000
배당 가능 금액					8,000,000
배당	④ 이용실적에 대한 배당	(배당액 50% 이상)		4,000,000	4,000,000
	⑤ 납입출자액에 대한 배당	(출자금 10% 이하)		500,000	3,500,000
다음 연도 이월 금액				3,500,000	

이용실적 배당과 납입출자 배당의 차이

협동조합은 사단법인, 공익법인 등 다른 비영리법인과 달리 배당이 가능합니다. 이 부분은 협동조합과 주식회사가 비슷한 점이라고 할 수 있겠지요. 그러나 협동조합은 주식회사와 달리 두 가지 형태의 배당 제도를 가지고 있습니다. 이번에는 협동조합의 '이용실적에 대한 배당'과 '납입출자액에 대한 배당'을 살펴보겠습니다.

납입출자액에 대한 배당은 일반적인 주식회사 배당과 같은 원리

'이용실적에 대한 배당'과 '납입출자금에 대한 배당'의 비교

	이용실적에 대한 배당	납입출자금에 대한 배당
내용	조합원이 이용한 실적에 근거 – 소비자협동조합 : 구매금액 – 직원협동조합 : 근로일수 – 생산자협동조합 : 출하	출자금 납입액에 근거
금액	총 배당가능 금액의 50% 이상	실제 납입 출자의 10% 미만
배당 순위	1순위	2순위

입니다. 주식회사의 주주는 각자의 여건에 따라 10주, 100주, 1,000주를 각각 투자하고, 매년 회사의 경영 실적을 평가하여 주주총회에 결정된 금액을 배당받게 됩니다. 주식을 더 많이 사고 투자한 주주에게 더 많은 배당금이 가는 원리입니다.

반면, 협동조합은 추가로 이용실적에 대한 배당을 하도록 규정되어 있습니다. 무슨 의미일까요? 협동조합의 물건이나 서비스를 더 이용한 조합원에게 배당이 더 많이 가는 것입니다. 쉽게 말해, 일부 마트나 상점에서 운영하는 일종의 마일리지 제도라고 할 수 있습니다. 공동으로 물품을 구매하는 소비자협동조합은 구매실적에 따라, 노동력을 제공하는 직원협동조합 근로일수에 따라 배당 규모가 결정됩니다.

한편, 협동조합은 납입출자 배당보다 이용실적에 대한 배당을 우선적으로 지급하여야 합니다. 또한, 이용실적에 대한 배당의 규모는 전체 배당가능 금액의 50%를 넘어야 합니다.

26. 채권자 권리는 어떻게 보호받는가?

제49조(운영의 공개)

③ 협동조합의 채권자 및 조합원은 제2항의 서류를 열람하거나 그 사본을 청구할 수 있다.

제53조(출자감소의 의결)

① 협동조합은 출자 1좌 금액의 감소를 의결하면 의결한 날부터 14일 이내에 대차대조표를 작성하여야 한다.

② 협동조합은 제1항의 기간에 채권자에 대하여 이의가 있으면 일정한 기간에 신청하여야 할 것을 공고함과 동시에 이미 알고 있는 채권자에 대하여는 개별적으로 최고하여야 한다.

③ 제2항에 따른 이의신청 기간은 30일 이상으로 하여야 한다.

제54조(출자감소에 대한 채권자의 이의)

① 채권자가 제53조제2항에 따른 이의신청 기간에 이의를 신청하지 아니하면 출자 1좌의 금액의 감소를 승인한 것으로 본다.

② 채권자가 이의를 신청하면 협동조합은 채무를 변제하거나 상당한 담보를 제공하여야 한다.

제55조(출자지분 취득금지 등)

협동조합은 조합원의 출자지분을 취득하거나 이를 질권의 목적으로 하여서는 아니 된다.

협동조합의 '자산이 감소되는 경우 그 사실을 채권자에게 통보하여야' 한다.

채권자의 권리는 어떻게 보장받는가

여느 기업과 마찬가지로 협동조합도 사업을 하기 위해서 자금이 필요합니다. 일반적인 기업은 필요한 자금을 마련하기 위해 다양한 방법을 사용합니다. 증권거래소 상장을 하기도 하고, 회사 채권을 발행하기도 합니다. 은행에서 대출을 받는 것도 한 가지 방법이 될 수 있습니다.

이에 반해 협동조합은 아직까지 주식이나 채권을 통한 자금 조달이 가능하지 않습니다. 초기에 조합원들이 출자한 초기 자본금이 넉넉하면 모를까, 그렇지 않다면 금융기관이나 개인에게 대출을 받아야 합니다. 자금을 빌리는 순간 대출 기관과 협동조합은 채권자와 채무자로서의 관계가 발생합니다. 이번에는 협동조합에 대출을 제공한 채권자의 권리가 어떻게 보장받을 수 있는지 알아보겠습니다.

협동조합의 채권자는 크게 세 가지 방법으로 권리를 보장받게 됩니다. 첫째, 채권자는 총회 의사록, 회계장부 등 각종 협동조합 재무 관련 서류 열람을 요구하는 권한을 갖게 됩니다. 열람 권한은 해당 협동조합이 안정적으로 운영되고 대출한 자금을 상환할 재정 능력을 갖고 있는지 파악하는 데 중요한 근거가 됩니다.

둘째, 출자금 감소 등 협동조합 재정상 변화 발생 시, 이에 대해 이의신청을 제기할 수 있습니다. 협동조합의 경영은 자율에 맡겨야 합니다. 그러나 자율적인 결정이 채권자의 권리를 침해하여서는 안 되기 때문에, 기본법에서는 출자 감소 등의 의결은 채권자에게 반드시 '최고[16]'하여야 한다고 명시하고 있습니다.

셋째, 출자 감소 등의 결정이 채무자의 변제 능력을 제한한다고 판단되면 채권자는 '이의신청'을 할 수 있습니다. 이 경우 채무자(협동조합)는 채무를 변제하거나 채무에 상응하는 별도의 담보를 제공하는 의무를 갖게 됩니다.

조합원 권리는 어떻게 보호받는가

협동조합기본법은 채권자 보호 규정과 더불어 협동조합 조합원 보호 규정도 담고 있습니다. 아무리 협동조합이 경영상 어려움에 처했다고 하더라도 조합원의 출자지분을 채권자에게 담보로 제공하는 행위(법적으로 '질권[17]'이라 함)를 해서는 안 됩니다. 이는 협동조합의 근본인 조합원 제도를 보호하고 출자 지분에 피해가 가지 않도록 하기 위한 조치입니다.

---

16 '상대방에게 일정한 행위를 할 것을 요구하는 의사의 통지'를 뜻한다.
17 채권자가 그의 채권을 확보하기 위하여 채무자 등으로부터 받은 물건을 점유하고 채무자의 변제가 있을 때까지 보관함으로써 채무 변제를 간접적으로 강제하고, 변제가 없을 때에는 그 물건으로부터 우선 변제를 받을 수 있는 권리.

27. 합병과 분할의 방식은 무엇인가?

> **제56조(합병 및 분할)**
>
> ① 협동조합은 합병계약서 또는 분할계획서를 작성한 후 총회의 의결을 받아 합병 또는 분할할 수 있다.
>
> ② 협동조합이 합병할 경우 합병 후 존속하는 협동조합은 합병신고를, 분할 후 새로 설립되는 협동조합은 설립신고를, 합병으로 소멸되는 협동조합은 해산신고를 각각 그 주된 사무소의 소재지를 관할하는 시·도지사에게 하여야 한다. 〈개정 2014.1.21.〉
>
> ③ 합병 또는 분할로 인하여 존속하거나 설립되는 협동조합은 합병 또는 분할로 소멸되는 협동조합의 권리·의무를 승계한다.
>
> ④ 제1항에 따라 설립되는 협동조합에 대하여는 제15조, 제15조의2, 제16조 및 제17조를 준용한다. 〈개정 2014.1.21.〉
>
> ⑤ 협동조합은 이 법에 따른 협동조합 이외의 법인, 단체 및 협동조합 등과 합병하거나 이 법에 따른 협동조합 이외의 법인, 단체 및 협동조합 등으로 분할할 수 없다.
>
> ⑥ 제5항에도 불구하고 협동조합이 기획재정부장관의 인가를 받은 경우에는 다음 각 호의 법인을 흡수합병할 수 있다.
> 〈신설 2014.1.21.〉
>
> 1. 「상법」에 따라 설립된 주식회사

KEY POINT

협동조합도 '주식회사처럼 합병하거나 분할할 수' 있다.

합병과 분할의 절차

주식회사와 같이 협동조합도 합병과 분할을 통해 규모를 키우거나 나눌 수 있습니다. 합병이란 2개 이상의 협동조합들을 하나의 협동조합으로 통합하는 것을 뜻하며, 반대로 분할은 하나의 협동조합이 2개 이상으로 분리되는 것을 의미합니다.

그렇다면 합병과 분할은 어떻게 진행될까요? 협동조합의 합병과 분할은 앞서 살펴본 협동조합 설립(9번)의 9단계와 흡사하게 진행됩니다. 먼저 합병과 분할은 (1) '합병계약서' 또는 '분할계약서' 작성으로부터 시작됩니다. 이어 (2) 협동조합은 총회를 개최하여 동 계약서에

협동조합 합병 및 분할의 절차

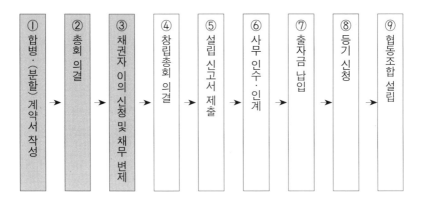

| ① 합병·(분할) 계약서 작성 | ② 총회 의결 | ③ 채권자 이의 신청 및 채무 변제 | ④ 창립총회 의결 | ⑤ 설립 신고서 제출 | ⑥ 사무 인수·인계 | ⑦ 출자금 납입 | ⑧ 등기 신청 | ⑨ 협동조합 설립 |

* 참조 ▢ 합병/분할시 절차 ▢ 기존 설립 절차

대해 의결을 받아야 합니다. 이후 (3) 합병하거나 분할하는 협동조합
은 채권자 이의 신청을 거쳐 채무 변제 과정을 거치게 됩니다. 이후는
기존의 협동조합 설립 절차와 동일합니다. 남은 6단계를 거치면 협동
조합의 합병과 분할 절차는 마무리됩니다.

합병의 종류

합병과 분할의 종류는 그 방식에 따라 분류될 수 있습니다. A라는 협
동조합이 지배적으로 B라는 협동조합을 합병하는 사례를 '흡수합병'
이라고 합니다. 이 경우 A 협동조합은 합병 신고를, B 협동조합은 해
산 신고를 각 사무소 소재지에서 하여야 합니다.

합병의 종류

(합병) 다른 조합을 흡수하는 형태와 새로운 법인이 신설되는 2개의 종류

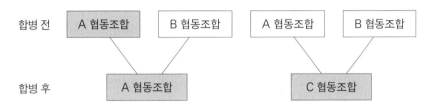

*출처 : 기획재정부 자료

반면, A와 B라는 협동조합이 균등하게 참여하여 합병되어 '신설 합병'의 경우도 생길 수 있습니다. 이때 기존의 협동조합은 모두 사라지고 C 협동조합이 새롭게 생겨나게 됩니다. 이 경우 A 협동조합과 B 협동조합은 해산 신고를, C 협동조합은 설립 신고를 해야 합니다.

협동조합과 주식회사는 합병할 수 있는가

협동조합도 기업입니다. 협동조합이 사업 조직이라면, 상법에서 규정한 주식회사와 합병하거나 분할할 수 있을까요? 답은 '원칙적으로는 가능하지 않다'입니다. 그러나 주식회사 등의 법인이 제한적으로 협동조합으로 흡수합병되는 것은 가능합니다.

이 부분은 법 제정 과정에서 심도 깊게 다루었던 부분입니다. 2011년 법 제정시에는 제도도입 초기의 혼란을 이유로 협동조합 이외의 법

인과는 합병이나 분할을 모두 이 불가능하였지만 2014년 법 개정을 통해 제한적으로 상법에 따라 설립된 주식회사, 유한회사, 유한책임회사에 한하여 협동조합으로 흡수합병이 가능합니다.

일반적인 회사들의 협동조합으로는 전환이나 흡수합병은 불황기에 경영상의 어려움을 겪는 회사들이 지역의 우량한 협동조합과 뭉쳐 위기을 극복하라는 취지입니다. 대부분의 협동조합 역사가 짧은 우리나라에서 '협동조합 + 주식회사 = 협동조합'의 조합이 실현될 가능성은 높지 않습니다. 그러나 장기적으로는 협동조합의 활성화에 도움이 될 것으로 보입니다.

28. 협동조합은 어떻게 해산하는가?

제57조(해산)

① 협동조합은 다음 각 호의 어느 하나에 해당하는 사유로 해산한다.

　1. 정관으로 정한 해산 사유의 발생

　2. 총회의 의결

　3. 합병·분할 또는 파산

② 협동조합이 해산한 때에는 청산인은 파산의 경우를 제외하고는 그 취임 후 14일 이내에 기획재정부령으로 정하는 바에 따라 설립 신고를 한 시·도지사에게 신고하여야 한다. 〈개정 2014.1.21.〉

제58조(청산인)

① 협동조합이 해산하면 파산으로 인한 경우 외에는 이사장이 청산 인이 된다. 다만, 총회에서 다른 사람을 청산인으로 선임하였을 경 우에는 그에 따른다.

② 청산인은 취임 후 지체 없이 협동조합의 재산상태를 조사하고 재 산목록과 대차대조표를 작성한 다음 재산처분의 방법을 정하여 총회의 승인을 받아야 한다.

③ 청산사무가 종결된 때에는 청산인은 지체 없이 결산보고서를 작 성하여 총회의 승인을 받아야 한다.

④ 제2항 및 제3항의 경우 총회를 2회 이상 소집하여도 총회가 구성

되지 아니할 때에는 출석조합원 3분의 2 이상의 찬성이 있으면 총회의 승인이 있은 것으로 본다.

제59조(잔여재산의 처리)

① 협동조합이 해산할 경우 채무를 변제하고 잔여재산이 있을 때에는 정관으로 정하는 바에 따라 이를 처분한다. 〈개정 2014.1.21.〉

② 제1항에도 불구하고 제60조의2제4항에 따라 조직변경 시 협동조합의 적립금으로 한 사내유보금은 정관으로 정하는 바에 따라 상급 협동조합연합회 또는 다른 협동조합에 기부할 수 있다.

〈신설 2014.1.21.〉

KEY POINT

협동조합이 '파산하는 경우 청산인을 선임하여 관련 절차를 진행해야' 한다.

협동조합의 해산과 청산 절차

협동조합은 일정한 사유가 발생하면 해산하게 됩니다. 협동조합기본법이 명시한 해산 사유는 세 가지입니다. ▲총회 의결, ▲파산, ▲합병입니다.

　'해산'이란 협동조합이 소멸되는 절차를 밟은 것을 의미합니다.

협동조합 '해산' 및 '청산' 절차

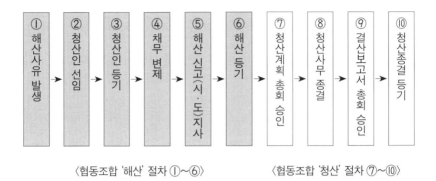

① 해산사유 발생 → ② 청산인 선임 → ③ 청산인 등기 → ④ 채무 변제 → ⑤ 해산 신고(시·도)지사 → ⑥ 해산 등기 → ⑦ 청산계획 총회 승인 → ⑧ 청산사무 종결 → ⑨ 결산보고서 총회 승인 → ⑩ 청산종결 등기

〈협동조합 '해산' 절차 ①~⑥〉   〈협동조합 '청산' 절차 ⑦~⑩〉

'청산'이란 법적인 해산 절차를 거친 후 법인격이 완전히 소멸되는 과정을 뜻합니다. 한편, 협동조합이 해산되는 사유가 합병 또는 분할인 경우에는 청산 절차를 거치지 않습니다. 이는 협동조합이 완전히 소멸(청산)되지 않고 다른 제3의 협동조합으로 전환되기 때문입니다. 따라서 이 경우, 기존 협동조합의 자산과 채무상의 의무는 사라지지 않고 새로 신설되는 협동조합으로 승계됩니다.

협동조합의 해산은 ① 해산 사유가 발생하면, ② 청산 업무를 담당할 청산인을 지정하여 관련 해산 및 청산, ③ 청산인 등기, ④ 채무 변제, ⑤ 해산 신고, ⑥ 해산 등기 절차를 진행하게 됩니다. 이때 청산인은 통상 이사장이 맡게 됩니다. 해산 절차를 마친 후에는 잔여 재산의 처리 방안을 담은 ⑦ 청산 계획을 작성하여 총회 승인을 얻어야 하고, 최종적으로 ⑩ 청산 종결 등기를 법원 등기소에 제출하면 모든 해산 및 청산 절차가 마무리됩니다.

협동조합 파산 시 청산 절차

한편, 협동조합의 해산 사유가 '파산'인 경우에는 절차에 변화가 있습니다. 이때 파산되는 협동조합은 더 이상 존재하지 않기 때문에 보다 주의해야 할 부분입니다.

민법 제79조에 따라 협동조합이 채무를 완전히 변제할 수 없는 채무 초과 상태가 된 때에는 이사장은 협동조합의 파산을 신청해야 합니다. 이때 법원의 파산 선고가 있으면 협동조합은 해산하게 되며, 파산의 범위 내에서만 법적인 권리를 가질 수 있습니다. 참고로 이사장의 파산 신청은 채무자 회생 및 파산에 관한 법률에 규정된 파산 절차에 따라 진행됩니다.

민법상 파산 절차

① 파산신청서 제출 → 관할 법원

② 파산신청서 심사 → 법원, 파산선고 및 파산관재인(관련 직무수행자) 선임

③ 파산선고 공고 → 법원, 협동조합을 등록(또는 인가)한 주무관청에 파산선고 통지

④ 법원(또는 파산관재인), 채권자 집회 소집

⑤ 채권자에 배당

⑥ 법원, 파산종결 결정

⑦ 파산종결 결정 공고 → 법원, 협동조합을 등록(또는 인가)한 주무관청에 파산종결 결정 통지

〈채무자 회생 및 파산에 관한 법률 제328조〉

제328조(해산한 법인) 해산한 법인은 파산의 목적의 범위 안에서는 아직 존속하는 것으로 본다.

주식회사 등의 협동조합으로 조직변경

상법에 따라 설립된 주식회사, 유한회사 등의 영리법인이 협동조합으로 조직을 변경하는 때는 어떤 절차가 필요할까? 조직변경은 개별 회사에서 내릴수 있는 가장 중요한 결정중에 하나입니다. 자신이 참여하여 출자한 지분의 구조가 바뀌고 의사결정권에 큰 변화를 가져옵니다. 따라서 조직변경의 결정은 소속 구성원 전원의 동의에 따른 총회의 결의를 거쳐야 합니다. 참고로 협동조합 법인은 다음의 범위에서 다른 법인으로 전환이 가능합니다.

전환 유형			가능	정족수	근거규정
전환전 법인격		전환후 법인격	X		
① 사회적협동조합		일반 협동조합	O	전원동의	제60조의 2
② 상법 상 회사 등			O		
③ 일반 협동조합	⇒	사회적 협동조합	O	전원동의	제105조의 2
④ 상법 상 회사 등, 민법 상 사단법인			O	전원동의	제105조의 2
⑤ 법시행시 유사 목적 사업자 법인			O	2/3 동의	부칙 제2조
⑥ 대신 법시행시 유사 목적 사업자 법인		일반 협동조합	O	2/3 동의	부칙 제2조

29. 등기는 무엇인가?

제61조(설립등기)

① 협동조합은 출자금의 납입이 끝난 날부터 14일 이내에 주된 사무소의 소재지에서 설립등기를 하여야 한다.

② 설립등기신청서에는 다음 각 호의 사항을 적어야 한다. 〈개정 2014.1.21., 2016.3.2.〉

1. 제16조제1항제1호와 제2호의 사항

2. 출자 총좌수와 납입한 출자금의 총액

3. 설립신고 연월일

4. 임원의 성명·주민등록번호 및 주소(임원이 법인인 경우에는 법인의 명칭, 법인등록번호 및 주소). 다만, 이사장이 아닌 임원의 주소는 제외한다.

③ 설립등기를 할 때에는 이사장이 신청인이 된다.

④ 제2항의 설립등기신청서에는 설립신고서, 창립총회의사록 및 정관의 사본을 첨부하여야 한다.

⑤ 합병이나 분할로 인한 협동조합의 설립등기신청서에는 다음 각 호의 서류를 모두 첨부하여야 한다. 〈개정 2014.1.21.〉

1. 제4항에 따른 서류

2. 제53조에 따라 공고하거나 최고한 사실을 증명하는 서류

> 3. 제54조에 따라 이의를 신청한 채권자에게 변제나 담보를 제공
> 한 사실을 증명하는 서류

KEY POINT

협동조합은 '설립 시 설립 등기를, 해산 시 해산 등기를 거쳐야' 한다.

등기는 무엇인가

협동조합기본법에 따라 설립된 협동조합은 법인격을 획득한 사업 조직이라고 정의할 수 있습니다. 이를 확인해 주는 법적인 행위

등기의 종류

설립 등 관련					합병·분할 등 관련			청산 관련	
① 설립 등기	② 지사무소 설치 등기	③ 이전 등기	④ 변경 등기	⑤ 조직변경 등기	⑥ 합병 등기	⑦ 해산 등기	⑧ 조직변경 등기	⑨ 청산인 등기	⑩ 청산종결 등기
출자금 납입 후 14일 내	지사무소 설치 후 21일 내	사무소 이전 후 21일 내	변경 후 21일 내	변경 후 14일 내	합병 신고 후 14일 내	해산 시 14일 내	변경 시 14일 내	청산인 취임 후 14일 내	청산 후 14일 내

---

18 일정한 법률 관계를 널리 사회에 공시하기 위하여 등기공무원이 일정한 사항을 '등기부'라는 공적인 장부에 기재하는 행위를 뜻한다.

가 '등기'[18]입니다. 조금 어렵게 들릴 수 있지만, 영어 표현으로는 registration(등록)이라고 합니다. 공식적인(또는 법률적인) 장부에 기록 register하는 행위라는 뜻입니다.

협동조합에 관련된 모든 법적인 절차는 등기로 시작되어 등기로 마친다고 할 수 있습니다. 최초로 설립된 협동조합은 ① 설립 등기를 해야 하며, 지사를 설치하는 경우에는 ② 지사무소 설치 등기를, 사무소를 이전할 경우에는 ③ 이전 등기를, 합병되는 경우에는 ⑤ 합병 등기를 해야 합니다. 끝으로 해산하는 경우에는 ⑥ 해산 등기와 ⑧ 청산 종결 등기를 통해 협동조합의 법인격은 소멸되게 됩니다.

관련 절차가 복잡하게 보일 수 있지만, 자연인(사람)과 비교하면 단순한 원리로 이해할 수 있습니다. 사람이 태어나면 먼저 주민센터에서 출생신고(=① 설립 등기)를 해야 합니다, 새로운 동네로 이사를 하면 전입신고(=③ 이전 등기)를, 이름을 바꾸면 개명신청(=④ 변경등기)을, 혼인을 하면 혼인신고(=⑤ 합병 등기)를 각각 해야 합니다. 법인격을 지닌 협동조합과 자연인은 같은 원리와 이치로 법 적용을 받는다고 보면 이해가 될 수 있습니다.

참고로 최근 법 개정을 통해서 이사장이 아닌 임원의 주소는 설립 등기 항목에서 제외되었습니다. 이는 임원의 주소지를 이동할 때마다 변경등기를 해야 한다는 점을 감안한 것으로 협동조합의 등기 부담을 완화해 주는 취지에서 도입되었습니다.

30. 협동조합연합회는 어떻게 설립하는가?

제71조(설립신고 등)

① 협동조합연합회(이하 "연합회"라 한다)를 설립하려는 경우에는
회원 자격을 가진 셋 이상의 협동조합이 발기인이 되어 정관을 작
성하고 창립총회의 의결을 거친 후 기획재정부장관에게 신고하여
야 한다. 신고한 사항을 변경하려는 경우에도 또한 같다.
〈개정 2014.1.21.〉

② 창립총회의 의사는 창립총회 개의 전까지 발기인에게 설립동의서
를 제출한 협동조합 과반수의 출석과 출석자 3분의 2 이상의 찬
성으로 의결한다.

③ 제1항과 제2항에서 규정한 사항 외에 연합회의 설립신고 및 변경
신고에 필요한 사항은 대통령령으로 정한다. 〈신설 2014.1.21.〉

제71조의2(신고확인증의 발급 등)

① 제71조에 따라 설립신고를 받은 기획재정부장관은 대통령령으

로 정하는 바에 따라 그 설립신고를 반려하거나 보완 요구를 하
는 경우를 제외하고는 신고확인증을 발급하여야 한다.

② 제1항에 따른 신고확인증의 발급에 필요한 사항은 대통령령으로
정한다. 〔본조신설 2014.1.21.〕

제72조(준용규정)

연합회의 설립에 관하여는 제16조부터 제19조까지의 규정을 준용한
다. 이 경우 "협동조합"은 "연합회"로, "조합원"은 "회원"으로, "시·도지
사"는 "기획재정부장관"으로 보고, 제16조제1항제3호 중 "조합원 및
대리인"은 "회원"으로 본다.

KEY POINT

협동조합연합회는 '3개 이상의 협동조합이 모여 설립할 수' 있다.

제3장(협동조합연합회)의 내용

제3장은 협동조합연합회 설립과 운영에 관한 장으로, 제71조부터
제84조까지 총 14개 조문이 있습니다. 제3장은 제2장에서의 협동조
합 관련 내용 대부분을 인용(법률적으로는 준용)하고 있습니다. 크게
달라지는 부분은 ▲설립 절차, ▲회원의 자격, ▲의결권과 선거권,
▲사업 등이 있습니다.

협동조합의 성공 비결, 연합회 결성

협동조합기본법의 성과를 논의하긴 아직 이르지만, 최소 설립 인원을 5인으로 낮추어 협동조합 설립을 쉽게 한 것은 가장 의미 있는 성과 중 하나임에 틀림없습니다. 그렇다면 5명이 모인 협동조합이 시장에서 치열한 경쟁을 거쳐 성공된 모델로 자리 잡을 수 있을까요?

이미 시장경제는 대규모 자본을 앞세워 세련된 광고와 마케팅, 선진화된 경영 기법까지 갖춘 대기업이 주도하고 있습니다. 이들 거대 기업들과 지금 막 설립되어 활동하기 시작한 협동조합의 경쟁은 '다윗과 골리앗'의 대결로 비유할 수 있을 듯합니다. 그렇다면 현대판 '다윗'이 '골리앗'에 맞서 대결하는 방법에는 어떤 것이 있을까요?

규모가 작은 협동조합이 대기업들과 경쟁하기 위해서는 먼저 일정한 규모를 키워야 할 것입니다. 그러나 규모가 커지는 것이 장점만은 아닙니다. 조합원 수가 늘어나면 조합원 간 결속이 약화될 수 있고, 궁극적으로 일반적인 대기업과 별반 다르지 않게 활동하게 됩니다. 다시 말해 협동조합이 대기업을 모방하여 규모만을 키우면, 협동조합도 대기업도 아닌 모호한 정체불명의 사업 조직으로 전락할 우려가 있습니다. 이를 대신할 비법은 바로 협동조합연합회 결성입니다.

연합회의 결성은 협동조합들의 규모는 키우되, 조합원 간 긴밀한 협력은 유지하는 좋은 방법입니다. 개별 협동조합의 활동을 보장하므로 협동조합의 장점인 조합원 간 긴밀한 유대 관계와 참여가 보장받게 됩니다. 또한 다른 협동조합과 제휴하여 공통적인 사업을 저렴하게 운영할 수 있어 공통의 사업인 조합원에 대한 교육, 연수, 홍보 등을 함께 운영할 때 비용 절감, 정보 공유 등 다양한 시너지가 발휘됩니다.

끝으로 가장 중요한 부분은 시장에서 거래교섭력bargaining power을 확보한다는 점입니다. 20개의 개별 상점이 라면을 월 10박스씩 각각 구입하는 것보다는, 20개 상점이 함께 모여 200박스를 한 번에 구입할 때 더욱 유리한 교섭력을 발휘할 수 있습니다. 연합회의 결성은 '뭉치면 산다.'는 우리 속담이 그대로 적용 가능한 좋은 사례입니다.

연합회의 종류

'규모의 경제'를 키울 수 있는 협동조합연합회는 3개 이상의 협동조합

협동조합의 지배 구조의 모습

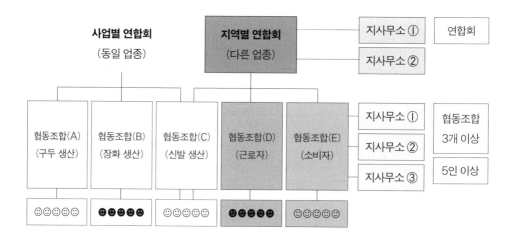

이 모여서 설립할 수 있습니다. 연합회의 구성과 결속 방법도 매우 다양합니다. 같은 업종에 종사하는 협동조합들이 모여 사업별 연합회를 구성할 수 있고, 같은 지역을 공유하는 협동조합들이 모여 '지역별 연합회'를 구성할 수도 있습니다. 예를 들어 '종로구 협동조합연합회'가 가능하겠지요.

　　사업별, 지역별 연합회가 잘 활성화되면, 더 나아가 광역 단위나 전국 단위 연합회 결성을 통해 협동조합 간 협동을 더욱 발전시킬 수 있습니다.

협동조합연합회의 다양한 유형

	사업별 연합회	지역별 연합회	광역별, 전국별 연합회
참여 조합	동일한 사업 협동조합	동일한 지역 협동조합	협동조합 또는 연합회
지역 제한	없음	있음(동일 지역만 참여)	없음
사업 내용	공동브랜드 개발 사업 공동구매 사업 등	지역 간 협의회 운영 공동교육지원 사업 등	다양한 전국 단위 활동 대정부, 대국회 상대
예시	수제화협동조합연합회	원주협동조합연합회	한국협동사회경제연대회의 영국 협동조합연합회 (Co-operative UK)

연합회는 어떻게 설립하는가

협동조합연합회도 협동조합과 같이 총 9단계를 거쳐 설립됩니다. 연

협동조합연합회 설립 기본 절차(9단계)

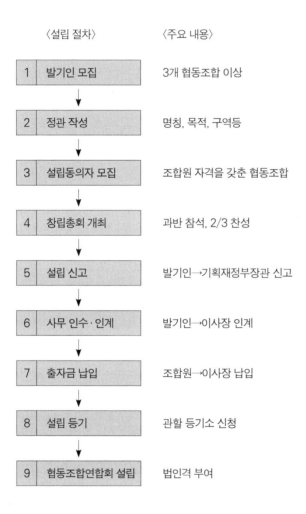

〈설립 절차〉	〈주요 내용〉
1 발기인 모집	3개 협동조합 이상
2 정관 작성	명칭, 목적, 구역등
3 설립동의자 모집	조합원 자격을 갖춘 협동조합
4 창립총회 개최	과반 참석, 2/3 찬성
5 설립 신고	발기인→기획재정부장관 신고
6 사무 인수·인계	발기인→이사장 인계
7 출자금 납입	조합원→이사장 납입
8 설립 등기	관할 등기소 신청
9 협동조합연합회 설립	법인격 부여

합회의 설립은 기본적으로 협동조합과 매우 흡사하나 몇 가지 다른 점이 있습니다.

협동조합연합회의 최소 설립 요건은 3개 이상의 협동조합입니다.

연합회는 구성원을 조합원이라는 명칭 대신에 '회원'으로 지칭합니다. 연합회의 회원은 협동조합기본법에 따라 설립된 협동조합으로 그 자격을 제한합니다. 따라서 농협, 수협 등 기본법에 의해 설립되지 않은 다른 협동조합, 회사, 비영리법인, 사회적협동조합은 모두 협동조합연합회에 가입할 수 없습니다.

협동조합연합회 설립에 따른 세부 절차는 ① 3개 이상의 발기인이 모여, ② 정관을 작성하고, ③ 설립동의자를 모집하여, ④ 창립총회를 개최하는 것입니다. 이때 설립 여부는 과반수 참석과 2/3 찬성으로 의결됩니다. 협동조합연합회는 협동조합과 달리 ⑤ 기획재정부장관에게 설립 신고를 해야 합니다. 이후 ⑥ 사무 인수와 인계, ⑦ 출자금 납입 및 ⑧ 설립 등기를 마치면 ⑨ 협동조합연합회의 설립이 마무리되고 법인격을 부여받게 됩니다.

영국, 이탈리아의 협동조합연합회

〈사례 1〉 영국 협동조합연합회(Co-operative UK)

영국 협동조합연합회는 1869년 다양한 개별 협동조합들과 16개 단체 대표들의 참여로 설립되었습니다. 영국 협동조합 운동을 대표하는 Co-operative UK는 영국의 유일한 국가 단위 협동조합 기구로서, 협동조합을 장려, 개별 협동조합 조직화를 지원하는 것을 주된 기능으로 수행합니다. 주요 활동으로는 ① 협동조합 캠페인(홍보), ② 정부 정책 영향(로비 활동), ③ 협동조합 국가기념일 National Day 행사 주관, ④ 협동조합 설립 자문 및 지원(법제 활동, 사업모델, 지배 구조 등), ⑤ 여성 협동조합인 활동 지원 등 다양합니다. 최근에는 지역별 소비자협동조합부터 지역 맥주집(펍), 축구클럽, 의료, 농업, 신협, 마을기업 등 다양한 분야와 업종으로 협동조합이 확산되도록 활동을 넓히고 있습니다.

영국 협동조합연합회 및 협동조합그룹(영국 맨체스터)

영국협동조합 현황

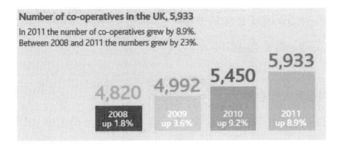

Number of co-operatives in the UK, 5,933
In 2011 the number of co-operatives grew by 8.9%.
Between 2008 and 2011 the numbers grew by 23%.

5,933

5,450

4,992

4,820

| 2008 | 2009 | 2010 | 2011 |
| up 1.8% | up 3.6% | up 9.2% | up 8.9% |

영국 협동조합경제(2011) : 총 5,933개 협동조합, 규모 60조 원(356억 파운드)

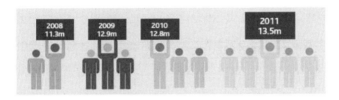

| 2008 | 2009 | 2010 | 2011 |
| 11.3m | 12.9m | 12.8m | 13.5m |

협동조합 조합원 수(2011) : 천3백만 명

〈사례 2〉 이탈리아 소비자협동조합연합회(Coop Italia)

Coop Italia 소개

이탈리아 소비자협동조합연합회Coop Italia는 1946년 설립되었습니다. 그러나 전국 단위 조직으로 성장한 시기는 이보다 20년이 지난 1968년입니다. Coop Italia 설립 배경은 당시의 유통 여건에서 찾아볼 수 있습니다. 당시 유통 시장이 점차 거대화, 조직화되면서, 개별적, 소규모 소비자협동조합들의 경쟁력 확보와 혁신은 큰 과제였습니다. 이러한 문제 인식을 갖고 Coop Italia는 발전하게 되었습니다.

　주요 활동으로는 ① 다각적인 현대화 사업, ② 공동 납입과 물류 현대화, ③ 대형 매장의 직영, ④ '자체 브랜드' 개발과 관리, ⑤ 마케팅, 소비자 운동, 유통 정보 분석 및 제공 등을 전개합니다.

이탈리아 소비자협동조합 현황

Coop Italia의 전국 단위 조합원 700만 명, 대의원 7만 명, 적극적 활동 조합원 8천 명을 보유하고 있습니다. 이탈리아 전체 소매 체인 사업의 18%라는 높은 비중을 차지하고 있으며, 사회 공헌 활동으로 아프리카 개도국 교육, 건강 보건, 시민 단체 활동 등을 적극 지원하고 있습니다. 특히 조합원 교육과 홍보를 위해 피렌체 근교에 '소비자협동조합학교'를 설립하여 운영하는 것이 특징입니다.

이탈리아 소비자협동조합연합회

31. 협동조합연합회의 의결권은 어떻게 정해지는가?

> **제75조(의결권 및 선거권)**
>
> 연합회는 회원인 협동조합의 조합원 수, 연합회 사업참여량, 출자좌수 등 정관으로 정하는 바에 따라 회원의 의결권 및 선거권을 차등하여 부여할 수 있다.

KEY POINT

협동조합연합회의 '의결권과 선거권은 각각의 특성에 따라 자율적으로 정할 수' 있다.

협동조합과 연합회의 의결권에 차이를 두는 이유

협동조합기본법 제정시 연합회의 의결권에 대해서도 상당한 논의가 있었습니다. 협동조합처럼 1인 1표의 원칙을 준수하게 할 것인지, 아니면 개별 연합회가 자율적으로 정하게 할 것인지가 논의의 쟁점이었습니다. 이 쟁점은 간단해 보이지만, 매우 복잡할 수 있습니다. 왜냐하면 이 부분은 협동조합의 두 가지 중요한 가치와 원칙이 교차하는 영역이기 때문입니다. 첫 번째 원칙은 '1인 1표'의 원칙이고 두 번째는 '자율성'의 원칙입니다.

결론적으로 협동조합연합회는 '자율성'의 가치를 따르도록 하여 그 의결권과 선거권은 정관에 위임하도록 규정하였습니다. 즉, 개별 연합회가 자율적으로 정할 수 있도록 권한을 부여한 것입니다. 이 같은 결정에는 몇 가지 중요한 논리적 근거가 있습니다.

먼저, 연합회는 협동조합보다 훨씬 더 다양하고 창의적인 형태의 구성이 가능하다는 점을 고려했습니다. 동종 사업 간 연합회뿐만 아니라 전혀 다른 이종 사업 간 연합회도 설립할 수 있으며, 지역을 기초로 한 연합회까지 결성할 수 있기 때문입니다. 따라서 각 연합회의 성격, 특징, 운영 방식의 차이점을 존중할 필요가 있었던 것입니다.

1인 1표의 의결권이 아닌 차등적인 의결권은 이익 배분까지 함께하는 높은 수준의 연합회에게는 매우 중요할 수 있습니다. 교육과 홍보 등을 함께하는 낮은 수준의 연합회에게는 1인 1표의 의결권이 별다른 문제가 되지 않습니다. 그러나 물품과 재료의 공동구매, 공동판매, 공동물류창고 운영 등을 추진하고 이에 따른 수익까지 배분하는 높은 수준의 연합회의 경우, 1인 1표의 원칙을 고수하게 되면 대형 협동조합의 참여는 자연스럽게 제한되기 마련입니다.

실제 외국의 사례로, 미국의 선키스트, 뉴질랜드 제스프리와 같은 대규모 생산자협동조합연합회는 '1인 1표' 대신 사업 참여량에 따라 의결권을 차등하여 부여하고 있습니다.

32. 협동조합연합회도 각종 사업을 할 수 있는가?

제80조(사업)

① 연합회는 설립 목적을 달성하기 위하여 필요한 사업을 정관으로 정하되, 다음 각 호의 사업은 포함하여야 한다.

1. 회원에 대한 지도·지원·연락 및 조정에 관한 사업

2. 회원에 속한 조합원 및 직원에 대한 상담, 교육·훈련 및 정보제공 사업

3. 회원의 사업에 관한 조사·연구 및 홍보 사업

② 연합회의 사업은 관계 법령에서 정하는 목적·요건·절차·방법 등에 따라 적법하고 타당하게 시행되어야 한다.

③ 연합회는 제1항과 제2항에도 불구하고 「통계법」 제22조제1항에 따라 통계청장이 고시하는 한국표준산업분류에 의한 금융 및 보험업을 영위할 수 없다.

제80조의2(공제사업)

① 제80조제3항에도 불구하고 연합회는 회원들의 상호부조를 위한 공제사업(회원 간 상호부조를 목적으로 회원들이 각자 나누어 낸 공제료를 적립금으로 하여 그 적립금의 한도 내에서 공제료를 낸 회원들을 위하여 실시하는 사업을 말한다)을 할 수 있다. 다만, 회원의 채무 또는 의무 이행 등에 필요한 보증사업은 제외한다.

② 연합회가 제1항에 따른 공제사업을 하려는 때에는 기획재정부장 관의 인가를 받아야 한다. 인가받은 사항을 변경하려는 때에도 또 한 같다.

③ 제2항에 따른 인가의 요건 및 절차 등 인가에 필요한 사항은 대통 령령으로 정한다.

④ 기획재정부장관은 공제사업의 건전한 육성 및 계약자의 보호를 위하여 공제사업의 감독에 필요한 기준을 정하여 운영할 수 있다. 〔본조신설 2014.1.21.〕

제13조(다른 법률과의 관계)

④ 협동조합연합회 및 사회적협동조합연합회의 공제사업에 관하여 는 「보험업법」을 적용하지 아니한다. 〈신설 2014.1.21.〉

KEY POINT

협동조합연합회도 '협동조합과 마찬가지로 다양한 경제 사업을 수행할 수' 있다.

연합회가 할 수 있는 사업

협동조합연합회도 개별 협동조합처럼 다양한 사업을 추진할 수 있습 니다. 연합회는 여러 협동조합들의 상급 조직으로 봉사하고 동시에 사업 조직으로 활동할 수 있습니다.

실제로 연합회 사업의 범위는 협동조합 사업의 범위와 다르지 않습니다. 연합회는 정관에 따라 사업을 자율적으로 정할 수 있습니다. 협동조합과 마찬가지로 사업을 추진하는 경우 개별법령에 따라 적법한 절차를 거쳐야 합니다. 다만, 금융 및 보험업 진출은 허용되지 않습니다.

이외에 회원 협동조합을 지원하기 위한 필수 사업으로 (1) 회원사 지도, 지원 사업, (2) 교육 훈련 사업, (3) 조사 연구 사업은 반드시 포함시켜야 합니다.

협동조합과 협동조합연합회의 사업 비교

	협동조합	협동조합연합회
사업 분야	정관에 따라 자율적으로 결정	
(필수사업)	조합원에 대한 교육 · 상담 사업 다른 협동조합과 협력 사업 홍보 및 지역사회 기여 사업	회원 지도 · 지원 · 연락, 조정 사업 회원사 상담, 교육 · 훈련 등 사업 회원 사업 조사 · 연구 및 홍보 사업
추진 방법	관계 법령에 따라 적법하고 타당하게 시행	
금지 사업	한국표준산업분류에 의한 금융 및 보험업	

연합회의 공제사업

협동조합연합회도 협동조합과 같이 일체의 금융 및 보험업 관련 사업을 수행할 수 없습니다. 그러나 예외적으로 연합회는 회원인 협동조합을 대상으로 공제사업을 할수 있습니다. 이는 협동조합의 고유한 상호부조와 자본조달의 어려움을 해소하기 위한 것입니다.

이 경우 연합회는 먼저 기획재정부장관의 인가를 받아야 하며, 회원(협동조합)들이 각자 나누어 낸 공제료를 적립금으로 모아 사업을 수행해야 하며 회원들에게 채무나 의미 이행을 요구하는 보증사업은 할 수 없습니다.

33. 사회적협동조합은 어떻게 설립할 수 있는가?

제85조(설립인가 등)

① 사회적협동조합을 설립하고자 하는 때에는 5인 이상의 조합원 자격을 가진 자가 발기인이 되어 정관을 작성하고 창립총회의 의결을 거친 후 기획재정부장관에게 인가를 받아야 한다.

② 창립총회의 의사는 창립총회 개의 전까지 발기인에게 설립동의서를 제출한 자 과반수의 출석과 출석자 3분의 2 이상의 찬성으로 의결한다.

③ 기획재정부장관은 제1항에 따라 설립인가 신청을 받으면 다음 각 호의 경우 외에는 신청일부터 60일 이내에 인가하여야 한다. 다만, 부득이한 사유로 처리기간 내에 처리하기 곤란한 경우에는 60일 이내에서 1회에 한하여 그 기간을 연장할 수 있다.

1. 설립인가 구비서류가 미비된 경우
2. 설립의 절차, 정관 및 사업계획서의 내용이 법령을 위반한 경우

3. 그 밖에 설립인가 기준에 미치지 못하는 경우

④ 제1항 및 제3항의 설립인가에 관한 신청 절차와 조합원 수, 출자금, 그 밖에 인가에 필요한 기준, 인가 방법에 관한 상세한 사항은 대통령령으로 정한다.

KEY POINT

사회적협동조합은 '2가지 이상의 이해관계자 5인이 모여 설립할 수' 있다.

제4장(사회적협동조합)의 내용

제4장은 사회적협동조합에 대한 내용이며 총 29개 조문(제85조~제113조)으로 구성되어 있습니다. 사회적협동조합은 독특한 형태의 법인입니다. 이제까지 우리나라 법제하에서는 찾아볼 수 없는 특별한 비영리 조직이기 때문입니다. 원칙적으로 사회적협동조합도 협동조합처럼 사업 조직입니다. 그런데 사업 중 공익적인 과제를 우선하는 비영리법인이기도 합니다. 정리하자면, 경제 사업을 수행하지만 공익을 추구하는 법인, 즉 일종의 하이브리드형(혼합형)과 같은 사업 조직입니다.

원칙적으로 제4장(사회적협동조합)도 제2장(협동조합)의 틀을 대부분 따르고 있습니다. 그러나 사회적협동조합의 특성을 고려한 부분도 상당히 많이 있습니다. ▲설립 인가, ▲사업, ▲소액대출 및 상호부조, ▲운영의 공개, ▲부과금의 면제, ▲감독 등은 제2장(협동조합)과 큰 차이가 있는 조문들입니다.

사회적협동조합의 설립 절차

제2장의 협동조합과 같이, 사회적협동조합도 모두 9개의 설립 절차가 있습니다. 대부분은 제2장의 협동조합 설립 절차(9번)와 같거나 비슷하지만, ▲설립 동의자 모집, ▲설립 인가 등은 차이가 있습니다. 이번에는 사회적협동조합의 설립 중 협동조합과 다른 특징을 중심으로 살펴보도록 하겠습니다.

〈제1단계〉 발기인 모집

사회적협동조합을 설립하는 경우 조합원 자격을 가진 5인 이상의 '발기인'을 모집해야 합니다. '발기인'이란 자연인(사람) 및 법인(주식회사, 사단법인 등) 등도 모두 가능합니다.

〈제2단계〉 정관 작성

다음으로 사회적협동조합은 정관을 작성해야 합니다. 명칭, 설립 목적, 조합원 자격 등 총 14개 사항은 필히 '정관'에 반영되어야 하는 내용입니다. 정관의 기본적인 작성 방법과 구조는 같으나, 비영리법인인 사회적협동조합의 특성상 ▲사업 내용, ▲적립, ▲배당 등의 사항은

사회적협동조합 설립 기본 절차(9단계)

〈설립 절차〉	〈주요 내용〉	〈관련 조문〉
1 발기인 모집	5인 이상	제85조(설립인가 등) ①항
2 정관 작성	명칭, 목적, 구역 등	제86조(정관) ①항
3 설립동의자 모집	조합원 자격을 갖춘 자 (다른 이해관계자 2인 이상)	제85조(설립인가 등) ②항
4 창립총회 개최	과반 참석, 2/3 찬성	제85조(설립인가 등) ②항
5 설립 인가	관계 중앙행정기관의 장	제85조(설립인가 등)
6 사무 인수·인계	발기인→이사장 인계	제18조(설립사무인계) 준용
7 출자금 납입	조합원→이사장 납입	제18조(출자납입) 준용
8 설립 등기	관할 등기소 신청	제61조(설립등기) 준용
9 사회적협동조합 설립	법인격 부여	제19조(협동조합 설립) 준용

'협동조합 정관'과 '사회적협동조합 정관' 간 차이점도 있습니다.

〈제3단계〉 설립 동의자 모집(차이점), 〈제4단계〉 창립총회 개최

사회적협동조합 설립 절차 중 첫번째 차이점은 제3단계(설립 동의자 모집)에서 찾을 수 있습니다. 일반 협동조합은 설립 동의자에 대한 별다른 제한이 없는 반면, 사회적협동조합은 서로 다른 '이해관계자(생산자, 소비자, 직원, 봉사자, 후원자, 후원기관 등)' 2인 이상이 참여해야 합니다. 이때 이해관계자란 협동조합 사업에 참여하고 이용하며 수행하는 여러 계층을 의미합니다. 이렇게 다중이해관계자를 참여시키는 이유는 사회적협동조합의 공공성과 공익성을 강화하기 위한 것이지요.

다음으로는 다중이해관계자 5인 이상이 참여하는 '창립총회'를 개최하면 됩니다.

〈제5단계〉 관계 중앙행정기관의 장에 설립 인가 (차이점)

사회적협동조합 설립 시 두 번째 특징은 제5단계(설립 인가)입니다.

사회적협동조합의 설립 인가 권한은 주 사업을 담당하는 '중앙행정기관의 장'에게 위탁되어 있습니다. 따라서 사회적협동조합을 설립하여 하고자 하는 주요 사업의 범위가 어느 행정기관 담당인지 확인해야 합니다. 이후 설립 인가 신청서를 해당 기관에 제출하면 됩니다.

사회적협동조합 설립 인가 기간은 협동조합에 비해 더 깁니다. 이는 비영리법인에 합당한 사업을 시행하는지 등을 꼼꼼히 챙겨 보기 때

'중앙행정기관'과 주요 기능

기획재정부	미래창조과학부	교육부	외교부	통일부	법무부
세제, 예산, 국고, 경협 등	과학기술, 방송통신, R&D	학교, 교육, 인적 자원 개발	외교, 조약, 영사, 국제정세	통일, 남북대화	검찰, 인권, 출입국
국방부	안전행정부	문화체육관광부	농림축산식품부	산업통상자원부	보건복지부
국방	조직, 공무원, 지방정부 등	문화, 예술, 체육, 관광	농산, 축산, 식품산업	상업, 무역, 에너지	보건, 의정, 사회복지
환경부	고용노동부	여성가족부	국토교통부	해양수산부	법제처
자연, 생활, 환경오염	고용, 노사, 산업안전	여성, 청소년	국토, 교통	해양, 수산	법령
국가보훈처	식품의약품안전처	국세청	관세청	조달청	통계청
국가유공자	식품, 의약품 안전	내국세	관세 부과	물자 구매	통계, 인구
경찰청	소방방재청	문화재청	농촌진흥청	산림청	중소기업청
치안	소방, 방재	문화재	농촌진흥	산림	중소기업
특허청	병무청	방위사업청	기상청	해양경찰청	검찰청
특허	증집, 병무	군수물자	기상	해양경찰	검사
감사원	방송통신위원회	공정거래위원회	금융위원회	원자력안전위원회	
감사, 감찰	방송,통신	거래, 소비자	금융, 감독	원자력 안전	

사회적협동조합 설립 인가 신청시 제출서류 : ① 정관 1부, ② 창립총회 의사록 1부, ③ 사업계획서 1부, ④ 설립 동의자 명부 1부 ⑤ 임원 명부 1부, 임원의 이력서 및 사진, ⑥ 수입·지출예산서, ⑦ 출자좌수를 적은 서류 ⑧ 창립총회 개최 공고문, ⑨ 주 사업 설명자료, ⑩ 합병 등 의결한 총회 의사록(해당 시)

문입니다. 통상 설립 인가 소요 기간은 최고 60일이며, 필요 시 한차례에 한해 연장될 수 있습니다.

〈제6단계〉 관련사무 인수 · 인계, 〈제7단계〉 출자금 납입

이어 관계 중앙행정기관의 장은 '설립인가필증'을 발급해 줍니다. 인가필증을 받은 발기인은 지체 없이 사회적협동조합 관련 사무와 서류를 창립총회에서 선출된 이사장에게 인계해야 합니다. 그리고 조합원으로 참여하고자 하는 자는 일정 기일 내에 출자금을 납입해야 합니다.

〈제8단계〉 설립 등기, 〈제9단계〉 사회적협동조합 설립

사회적협동조합 등기 시에는 주의할 점이 있습니다. 사회적협동조합은 인가를 받은 날부터 21일 이내에 설립 등기를 마쳐야 합니다. 협동조합은 '출자금 납입일'을 기준으로 하지만, 사회적협동조합은 '인가일'을 기준으로 합니다. 등기가 완료되면 법인격을 부여받은 사회적협동조합으로 설립이 완성됩니다.

34. 사회적협동조합으로 병원과 의료 기관을 설립할 수 있는가?

시행령 제12조(사회적협동조합의 설립인가 기준)

② 제1항에도 불구하고 사회적협동조합이 의료기관을 개설하는 경우 사회적협동조합 설립인가의 기준은 다음 각 호와 같다.

1. 개설되는 의료기관 1개소個所당 설립동의자가 500인 이상일 것

2. 설립동의자 1인당 최저출자금이 5만원 이상일 것. 다만, 제18조제1항제2호부터 제6호까지 및 같은 항 제8호에 해당하는 자는 그러하지 아니하다.

3. 1인당 최고출자금이 출자금 납입총액의 10퍼센트 이내일 것. 다만, 2인 이상의 설립동의자가 기획재정부령으로 정하는 특수한 관계가 있는 자에 해당하는 경우에는 그 2인 이상의 설립동의자의 출자금 총액을 출자금 납입총액의 10퍼센트 이내로 하여야 한다.

4. 출자금 납입총액이 1억원 이상이면서 총자산의 100분의 50 이상일 것. 다만, 기획재정부장관의 승인을 받아 총자산 중 출자금 납입총액의 비율을 100분의 50 미만으로 할 수 있다.

5. 그 밖에 기획재정부장관이 관계 중앙행정기관의 장과 협의하여 정하여 고시하는 기준을 충족할 것

③ 법 제85조제1항에 따른 인가를 받아 의료기관을 개설한 사회적협동조합이 의료기관을 추가로 개설하려는 경우에는 개설하려는

해당 시·군·구(자치구를 말한다. 이하 이 항에서 같다)마다 제2
항 각 호의 요건(이 경우 제2항 각 호 중 "설립동의자"는 "조합원"
으로 본다)을 모두 갖추어야 한다. 다만, 사회적협동조합이 주사
무소의 소재지를 관할하는 시·군·구 및 인접 시·군·구에 추가
로 의료기관을 개설하는 경우에는 그러하지 아니하다.

KEY POINT

사회적협동조합으로 '의료기관을 설립할 경우 500명 이상 조합원
과 1억 이상의 출자금이' 필요하다.

요람에서 무덤까지

우리는 살면서 얼마나 많은 '약'을 먹을까요? 혹시 이런 질문을 한 번
이라도 해 보았다면, 그에 대한 해답은 영국에서 찾을 수 있습니다.
　　영국 대영박물관에는 흥미로운 전시물이 있습니다. 한 사람의 생
애를 의약품으로 표현한 현대예술로 '요람에서 무덤까지[19]'라는 제목
이 붙은 이 작품은 남자와 여자가 일생 동안 평균적으로 먹게 되는 의

---

19 수시 프리먼(Susie Freeman), 리즈 리(Dr. Liz Lee), 데이빗 크리츠리(David Critchley)의
작품임.

영국 대영박물관 '요람에서 무덤까지'
*출처 : Wikipedia & 대영박물관 자료

약품을 모은 작품입니다. 이 작품은 무려 14,000개의 알약으로 만들어졌다고 하니, '생로병사'를 다시금 생각나게 합니다.

　이번에는 우리 삶과 가장 밀접한 부분인 병원과 협동조합에 대해 살펴보도록 하겠습니다.

병원 사회적협동조합은 어떻게 설립할 수 있는가

우리의 생활과 가장 밀접한 공익 기관 중 하나는 바로 병원입니다. 대부분의 경우 인생의 시작도, 끝도 병원에서 맞게 됩니다. 하지만 공공 의료의 질적 수준은 열악한 상황입니다. 복지부 자료에 따르면, 전체 의료 기관 중 보건소, 국·공립병원 등과 같은 공공 의료 기관이 차지하는 비율이 불과 10%를 넘지 못한다고 합니다.

　이러한 현실을 감안할 때 협동조합 병원은 좋은 대안이 될 수 있습니다. 이미 전 세계적으로 협동조합은 양질의 의료서비스를 제공하는 좋은 의료 모델로 인식되어 왔습니다. 조합원인 내가 병원의 주인이고 나를 알아주는 의사 선생님이 있는 곳, 누구나 한 번 정도는 상상해 볼 수 있는 착한 의료협동조합 병원은 어떻게 설립할 수 있을까요?

협동조합으로 병원이나 의료 기관을 설립하려면 보다 엄격한 요건을 지켜야 합니다. 이는 의료서비스가 국민의 삶과 매우 밀접한 필수 공익 사업이기 때문입니다.

먼저 의료 기관은 비영리법인인 사회적협동조합만이 설립할 수 있습니다. 최소 설립 인원도 5인이 아닌 500인 이상이 필요합니다. 일정한 규모를 갖추어야 병원 설립이 가능합니다. 환자 5~10명으로는 마을 의원도 어렵겠지요. 참여하는 조합원은 최소 5만 원 이상을 납부해야 하며, 조합원 1인이 전체 출자금의 10% 이상을 납부할 수 없습니다.

'병원 사회적협동조합' 설립 절차

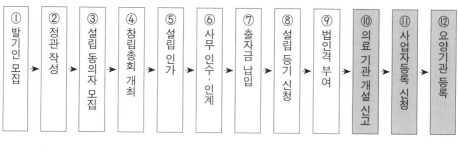

① 발기인 모집 → ② 정관 작성 → ③ 설립 동의자 모집 → ④ 창립총회 개최 → ⑤ 설립 인가 → ⑥ 사무 인수·인계 → ⑦ 출자금 납입 → ⑧ 설립 등기 신청 → ⑨ 법인격 부여 → ⑩ 의료 기관 개설 신고 → ⑪ 사업자등록 신청 → ⑫ 요양기관 등록

* 참조 ▨ 추가적인 절차 ☐ 기존 절차

그리고 의료 사회적협동조합은 최소 1억 원 이상의 출자금을 모집해야 합니다. 전문가에 따르면, 실제로 의료 기관을 설립하고 안정적인 운영을 위해서는 이보다 많은 자금이 필요하다고 합니다.

법적인 설립 절차 측면에서 병원 사회적협동조합을 설립하려면 9단계가 아닌 12단계가 필요합니다. 추가적인 3개 절차가 있기 때문입니다.

제⑨번째 절차를 거쳐 법인격을 획득한 사회적협동조합은 7일 이내에 관할 보건소에 '⑩ 의료 기관 개설 신고'를 마쳐야 합니다. 이때 관할 의료 행정 기관인 보건소는 해당 사회적협동조합이 의료 기관을 설립·운영의 필요한 요건을 갖추었는지 점검하게 됩니다.

이후 지역에 있는 관할 세무서에 '⑪ 사업자등록신청'을 통해 사업자등록번호를 부여받고 관할 건강보험심사평가원에 '⑫ 요양기관 등록'을 마치면 모든 절차가 마무리됩니다.

병원(의료) 사회적협동조합 운영 시 유의해야 할 점

제22번(사업의 이용)에서 살펴보았듯, 조합원 권익 증진을 위해 설립되는 협동조합 사업의 대상자는 조합원입니다. 그러나 예외적인 경우에 한하여 비조합원도 협동조합의 사업을 이용할 수 있습니다.

보건의료서비스를 제공하는 병원 사회적협동조합은 전체 사업(법률 용어로 총 공급고)의 50% 범위에서 응급환자, 장애인, 취약 계층 등의 비조합원들에게 의료서비스를 제공할 수 있습니다. 이는 의료관련 법에 따른 것으로, 의료서비스 제공에 따른 공공성과 의료접근성을 확보하기 위한 방안입니다.

비조합원의 사회적협동조합 사업 이용 가능 경우(기본법 시행령 제17조)

① 비조합원 협동조합 사업 이용 범위(대부분)

② 응급의료법에 따른 응급환자인 경우

③ 의료급여법에 따른 수급권자인 경우

④ 장애인고용촉진법에 따른 장애인인 경우

⑤ 한부모가족지원법의 보호대상자인 경우

⑥ 결혼이민자인 경우

⑦ 희귀난치성질환을 가진 자인 경우

⑧ 해당 조합의 주소지 거주자인 경우

⑨ 조합원과 같은 가구에 속하는 자

⑩ 그 밖의 기획재정부장관의 지정에 따라

허가와 인가의 차이점

앞서 협동조합은 '설립 신고'를, 사회적협동조합은 '설립 인가'를 받아야 한다는 점을 살펴보았습니다. 병원 사회적협동조합은 복지부의 '설립 허가'를 받아야 합니다. 신고, 인가, 허가 등은 어떤 차이가 있을까요?

행정관청이 갖고 있는 행정 권한은 5가지 정도로 구분될 수 있습니다. '허가 〉인가 〉승인 〉등록 〉신고'로 볼 수 있지요. 이 중 '허가'가 가장 강력한 행정처분이고 '신고'는 가장 낮은 수준입니다. 통상 신고는 일정한 요건을 갖추면 허락해 주는 조치입니다. '집회와 시위에 관한 신고'가 대표적인 사례이지요.

35. 어떤 협동조합으로 설립할 것인가?

제86조(정관)

① 사회적협동조합의 정관에는 다음 각 호의 사항이 포함되어야 한다.

　1. 목적

　2. 명칭 및 주된 사무소의 소재지

　3. 조합원 및 대리인의 자격

　4. 조합원의 가입, 탈퇴 및 제명에 관한 사항

　5. 출자 1좌의 금액과 납입 방법 및 시기, 조합원의 출자좌수 한도

　6. 조합원의 권리와 의무에 관한 사항

　7. 잉여금과 손실금의 처리에 관한 사항

　8. 적립금의 적립방법 및 사용에 관한 사항

　9. 사업의 범위 및 회계에 관한 사항

　10. 기관 및 임원에 관한 사항

　11. 공고의 방법에 관한 사항

　12. 해산에 관한 사항

　13. 출자금의 양도에 관한 사항

　14. 그 밖에 총회·이사회의 운영 등에 관하여 필요한 사항

② 제1항제5호에 따른 출자 1좌의 금액은 균일하게 정하여야 한다.

〈신설 2014.1.21.〉

③ 사회적협동조합의 정관의 변경은 기획재정부장관의 인가를 받아야
그 효력이 발생한다. 〈개정 2014.1.21.〉

제87조(설립사무의 인계와 출자납입)

① 발기인은 제85조제1항에 따라 설립인가를 받으면 지체 없이 그 사
무를 이사장에게 인계하여야 한다.

② 제1항에 따라 이사장이 그 사무를 인수하면 기일을 정하여 조합원
이 되려는 자에게 출자금을 납입하게 하여야 한다.

③ 현물출자자는 제2항에 따른 납입기일 안에 출자 목적인 재산을 인
도하고 등기·등록, 그 밖의 권리의 이전에 필요한 서류를 구비하여
협동조합에 제출하여야 한다.

④ 사회적협동조합의 자본금은 조합원이 납입한 출자금의 총액으로
한다. 〈신설 2014.1.21.〉

KEY POINT

사회적협동조합은 '시·도지사의 신고가 아닌, 관계 중앙행정기관
장의 인가를 통해 설립할 수' 있다.

협동조합인가, 사회적협동조합인가

사회적협동조합의 설립 절차는 일반 협동조합 설립 절차와 크게 다르지
않습니다. 설립 동의자 모집과 설립 인가 규정 등에서 다소 차이는 있지

만, 원칙적으로 같은 9단계를 거치게 됩니다. 그렇다면 사업 동업자들과 가칭 '커피전문점협동조합' 설립을 준비한다면, 어떤 협동조합 형태를 택해야 할까요? 협동조합일까요? 아니면 사회적협동조합일까요?

　　설립 절차 측면에서 협동조합과 사회적협동조합은 4가지 정도로 구분됩니다. 첫째, 사회적협동조합은 소비자, 생산자, 기부자 등 다양한 이해관계자가 조합원으로 구성되어야 합니다. 둘째, 사회적협동조합의 사업은 자율적으로 정할 수 있으나, 취약 계층 일자리 제공과 '공익사업'을 40% 이상 수행해야 합니다. 셋째, 사회적협동조합은 설립 신고보다 복잡하고 엄격한 설립 인가를 관계 중앙행정기관의 장에게 얻어야 합니다. 끝으로 사회적협동조합은 청산 시 조합의 자산을 임의로 처분할 수 없고 국고 등에 귀속해야 합니다.

이렇게 복잡한 절차와 제한 규정이 따르는데도 굳이 사회적협동조합으로 설립할 필요가 있을까요? 사회적협동조합은 '비영리법인'입니다. 우리나라 세법은 비영리법인에 대해 다양한 세제상의 인센티브와 감면을 제공하고 있습니다. 또한 협동조합기본법은 사회적협동조합에 ▲조세 이외의 부과금의 면제, ▲총회 의사록 공증 면제 등 혜택을 마련하고 있습니다.

협동조합이냐 사회적협동조합이냐의 판단은 협동조합의 설립 목적과 조합원들의 의지에 달려 있습니다. 친구들과 동업하는 기업을 준비한다면 협동조합이 적합한 모델일 것입니다. 반면에 사회적, 공익적 가치를 추구하는 착한 기업을 꿈꾼다면 사회적협동조합은 새로운 기회를 제공할 것으로 생각됩니다.

설립상 '협동조합'과 '사회적협동조합'의 비교

	협동조합	사회적협동조합
① 조합원 참여	자율적으로 정함	자율적으로 정함 – 단, 다양한 '이해관계자' 참여
② 사업 범위	업종 및 분야의 제한이 없음	업종 및 분야의 제한이 없음 – 단, '공익사업'을 40% 이상 수행
③ 금융업	금지	금지(제한적으로 허용) – 단, '소액대출', '상호부조' 가능
④ 설립 방법	설립 신고	설립 인가
⑤ 설립 기관	광역시·도	중앙행정기관
⑥ 설립 처리	신청 후 30일 이내	신청 후 60일 이내 – 단, 1회에 한해 연장 가능
⑦ 등기 신청 기간	출자금 납입 후 14일 이내	설립 인가 후 21일 이내
⑧ 설립 시 혜택	별도 없음	부과금 면제 총회 의사록 공증 면제 비영리법인상 혜택

36. 출자금환급청구권은 무엇인가?

> **제89조(출자금환급청구권과 환급정지)**
>
> ① 탈퇴 조합원(제명된 조합원을 포함한다. 이하 이 조와 제90조에서 같다)은 탈퇴(제명을 포함한다. 이하 이 조와 제90조에서 같다) 당시 회계연도의 다음 회계연도부터 정관으로 정하는 바에 따라 그 출자금의 환급을 청구할 수 있다.
>
> ② 제1항에 따른 청구권은 2년간 행사하지 아니하면 시효로 인하여 소멸된다.
>
> ③ 사회적협동조합은 탈퇴 조합원이 사회적협동조합에 대한 채무를 다 갚을 때까지는 제1항에 따른 출자금의 환급을 정지할 수 있다.

KEY POINT

사회적협동조합의 '조합원이 탈퇴하는 경우에는 출자금만 돌려받을 수 있다.'

출자금환급청구권과 지분환급청구권의 차이

'출자금환급청구권'은 사회적협동조합 조합원의 권리를 보호하기 위한 규정입니다. 조합원이 사회적협동조합을 탈퇴하거나 제명되었을 경우, 가입 초기에 납부한 출자금을 되돌려 받을 수 있다는 내용입니다.

사회적협동조합의 '출자금환급청구권'은 협동조합의 '지분환급청구권'보다는 보다 좁은 개념입니다. 따라서 사회적협동조합의 조합원이 탈퇴시 받을 수 있는 금액은 일반 협동조합보다 적습니다. 이는 비영리성이 강조된 사회적협동조합의 특성을 반영한 것으로 청구 권한을 좁게 해석한 결과입니다.

환급청구권 관련 유사 법인격 비교

	협동조합	사회적협동조합	사단법인
법인격	법인	비영리법인	비영리법인
환급청구권	지분20	출자금21	불가능

출자금급청구권의 의미

사회적협동조합이 '출자금환급청구권'의 부여한 조문은 특별한 내용입니다.

---

20 출자금＋잉여금(＝수익)을 합한 금액을 의미.
21 협동조합 가입 시 조합원이 출자한 '금액'을 의미.

사회적협동조합은 비영리법인입니다. 지금까지는 다른 비영리법인을 설립할 때 출자한 금액(일종의 기부금)은 조합원이 탈퇴하는 경우에 가져갈 수 없었습니다. 왜냐하면 사단법인 등 공익단체에 기탁한 기부금으로 간주되었기 때문입니다. 좋은 뜻으로 이미 기부했는데, 단체를 탈퇴한다고 해서 그 기부금을 찾아갈 수 없기 때문입니다.

이에 반해 사회적협동조합은 비영리법인격을 갖고 있음에도 불구하고 '출자금환급청구권'을 인정해 주었습니다. 이는 사회적협동조합이 이윤을 추구하는 '영리'조직이자, 공익적 가치를 추구하는 '비영리'조직임을 동시에 인정받았다는 뜻을 갖고 있습니다.

37. 사회적협동조합은 어떤 사업을 할 수 있는가?

제93조(사업)

① 사회적협동조합은 다음 각 호의 사업 중 하나 이상을 주 사업으로 하여야 한다. 〈개정 2014.1.21.〉

1. 지역(시·도의 관할 구역을 말하되, 실제 생활권이 둘 이상인 시·도에 걸쳐 있는 경우에는 그 생활권 전체를 말한다. 이하 이 호에서 같다) 사회의 재생, 지역 경제의 활성화, 지역 주민들의 권익·복리 증진 및 그 밖에 지역 사회가 당면한 문제 해결에 기여하는 사업

2. 대통령령으로 정하는 취약계층에 복지·의료·환경 등의 분야에서 사회서비스를 제공하는 사업

3. 대통령령으로 정하는 취약계층에 일자리를 제공하는 사업

4. 국가·지방자치단체로부터 위탁받은 사업

5. 그 밖에 공익증진에 이바지 하는 사업

② 제1항 각 호에 따른 주 사업은 협동조합 전체 사업량의 100분의 40 이상이어야 한다. 〈개정 2014.1.21.〉

③ 제1항 각 호에 따른 주 사업의 판단기준은 대통령령으로 정한다. 〈신설 2014.1.21.〉

④ 제1항부터 제3항까지에서 규정한 사항 외에 사회적협동조합의

사업에 관하여는 제45조를 준용한다. 이 경우 "협동조합"은 "사회적협동조합"으로 본다. 〈신설 2014.1.21.〉

KEY POINT

사회적협동조합은 '공익적인 사업을 40% 이상 수행해야' 한다.

'주 사업'이란 무엇인가

협동조합기본법 제2조(정의)에서 '사회적협동조합'이란 '협동조합 중 지역주민들의 권익·복리 증진과 관련된 사업을 수행하거나 취약 계층에게 사회서비스 또는 일자리를 제공하면서 영리를 목적으로 하지 아니하는 협동조합'이라고 하였습니다. 협동조합과 같이 사회적협동조합도 모든 사업을 자율적으로 정하여 운영할 수 있습니다. 그러나 조건이 붙습니다. 전체 사업의 40% 이상을 넘는 사업, 즉 '주 사업'을 공익적으로 수행해야 합니다.

그렇다면 '주 사업'이란 무엇일까요?

첫째 유형은 지역사회에 기여하는 '지역발전형' 모델입니다. 농촌지역의 특산품을 생산하고 판로를 개척하는 사업, 지역의 오랜 역사를 지닌 전통 시장을 활성화하는 지역 재생 사업, 공공서비스 혜택이 부족한 지역에 대중목욕탕을 설치하는 생활환경 개선 사업들이 대표적

사례입니다.

둘째 유형은 경제, 사회적으로 어려운 여건인 취약 계층에 사회서비스를 제공하는 '취약 계층 지원형' 모델입니다.

셋째 유형은 취약 계층에 '일자리 제공' 모델입니다.

넷째 유형은 정부와 지자체의 공익적인 사업을 수행하는 '위탁 사업' 모델도 가능합니다.

다섯째 유형은 그 밖의 '공익증진' 모델입니다.

이외에 기타 공익적인 사업을 기획재정부와 협의하여 인정받을 수 있고, 앞선 4가지 유형의 혼합형의 모델도 가능합니다.

'주 사업'에 따른 사회적협동조합 형태 비교

유형	개념
① 지역사회 발전	(지역 경제 활성화) 지역 특산품, 전통 시장, 농산물, 지역 인적 자원 활용 등 (지역 서비스) 생활환경, 공중위생, 안전사고, 사회서비스 등
② 취약 계층 지원	(사회서비스 제공) 취약계층에 교육, 보건, 의료, 보육, 예술, 간병, 문화재 보존, 청소 등
③ 일자리 제공	(일자리 제공) 저소득자, 고령자, 장애인, 성매매 피해자, 청년·경력 단절 여성, 북한 이탈 주민, 가정 폭력 피해자, 한부모 가족 보호 대상자, 결혼 이민자, 갱생 보호자, 범죄 구조 피해자 등
④ 위탁 사업	(위탁 사업) 국가 및 지자체가 정한 사무를 위탁받아 수행
⑤ 기타 공익	(기타 공익) 공익사업으로 기획재정부와 협의 결정

*출처 : 기획재정부 자료

사회적협동조합의 '주 사업'은 개념적으로 조금 어려울 수 있지만 핵심은 아주 간단합니다. 사회적협동조합은 전체 사업 중에서 40% 이상의 분량을 사회적으로 기여하면 됩니다. 10명의 직원이 일하는 협동조합이라면, 그중 4명을 저소득자, 고령자, 장애인 등의 취약 계층을 고용하면 됩니다. 다양한 물건을 파는 협동조합은 지역의 특산품, 전통 시장 물품을 전체 판매량 중에서 40% 판매하면 요건을 충족하게 됩니다.

환경미화 사업도 사회적협동조합으로 운영될 수 있는가

환경미화 사업을 '주 사업'을 하는 경우에도 일정 요건을 충족하면 사회적협동조합 설립은 가능합니다. 일반 협동조합의 경우, 환경미화 사업을 수행하는 데 제약이 없습니다. 그러나 사회적협동조합은 다음의 세 가지 중 하나의 요건을 충족해야 합니다.

첫째, '지역사회발전' 모델로 설립 인가 요건을 충족할 수 있습니다. 이 경우 환경미화 사회적협동조합은 버려져 사용하지 않은 공공시설물을 정화하고 청소하여 생활환경을 개선하는 사업을 전체 사업 중 40% 이상 수행하면 가능합니다.

둘째, '취약 계층지원' 방식의 청소 사회적협동조합을 운영할 수 있습니다. 전체 직원의 40% 이상을 저소득자, 고령자, 장애인, 경력단절 여성 등 법이 정한 취약 계층에서 고용하여 사업을 한다면 가능합니다.

셋째, 정부나 지자체에서 발주하는 청소위탁사업을 수주받거나, 그 사업량이 전체 작업량의 40% 이상인 경우에는 청소를 주 사업으로 하는 사회적협동조합 설립이 가능합니다. 물론 앞의 2가지 모델과 혼합하여 40% 기준을 채우는 방법도 생각해 볼 수 있습니다.

38. 소액대출과 상호부조는 무엇인가?

제94조(조합원에 대한 소액대출 및 상호부조)

① 사회적협동조합은 제93조제4항에서 준용하는 제45조제3항에도
불구하고 상호복리 증진을 위하여 주 사업 이외의 사업으로 정관
으로 정하는 바에 따라 조합원을 대상으로 납입 출자금 총액의 한
도에서 소액대출과 상호부조를 할 수 있다. 다만, 소액대출은 납
입 출자금 총액의 3분의 2를 초과할 수 없다. 〈개정 2014.1.21.〉

② 제1항의 사업에 따른 소액대출 이자율, 대출한도, 상호부조의 범
위, 상호부조금, 상호부조계약 및 상호부조회비 등 필요한 세부
사항은 대통령령으로 정한다.

제95조(사업의 이용)

사회적협동조합은 대통령령으로 정하는 사업을 제외하고는 정관으로
정하는 바에 따라 조합원이 아닌 자에게 그 사업을 이용하게 할 수 있
다. 〔전문개정 2014.1.21.〕

KEY POINT

사회적협동조합은 '제한적인 금융 사업인 소액대출 및 상호부조
사업'을 수행할 수 있다.

소액대출과 상호부조의 차이

'소액대출'과 '상호부조'는 일상에서 흔히 접하는 용어입니다. '상호부조'는 경조사 시 지인들 간에 작은 정성을 모아 상부상조하는 오랜 전통으로 부의금, 부조금 등이 대표적인 상호부조의 사례입니다.

협동조합기본법 제정 과정에서 오랜 시간이 필요했던 조문이 바로 제94조(조합원에 대한 소액대출 및 상호부조)입니다. 일반적으로는 누구나 다 아는 내용이 소액대출과 상호부조였지만 명확한 법률적인 개념은 없었습니다. 법조문을 모두 찾아보았지만 어느 한 곳에서도 개념 정의는 나오지 않았습니다.

예를 들어 보지요. '소액대출'의 경우, '소액'의 범위는 어느 정도일까요? 정의하기 쉽지 않습니다. 100만 원? 50만 원? 소액의 개념은 지극히 주관적이기 때문입니다. '상호부조'의 경우에도 경조사의 종류를 구분해 내기가 여간 어렵지 않았습니다.

결론적으로 협동조합기본법은 '소액대출'은 조합원 상호복리 증진을 목적으로 납입 출자금의 총액 한도 내에서 시행하는 조합원간 대출로, '상호부조'는 조합원간 상부상조 목적으로 납부한 상호부조회비를 기금으로 적립하고 혼례, 사망, 질병 등의 사유가 생긴 경우 일정 금액을 지급하는 사업으로 정의 내렸습니다. 참고로 '상호부조'에 대한 법적 개념은 협동조합기본법이 처음입니다.

소액대출과 상호부조

〈소액대출〉

- (협동조합기본법상 개념) 조합원 상호복리 증진을 목적으로 납입 출자 금의 총액 한도 내에서 시행하는 사회적협동조합원 간 대출을 의미
- (일반 개념) 건당 대출 액수가 적은 금융을 통칭
    - 일반적으로 소액대출은 (1) 무담보·무보증 (2) 높은 대출금리 (3) 짧은 대부 기간 (4) 높은 회수 불가능성을 특징으로 함.
- (타법상 개념) 보험업 감독규정, 한국정책금융공사 감독규정은 '금융 위원회가 정하는 소액대출'을 이하와 같이 규정

> … '금융위원회가 정하는 소액대출'이란 다음 각 호에서 정하는 대출을 말한다.
> 1. 일반자금 대출: 20백만 원 이내
> 2. 주택자금 대출(일반자금 대출 포함) 50백만 원이 내
> 3. 사고금정리 대출(일반자금 및 주택자금 대출 포함) : 60백만 원 이내

〈상호부조〉

- (협동조합기본법상 개념) 조합원 간 상부상조를 목적으로 조합원들이 각자 나눠 낸 상호부조회비를 기금으로 적립하여 그 기금으로 상호부 조회비를 낸 조합원에게 혼례, 사망, 질병 등의 사유가 생긴 경우 일정 금액의 상호부조금을 지급하는 사업
- (일반 개념) 사회집단에서 그 구성원에 생활상의 사고 또는 위험이 있 을 때 상호 간에 서로 돕는 것을 의미
    - 일차적 사회집단인 가족 간의 상호구조가 그 원형이나, 고도 산업사 회로 오면서 전통적 개념의 상호부조기능이 저하되지만, 아직도 한국 인들에게 널리 퍼져 있음.

소액대출과 상호부조의 사업 추진 방법

협동조합기본법은 '소액대출 및 상호부조' 사업에 대한 세부적인 내용은 정하지 않았습니다. 일부에서는 소액대출 한도를 100만 원으로 정하자는 입장도 있었지만, 결론적으로는 정관으로 정하도록 위임하였습니다. 대신 필수적인 5가지 요건은 제시하였습니다.

첫째, 비영리법인인 사회적협동조합만 해당 사업을 할 수 있습니다. 둘째, 소액대출과 상호부조는 주 사업 이외의 부수적인 사업으로만 시행돼야 합니다. 따라서 소액대출을 목적으로 하는 사회적협동조합 설립은 가능하지 않습니다.

셋째, 구체적인 사업 내용은 정관에 정하되 반드시 일정 요건과 절차를 통해 가입하고 요건을 갖춘 조합원을 대상으로 이루어져야 합니다. 비조합원은 사업을 이용할 수 없습니다. 넷째, 소액대출과 상호부조 사업은 조합원들이 납입한 출자금 한도 내에서 이루어져야 합니다. 이는 해당 사회적협동조합의 안정적인 경영 기반 확보를 위한 것입니다. 끝으로 소액대출 이자율, 총 대출 한도, 1인당 대출 한도, 상호부조금 한도의 요건은 대통령령으로 정하도록 하였습니다.

소액대출과 상호부조의 비교

	'소액대출' 사업	'상호부조' 사업
① 허용 대상	협동조합 (X) 사회적협동조합 (O)	
② 정의	조합원에 한해 긴급하게 필요한 소액자금을 신용대출하는 사업	상호부조회비를 납부한 조합원에 정관이 정한 사유발생 시 상호부조금을 지급하는 사업
③ 사업 대상	조합원(세부사항 정관 규정)	조합원(세부사항 정관 규정)
④ 사업 한도	(총 대출 한도) 출자금 총액의 2/3 (개인별 한도) 납입출자금 1/3 (대출이자율) 정관 결정(5% 이내) (연체이자율) 정관 결정(30% 미만)	(총 사업 한도) 출자금 총액 이내 (부조금 회비) 정관 결정(매월 납부)

39. 사회적협동조합 자료는 왜 공개해야 하나?

제96조(운영의 공개)

① 사회적협동조합은 다음 각 호의 사항을 적극 공개하여야 한다. 〈개정 2014.1.21.〉

1. 정관과 규약 또는 규정

2. 총회·이사회의 의사록

3. 조합원 명부

4. 회계장부

5. 그 밖에 정관으로 정하는 사항

② 사회적협동조합은 제1항 각 호의 사항이 포함된 서류를 주된 사무소에 갖추어 두어야 한다. 〈개정 2014.1.21.〉

③ 협동조합의 채권자와 조합원은 제1항 각 호의 사항이 포함된 서류를 열람하거나 그 사본을 청구할 수 있다. 〈개정 2014.1.21.〉

제96조의2(경영공시)

① 사회적협동조합은 기획재정부 또는 사회적협동조합연합회의 인터넷 홈페이지에 경영에 관한 다음 각 호의 사항에 대한 공시(이하 이 조에서 "경영공시"라 한다)를 하여야 한다.

1. 정관과 규약 또는 규정

2. 사업결산 보고서

3. 총회, 대의원총회 및 이사회의 활동 상황

4. 제93조제4항에서 준용하는 제45조제1항제1호부터 제3호까지의 사업을 포함한 사업결과 보고서,

② 제1항에도 불구하고 기획재정부장관은 경영공시를 대신하여 같은 항 각 호의 사항을 별도로 표준화하고 이를 통합하여 공시할 수 있다.

③ 기획재정부장관은 제2항에 따른 통합 공시를 하기 위하여 필요한 자료를 사회적협동조합에 요구할 수 있다. 이 경우 사회적협동조합은 특별한 사정이 없으면 그 요구에 따라야 한다.

④ 제1항부터 제3항까지에서 규정한 사항 외에 사회적협동조합의 경영공시 또는 통합 공시의 절차 등에 관하여 필요한 사항은 대통령령으로 정한다. 〔본조신설 2014.1.21.〕

`KEY POINT`

사회적협동조합은 '주요 경영 자료를 관계 기관(기획재정부, 연합회)의 인터넷 홈페이지에 공개해야' 한다.

운영의 공개의 중요성

협동조합과 사회적협동조합의 또 하나의 차이점은 '운영의 공개' 조문에서 찾아볼 수 있습니다. 협동조합의 안정적인 운영과 성공의 비결은

투명한 경영에서 시작됩니다. 조합원 수가 백 명, 천 명 이상인 대형 협동조합인 경우 투명한 경영은 더욱 중요합니다. 특히 비영리법인인 사회적협동조합에게는 더욱 중요합니다.

사회적협동조합은 조합원들에게 받는 출자금, 회비 이외에 기부금 등 다양한 재원을 받을 수 있습니다. 뿐만 아니라 앞서 살펴보았듯이 사회적협동조합은 '소액대출', '상호부조' 사업이라는 일종의 제한적인 범위에서 상호금융업을 수행할 수 있습니다. 일종의 서민금융업이라고 볼 수 있는 사업을 수행하는 사회적협동조합에게 있어 투명한 경영이란 선택이 아닌 필수적인 요건입니다.

이와 관련하여 모든 사회적협동조합은 주요 경영 공시 자료를 결산일로부터 3개월 이내에 설립 인가를 받은 중앙행정기관의 홈페이지 등에 게재해야 합니다. 공개 대상으로는 ▲정관, ▲총회, 이사회 활동 상황, ▲사업계획서, ▲사업 결산 보고서 및 ▲소액대출 및 상호부조 사업 결산 보고서(해당 사회적협동조합의 경우) 등이 포함됩니다.

40. 부과금이란 무엇인가?

> **제99조(부과금의 면제)**
>
> 사회적협동조합의 사업과 재산에 대하여는 국가와 지방자치단체의 조세 외의 부과금을 면제한다.

KEY POINT

사회적협동조합은 '부과금 면제'라는 혜택을 받을 수 있다.

부과금이란

우리는 흔히 정부에 납부해야 하는 금전적인 의무를 가리켜 세금이라 합니다. 그런데 우리가 일상에서 납부하는 것은 세금만 있는 것은 아닙니다. 다른 하나가 바로 '부과금22'입니다.

그럼 '부과금'은 무엇일까요?

관련법에 따르면, 부과금이란 '정부와 공공기관 등에서 특정 공익사업과 관련하여 법률에 따라 부과하는, 조세 이외에 부과되는 금

'부과금'의 사례. 출국납부금과 혼잡통행료

전적인 의무'입니다. 사례를 들어보지요. 몇 년 전까지 인천공항을 통해 해외로 출국하는 여행객은 1만 원의 '출국납부권'을 구입해야 했습니다. 이것이 바로 대표적인 '부과금'입니다. 출국납부금은 지금도 납부되고 있습니다. 항공권 요금에 청구되어서 별도의 구입 절차는 생략되었지만, 납부 의무가 사라진 것은 아닙니다. 다른 사례로, 도심 지역 교통 정체를 이유로 부과되는 '혼잡통행료'도 부과금의 사례입니다. 참고로 고속도로 통행료는 부과금이 아니고 도로 사용요금입니다.

---

22 이 법에서 "부담금"이란 중앙행정기관의 장, 지방자치단체의 장, 행정권한을 위탁받은 공공단체 또는 법인의 장 등 법률에 따라 금전적 부담의 부과권한을 부여받은 자(이하 "부과권자"라 한다)가 분담금, 부과금, 기여금, 그 밖의 명칭에도 불구하고 재화 또는 용역의 제공과 관계없이 특정 공익사업과 관련하여 법률에서 정하는 바에 따라 부과하는 조세 외의 금전지급의무(특정한 의무이행을 담보하기 위한 예치금 또는 보증금의 성격을 가진 것은 제외한다)를 말한다. (부과금관리기본법 제2조(정의))

부과금 면제 혜택

주변에는 다양한 형태의 부과금이 있습니다. 기획재정부 자료에 따르면, 2012년 기준 우리나라에는 분담금, 기여금, 협력금, 출연금, 징수금, 조성금, 수입금 등 다양한 명칭의 부과금이 무려 95개나 있습니다. 적지 않은 숫자이지요? 연간 징수되는 금액은 14.5조 원이 넘는다고 합니다.

따라서 '부과금의 면제'는 사회적협동조합에 주어지는 의미 있는 혜택이 될 것입니다. 이는 일반적인 기업은 물론이고 비영리법인 사단법인, 재단법인도 인정받지 못하는 권리이기 때문입니다. 지금까지 면제를 인정받았던 법인은 농협, 수협, 산림조합 등이 전부라고 합니다.

41. 협동조합과 사회적협동조합 간 합병·분할은 가능한가?

제101조(합병 및 분할)

① 사회적협동조합은 합병계약서 또는 분할계획서를 작성한 후 총회의 의결을 받아 합병 또는 분할할 수 있다.

② 사회적협동조합이 합병 또는 분할할 경우 기획재정부장관의 인가를 받아야 한다.

③ 합병 또는 분할로 인하여 존속하거나 설립되는 사회적협동조합은 합병 또는 분할로 소멸되는 사회적협동조합의 권리·의무를 승계한다.

④ 제1항에 따라 설립되는 사회적협동조합에 대하여는 제85조, 제86조 및 제88조를 준용한다.

⑤ 〈삭제〉

⑥ 사회적협동조합은 이 법에 따른 사회적협동조합 이외의 법인, 단체 및 협동조합 등과 합병하거나 이 법에 따른 사회적협동조합 이외의 법인, 단체 및 협동조합 등으로 분할할 수 없다.

⑦ 제6항에도 불구하고 사회적협동조합이 기획재정부장관의 인가를 받은 경우에는 다음 각 호의 법인을 흡수합병할 수 있다.
〈신설 2014.1.21.〉
1. 「상법」에 따라 설립된 주식회사

2. 「상법」에 따라 설립된 유한회사

3. 「상법」에 따라 설립된 유한책임회사

4. 「민법」에 따라 설립된 사단법인

5. 협동조합

⑧ 제7항에 따른 인가의 기준·절차 등에 관하여 필요한 사항은 대통령령으로 정한다. 〈신설 2014.1.21.〉

⑨ 사회적협동조합의 합병 및 분할에 관하여는 제53조 및 제54조를 준용한다. 〈개정 2014.1.21.〉

KEY POINT

사회적협동조합은 '일반 협동조합과 합병·분할이 가능하지 않다.'

사회적협동조합의 합병과 분할 절차

협동조합 간 협력은 경쟁력을 높이는 좋은 방법입니다. 만약 유사한 사업을 수행하는 2개의 협동조합이 있다면, 합병은 규모를 키울 수 있는 중요한 경영 전략이 될 수 있습니다.

사회적협동조합의 합병과 분할 절차는 일반 협동조합의 절차처럼 9단계로 진행되지만, 몇 가지 차이가 있습니다. 비영리법인인 사회

사회적협동조합 합병 및 분할의 절차

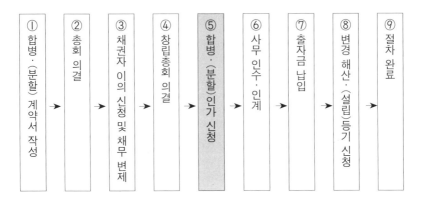

① 합병·(분할) 계약서 작성 → ② 총회 의결 → ③ 채권자 이의 신청 및 채무 변제 → ④ 창립총회 의결 → ⑤ 합병·(분할) 인가 신청 → ⑥ 사무 인수·인계 → ⑦ 출자금 납입 → ⑧ 변경 해산·(설립) 등기 신청 → ⑨ 절차 완료

* 참조 [ ] 사회적협동조합 합병·분할 시 절차

적협동조합은 ① 계약서, ② 총회, ③ 채무변제, ④ 창립총회의 절차를 거친 후에 관계 중앙행정기관의 인가를 신청해야 합니다. ⑤ 합병하는 경우, '합병 인가'를, 분할인 '분할 인가' 신청해야 합니다. 이어 남은 절차와 ⑧ 등기('변경' 또는 '설립'과 '해산')를 거치면, 사회적협동조합의 합병과 분할 절차가 마무리됩니다.

사회적협동조합은 협동조합과 합병 또는 분할할 수 있는가

예를 들어 생각해 보지요. 설립 인가를 받고 사회적협동조합으로 사업 중이었으나, 일부 사업은 영리성이 높아 '주 사업 40%는 공익적 사업 수행'이라는 사회적협동조합 요건을 충족하지 못하는 상황이 생겼습니다. 조합원들이 불가피하게 해당 사업을 분리시키기로 결정하는 경우, 사회적협동조합의 분할은 꼭 필요할 것입니다. 그렇지만 협동조합기본법은 협동조합과 사회적협동조합의 합병 또는 분할을 허용하고 있지 않습니다. 왜 그럴까요?

실제 기본법 제정 과정에서 이런 특수한 상황도 고려되었습니다. 그러나 반영되지 못했습니다. 첫째, 협동조합이라는 아직 정착되지 않은 제도 도입 초기에 복잡한 법률적인 상황을 초래할 수 있었습니다. 둘째, 관리 체계에 혼선을 줄 수 있는 우려가 높았습니다. 사회적협동조합은 중앙행정기관에서, 협동조합은 지자체에서 담당하는 상황에서, 본래의 법인격과 다른 종류의 법인격으로 나뉘는 경우 체계적인 관리는 더욱 복잡해질 수 있기 때문입니다.

다만 법인격의 전환을 지나치게 제한할 경우 사회적협동조합의 활동을 많은 제약을 줄 수 있으므로 상법에 따라 설립된 주식회사, 유한회사, 민법에 따라 설립된 사단법인, 협동조합기본법에 따른 협동조합이 사회적협동조합으로 합병하는 경우는 가능하도록 법개정이 마련되었습니다. 합병하는 경우에는 최초 설립시와 마찬가지로 사회적협동조합의 인가 기준과 절차를 거쳐야 합니다.

42. 사회적협동조합은 어떻게 해산·청산할 수 있는가?

제102조 (해산)

① 사회적협동조합은 다음 각 호의 어느 하나에 해당하는 사유로 해산한다.

1. 정관으로 정한 해산 사유의 발생
2. 총회의 의결
3. 합병·분할 또는 파산
4. 설립인가의 취소

② 사회적협동조합이 제1항제1호부터 제3호까지의 규정에 따라 해산한 때에는 청산인은 파산의 경우를 제외하고는 그 취임 후 14일 이내에 기획재정부령으로 정하는 바에 따라 기획재정부장관에게 신고하여야 한다. 〈개정 2014.1.21.〉

제103조 (청산인)

① 사회적협동조합이 해산하면 파산으로 인한 경우 외에는 이사장이 청산인이 된다. 다만, 총회에서 다른 사람을 청산인으로 선임하였을 경우에는 그에 따른다.

② 청산인은 취임 후 지체 없이 사회적협동조합의 재산상태를 조사하고 재산목록과 대차대조표를 작성한 다음 재산처분의 방법을 정하여 총회의 승인을 받아야 한다.

③ 청산사무가 종결된 때에는 청산인은 지체 없이 결산보고서를 작성하여 총회의 승인을 받아야 한다.

④ 제2항 및 제3항의 경우 총회를 2회 이상 소집하여도 총회가 구성되지 아니할 때에는 출석조합원 3분의 2 이상의 찬성이 있으면 총회의 승인이 있은 것으로 본다.

⑤ 기획재정부장관은 사회적협동조합의 청산 사무를 감독한다.

제104조(잔여재산의 처리)

사회적협동조합이 해산할 경우 부채 및 출자금을 변제하고 잔여재산이 있을 때에는 정관으로 정하는 바에 따라 다음 각 호의 어느 하나에 귀속된다.

1. 상급 사회적협동조합연합회

2. 유사한 목적의 사회적협동조합

3. 비영리법인 · 공익법인

4. 국고

KEY POINT

사회적협동조합은 '해산할 경우 잔여 재산을 연합회, 비영리법인, 국고 등에 귀속해야' 한다.

사회적협동조합의 해산·청산 절차의 차이점

사회적협동조합 '해산' 및 '청산'절차

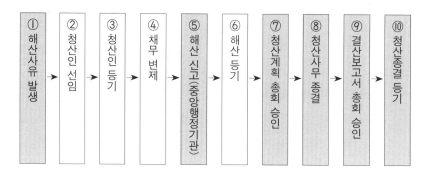

〈사회적협동조합 '해산' 절차 ①~⑥〉　　〈사회적협동조합 '청산' 절차 ⑦~⑩〉

* 참조 　⬜　 사회적협동조합 합병·분할 시 변경되는절차

① 해산사유 발생 / ② 청산인 선임 / ③ 청산인 등기 / ④ 채무 변제 / ⑤ 해산 신고(중앙행정기관) / ⑥ 해산 등기 / ⑦ 청산계획 총회 승인 / ⑧ 청산사무 종결 / ⑨ 결산보고서 총회 승인 / ⑩ 청산종결 등기

사회적협동조합 해산 신고 신청 시 제출 서류 : ① 해산신고서 1부, ② 사회적협동조합 재산목록 1부, ③ 잔여 재산 처리계획 1부, ④ 정관(해산 시) 1부

사회적협동조합의 해산과 청산도 동일한 10단계를 거쳐 진행됩니다. 사회적협동조합은 몇 가지 차이점이 있습니다.

첫째, 해산 사유입니다. 사회적협동조합의 해산은 총회 의결, 합병, 파산 등과 더불어 관계 기관의 행정처분에 의해 해산될 수 있습니다. 이 경우 사회적협동조합은 상당한 문제와 법 위반이 있는 것으로 보입니다. 이때 '해산권한'은 설립 인가를 담당했던 관계 중앙행정기관이 갖고 있습니다.

둘째, 사회적협동조합은 ① 해산이 결정되고, ② 청산인이 선임되면, 그 사실을 ④ 청산인 취임 후 14일 이내에 관계 중앙행정기관의 장에게 신고해야 합니다.

셋째, 관계 중앙행정기관의 장은 소관 사회적협동조합의 청산 업무를 감독하는 의무가 있습니다. 따라서 청산인은 관련 청산 절차를 관계 기관과 긴밀히 협의해서 진행해야 합니다.

사회적협동조합 잔여재산은 왜 국고에 귀속되는가

끝으로 사회적협동조합 청산 시 가장 큰 차이점은 잔여 재산 처분 방법에서 찾아볼 수 있습니다. 일반 협동조합은 '채무를 변제하고 잔여 재산을 정관에 따라 처분'할 수 있습니다. 그러나 사회적협동조합은 '부채 및 출자금을 변제하고 잔여 재산을 국가나 사회에 귀속'시켜야 합니다.

귀속되는 기관은 다음과 같으며 귀속되는 순서는 정관으로 정할 수 있습니다. ▲상급 연합회, ▲유사한 다른 사회적협동조합, ▲비영리법인·공익법인, ▲국고입니다. 상급 사회적협동조합연합회에 우선적으로 귀속해야 하고, 만약 마땅하지 않은 상황이 발생되면 다음 순서로 귀속이 진행됩니다.

'잔여 재산의 귀속'은 사회적협동조합 뿐만 아니라 다른 비영리법인에게 동일하게 적용되는 조항입니다. 이는 '배당의 금지'와 더불어 비영리법인이 지켜야 하는 대표적인 책무이며, 영리법인과 비영리법인을 구분하는 기준이 되기도 합니다.

43. 사회적협동조합 등기 시 유의 사항은 무엇인가?

제106조(설립등기)

① 사회적협동조합은 설립인가를 받은 날부터 21일 이내에 주된 사무소의 소재지에서 설립등기를 하여야 하고, 그러하지 아니한 경우 그 인가의 효력은 상실된다.

② 설립등기신청서에는 다음 각 호의 사항을 적어야 한다.

　1. 제86조제1항제1호와 제2호의 사항

　2. 출자 총좌수와 납입한 출자금의 총액

　3. 설립인가 연월일

　4. 임원의 성명·주민등록번호 및 주소

③ 설립등기를 할 때에는 이사장이 신청인이 된다.

④ 제2항의 설립등기신청서에는 설립인가서, 창립총회의사록 및 정관의 사본을 첨부하여야 한다.

⑤ 합병이나 분할로 인한 사회적협동조합의 설립등기신청서에는 다음 각 호의 서류를 모두 첨부하여야 한다.

　1. 제4항에 따른 서류

　2. 제53조에 따라 공고하거나 최고한 사실을 증명하는 서류

　3. 제54조에 따라 이의를 신청한 채권자에게 변제나 담보를 제공한 사실을 증명하는 서류

제107조(합병등기)

① 사회적협동조합이 합병한 경우에는 합병인가를 받은 날부터 14일 이내에 그 사무소의 소재지에서 합병 후 존속하는 사회적협동조합은 변경등기를, 합병으로 소멸되는 사회적협동조합은 해산등기를, 합병으로 설립되는 사회적협동조합은 제106조에 따른 설립등기를 각 사무소의 소재지에서 하여야 한다.

② 제1항에 따른 해산등기를 할 때에는 합병으로 소멸되는 사회적협동조합의 이사장이 신청인이 된다.

③ 제2항의 경우에는 해산 사유를 증명하는 서류를 첨부하여야 한다. 제108조(해산등기), 제109조(등기일의 기산일), 제110조(준용규정)

KEY POINT

사회적협동조합은 '설립인가를 받은 후 21일 이내에 설립 등기를 마쳐야' 한다.

사회적협동조합 등기 시 유의 사항

사회적협동조합의 설립 등기 시 주의해야 할 부분이 있습니다. 등기를 마무리해야 하는 신청기한입니다. 일반 협동조합은 설립 등기 신청 기한이 '출자금 납입이 끝난 후 14일'이지만, 사회적협동조합의 신청 기한은 '설립인가를 받은 후 21일'입니다. 기간적으로는 1주일이 길지만, 기한 이내에 설립 등기를 마치지 않으면, 설립 인가의 효력은 상실됩니다.

다시 말해 21일 이내에 등기 절차가 마무리되지 않으면, 다시 관계 중앙행정기관에 또다시 설립 인가를 받아야 하는 복잡한 상황이 발생될 수 있으므로 각별한 주의가 필요합니다.

사회적협동조합은 설립 및 변경, 합병, 해산 등의 모든 과정에 관계 중앙행정기관의 인가 또는 감독을 받아야 하므로 등기 절차와 해당 기간을 꼼꼼히 살펴야 합니다.

44. 사회적협동조합에는 왜 감독 규정이 필요한가?

제111조(감독)

① 기획재정부장관은 사회적협동조합의 자율성을 존중하여야 하며, 이 법에서 정하는 바에 따라 그 업무를 감독하고 감독상 필요한 명령을 할 수 있다.

② 기획재정부장관은 다음 각 호의 어느 하나에 해당하는 경우 사회적협동조합(설립 중인 경우를 포함한다. 이하 이 조에서 같다)에 대하여 그 업무 및 재산에 관한 사항을 보고하게 하거나 소속 공무원으로 하여금 해당 사회적협동조합의 업무상황·장부·서류, 그 밖에 필요한 사항을 검사하게 할 수 있다.

1. 제85조에 따른 설립인가 및 절차에 적합한지 확인할 필요가 있는 경우

2. 이 법, 이 법에 따른 명령 또는 정관을 위반하였는지 확인할 필요가 있는 경우

3. 사회적협동조합의 사업이 관계 법령을 위반하였는지 확인할 필요가 있는 경우

③ 제2항에 따른 검사를 하는 공무원은 그 권한을 표시하는 증표를 지니고 이를 관계인에게 내보여야 한다.

④ 기획재정부장관은 제1항에 따른 감독의 결과 사회적협동조합이 이

법, 이 법에 따른 명령 또는 정관을 위반한 사실이 발견된 때에는 해당 사회적협동조합에 대하여 시정에 필요한 조치를 명할 수 있다.

⑤ 기획재정부장관은 이 법의 효율적인 시행과 사회적협동조합에 대한 정책을 수립하기 위하여 필요한 경우 관계 중앙행정기관의 장에게 사회적협동조합에 대한 조사·검사·확인 또는 자료의 제출을 요구하게 하거나 시정에 필요한 조치를 명하게 할 수 있다.

제112조(설립인가의 취소)

① 기획재정부장관은 사회적협동조합이 다음 각 호의 어느 하나에 해당하게 되면 설립인가를 취소할 수 있다. 다만, 제4호에 해당하는 경우에는 설립인가를 취소하여야 한다. 〈개정 2014.1.21., 2016.3.2.〉

1. 정당한 사유 없이 설립인가를 받은 날부터 1년 이내에 제93조 제1항에 따른 주 사업을 개시하지 아니하거나 1년 이상 계속하여 사업을 실시하지 아니한 경우

2. 2회 이상 제111조제4항 및 제5항에 따른 처분을 받고도 시정하지 아니한 경우

3. 제85조제4항에 따라 대통령령으로 정한 설립인가 기준에 미달하게 된 경우

4. 거짓이나 그 밖의 부정한 방법으로 설립인가를 받은 경우

5. 제106조제1항에 따른 기한 내에 설립등기를 하지 아니한 경우

② 기획재정부장관은 제1항에 따라 사회적협동조합의 설립인가를 취소하면, 즉시 그 사실을 대통령령으로 정하는 바에 따라 공고하여야 한다. 〈개정 2014.1.21.〉

제113조(청문)

> 기획재정부장관은 제112조에 따라 설립인가를 취소하고자 하는 경우
> 에는 청문을 실시하여야 한다.

KEY POINT

사회적협동조합은 '자율성을 존중하는 범위에서 관계 기관의 감
독을 받게' 된다.

사회적협동조합은 왜 감독 규정을 두는가

"자율적이고, 자치적인 경영이 원칙인 협동조합에 왜 정부의 감독이
필요한가요?" 자율성이 중요한 협동조합에 정부 감독의 의무를 부과
하는 것이 필요한지에 대한 많은 고민이 있었습니다. 논의 결과, 협동
조합은 감독을 배제하고, 사회적협동조합만 감독 규정을 두기로 결정
되었습니다.

감독 규정이 사회적협동조합에 한하여 제한된 것은 몇 가지 배경
이 있습니다.

먼저, 앞서 법 제정의 취지가 '자율적인 협동조합 설립과 활동을
촉진함으로써 서민과 지역경제를 활성화'라면, 당연히 정부의 지나친
간섭과 감독은 배제되어야 할 것입니다. 반면에 일정한 감독 규정이
없는 경우에 발생할 수 있는 부작용을 고려하지 않을 수 없었습니다.

협동조합의 원조 격인 유럽의 여러 나라에서도 협동조합의 간판만 내건 소위 '가짜 협동조합'들로 인해 적지 않은 어려움을 겪었다고 합니다. 협동조합기본법 시행 6개월 만에 이미 1,200개 이상의 협동조합이 설립되었다고 합니다. 그리고 앞으로 더 많은 협동조합 설립될 상황에서, 협동조합의 난립에 따른 부작용도 고려해야 할 것입니다.

참고로, 다른 모든 종류의 비영리법인(사단법인, 공익법인 등)들도 관계 기관의 감독을 받고 있습니다.

사회적협동조합에 대한 감독 규정과 범위

사회적협동조합의 설립 인가를 담당했던 관계 중앙행정기관은 관련 업무를 감독하고 필요한 명령을 할 수 있습니다. 구체적인 감독권은 네 가지로 구분되는데, ▲업무와 재산에 대한 검사 권한, ▲법령, 규정 등의 위반에 대한 시정 명령 권한, ▲조사 · 검사 · 확인 등을 위한 자료 제출 요구 권한, ▲중대한 위반 시 설립 취소 권한 등이 있습니다.

사회적협동조합의 감독과 관련 권한

분야	감독 내용	관련 권한
설립	• 설립 인가 및 요건에 적합 여부 판단	• 설립인가증 교부 결정
운영 및 회계	• 법, 명령, 정권 위반 여부 검사 • 업무, 재산, 장부, 서류 등 검사 • 사업관련 법령 위반 여부 검사	• 위반사항 시정 명령 • 벌금, 과태료 처벌 • 형사 처벌
설립 요건 충족 여부	• 설립 후 관련 사업 추진 여부 검사 • 시정 명령 이행 여부 검사 • 설립 인가 기준 충족 여부 검사 • 거짓으로 설립 인가를 받았는지 검사	• 설립 인가 취소

제5장 사회적협동조합연합회

45. 사회적협동조합연합회는 어떻게 설립하는가?

제114조(설립인가 등)

① 사회적협동조합연합회를 설립하고자 하는 때에는 회원 자격을 가진 셋 이상의 사회적협동조합이 발기인이 되어 정관을 작성하고 창립총회의 의결을 거친 후 기획재정부장관의 인가를 받아야 한다.

② 창립총회의 의사는 창립총회 개의 전까지 발기인에게 설립동의서를 제출한 사회적협동조합 과반수의 출석과 출석자 3분의 2 이상의 찬성으로 의결한다.

③ 제1항에 따른 사회적협동조합연합회 설립인가의 기준 및 절차 등에 관하여 필요한 사항은 대통령령으로 정한다. 〈신설 2014.1.21.〉

KEY POINT

사회적협동조합연합회도 '3개 이상의 사회적협동조합이 모여 설립'된다.

제5장(사회적협동조합연합회)의 내용

제5장은 사회적협동조합연합회에 대한 내용입니다. 사회적협동조합연합회는 사회적협동조합 3개 이상이 모인 연합회입니다. 제5장은 앞서 제2장(협동조합), 제3장(협동조합연합회), 제4장(사회적협동조합)의 내용을 골고루 가져다 편집하여 작성된 법조문이라고 할 수 있습니다.

사회적협동조합연합회 설립 시 차이점

협동조합기본법 시행으로 인정되는 마지막 네 번째 법인격은 '사회적협동조합연합회'입니다. 사회적협동조합연합회는 일반 협동조합연합회 설립처럼 3개 이상의 사회적협동조합의 참여로 가능합니다. 사회적협동조합이 비영리법인이므로 사회적협동조합연합회도 비영리법인입니다.

사회적협동조합연합회도 9단계를 거쳐 설립되며, 일반 연합회 절차와 차이점은 기획재정부장관의 '설립신고'가 아닌 '설립인가'를 받아야 하는 요건입니다.

사회적협동조합연합회 설립 기본 절차(9단계)

〈설립 절차〉 〈주요 내용〉

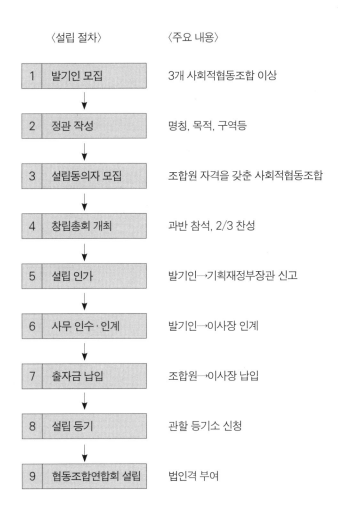

1	발기인 모집	3개 사회적협동조합 이상
2	정관 작성	명칭, 목적, 구역등
3	설립동의자 모집	조합원 자격을 갖춘 사회적협동조합
4	창립총회 개최	과반 참석, 2/3 찬성
5	설립 인가	발기인→기획재정부장관 신고
6	사무 인수·인계	발기인→이사장 인계
7	출자금 납입	조합원→이사장 납입
8	설립 등기	관할 등기소 신청
9	협동조합연합회 설립	법인격 부여

46. 사회적협동조합연합회의 준용 규정은 무엇인가?

제115조(준용규정)

① 사회적협동조합연합회에 관하여는 제2장 중 제17조, 제19조, 제21조, 제22조, 제25조, 제28조제3항부터 제5항까지, 제29조부터 제33조까지, 제34조제1항부터 제3항까지, 제35조부터 제41조까지, 제42조제1항부터 제4항까지, 제43조제1항, 제44조, 제47조, 제48조, 제52조부터 제55조까지, 제62조부터 제64조까지, 제67조, 제68조, 제69조 및 제70조를 준용한다. 이 경우 "협동조합"은 "사회적협동조합연합회"로, "이사장"은 "회장"으로, "조합원"은 "회원"으로 보고, 제19조제1항 중 "제61조에 따른 설립등기"는 "제106조에 따른 설립등기"로 보며, 제22조제2항 중 "조합원 1인"은 "한 회원"으로, "100분의 30"은 "100분의 40"으로 보고, 제40조제1항 중 "5분의 1"은 "3분의 1"로 보며, 제37조 중 "조합원"은 "회원에 속한 조합원"으로, "가입신청을 한 자"는 "가입신청을 한 협동조합에 속한 조합원"으로 본다. 〈개정 2014.1.21.〉

② 사회적협동조합연합회에 관하여는 제3장 중 제73조부터 제75조까지, 제77조, 제78조, 제80조, 제80조의2 및 제81조제2항을 준용한다. 이 경우 "연합회"는 "사회적협동조합연합회"로 본다. 〈개정 2014.1.21.〉

③　사회적협동조합연합회에 관하여는 제4장 중 제86조, 제87조, 제89조, 제90조, 제96조, 제96조의2, 제97조부터 제99조까지, 제101조제1항부터 제6항까지 및 제9항, 제102조부터 제105조까지, 제106조부터 제108조까지, 제109조 및 제111조부터 제113조까지의 규정을 준용한다. 이 경우 "사회적협동조합"은 "사회적협동조합연합회"로, "조합원"은 "회원"으로 보고, 제86조제1항제3호 중 "조합원 및 대리인"은 "회원"으로 보며, 제101조제4항 중 "제85조, 제86조 및 제88조"는 "제114조 및 제115조"로 보고, 제103조제4항 중 "조합원"은 "회원"으로 본다. 〈개정 2014.1.21.〉

KEY POINT

제5장(사회적협동조합연합회)은 '단 2개의 조문으로 구성'되어 있다.

준용 규정이란

제5장 사회적협동조합연합회에는 관련 조문은 2개밖에 없습니다. 앞서 제2장 협동조합이 56개 조문으로 구성되고 제4장 사회적협동조합이 29개의 조문으로 구성된 것과 비교한다면 현격히 작습니다. 그러나 제5장은 앞서 제2장과 제4장에 담겨져 있는 규정을 모두 담고 있습니다. 이것은 '준용규정'을 두고 있기 때문에 가능합니다.

'준용'이란, 법적인 개념입니다. 같은 내용이나 반복되는 표현은 새로 규정을 만들지 않고 기존의 규정을 그대로 적용하여 사용하자는 것이 '준용'입니다.

준용은 법전을 간소화하고 동어 반복을 피할 수 있다는 점에서는 유용합니다. 그러나 단점도 있는데, '이해가 어렵다.'는 것입니다. 한 조문을 이해하기 위해서 다른 조문을 찾아보아야 해석이 가능하기 때문입니다. 또한 법조문의 해석상 혼돈의 문제를 가져올 수도 있습니다.

따라서 준용 규정을 이용하는 경우는 법 해석이 혼돈되지 않는 범위에서 사용해야겠지요.

협동조합기본법 주요 준용 규정 비교표

구분	조문 내용	제2장 협동조합	제3장 협동조합 연합회	제4장 사회적 협동조합	제5장 사회적협동 조합연합회
제1절 설립	설립신고(인가) 등	제15조	제71조	제85조	제114조
	설립 확인증의 발급 등	제15조의2	제71조의2		
	정관	제16조		제86조	
	규약 또는 규정	제17조	준용	준용	준용
	설립사무의 인계와 출자납입 등	제18조		제87조	
	협동조합의 설립	제19조		준용	
제2절 조합원 (회원)	조합원(회원)의 자격	제20조	제73조		
	가입	제21조	준용	준용	준용
	출자 및 책임	제22조			
	의결권 및 선거권	제23조	제75조		

구분	조문 내용	제2장	제3장	제4장	제5장
	탈퇴	제24조	제74조		
	제명	제25조			
	지분(출자금)환급청구권과 환급정지	제26조	준용	제89조	
	탈퇴조합원의 손실액 부담	제27조		제90조	
제3절 기관	총회	제28조	제77조		
	총회의 의결사항 등	제29조			
	총회의 의사록	제30조			
	대의원총회	제31조	준용		
	이사회	제32조			
	이사회의 의결사항	제33조			
	임원	제34조	제78조		
	임원의 임기 등	제35조		준용	준용
	임원 등의 결격사유	제36조			
	선거운동의 제한	제37조			
	선거관리위원회의 구성·운영	제38조			
	임원의 의무와 책임	제39조	준용		
	임원의 해임	제40조			
	이사장 및 이사의 직무	제41조			
	감사의 직무	제42조			
	감사의 대표권	제43조			
	임직원의 겸직금지	제44조			
제4절 사업	사업	제45조	제80조	제93조	준용
	소액대출 및 상호부조	X	X	제94조	X
	사업의이용	제46조	제81조	제95조	준용

구분	조문 내용	제2장	제3장	제4장	제5장
제5절 회계	회계연도등	제47조	준용	준용	준용
	사업계획서와 수지예산서	제48조			
	운영의 공개	제49조		제96조	
	경영공시	제49조의2		제96조의2	
	법정적립금 및 임의적립금	제50조		제97조	
	손실금의 보전과 잉여금의 배당	제51조		제98조	
	부과금의 면제	X	X	제99조	
	결산보고서의 승인	제52조	준용	준용	
	출자감소의 의결	제53조		준용	
	출자감소에 대한 채권자의 이의	제54조		준용	
	출자지분 취득금지 등	제55조		준용	
제6절 합병·분할· 해산 및 청산	합병 및 분할	제56조	준용	제101조	준용
	해산	제57조		제102조	
	청산인	제58조		제103조	
	잔여재산의 처리	제59조		제104조	
	민법 등의 준용	제60조		제105조	
	법인 등의 조직 변경	제60조의2		제105조의2	
제7절 등기	설립등기	제61조	준용	제106조	준용
	지사무소의 설치등기	제62조		준용	
	이전등기	제63조		준용	
	변경등기	제64조		준용	
	합병등기	제65조		제107조	
	해산등기	제66조		제108조	
	청산인등기	제67조		준용	

구분	조문 내용	제2장	제3장	제4장	제5장
제7절 등기	청산종결등기	제68조	준용	준용	준용
	조직변경의 등기	제68조의2		제108조의2	
	등기부	제69조		준용	
	비송사건절차법등의 준용	제70조		준용	
	등기일의 기산일	X	X	제109조	
제8절 감독	감독	X	X	제111조	준용
	설립인가의 취소	X	X	제112조	
	청문	X	X	제113조	

47. 기획재정부장관의 권한을 위임·위탁하는 이유는 무엇인가?

제116조(권한의 위임 및 위탁)

① 이 법에 따른 기획재정부장관의 권한은 그 일부를 대통령령으로 정하는 바에 따라 시·도지사에게 위임할 수 있다.

② 이 법에 따른 기획재정부장관의 권한은 그 일부를 대통령령으로 정하는 바에 따라 제93조에 따른 사회적협동조합의 주 사업 소관 중앙행정기관의 장에게 위탁할 수 있다. 이 경우 주 사업이 둘 이상인 경우 등으로서 그 소관 중앙행정기관의 장이 분명하지 아니한 경우에는 사회적협동조합이 수행하는 구체적인 사업 내용, 성격 등을 고려하여 기획재정부장관이 소관 중앙행정기관의 장을 정하여 위탁한다.

③ 기획재정부장관은 이 법에 따른 권한의 일부를 대통령령으로 정하는 바에 따라 정부출연기관이나 민간단체에 위탁할 수 있다. 이 경우 위탁을 받은 기관 또는 단체의 업무 수행에 필요한 경비를 출연할 수 있다. 〔전문개정 2014.1.21.〕〔시행일 : 2014.7.22.〕제116조제3항

협동조합기본법상 '기획재정부장관 권한은 관계 중앙행정기관
의 장에게 위탁 또는 시·도지사에게 위임하여 집행'될수 있다.

제6장(보칙), 제7장(벌칙)의 내용

제6장(보칙), 제7장(벌칙), 부칙은 앞서 제1장(총칙)과 함께 협동조합법
전체에 적용되는 내용입니다. 여러 가지 법률마다 조문과 장의 구성과
배치는 다르지만, 모든 법률에는 공통 내용이 있습니다. 바로 총칙,
보칙, 벌칙, 부칙입니다.

권한을 위임하는 이유

2012년 12월 1일 협동조합기본법 시행 이후 다양한 형태의 협동조합
들이 설립되고 있습니다. 슈퍼마켓, 대리운전, 택배 등 전통적인 자영
업자는 물론 교육, 의료, 사회봉사 등의 공익적인 기능을 수행하는 사
회적협동조합이 사회 곳곳에 만들어지고 있습니다. 이렇게 협동조합
은 다양한 분야와 여러 지역에서 활동합니다. 과연 이 많은 협동조합
을 어떻게 설립하고 관리하고 지원할 수 있을까요? 여기에 대한 해답
은 제116조에서 찾아보도록 하겠습니다.
 협동조합 정책의 대상과 범위는 매우 광범위합니다. 협동조합

기본법은 협동조합의 설립방식을 포지티브23positive에서 네거티브 24negative 방식으로 한 번에 바꾸어 놓았기 때문입니다. 기존의 8개 개별 법이 있을 때는 포지티브 방식으로 법에서 나열한 영역에서만 협동조합이 가능했습니다. 그러나 이제는 네거티브 방식으로, 금융업과 보험업을 제외한 다른 분야에서는 사실상 설립의 제한이 사라졌습니다.

이러한 상황에서 효율적인 협동조합 정책 추진을 위해 관계 정부 기관 간의 유기적인 협력과 협조 체계가 무엇보다 중요해졌습니다. 제116조(권한의 위임)는 바로 그런 협조 관계를 명시하는 조항입니다.

상당한 협동조합 및 사회적협동조합 정책 권한이 이미 기획재정부에서 관계 중앙행정기관의 장으로 위탁되었습니다. 그리고 앞으로 추이에 따라 시·도지사가 수행하는 기능도 시·군·구 기초자치단체로 위임될 수 있습니다. 따라서 향후 협동조합 발전 추이에 따라 더 많은 행정기관들이 협동조합 정책에 직접 참여하게 될 것으로 전망됩니다.

---

23 설립할 수 있는 영역만을 나열하는 규제 방식, 과거에는 농업, 어업 등 8개 산업만 가능.
24 설립할 수 없는 영역만을 나열하는 규제 방식, 기본법 이후에는 금융과 보험업만 설립이 제한.

관계 중앙행정기관의 장으로 권한 위임 대상 책무

조문	기획재정부장관의 책무	위임 여부
제11조	협동조합에 관한 정책	기획재정부장관 수행
	기본 계획 수립	
	실태 조사 실시	
	관계기관등과 정책 협의	
제71조	협동조합연합회의 설립	
제85조	사회적협동조합의 설립 인가	관계 중앙행정기관 수행 (권한 위탁)
제86조	사회적협동조합의 정관변경 인가	
제101조	사회적협동조합의 합병 및 분할 인가	
제102조	사회적협동조합의 해산 신고	
제103조	사회적협동조합의 청산 감독	
제108조	사회적협동조합의 해산 등기 촉탁	
제111조	사회적협동조합의 감독	
제112조	사회적협동조합의 설립 인가 취소	
제113조	청문	
제114조	사회적협동조합연합회의 설립 인가	기획재정부장관 수행
제119조	사회적협동조합에 대한 과태료 부과	관계 중앙행정기관 수행

48. 어떤 행위로 처벌받게 되는가?

제117조(벌칙)

① 협동조합등 및 사회적협동조합등의 임직원 또는 청산인이 다음 각
호의 어느 하나에 해당하는 행위로 협동조합등 및 사회적협동조합
등에 손해를 끼친 때에는 7년 이하의 징역 또는 7천만원 이하의 벌
금에 처한다. 이 경우 징역형과 벌금형은 병과할 수 있다.
〈개정 2014.1.21.〉

1. 협동조합등 및 사회적협동조합등의 사업목적 이외의 다른 용도
로 자금을 사용한 경우

2. 투기를 목적으로 협동조합등 및 사회적협동조합등의 재산을 처
분하거나 이용한 경우

② 협동조합등 및 사회적협동조합등의 임직원 또는 청산인이 다음 각
호의 어느 하나에 해당하는 행위를 한 때에는 3년 이하의 징역 또
는 3천만원 이하의 벌금에 처한다. 〈개정 2014.1.21.〉

1. 제45조제3항, 제50조제1항·제3항, 제51조부터 제53조까지,
제55조, 제58조, 제80조제3항, 제97조제1항·제3항, 제98조, 제
103조 및 제104조(제82조·제83조·제100조 또는 제115조에
따라 준용되는 경우를 포함한다)를 위반한 경우

2. 거짓 또는 부정한 방법으로 등기를 한 경우

3. 총회의 의결을 받아야 하는 사항에 대하여 의결을 받지 아니하고 집행한 경우

③ 다음 각 호의 어느 하나에 해당하는 자는 2년 이하의 징역 또는 2천만원 이하의 벌금에 처한다. 〈개정 2014.1.21.〉

1. 제9조제2항을 위반하여 공직선거에 관여한 자

2. 제37조(제79조·제92조 및 제115조에 따라 준용되는 경우를 포함한다)를 위반한 자

제118조(양벌규정)

협동조합등 및 사회적협동조합등의 임직원 또는 청산인이 그 협동조합 등 및 사회적협동조합등의 업무에 관하여 제117조제1항 및 제2항의 위반행위를 하면 그 행위자를 벌하는 외에 그 협동조합등 및 사회적협동조합등에도 해당 조문의 벌금형을 과(科)한다. 다만, 협동조합등 및 사회적협동조합등이 그 위반행위를 방지하기 위하여 해당 업무에 관하여 상당한 주의와 감독을 게을리하지 아니한 경우에는 그러하지 아니하다.

KEY POINT

협동조합기본법은 '세 가지 유형의 벌칙을 규정'하고 있다.

어떤 행위로 처벌받게 되는가

자율적, 자치적 결사체인 협동조합에도 벌칙 규정이 있습니다. 협동조

합은 경제활동을 하는 사업 조직이기 때문에 경영진이 잘못된 사업을 하거나 재산을 정당하게 사용하지 않은 경우, 여러 가지 재산상의 피해가 발생할 수 있습니다. 이러한 피해는 출자금을 내고 참여한 조합원뿐만 아니라, 관련 물건이나 서비스를 제공하는 공급자, 제공받은 소비자에게도 갈 수 있습니다.

　　벌칙 규정은 세 가지로 구분됩니다. 첫째로 '7년 이하의 징역 또는 7천만 원 이하의 벌금'으로 협동조합 '자금의 불법사용' 또는 '투기행위' 등이 해당됩니다. 둘째로, '3년 이하의 징역 또는 3천만 원 이하의 벌금'으로, 허가받지 않은 금융 사업을 시행하거나, 회계 관련 규정 위반 시 받게 되는 처벌 규정입니다. 셋째로 '2년 이하의 징역 또는 2천만 원 이하의 벌금'으로, 주로 '선거관련 규정 위반' 시 적용되는 규정입니다.

양벌규정이란

불법적인 행위의 심각성이 크다고 판단되면, 행위를 한 당사자(자연인)와 소속되어 있는 협동조합(법인)을 함께 처벌할 수 있습니다. 이를 가르쳐 '양벌규정'(또는 쌍벌규정)이라고 합니다.

　　양벌규정은 해당 법인이 그 위반 행위를 방지하기 위하여 해당 업무에 관하여 상당한 중의와 감독을 게을리하였다는 것을 증명되는 경우 적용될 수 있습니다. 법률적으로 양벌규정은 '임원과 직원의 선임·감독에 있어 법인의 과실과 책임이 있음'을 근거로 하고 있습니다.

협동조합기본법상 벌칙 규정

처벌 행위	처벌 대상	벌칙
정해진 사업목적과 다른 용도로 자금을 사용한 경우	임직원 등 (자연인) 및 협동조합 (법인)	7년 이하 징역 또는 7천만 원 이하 벌금
투기를 목적으로 재산을 처분하거나 이용하는 경우		
금융 및 보험 사업을 수행하는 경우		3년 이하 징역 또는 3천만 원 이하 벌금
법정적립금을 적립하지 않은 경우		
법정적립금을 사용하는 경우		
적립금을 채우지 않고, 대신 잉여금을 배당하는 경우		
각종 배당 관련 규정을 지키지 않은 경우		
각종 회계 관련 규정을 지키는 않은 경우		
각종 청산 관련 규정을 지키지 않은 경우		
청산 시 사회적협동조합 등의 재산을 귀속하지 않은 경우		
거짓 또는 부정한 방법으로 등기한 경우		
총회 의결이 필요한 사항을 의결 없이 집행한 경우		
대선, 총선 등 공직선거에서 선거에 관여하는 경우	임직원 등 (자연인)	2년 이하 징역 또는 2천만 원 이하 벌금
불법적인 방법으로 선거행위를 하는 경우		
각종 선거 관련 규정을 위반하는 경우		

49. 과태료로 처벌받는 행위는 무엇인가?

제119조(과태료)

① 다음 각 호의 어느 하나에 해당하는 자에게는 200만원 이하의 과태료를 부과한다. 〈개정 2014.1.21.〉

1. 제3조제2항을 위반하여 중복되거나 혼동되는 명칭을 사용한 협동조합등 또는 사회적협동조합등

2. 제3조제3항을 위반하여 같은 조 제1항에 따른 문자 또는 이와 유사한 문자를 명칭에 사용한 자

3. 제3조제5항에 따른 명칭의 사용 금지 또는 수정 명령을 따르지 아니한 협동조합연합회 또는 사회적협동조합연합회

② 협동조합등 및 사회적협동조합등이 다음 각 호의 어느 하나에 해당하는 경우에는 200만원 이하의 과태료를 부과한다.

1. 제22조제2항(제76조·제91조 및 제115조제1항에 따라 준용되는 경우를 포함한다)을 위반하여 조합원등 1인의 출자좌수 제한을 초과하게 한 경우

2. 제23조제1항(제91조에 따라 준용되는 경우를 포함한다)을 위반하여 조합원의 의결권·선거권에 차등을 둔 경우

3. 제46조, 제81조 및 제95조(제115조제2항에 따라 준용되는 경우를 포함한다)를 위반하여 조합원등이 아닌 자에게 협동조합등

의 사업을 이용하게 한 경우

4. 제94조를 위반하여 소액대출 및 상호부조의 총사업한도, 이자율, 대출한도, 상호부조의 범위, 상호부조금, 상호부조계약 및 상호부조회비 등을 초과하게 한 경우

③ 협동조합등 및 사회적협동조합등의 임직원 또는 청산인이 다음 각 호의 어느 하나에 해당하는 때에는 100만원 이하의 과태료를 부과한다. 〈개정 2014.1.21.〉

1. 신고·등기를 게을리한 때

2. 제49조제2항(제82조에 따라 준용되는 경우를 포함한다) 및 제96조제2항(제115조제3항에 따라 준용되는 경우를 포함한다)에 따른 서류비치를 게을리한 때

3. 제49조(제82조에 따라 준용되는 경우를 포함한다), 제49조의2(제82조에 따라 준용되는 경우를 포함한다), 제96조(제115조제3항에 따라 준용되는 경우를 포함한다) 및 제96조의2(제115조제3항에 따라 준용되는 경우를 포함한다)에 따른 운영의 공개를 게을리한 때

4. 감독기관 또는 총회에 대하여 거짓의 진술 또는 보고를 하거나 사실을 은폐한 때

5. 감독기관의 검사를 거부·방해 또는 기피한 때

④ 제1항부터 제3항까지의 규정에 따른 과태료는 대통령령으로 정하는 바에 따라 기획재정부장관 또는 시·도지사가 부과·징수한다.

협동조합이라는 '명칭을 무단으로 사용하면 과태료 처벌을 부과받을 수' 있다.

협동조합과 사회적 경제

협동조합기본법의 마지막 조문인 제119조는 과태료 부과에 관한 처벌 조항입니다. 기본법은 조문이 무려 119개가 있지만, 모든 조문이 같은 비중으로 활용되지는 않습니다. 협동조합 설립 신고에 대한 제15조, 제16조는 가장 많이 사용되겠지만, 일부는 거의 사용되지 않을 조문도 있겠지요.

제119조에 대한 설명을 나누기 전에 한 가지 바람이 있습니다. 협동

협동조합 설립 및 활성화 분야

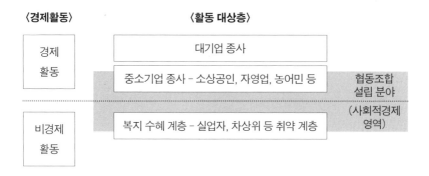

조합기본법 마지막 3개 조문, 즉 벌칙에 관한 조문은 자주 사용되거나 활용되는 일이 없었으면 합니다. 경제적 약자들이 뭉쳐 설립하는 협동조합은 아마도 대부분 소액, 소규모가 주류일 것입니다. 그리고 협동조합이 설립되고 활동하는 영역은 서민과 민생경제 영역과 정확히 중복될 것입니다. 만약 벌칙규정이 자주 활용되고 사용되어야 한다는 것은 바로 이들 계층에 피해가 가고 있다는 반증이 아닐까 생각해 봅니다.

과태료와 벌금의 차이

과태료와 벌금, 범칙금은 어떤 차이가 있을까요? 이들의 차이를 살펴보지요. 첫째, 벌금은 형법에서 정한 아홉 가지 형벌 중의 하나입니다. 범죄자에 대해서 국가가 부과하는 형벌로서 금전적인 납부 의무를 부과받은 것이지요. 벌금형을 받으면 소위 말하는 '전과기록'이 남는 것이며, 벌금을 제때 납부하지 않을 경우에는 1일 5~6만 원 정도로 환산해서 노역장 유치 처분을 받을 수 있습니다.

둘째, 범칙금은 행정기관(중앙정부나 지자체)에서 경미한 행정 형법 위반자에게 부과하는 것을 뜻합니다. 범칙금을 위반한 행위가 비록 형사 처분 대상이라고 해도 범칙금을 납부하면 형사 처분을 받지 않습니다. 범칙금 제도는 전과자 양산을 막고 검찰과 법원의 업무 부담을 줄이기 위한 취지로 볼 수 있습니다. 소위 '딱지'라고 부르는 운전 중 교통법규 위반 행위, 오토바이를 운행 중 헬멧을 쓰지 않은 행위 등이 대표적인 사례입니다. 또한 쓰레기 방치, 노상 방뇨, 담배꽁초 투기

협동조합기본법상 과태료 규정

처벌 행위	처벌 대상	과태료
협동조합 명칭을 무단으로 사용하는 경우	자연인 및 법인	1차 위반 시 100만 원 이하
조합원 1인의 출자좌수가 전체의 30%를 초과하는 경우	법인	1차 위반 시 100만 원 이하
조합원의 의결권, 선거권(1인 1표)에 차등을 두는 경우		
비조합원이 협동조합의 사업을 이용하는 경우		
운영의공개(서류보관) 의무를 다하지 않은 경우	자연인 (임직원 또는 청산인)	1차 위반 시 50만 원 이하
조합원, 채권자의 서류 열람 등의 권한을 거부한 경우		
주요 경영 공시 자료를 공개하지 않은 경우		
임직원, 청산인이 신고 · 등기를 게을리 하는 경우		
감독 기관 또는 총회에 거짓의 진술 또는 보고를 한 경우		
감독 기관의 검사를 거부 · 방해 또는 기피하는 경우		

등도 범칙금 부과 대상입니다.

셋째, 과태료는 행정의 질서를 유지하기 위한 조치로 볼 수 있습니다. 과태료는 행정법상 일정한 의무를 이행하지 않거나 가벼운 벌칙을 위반한 사람에게 징수해 국가에 납부하게 하는 금전을 뜻합니다. 대표적인 사례로 금연 구역에서 흡연 행위 등이 있으며, 우리나라에 약 600여 종의 과태료가 있다고 합니다.

어떤 행위가 과태료를 부과받는가

과태료는 부과 액수에 따라서는 200만 원 이하와 100만 원 이하로 구분됩니다. 그러나 과태료가 부과되는 대상에 따라서는 ▲자연인(사람) 및 법인, ▲법인, ▲자연인(사람)의 3단계로 나뉩니다.

과태료를 부과하는 행정관청, 즉 협동조합의 경우 시·도지사, 사회적협동조합의 경우 관계 중앙행정기관의 장은 위반 행위의 정도, 동기, 결과 등을 고려하여 1/2 범위에서 그 금액을 줄일 수 있다고 합니다. 따라서 1차 위반 시 과태료는 100만 원 이하와 50만 원 이하에서 시작되지만, 같은 위반 행위가 반복되면 과태료는 200만 원, 100만 원 이하로 부과될 수 있습니다.

한편, 정부는 과태료 부과에 따른 경제적인 어려움을 고려하여 '과태료 감경 제도'를 시행하고 있습니다. 대상은 기초 생활 수급자, 한부모 가족 중 보호 대상자, 1~3급 장애인, 상이 유공자, 미성년자 등이 있고, 대상자가 과태료를 감면받기 위해서는 과태료 사전 납부 기간 종료 전까지 감경 사유 대상자임을 확인하는 장애인 증명서, 한부모 가족 증명서 등 증빙서류를 관할 행정관청에 제출하면 됩니다.

Part III

다른 법률과의
관계 알아보기

1. 국제협동조합연맹 원칙과의 관계

KEY POINT

협동조합기본법은 '국제적인 협동조합 기준과 원칙을 충실히 반영한 법률'이다.

ICA(국제협동조합연맹) 7대 원칙

2012년 3월 아·태지역 최고의 협동조합 전문가들이 한자리에 모이게 되었습니다. 바로 4년 주기로 열리는 제9차 '아·태협동조합장관회의'에 참석하기 위해서입니다. 2012년은 세계 협동조합인들에게 매우 특별한 해입니다. UN(국제연합)이 협동조합의 가치를 인정하여 2012년을 'UN 세계협동조합의 해'로 지정했기 때문입니다.

당시 회의의 주된 의제는 '협동조합 친화적인 법과 제도를 마련'하는 것이었는데, 때마침 2011년 말 협동조합기본법을 제정한 한국의 제도와 사례에 높은 관심이 이어졌다고 합니다. 특히 한국 옆에 앉아 있던 일본 측 참석자들의 눈빛에 예사롭지 않았는데, 참고로 일본은 우

2012년 3월 태국, 제9차 아·태협동조합 총회　폴 그린 ICA 회장과 한국 대표단

리보다 앞서 유럽 협동조합 제도를 도입하고 한국에 근대 협동조합을 처음으로 소개해 준 협동조합 선배 나라입니다. 그렇지만 아직까지 기본법 없이 농협법, 생협법 등 개별법의 한계에서 벗어나지 못하는 상황이기 때문이지요.

　그럼, 협동조합기본법은 국제적인 협동조합 기준이고 가치인 국제협동조합연맹ICA의 7대 원칙[25]을 어떻게 잘 충족하는지 살펴보도록 하겠습니다.

25　ICA는 1995년 100주년 총회에서 '협동조합 정체성에 대한 선언(Statement on the Cooperative Identity)'이라는 선언문을 채택합니다. 동 선언문은 최초의 협동조합인 영국 로치데일 협동조합(1844년)의 원칙인 (1) 1인 1표 의결권, (2) 조합원의 출자에 의한 자금 조달, (3) 출자금에 대한 이자율 제한 등을 체계적, 현실적으로 반영한 협동조합에 대한 7대 원칙을 담고 있습니다.
ICA 7대 원칙은 전 세계적으로 협동조합의 원칙과 가치를 가장 잘 설명한 내용으로, 각국별로 문화와 환경은 다르지만 모든 나라가 협동조합의 핵심가치로 공유하고 인정하는 내용입니다.

(제1원칙) 자발적이고 개방적인 조합원 제도Voluntary and Open Membership

얼마 전 신문을 보니 세계적으로 가장 권위 있는 골프대회인 미국 마스터스Masters 대회가 열리는 미국의 '오거스타 내셔널 골프클럽' 이야기가 소개되었습니다. 최근 '오거스타'가 골프보다 더 유명해진 이유가 있는데, 그는 바로 골프장 개장 이후 약 80년간 어떤 여성도 회원으로 받지 않았다고 합니다. 그것도 여성 인권이 어느 나라보다 발달한 나라인 미국이라니, 아이러니한 부분이 아닐 수 없습니다.

이 같은 성별에 근거한 차별 조항은 협동조합에 둘 수 없습니다. ICA 제1원칙은 협동조합은 자발적인 조직으로서 협동조합을 이용하고 책임을 다하는 조합원이라면, 사회적 신분, 성별, 인종, 정파, 종교에 따른 차별을 두지 않도록 하고 있습니다. 한마디로 '열린' 조합원 제도를 운영해야 한다는 내용을 담고 있습니다.

그렇다면 협동조합기본법은 제1원칙을 어떻게 담아내고 있을까요? 기본법은 협동조합 설립 목적에 동의하고 의무를 다하고자 하는 자에게 조합원의 자격을 개방하도록 규정합니다. 물론 새로운 조합원 가입 시 조합 가입을 거절하거나 불리한 조건을 붙일 수도 없습니다.

'개방된 조합원 제도'의 의미는 가입뿐만 아니라 탈퇴 시에도 적용됩니다. 기본법 제24조(탈퇴)와 제26조(지분환급청구권)는 자유로운 탈퇴를 허용하고 있고, 이 경우 본인이 납입한 지분은 정관에 따라 청구하고 돌려받을 수 있습니다.

제20조(조합원의 자격)

조합원은 협동조합의 설립 목적에 동의하고 조합원으로서의 의무를 다하고자 하는 자로 한다.

제21조(가입)

① 협동조합은 정당한 사유 없이 조합원의 자격을 갖추고 있는 자에 대하여 가입을 거절하거나 가입에 있어 다른 조합원보다 불리한 조건을 붙일 수 없다.

제24조(탈퇴)

① 조합원은 정관으로 정하는 바에 따라 협동조합에 탈퇴의사를 알리고 탈퇴할 수 있다.

제26조(지분환급청구권)

① 탈퇴 조합원(제명된 조합원을 포함한다. 이하 이 조와 제27조에서 같다)은 탈퇴(제명을 포함한다. 이하 이 조와 제27조에서 같다) 당시 회계연도의 다음 회계연도부터 정관으로 정하는 바에 따라 그 지분의 환급을 청구할 수 있다.

(제2원칙) 조합원에 의한 민주적 관리Democratic Member Control

ICA 제2원칙은 조합원에 의한 민주적인 관리의 원칙입니다. 협동조합은 조합원에 의해 관리되는 사업 조직으로 조합원은 조합 운영과 경영에 관한 정책 수립과 의사 결정에 적극적인 참여가 보장되어야 합니다. 구체적으로 모든 조합원들에게 1인 1표의 의결권과 선거권이 균등하게 보장되어야 하고 임원들은 조합원 1인 1표를 통해 선출됩니다.

제2원칙을 자세히 살펴보면 민주주의 원칙과도 일맥상통한다는 점을 알 수 있습니다. 그렇기 때문에 역사적으로 협동조합을 가리켜 '풀뿌리민주주의'라고 지칭하였습니다.

기본법은 이러한 협동조합의 민주적 성격을 충실히 반영하고 있습니다. 제23조(의결권 및 선거권)는 조합원은 각각 1개의 의결권과 선거권을 가져야 하며, 제28조(총회)는 협동조합의 최고 의사 결정 기구로 총회를 두도록 명시하고 있습니다.

뿐만 아니라 조합원의 1인 1표에 의해 선출된 이사장과 임원의 직무 수행에 문제가 발견되는 경우 임원의 해임(제28조 1항 3호) 등을 총회를 개최하여 의결할 수 있도록 정하고 있습니다.

제23조(의결권 및 선거권)

① 조합원은 출자좌수에 관계없이 각각 1개의 의결권과 선거권을 가진다.

제28조(총회)

① 협동조합에 총회를 둔다.

② 총회는 이사장과 조합원으로 구성한다.

제29조(총회의 의결사항 등)

① 다음 각 호의 사항은 총회의 의결을 받아야 한다.

　　3. 임원의 선출과 해임

제40조(임원의 해임)

① 조합원은 조합원 1/5 이상의 동의로 총회에 임원의 해임을 요구

할 수 있다.

제41조(이사장 및 이사의 직무)

① 이사장은 협동조합을 대표하고 정관으로 정하는 바에 따라 협동
조합의 업무를 집행한다.

② 이사는 정관으로 정하는 바에 따라 협동조합의 업무를 집행하고,
이사장이 사고가 있을 때에는 정관으로 정하는 순서에 따라 그 직
무를 대행한다.

(제3원칙) 조합원의 경제적 참여Member's Economic Participation

이미 앞서 이야기한 부분인데, 복습시간을 갖도록 하지요. 협동조합
이 공익재단, 사단법인 등과 다른 점은 무엇일까요? '지역사회 기여',
'교육, 훈련 제공' 등과 같은 공익적 가치를 추구하는 점은 같습니다.
그러나 이를 수행하기 위한 수단·방법에는 큰 차이가 있습니다.

사단법인 등 비영리단체는 기부, 회비, 자원봉사 등을 통해 공익
적 가치를 실현하지만, 협동조합은 경제활동을 통해 이를 구현합니
다. 협동조합은 반드시 사업을 수행해야 합니다. 그리고 조합원은 경
제활동을 위한 자본 참여에 기여하고 이렇게 모아진 자본은 민주적으
로 관리되어야 합니다.

'조합원의 경제적 참여'에 대한 제3원칙을 존중하기 위해 기본법
제22조(출자 및 책임)는 모든 조합원이 1좌 이상을 출자하도록 하였습
니다. 또한 협동조합에 수익이 발생하는 경우, 잉여금(=수익)에 대해

배당이 가능하도록 하였습니다. 단, 사회적협동조합은 다른 비영리법인의 특성을 감안하여 배당이 제한됩니다.

제2조(정의)

이 법에서 사용하는 용어의 뜻은 다음과 같다.

1. "협동조합"이란 재화 또는 용역의 구매·생산·판매·제공 등을 협동으로 영위함으로써 조합원의 권익을 향상하고 지역 사회에 공헌하고자 하는 사업조직을 말한다.

제22조(출자 및 책임)

① 조합원은 정관으로 정하는 바에 따라 1좌 이상을 출자하여야 한다. 다만, 필요한 경우 정관으로 정하는 바에 따라 현물을 출자할 수 있다.

② 조합원 1인의 출자좌수는 총 출자좌수의 100분의 30을 넘어서는 아니 된다.

제51조(손실금의 보전과 잉여금의 배당)

① 협동조합은 매 회계연도의 결산 결과 손실금(당기손실금을 말한다)이 발생하면 미처분이월금, 임의적립금, 법정적립금의 순으로 이를 보전하고, 보전 후에도 부족이 있을 때에는 이를 다음 회계연도에 이월한다.

② 협동조합이 제1항에 따른 손실금을 보전하고 제50조에 따른 법정적립금 및 임의적립금 등을 적립한 이후에는 정관으로 정하는 바에 따라 조합원에게 잉여금을 배당할 수 있다.

(제4원칙) 자율과 독립Autonomy and Independence

협동조합은 조합원에 의한 자율, 자주, 자립적인 사업 조직입니다. 이는 너무나 당연한 이치이지만, 지속적으로 반복되고 또 반복되는 내용이기도 합니다. 반복의 반복은 강조라고 하는데 왜 그럴까요? 그것은 지극히 당연한 원칙이지만 반대로 잘 지켜지지 못했던 원칙이었기 때문입니다.

과거 역사적으로 세계 곳곳에서는 경제적 압력과 정부 정책의 일환으로 시민들에게 특정 협동조합에 가입하도록 강요하는 사례가 많았습니다. 특히 개발도상국이나 사회주의 성향이 짙은 곳에서는 국가가 직접 나서 협동조합을 설립하고 운영했습니다.

이는 우리나라 사례에서도 확인될 수 있습니다. 1960년대 가난하고 어려운 농어촌 개발을 위해 정부가 꺼내 든 카드는 바로 협동조합이었습니다. 농협, 수협, 새마을금고 등은 협동조합입니다. 수단은 적절하였지만 문제는 협동조합에 정부가 지나치게 참여하고 간섭한 부분이었습니다. 그 결과, 일반 국민들은 '농협'이 조합원의, 조합원에 의한, 조합원을 위한 '조합'인지를 모르는 상황이 생겨난 것입니다. 참고로 1980년대 후반까지도 농협중앙회 회장은 조합원 1인 1표에 의한 선출이 아닌 대통령이 직접 임명하는 직책이었습니다.

150년 역사의 ICA 원칙에도 없는, 최근에 새롭게 추가된 제4원칙은 기본법 이곳저곳에 그 의미가 담겨 있습니다. 먼저 제1조(목적)는 협동조합을 자주적·자립적·자치적인 조직으로 정의하였습니다. 협동조합 관련 정부 역할이 명시되는 제10조(국가 및 공공단체의 협력), 제11조

(협동조합에 관한 정책), 제111조(사회적협동조합에 관한 감독)에서도 '자율'이
라는 단어는 계속 반복됩니다.

제1조(목적)

이 법은 협동조합의 설립·운영 등에 관한 기본적인 사항을 규정함으로
써 자주적·자립적·자치적인 협동조합 활동을 촉진하고, 사회통합과
국민경제의 균형 있는 발전에 기여함을 목적으로 한다.

제10조(국가 및 공공단체의 협력)

① 국가 및 공공단체는 협동조합등 및 사회적협동조합등의 자율성
   을 침해하여서는 아니 된다.

제11조(협동조합에 관한 정책)

① 기획재정부장관은 협동조합에 관한 정책을 총괄하고 협동조합의
   자율적인 활동을 촉진하기 위한 기본계획을 수립한다.

제111조(감독)

① 기획재정부장관은 사회적협동조합의 자율성을 존중하여야 하며,
   이 법에서 정하는 바에 따라 그 업무를 감독하고 감독상 필요한
   명령을 할 수 있다.

(제5원칙) 교육, 훈련 및 정보 제공Education, Training and Information

협동조합은 조합원, 임직원, 경영자, 이용자들이 협동조합을 바르게
이해하고 협동조합 발전에 기여하도록 '교육과 훈련'을 제공하여야 합
니다. 이것은 선택이 아니라 필수입니다.

　　모든 기업은 일정한 교육과 훈련 사업을 시행합니다. 그런데 공

동의 기업인 협동조합에서 교육과 훈련은 그 이상의 의미를 갖습니다. 왜냐하면 협동과 협력은 자연스럽게 얻어지는 것이 아니라 체계적이고 과학적인 훈련의 결과물이기 때문입니다.

협동조합은 조합원 모두가 '나의 기업'이라는 소유의식과 소속감을 갖고 적극적으로 참여할 때 가능합니다. 이를 실현하게 해 주는 것은 바로 '교육과 훈련, 그리고 홍보'입니다.

기본법 제7조(협동조합등의 책무)는 협동조합의 책무로서 조합원에 대한 교육, 훈련, 정보 제공 등의 활동을 수행하도록 규정하고 있습니다. 이는 필수적인 조항입니다. 제45조(사업)에서도 '교육, 훈련'은 찾을 수 있습니다.

제7조(협동조합등의 책무)

협동조합등 및 사회적협동조합등은 조합원등의 권익 증진을 위하여 교육·훈련 및 정보 제공 등의 활동을 적극적으로 수행하여야 한다.

제45조(사업)

① 협동조합은 설립 목적을 달성하기 위하여 필요한 사업을 자율적으로 정관으로 정하되, 다음 각 호의 사업은 포함하여야 한다.

1. 조합원과 직원에 대한 상담, 교육·훈련 및 정보 제공 사업

2. 협동조합 간 협력을 위한 사업

3. 협동조합의 홍보 및 지역사회를 위한 사업

제49조(운영의 공개)

① 협동조합은 결산결과의 공고 등 운영사항을 적극 공개하여야 한다.

---

② 협동조합은 정관·규약·규정, 총회·이사회 의사록, 회계장부 및 조합원 명부를 주된 사무소에 비치하여야 한다.

제49조의2(경영공시)

① 대통령령으로 정하는 일정 규모 이상의 협동조합은 제 15조에 따라 설립신고를 한 시·도 또는 협동조합연합회의 인터넷 홈페이지에 경영에 관한 다음 각 호의 사항에 대한 공시(이하 이 조에서 "경영공시"라 한다)를 하여야 한다.

(제6원칙) 협동조합 간의 협동Cooperation among Cooperatives

앞서 살펴보았듯이 협동조합의 경쟁력 원천은 '협동'입니다. 우리 사회는 기술 발달, 산업 고도화, 생활권역 확대, 다양한 구성원의 참여, 이해관계자의 복잡화 등으로 개별화, 분산화되고 있습니다. 그러나 다른 한편으로 협력의 필요와 폭은 증대되고 있습니다.

인터넷, 포털 등을 통한 동아리활동, 공동구매, 지식공유 등은 하루가 다르게 진화하며 발전하고 있습니다. 클라우드cloud라는 개념과 용어가 사회 곳곳으로 접목되고 있습니다. 한마디로 정보화, 지식화된 사회에서도 상호협력과 공유의 중요성은 날로 부각되고 있는 것이지요.

이는 매일 치열한 경쟁을 하는 기업들에게도 적용이 되는데, 실제 세계적인 기업들은 시장이 거대화, 다국적화, 세계화되는 상황에서 경쟁사와 경쟁뿐만 아니라 전략적인 제휴 등을 통한 협력과 협업을 함께 모색하고 있습니다. 이러한 상황에서 다양한 형태의 협력과 협동(지역별, 권역별, 국가별, 국제적)은 협동조합의 성공을 위한 '키워드'가 될 것입니다.

ICA 제6원칙인 '협동조합간의 협동'은 기본법 제8조(다른 협동조합 등과의 협력)에 명시되어 있습니다. '협동조합간의 협동'의 대상은 넓어서 기본법에 따른 협동조합, 개별 협동조합법에 따른 협동조합(예, 농협, 수협), 외국의 협동조합, 국제기구 등도 포함되어 있습니다.

제8조(다른 협동조합 등과의 협력)

① 협동조합등 및 사회적협동조합등은 다른 협동조합, 다른 법률에 따른 협동조합, 외국의 협동조합 및 관련 국제기구 등과의 상호 협력, 이해 증진 및 공동사업 개발 등을 위하여 노력하여야 한다.

② 협동조합등 및 사회적협동조합등은 제1항의 목적 달성을 위하여 필요한 경우에는 다른 협동조합, 다른 법률에 따른 협동조합 등과 협의회를 구성·운영할 수 있다.

제45조(사업)

① 협동조합은 설립 목적을 달성하기 위하여 필요한 사업을 자율적으로 정관으로 정하되, 다음 각 호의 사업은 포함하여야 한다.

(제7원칙) 지역사회에 대한 기여Concern for Community

최근 '공정사회'라는 용어를 자주 접하게 됩니다. 기업들의 핵심적인 가치로 떠오른 단어로 CSR(기업의 사회적 책임)이 큰 관심을 받고 있는 것이지요. 일반적으로 기업의 핵심가치는 '이윤 극대화'일 텐데 어떻게

CSR이 사회 곳곳으로 퍼지게 되었을까요? 그리고 CSR은 어디서, 어떻게 시작되었을까요? 이에 대한 답은 바로 협동조합에서 찾을 수 있습니다.

협동조합은 설립 초기부터 지역사회에 기반한 기업이었습니다. 그리고 지역사회의 발전과 더불어 동반 성장을 합니다. 협동조합은 지역 내에서 생산−소비의 선순환 구조가 형성하도록 하고, 지역 내 순환성·관계성·다양성이 회복되고 보존되기 위한 다양한 활동을 전개해 왔습니다. 이 때문에 협동조합이 '착한 기업'이라는 별명을 갖게 된 것

제45조(사업)

① 협동조합은 설립 목적을 달성하기 위하여 필요한 사업을 자율적으로 정관으로 정하되, 다음 각 호의 사업은 포함하여야 한다.

　1. 조합원과 직원에 대한 상담, 교육·훈련 및 정보 제공 사업

　2. 협동조합 간 협력을 위한 사업

　3. 협동조합의 홍보 및 지역사회를 위한 사업

제93조(사업)(사회적협동조합)

① 사회적협동조합은 다음 각 호의 사업 중 하나 이상을 주 사업으로 하여야 한다.

　1. 지역사회 재생, 지역경제 활성화, 지역 주민들의 권익·복리 증진 및 그 밖에 지역사회가 당면한 문제 해결에 기여하는 사업

　2. 취약계층에게 복지·의료·환경 등의 분야에서 사회서비스 또는 일자리를 제공하는 사업

입니다.

기본법 제45조(사업)는 협동조합의 사업에 '지역사회를 위한 사업'을 반드시 포함하도록 하고 있습니다. 특히 공익적 성격이 더욱 강한 사회적협동조합의 경우, 지역 사업의 성격을 보다 명확히 제시하고 있지요. 예를 들어, (1)지역사회 재생, (2)지역경제 활성화, (3)지역 주민들의 권익·복리 증진, (4)기타 지역사회가 당면한 문제 해결에 기여하는 사업 등입니다.

한마디로 정리하면, 협동조합은 지역이 튼튼하고 건강해야 성장할 수 있는 기업입니다. 지역의 순환적인 경제생태계는 협동조합이 성장하고 자라나는 토양이 되는 것입니다. 따라서 제7원칙은 협동조합과 지역사회 간 윈-윈을 위한 적극적인 전략으로 볼 수 있습니다.

2. 개별 협동조합법과의 관계

KEY POINT

협동조합기본법은 '농협, 수협, 신협 등 8개 개별 협동조합법의 모법mother'이 된다.

한국의 개별 협동조합법

농협, 새마을금고, 신협, 중기협의 공통점은 무엇일까요? 모두 산업별 협동조합법에 의해 설립된 '협동조합'이라는 점입니다. 우리나라에는 무려 8개나 되는 협동조합법이 있었습니다. 그리고 역사도 결코 짧지 않습니다.

가장 대표적으로 농협을 생각할 수 있습니다. 1957년 제정된 농협법에 따라 설립된 농협은 우리나라 최초의 협동조합이자 최대 규모의 협동조합입니다. 2011년 기준으로 농협은 230조 원 자산, 240만 명의 조합원, 2만 명이 넘는 임직원을 보유하고 있습니다. 한마디로 메가 협동조합인 것입니다. 실제 농협은 매년 국제협동조합연맹이 선정하는 '세계 10대 조합'입니다.

농협처럼 한국의 협동조합은 제1차 산업 중심으로 발전되어 왔습니다. 농업, 어업, 엽연초, 산림업 등이 있습니다. 그러다가 수출 중심형 경제가 중요시되어 제조업 분야에서 중소기업협동조합이 생겨났습니다. 그렇지만 이후 협동조합은 제3차 서비스산업에서는 활성화되지 못하고 새마을금고와 신협 등 일부 상호금융업종에서만 활동하여 왔습니다.

한국의 8개 개별 협동조합 현황

구분	산업	협동조합	근거법	법제정
생산자 협동조합	1차 산업	농협	농업협동조합법	1957
		수협	수산업협동조합법	1962
		엽연초조합	엽연초협동조합법	1963
		산림조합	산림조합법	1980
	2차 산업	중기협	중소기업협동조합법	1961
	3차 산업	신협	신용협동조합법	1972
		새마을금고	새마을금고법	1982
소비자 협동조합		소비자생협	소비자생활협동조합법	1999

기본법과 개별 협동조합법의 관계는

그럼, 새로운 협동조합기본법와 기존 8개 협동조합법은 어떤 관계일까요?

첫째로, 협동조합기본법은 기존 8개 협동조합법의 모법mother과 특별법의 관계를 갖게 됩니다. 통상적으로 법체계상 모법(또는 일반법으로도 지칭)이 먼저 생기고 다음에 개별법이 생겨납니다. 이는 모법에서 담지 못한 특수한 상황과 여건을 고려한 개별법(또는 '특별법'이라고 부름)의 필요에 의한 것이기 때문이죠. 그런데 우리나라 상황은 정반대로 개별법이 먼저 생기고 모법이 나중에 만들어진 경우입니다.

제13조(다른 법률과의 관계)

① 다른 법률에 따라 설립되었거나 설립되는 협동조합에 대하여는 이 법을 적용하지 아니한다.

② 협동조합의 설립 및 육성과 관련되는 다른 법령을 제정하거나 개정하는 경우에는 이 법의 목적과 원칙에 맞도록 하여야 한다.

둘째로, 기존 8개 협동조합법은 원칙적으로 협동조합기본법의 적용을 받지 않습니다. 이에 대해 제13조(다른 법률과의 관계)는 다른 법률에 따라 설립되었거나 설립되는 협동조합, 즉 농협, 수협, 새마을금고 등 8개 개별법은 기본법의 적용을 받지 않는다고 규정하고 있습니다.

그럼에도 불구하고 예외 조항이 있습니다. 제13조 제2항은 '법령을 제정하거나 개정하는 경우에는 이 법의 목적과 원칙'을 준수하도록 하고 있습니다. 앞선 원칙과 혼선을 줄 수 있는 부분인데, 사실은 그렇지 않습니다. 이미 설립된 타법의 협동조합은 적용을 하지 않지만, 앞으로 만들어지는 개별 협동조합의 경우에는 협동조합기본법의 원칙과 가치가 지켜져야 한다는 내용입니다.

이 같은 세 가지 원칙과 관계는 '현실'과 '협동조합 가치'를 함께 고려한 결론입니다. 먼저 기본법 제정에 앞서 60년 넘게 활동해 온 개별 협동조합의 역사를 감안한 것이고, 다음으로는 기본법 제정 이후 단일화되고 통일된 협동조합 정책 추진의 필요성을 인정한 것입니다.

끝으로 농어촌 지역에서 협동조합에 관심 있는 분들과 만나면, 꼭 받는 질문을 소개하지요.

"농촌 지역에서도 협동조합기본법에 의한 협동조합 설립이 가능한가요?"

이에 대한 답은 NO와 YES입니다. 앞으로도 협동조합기본법을 토대로 농협이나 수협을 설립할 수는 없습니다. 농협은 농업협동조합법 등에 따라야 하기 때문입니다. 그러나 농촌 지역에서도 대안적이고 창의적인 협동조합 설립은 얼마든지 가능합니다.

예를 들어, 농민들이 필요한 장비를 공동으로 운영, 관리하는 협동조합이 있을 수 있습니다. 최근 늘고 있는 귀농·귀촌자 대상 협동조합도 생길 수 있고, 농어촌 지역에 취약한 복지 개선을 위한 협동조합, 아름다운 관광자원을 공동으로 개발하는 협동조합 등은 5인 이상이 모여 얼마든지 가능합니다. 뿐만 아니라, 마을 주민과 함께 마을공동목욕탕 운영, 산골 지역 마을버스 운영, 농어촌 어르신 복지 사업 운영 등 협력·협업을 통해 상부상조의 정신을 높이고 더 좋은 마을을 만들 수 있는 협동조합은 얼마든지 설립이 가능합니다.

3. 독점규제 및 공정거래에 관한 법률과의 관계

KEY POINT

협동조합기본법은 '독점규제 및 공정거래에 관한 법률에 대한 특례조항을 담고' 있다.

최근 우리 사회에 이슈가 되는 용어가 있습니다. 바로 '공정사회', '경제민주화' 등입니다. 그리고 이와 관련하여 '경제검찰'이라고 불리는 공정위와 공정거래법에 대한 관심도 높아지고 있습니다. 협동조합기본법에는 '공정거래'에 관한 특별한 예외 조항을 담고 있는데, 이번에는 공정거래법이 협동조합에 어떻게 적용되는지 살펴보도록 하겠습니다.

공정거래법의 시작은

역사적으로 '공정거래'에 대한 요구는 상거래 발전에서 시작됩니다. 중세 이후 '길드guild'라고 불리는 상인들의 연합은 축적한 부를 토대로 큰 영향력을 갖게 됩니다. 실제 영국과 벨기에 등을 방문하면, 마을에서 가장 오래되고 멋진 건물은 대부분 '길드홀guild hall'이라고 불리는데, 통상 시청사로 사용되었고 아직까지 사용하기도 합니다. 이는 중세 때 막강했던 상인(길드)의 영향력을 확인할 수 있는 대목입니다.

그러나 막강해진 '길드'의 부작용도 많았습니다. '길드' 조직은 자신들의 이익을 보호하기 위해 조합에 가입하지 않으면 동종 업종의 진출을 방해했습니다. 최초의 협동조합인 로치데일 조합도 '길드'의 조직적인 방해로 어려움을 겪었다는 기록이 있습니다. 또한 거래 조건을 제한하고, 거래 단가를 조정하여 상품판매 가격을 무한대로 올려받기 일쑤였습니다. 가격은 높아졌지만, 반대로 품질은 낮아져 소비자의 선택과 경쟁사의 영업을 제한하는 큰 문제가 생겼습니다.

이러한 행위에 대응하기 위해서 영국에서 처음으로 도입된 법이 일명 '시민법'이라고 불리는 보통법Common Law입니다. 보통법은 '부당한 거래 제한을 위한 합의'와 '독점을 위한 합의' 등의 공익에 반하는 것으로, 법에 위반한다는 원칙을 처음으로 확립하였습니다. 시민들이 뭉치고 힘을 모으게 된 것도 스스로를 지키고 보호하기 위해서였다는 것을 알 수 있는 부분입니다.

한편, 근대 공정거래법의 효시는 미국에서 시작되었습니다. 미국도 영국과 같이 상권을 장악한 소수에 의한 횡포가 심했습니다. 특히 철도 등 기반 산업에서 문제가 심각했다고 합니다. 이에 1890년 미국은 철도회사 합병 과정에서 이용된 독과점 피해를 규제하기 위해 '셔먼 반독점법Sherman Antitrust Act'을 제정합니다. 셔먼법은 근대적인 공정거래법의 모태로 인정되고 있습니다.

공정거래법상 불공정행위란

공정한 시장 질서를 유지하기 위한 필수적인 규율인 공정거래법의 중요성은 날로 부각되고 있습니다. 우리나라에서는 1990년에 시행된 '독점규제 및 공정거래에 관한 법률'이 있는데, 공정거래법에서는 어떠한 행위를 불공정한 행위로 규정할까요?

공정거래법은 크게 다섯 가지 행위를 불공정거래 행위로 규정하고 있습니다. 가장 대표적인 행위로 (1) 시장지배적 지위의 남용 금지, (2) 기업결합M&A의 제한, (3) 부당한 공동행위(카르텔) 제한, (4) 불공정거래 행위의 금지, (5) (대기업 집단의) 경제력 집중 억제 등이 있습니다. 예를 들어, 대기업 집단이 계열사 등에 '일감 몰아주기' 행위를 했다면, 4번째인 '불공정거래 행위' 금지 규정에 적용을 받을 수 있습니다.

협동조합법기본법과 공정거래법 적용

협동조합기본법은 협동조합의 일정한 행위에 대해서는 독점규제 및 공정거래에 관한 법률을 적용하지 아니한다고 규정하고 있습니다. 협동조합에 주는 특례조항이 갖는 의미와 배경에 대해 살펴보도록 하지요.

협동조합은 경제적 약자들이 상호 협동을 기반으로 하는 상부상조형 사업조직입니다. 상호협동을 통해 경쟁력을 확보하고 소득 격차를 극복하며, 경제활동을 하는 사업조직이므로 일정 요건을 갖춘 경우, 공정거래법 적용을 배제할 필요가 인정되었습니다. 만약 그렇지 않다면 협동조합의 모든 경제활동은 불공정거래, 담합 등으로 처벌받을 수 있기 때문입니다.

반면, 이러한 특례조항을 남용하는 사례도 우려하지 않을 수 없습니다. 외국의 사례를 보면, 일부 협동조합은 대기업에 견줄 규모로 성장하기도 합니다. 실제 전국 단위의 조직과 사업망을 갖춘 화물, 택배 관련 협동조합이 조직적으로 가격 담합 등의 공동행위를 한다면 '카르텔[26]' 등으로 인한 막대한 피해도 예상할 수 있기 때문입니다. 뿐만 아니라 상법에 근거하여 설립되는 다른 회사와 법 적용의 형평성 문제가 발생할 수도 있으므로, 이 부분은 매우 신중히 고려되어야 합니다.

공정거래법 적용 여부도 협동조합기본법 제정 시 쟁점 중 쟁점이었습니다. 한편에서는 협동조합의 영세성, 상부상조형 경영 방식을 고려해야 한다는 주장이 있었고, 다른 한편에서는 잘못되면 부작용도 심각할 수 있다는 우려의 입장이 함께 제기되었습니다.

결론적으로 일정한 요건을 갖춘 협동조합은 공정거래법 적용을 배제받는 최초의 사례로 남게 되었습니다. 이는 첫째, 시장지배력을 갖는 협동조합이 단기적으로 등장하기 어렵다는 현실적인 고려가 반영된 결과입니다. 둘째, 이미 현행 공정거래법도 상부상조형 소액 조합에 대해서는 적용배제 근거 조항을 담고 있다는 법적인 근거를 가지고 있었습니다. 끝으로 이미 엄격한 공정거래법으로 유명한 미국에서

---

26 '동종 상품을 생산하거나 같은 서비스 업종에 종사하는 사업자들이 가격 고정이나 생산량 제한 등을 통해 경쟁을 피하고 이윤을 확보하고자 하는 담합 행위'를 지칭.

도 농업 등 일부 분야에서는 특례조항이 있다는 유사 사례를 고려하게 되었습니다.

끝으로 협동조합이 공정거래법 적용을 배제받기 위해서는, ▲소규모의 사업자, ▲조합원의 자유로운 가입과 탈퇴, ▲평등한 의결권, ▲이익 배분의 한도를 정관에 규정이라는 네 가지 요건을 충족해야 합니다. 이는 기본법상의 협동조합 원칙을 충실히 반영하면 충분히 충족이 가능한 요건입니다.

협동조합기본법과 공정거래법의 관계

협동조합기본법	시행령
제13조(다른법률과의 관계) ③ 대통령령으로 정하는 요건에 해당하는 협동조합등 및 사회적협동조합등의 행위에 대하여는 독점규제 및 공정거래에 관한 법률을 적용하지 아니한다. 다만, 불공정거래행위 등 일정한 거래분야에서 부당하게 경쟁을 제한하는 경우에는 그러하지 아니하다.	**제5조(다른 법률과의 관계)** 법 제13조제3항에서 "대통령령으로 정하는 요건에 해당하는 협동조합등 및 사회적협동조합등"이란 다음 각 호의 요건을 모두 갖춘 협동조합등 및 사회적협동조합등을 말한다. 1. 소규모 사업자 또는 소비자의 상부상조를 목적으로 할 것 2. 임의로 설립되고, 조합원 또는 회원(이하 이 조에서 "조합원등"이라 한다)이 임의로 가입하거나 탈퇴할 수 있을 것 3. 각 조합원등이 평등한 의결권을 가질 것 4. 조합원등에게 이익을 배분하는 경우에는 그 한도가 정관에 정해져 있을 것

독점규제 및 공정거래에 관한 법률상 5대 불공정행위

1. 시장지배적 지위의 남용 금지 (제2장)

가장 대표적인 불공정행위는 독점적인 지위를 이용하여 '시장지배적 행위'를 하는 것을 지칭합니다. 시장지배적 사업자란 공급자 및 판매자뿐만 아니라 수요자도 될 수 있습니다. 공정거래법 제2조는 일정한 거래 분야에서 단독으로 또는 다른 사업자와 함께 상품이나 용역의 가격·수량·품질, 기타의 거래 조건을 결정·유지 또는 변경할 수 있는 시장 지위를 가진 사업자라고 규정합니다.

시장지배적 지위 판단 기준으로는 1개 사업자의 시장점유율이 50% 이상이거나 2개 또는 3개 이하 사업자의 시장점유율 합계가 75% 이상인 경우 시장지배적 사업자로 추정합니다. 다만, 시장지배적 사업자의 판단은 시장점유율 기준 이외에도 진입 장벽의 존재 및 정도, 경쟁사업자의 상대적 규모 등을 종합적으로 고려하여 시장지배적 지위 여부를 결정합니다. (공정거래법 제4조)

2. 기업결합(M&A)의 제한 (제3장)

일반적으로 '기업결합'은 개별 기업의 독립성이 소멸되고 사업 활동에 관한 의사 결정이 통합되는 기업 간 자본적·인적·조직적 결합을 의미하며, 통상 'M&A'라고 합니다. 이는 합병Merger과 인수Acqusition가 합성된 용어로서 대표적인 기업결합의 유형을 의미하는 말이 일반 용어화된 것입니다. 공정거래법 제7조는 기업결합을 다섯 가지 유형으로 나누고 있습니다.

공정거래법상 기업결합 유형

구분	내 용
① 주식 취득·소유	다른회사 주식 취득 또는 소유하게 되는 경우
② 임원 겸임	자산 또는 매출액이 2조 원 이상인 대규모 회사의 임원·종업원이 다른 회사의 임원을 겸임하는 경우
③ 합병	회사가 다른 회사와 합병하는 경우
④ 영업 양수	다른 회사의 영업을 양수하는 경우
⑤ 회사 설립 참여	새로운 회사 설립에 참여하는 경우

*출처 : 공정거래위원회 자료

3. 부당한 공동행위(카르텔) 제한 (제4장)

'부당 공동행위'란 사업자가 상호 간의 경쟁을 회피하기 위해 다른 사업자와 공동으로 가격을 결정하거나 인상하기도 하고, 시장을 분할하기도 하며, 출고를 조절하는 등의 내용으로 합의하여 부당하게 경쟁을 제한하는 행위를 뜻합니다. 공동행위를 규제하는 이유는 카르텔은 효율성을 제한하고 경제 전반에 걸쳐 많은 폐해를 유발하기 때문입니다.

특히 기업에서는 신기술과 신상품을 개발할 유인을 감소시키고, 소비자에게는 높은 가격으로 낮은 품질의 상품을 선택권 없이 구입하도록 강제하게 되며, 국가경제 전체적으로는 기술혁신의 침체로 잠재 생산능력의 증가를 저해하는 등 경제 전반에 부정적 영향을 미치게 됩니다. 실제로 OECD 및 선진 경제 당사국들은 카르텔이 최소한 10% 정도의 가격 인상을 유발한다고 추산하고 있습니다.

4. 불공정거래행위의 금지(제5장)

'불공정거래행위'란 자유로운 시장 경쟁을 저해할 수 있는 공정하지 않거나 정당하지 못한 방법 등을 사용하여 거래하는 행위를 뜻합니다. 불공정거래행위의 금지는 주어진 시장 구조하에서 개별 기업의 행위가 경쟁 질서를 해치는 행위를 의미하며, 공정거래법 제23조는 9개 주요 불공정거래행위 유형을 규정하고 있습니다.

공정거래법상 일반불공정거래행위 유형

주요 유형		
① 거래 거절	② 차별적 취급	③ 경쟁사업자 배제
④ 부당한 고객 유인	⑤ 거래 강제	⑥ 거래상 지위 남용
⑦ 구속조건부 거래	⑧ 사업활동 방해	⑨ 부당한 자금·자산·인력의 지원

5. 경제력 집중 억제 (대규모 기업 집단, 제3장)

공정거래법은 '경제력 집중' 억제 수단으로도 활용되었습니다. 대규모 기업 집단은 상호출자, 채무보증 등의 형태별로 일정한 제한을 주고 있습니다. 또한, 기업 집단 현황을 공시토록 하기 위한 대상으로 지정한 일정 규모 이상의 기업 집단으로, 상호출자제한 기업 집단 및 채무보증제한 기업 집단은 매년 4월 1일까지 자산 규모 5조 원 이상 기업 집단으로 지정하고 있습니다.

경제력 집중 억제 제도 도입 배경으로는 경제력이 소수의 경제주체에게 집중될 경우 시장경제의 핵심인 자유롭고 공정한 경쟁이 저해되고 효율적인 자원 배분이 어려워지기 때문입니다. 대규모 기업 집단에 의한 경제력 집중과 시장 경쟁 저해 등 부작용을 방지하는 한편, 공정한 시장 경쟁 기반 조성을 위해 1986년 12월 공정거래법에 도입되었고 시장의 지배와 경제력 남용의 방지를 규정한 헌법 제119조에 근거를 두고 있습니다.

*출처 : 공정거래위원회 자료 참고

독점규제 및 공정거래에 관한 법률 관련 미국, 일본 사례

상부상조의 목적으로 소규모 사업자들이 모여 운영되는 협동조합에 대한 공정거래법 적용 여부는 국제적으로도 논쟁이 많은 과제 중 하나입니다. 협동조합의 설립 배경과 활동에 따라서 차이가 있지만 원칙적으로 협동조합도 공정하게 시장에서 경쟁해 나가야 하므로 공정거래법의 일괄적인 배제를 규정하지 않은 상황입니다. 경제력 집중과 시장지배적 행위의 문제점을 익히 알고 있는 미국은 협동조합에 대해 포괄적인 적용 배제를 인정하지 않고 있습니다.

다만, 예외는 있습니다. 미국에서는 분야별 규정에 따라 농업은 캐퍼-볼스테드법Capper-Volstead Act, 어업은 어민단체마케팅법Fishermen's Collective Marketing Act에 따라 제한적으로 공정거래법 적용배제를 인정하고 있습니다.

실제로 캐퍼볼스테드법은 주식자본 유무에 관계없이 농산물 생산 종사자 연합체를 독점금지법 적용에서 배제(제291조)하고 있지만, 이에 따른 부작용도 고려하여 불공정한 행위에 대하여는 '시정 명령'과 '법원 제소' 권한을 함께 부여하고 있습니다. (제292조)

제291조(연합체의 권한)

농민·재배자·목장주·낙농가·과수농가 등 농산물 생산에 종사하는 자는 자본출자 여부에 관계없이, 가공·유통 전 처리·매매·유동 과정에 국내외 거래에 걸쳐 생산자가 참여하는 연합체 또는 다른 형태의 조직을 통해 공동대처할 수 있다. 이러한 조직체는 일반적으로 유통대리점을 설립할 수 있으며 참여조합원과 함께 목적 달성을 위해 필요한 협약과 계약을 맺을 수 있다.

제292조(독과점거래의 제한)

농산물 가격을 비정상적으로 올림으로써 독점하고 있거나 공정거래를 제한하고 있는 농업생산자 연합체에 대하여 농무부장관에게 시정 명령과 법원에 제소할 수 있는 권한을 부여한다.

한국 공정거래법과 유사한 법체계를 갖춘 일본도 구체화된 협동조합 요건 충족하는 경우, 공정거래법 적용 배제를 인정하고 있습니다. 다만, 중소기업조합법, 수협법 등 개별법령에서 자본금, 출자 총액, 종업원수 등 명확한 기준을 충족하는 조합원으로 구성된 협동조합에 한하여 적용 배제를 허용하여 관련 제도가 남용되지 않도록 규정하고 있습니다.

미국 캐퍼-볼스테드법 및 일본 공정거래법상 적용배제 요건

미국 캐퍼-볼스테드법 제291조	일본 공정거래법 60조
① 농산물 생산자인 조합원의 상호 이익을 위해 활동	① 소규모의 사업자 또는 소비자의 상호부조를 목적으로 할 것
② 조합원에게는 출자금 액수에 관계없이 1인 1표 허용	② 임의로 설립되고, 조합원이 임의로 가입 또는 탈퇴할 수 있을 것
③ 출자 배당은 1년에 8% 이하로 제한	③ 각 조합원이 평등한 의결권을 가질 것
④ 비조합원에 대한 사업물량이 조합원의 사업물량을 초과해서는 안 됨	④ 조합원에 대하여 이익 배분을 행하는 경우 한도가 정관에 정해져 있을 것

*출처 : 국회 기획재정위원회 자료

일본의 중기협동조합법 관련 내용

제7조(독점금지법과 관계)

① 다음 조합은 공정거래법의 적용에 대해 동법 제22조 제1호의 요건을 구비한 조합으로 본다.

1. 사업협동조합, 화재공제협동조합, 또는 신용협동조합으로서 그 조합원인 사업자가 다음 중 어느 하나에 게재된 자인 것

가. 자본금 또는 출자총액이 1억엔, 소매업 또는 서비스업을 주된 사업으로 하는 사업자에 대하여는 1,000만엔, 도매업을 주된 사업으로 하는 사업자에 대하여는 3,000만엔을 넘지 않는 법인으

로 된 사업자

나. 항상 사용하는 종업원의 수가 300명(소매업 또는 서비스업은 50명, 도매업자는 100명)을 넘지 않는 사업자

2. 사업협동소(小)조합

3. 앞의 2호에서 언급한 조합으로 조직한 협동조합 연합회

② 사업협동조합 또는 신용협동조합으로, 전항 제1호 가. 또는 나.에 언급한 자 이외의 사업자를 조합원에 포함한 경우, 그 조합이 공정거래법 제22조 제1호의 요건을 구비한 조합에 해당하는지의 판단은 공정거래위원회의 권한에 속한다.

*출처 : 국회 기획재정위원회 자료

4. 민법·상법과의 관계

KEY POINT

협동조합은 '사단법인(민법)과 회사(상법)의 중간적인 형태의 법인'이다.

협동조합기본법은 상법과 민법의 관련 규정을 따른다(법률적으로 '준용')고 정하고 있습니다. 영리조직과 비영리조직의 중간적 성격을 지닌 협동조합의 법체계적 특징을 살펴보도록 하겠습니다.

'영리'인가, '비영리'인가

협동조합기본법 심의 과정에서는 아주 민감한 법률적 공방이 오고가기도 하였습니다. 그 핵심은 협동조합 법인을 '영리조직'으로 볼 것인지, 아니면 '비영리단체'로 볼 것인지의 판단이었습니다. 실제 협동조합기본법안을 제출한 3명의 국회의원 모두 각각 다른 입장을 갖고 있었습니다.

협동조합은 영리적인 '회사'일까요? 아니면 비영리 성격의 '사단법인'일까요?

질문에 대한 답을 찾기 이전에, 우리나라 '법인' 체계를 알아보도록 하지요. 우리나라의 법인은 크게 '영리'와 '비영리'로 구분됩니다. 두 영역을 굳이 구분하자면, '주식회사'와 '사회복지시설'을 비교할 정도로 차이가 큽니다. 실제 각각을 규정하는 법률도 상법과 민법으로 나뉩니다.

먼저 활동 중인 비영리법인 사례를 살펴보지요. 우리나라에는 다양한 비영리법인들이 있습니다. 2011년 자료에 따르면 3만 개에 가까운 단체가 비영리법인으로 등록되어 있습니다. 교회·성당·사찰 등과 같은 종교 단체, 종합병원, 사립학교, 사회복지시설, 고아원, 어린이집 등이 대표적인 비영리법인입니다.

우리나라 비영리법인 현황(2011)

(단위 : 개, %)

합계	종교	학술 장학	사회복지	교육	의료	예술 문화	기타
29,170	17,753	3,229	3,028	1,681	700	658	2,121
(100.0)	(60.9)	(11.1)	(10.4)	(5.8)	(2.4)	(2.2)	(7.2)

*출처 : 2012년 국세통계연보 자료

이에 반해 영리법인은 비영리법인보다 15배 이상 많은 46만 개의 영리법인들이 활동하고 있습니다. 이 중에 대표선수는 '주식회사'이고, 이외에도 '유한회사', '합자회사', '합명회사', '유한책임회사' 등 5개

우리나라 비영리법인 유형별 설립 근거 법령 및 관리 주체

유형	근거 법령	관리주체
종교	민법	문화부
문화	민법	개별(주무관청)
학술	공익법인 설립·운영에 관한 법률	개별(주무관청)
장학	공익법인 설립·운영에 관한 법률	교육부
자선	공익법인 설립·운영에 관한 법률	복지부
사회복지	사회복지사업법	복지부
의료	의료법, 정신보건법	복지부
학교	초·중·고등교육법, 유아교육법, 사립학교법	교육부
기타	특별법	개별

의 회사가 있습니다. 한 가지 특이한 부분은 주식회사 비중이 아주 높
다는 것인데, 우리나라는 주식회사 비중이 95%를 차지합니다. 이는
미국, 영국 등 자본주의 선진국보다도 훨씬 더 높은 비율입니다.

우리나라 영리법인 현황(2011)

(단위 : 개, %)

합계	주식회사	유한회사	합자회사	합명회사
460,614	437,346	18,818	3,636	814
(100.0)	(94.9)	(4.1)	(0.8)	(0.2)

*출처 : 2012년 국세통계연보 자료

협동조합기본법과 민법·상법과의 관계

협동조합과 주식회사의 비교

구 분	협동조합(협동조합법)	회사(상법)
정의	협동조합은 조합원 권익을 증진하고 지역사회에 공헌하고자 하는 사업 조직	회사란 상행위나 그 밖의 영리 목적으로 설립된 법인
설립 목적	조합원 경제적 이익 및 상호부조 자발적 결성, 공동의 소유, 민주적 운영	영리의 추구
의결권 선거권	1인 1표 (출자좌수 관계없이)	1주 1표 (유한회사 일부는 1인 1표)
정보공개	제한적 공개(사회적협동조합 등 한정)	경영 공개(주식회사)
법정적립	잉여금 일부 법정 적립	규정 없음

*출처 : 국회 기획재정위원회, 기획재정부 자료

이처럼 영리기업과 비영리단체 간의 차이는 매우 분명합니다. 지역사회에 공헌하고 취약 계층의 경제활동을 지원하는 협동조합에게 영리기업이라는 옷은 적합하지 않습니다. 반면, 종교, 병원, 학교 등에만 부여하는 비영리법인이라는 옷도 경제사업을 하는 협동조합에게는 맞을 수 없습니다. 그렇기 때문에 협동조합을 어느 한 그릇에 담으면 곤란한 문제가 생길 수 있습니다. 다시 말해, 기존의 영리와 비영리의 2분법적인 법체계에 담기지 않은 새로운 영역의 경제주체가 등장하게 된 것입니다.

여러 차례 심의와 전문가 의견을 수렴하여 협동조합기본법은 상법과 민법의 중간적인 법률의 성격을 갖게 되었습니다. 이는 협동조합이 '영리'와 '공익'의 두 가지 상반되는 가치를 동시에 반영한 결과입니다. 실제로 협동조합 전문가들은 '협동조합'을 가리켜 영리와 비영리를 함께 추구하는 야누스적인 조직이라고 합니다.

협동조합기본법과 민·상법과의 비교

법률	법인격	설립 목적	이익 배분	사회공헌
상법	회사	영리(상행위)	투자자 우선 (소수 대주주)	불투명
협동조합기본법	협동조합	공익＋영리(상행위를 통한) ① 조합원 권익, ② 지역사회 공헌, ③ 취약 계층 지원	이용자 우선 (다수 조합원)	기여
민법	사단법인	공익	원칙적 제한	기여

*출처 : 국회 기획재정위원회 자료

제14조(다른 법률의 준용)

① 제4조제1항의 협동조합등에 관하여 이 법에서 규정한 사항 외에는 상법 제1편 총칙, 제2편 상행위, 제3편제3장의2 유한책임회사에 관한 규정을 준용한다. 이 경우 "상인"은 "협동조합등"으로, "사원"은 "조합원등"으로 본다.

② 제4조제2항의 사회적협동조합등에 관하여 이 법에서 규정한 사항 외에는 민법 제1편제3장 법인에 관한 규정을 준용한다. 이 경

우 "사단법인"은 "사회적협동조합등"으로, "사원"은 "조합원등"으로, "허가"는 "인가"로 본다.

5. 사회적기업법과의 관계

사회적협동조합은 '사회적기업과 상호 보완적인 관계를 갖고' 있다.

협동조합과 관련하여 자주 받는 질문이 있습니다. "사회적기업과 사회적협동조합은 어떤 차이가 있나요?"라는 것입니다. 사회적기업과 사회적협동조합은 원칙적으로 다르고 엄격히 다른 영역입니다. 그렇지만 실제로 매우 유사한 내용도 많이 있습니다. 이번에는 같은 점과 다른 점을 살펴보지요.

사회적협동조합과 사회적기업의 차이점은

원칙적으로 사회적협동조합과 사회적기업은 전혀 다른 성격을 가지고 있습니다. 사회적협동조합은 협동조합기본법에 의해 설립 인가를 받는 비영리법인입니다. 반면, 사회적기업은 법인이나 비영리법인은 아

사회적협동조합과 사회적기업의 비교

구분	회사 (주식·유한·합자·합명·유한책임)		일반 협동조합	사회적 협동조합	사단 법인
근거법	상법		협동조합기본법		민법
사업 목적	이윤 극대화		조합원 이익 증대 지역사회 기여, 공익 증진		공익 증진
의결권	1주 1표 (단, 합자회사는 1인 1표)		1인 1표		
설립 방식	설립 신고			설립 인가	
성격	물적 결합체		인적 결합체		
	〈영리 법인〉			〈비영리 법인〉	
	사회적기업(고용노동부 인증제도)				

님니다. 사회적기업은 사회적기업육성법에 근거하여 고용노동부장관이 부여하는 일종의 인증certificate 제도입니다.

일정한 요건을 충족하는 회사, 사단법인, 협동조합이 고용노동부에 '인증' 신청을 하면, '사회적기업진흥원' 실사와 관례 위원회 심의를 거쳐 '사회적기업'이라는 인증을 받을 수 있습니다. 따라서 관계 중앙행정기관의 설립 인가를 받아 법인격을 갖는 '사회적협동조합'과 고용노동부의 인가를 받아 '인증'을 받는 '사회적기업'은 확연히 구분될 수 있습니다.

사회적기업의 명칭 예시

구분	주식회사 경우	협동조합 경우	재단법인 경우
명칭	'사회적기업' OK주식회사	'사회적기업' 행복도시락 사회적협동조합	'사회적기업' 행복공유 재단법인

　　사회적기업에게 주어지는 명칭 사례를 보면, 보다 명확할 수 있습니다. '행복도시락 사회적협동조합'이 일정 요건을 갖추어 사회적기업으로 인증을 받으면, '사회적기업 행복도시락 사회적협동조합'이라는 명칭이 가능합니다. 이때 '사회적기업'이라는 명칭은 인증 기간 동안만 사용할 수 있는 한시적인 용어입니다.

　　사회적기업으로 인증을 받게 되면 일정한 정책적 혜택이 부여되기도 합니다. 참고로 총 5년간의 범위에서 ① 경영 컨설팅, ② 공공기관 우선 구매, ③ 인건비, 시설비, 사업개발비 지원, ④ 모태펀드 제공 등이 가능합니다. 참고로 사회적기업은 '인증사회적기업'과 '예비사회적기업'으로 나누어 구분되고 우리나라에는 2012년 기준 700여 개의 인증 사회적기업과 1,000여개의 예비사회적기업이 고용노동부의 승인을 받아 활동 중이라고 합니다.

사회적협동조합과 사회적기업의 같은 점은?

법인격 측면에서는 서로 다르지만 사회적협동조합과 사회적기업은 매우 흡사한 형식을 지니고 있습니다. 우선 '명칭'이 비슷합니다. '사회적'

이라는 용어를 같이 사용하고 있지요. 실제 비영리성격의 협동조합 명칭에 대해 여러 의견이 있었습니다. '공익협동조합', '비영리협동조합', '공공협동조합' 등이 검토되기도 하였지만, 결과적으로 이미 일반인들에게 익숙해진 '사회적협동조합'이라는 명칭을 사용하기로 했습니다. 만약 사회적협동조합 대신 비영리협동조합을 택했다면, 명칭이 주는 혼선은 발생하지 않았겠지요?

둘째로, 사회적협동조합의 개념을 구분하는 '취약 계층'에 대한 개념이 동일합니다. 두 개념에서 정의하는 취약 계층의 범위는 ▲저소득자, ▲고령자, ▲장애인, ▲청년 구직자 등으로 정확히 일치합니다.

셋째로, 정부의 정책적인 책무가 있습니다. 두 법은 모두 ▲관련 기본 계획을 수립하고, ▲실태 조사를 실시해야 합니다. 또한 ▲일정한 요건을 갖춘 사회적기업과 사회적협동조합을 인증하거나 인가해야 합니다. 참고로 관련 인증과 인가 업무를 ▲담당하는 기관도 같습니다. 고용노동부 산하 '사회적기업진흥원'에서 해당 업무를 수행하고 있습니다.

끝으로, 두 법률 모두 각각의 ▲국가기념일을 정하고 있습니다. 사회적기업법은 매년 7월 1일을 '사회적기업의 날'로, 협동조합법은 매년 7월 첫째 토요일을 '협동조합의 날'로 지정하고 관련 행사를 진행하도록 하고 있습니다.

'사회적기업'에 대한 정부 지원 제도

사회적기업으로 인증받을 경우 받을 수 있는 지원 제도는 크게 세 가지로 구분됩니다.

첫째로, 사회적기업 인건비를 지원받을 수 있습니다. 공모를 통해 대상기업으로 선정되면, 신규 채용 인원(1인~50인 이하)에 대한 인건비와 사회보험료(인건비의 8.5%)를 12개월간 지원받을 수 있게 됩니다.

사회적기업 인건비 지원 비율

대상	연도	인건비(최저임금 기준) 지원 비율
예비사회적기업	1년차	90%
	2년차	80%
사회적기업	1년차	80%
	2년차	60%
	3년차	50%

둘째로, 직접 인건비 외에 경영 자립을 돕기 위해 사회보험료 및 경영 컨설팅 등 기타 재정 지원 제도가 있습니다. ① 인건비 지원을 받지 않는 기업에 대해 4년간 사업주 부담 사회보험료(인건비의 9%)가 지원될 수 있습니다. ② (예비)사회적기업에 대해 공모를 통해 시제품개발, 홍보, 마케팅, R&D 비용 등 사업개발비가 지원될 수 있습니다. 이때 예비사회적기업은 5천만 원, 사회

적기업은 1억 원 한도 내에서 가능합니다. ③ 전략기획, 회계, 마케팅 등 사업 운영에 필요한 전문 인력 고용 시 관련 전문 인력 인건비는 전액 국고에서 지원이 될수 있습니다.

이외에 ④ 청년사회적기업가 육성을 위한 창업 자금 지원, ⑤ 사회적기업 경영컨설팅 지원, ⑥ 사회적기업 권역별 기관을 통한 사회적기업가, 관련 직원 교육 등의 제도도 활용이 가능한 부분입니다.

셋째로, 재정 지원 외적인 부분으로 조세 감면과 공공기관 우선 구매 제도가 있습니다. 세제 감면은 총 4년간 가능하며, 규모는 법인세와 소득세의 50% 수준입니다. 그리고 일반 법인·개인이 비영리 사회적기업에 기부하는 경우에도 '지정기부금'으로 인정하여 사회적기업에 대한 기부를 촉진하도록 하고 있습니다.

해외 사회적기업 현황 및 사례

전 세계적으로 '사회적기업'에 대한 법률적, 개념적 범위는 차이가 많습니다. 따라서 우리나라의 사례를 특정 국가와 비교하기는 곤란한 부분이 많습니다. 그렇지만 최근 들어 각국은 사회적기업, 협동조합 등 '착한 기업'에 대한 관심과 지원을 늘리고 있습니다. 이는 선진국 모두가 겪고 있는 고령화 사회, 복지 사회, 고실업사회의 문제를 해결하는 대안으로 '사회적기업'의 중요성을 인식하고 있기 때문입니다.

① 영국은 전통적으로 다양한 사회적기업과 비영리기관들이 적극적으로 활

동하고 있으며, 그 수가 무려 5만 5천 개 이상입니다. 대표적인 사회적기업 관련 법으로는 공동체이익회사법이 있습니다.

② 프랑스는 유럽에서도 사회적기업에게 매우 친화적인 제도를 갖고 있습니다. 이미 2만 5천 개의 근로통합형기업(사회적기업법 근간)들이 활동 중이며, 비영리영역에서는 6천 개 비영리협동조합, 1,500개 근로자협동조합 등이 사회서비스를 제공하고 있습니다.

③ 이탈리아는 사회적협동조합을 통해 사회적기업을 활성화하고 있습니다. 이미 1만 1천 개 다양한 사회적협동조합이 사회·보건·교육서비스를 담당하고 취약 계층의 노동시장 참여·직업 훈련을 제공하고 있습니다.

④ 폴란드는 정부에 '사회적 고용촉진조직협회'를 구성하고 협회 아래 7천 개의 각종 사회복지 재단과 1만 9천 개 협동조합의 활동을 지원하고 있습니다.

⑤ 일본은 10여 개가 넘는 개별 협동조합법을 갖고 있으며, 사회적기업 활동을 촉진하기 위해 특별비영리활동촉진법을 가지고 있습니다. 이 법에 의해 활동하는 비영리단체의 수는 3만 8천 개 수준입니다.

⑥ 끝으로 미국은 특별히 사회적기업 육성을 위해 내세울 법은 없지만, 실제로는 매우 적극적이고 활발하게 운영하는 곳입니다. 민간과 기업들의 재원, 그리고 자발적인 자선, 기부, 봉사활동을 토대로 무려 150만 개가 넘는 비영리조직, 사회적기업 등이 활동하고 있습니다. 비영리조직 중에는 기업 활동을 하는 기업과 함께 사회적 가치와 경제적 이익을 동시에 추구하는 특성화된 벤처 기업도 다수 포함되어 있습니다. 뿐만 아니라, 세계적인 명문 MBA과정을 보유한 경영대학원들도 사회적 기업가를 교육하는 과정을 보유하고 있습니다.

협동조합 설립실무 해설

2

Part IV

누구나 따라 하는
협동조합 설립 실무

1. 좋은 협동조합을 만드는 것이 핵심 포인트다

"미국에는 변호사가 너무 많다고 생각하지 않나요?" 클린턴 대통령 재임 시 미국 최초로 여성 법무장관에 오른 자넷 리노Janet Reno가 한 강연회에서 학생에게 받은 질문입니다. 그녀의 답은 간단하고 명료했습니다. "변호사가 많은지는 모르겠지만, 좋은 변호사good lawyer는 많이 부족하다고 생각합니다." 다양한 형태의 협동조합이 생겨나는 상황에서 우리에게 진정 필요한 것은 '좋은 협동조합'이 아닐까 생각해 봅니다.

좋은 협동조합을 만들기 위해서는?

Part II '처음 읽는 협동조합기본법'에서 협동조합은 모두 9단계를 거쳐 설립된다는 내용을 자세히 살펴보았습니다. 법적으로 정한 9개 단계들을 거치면 협동조합은 법인격을 갖춘 합법적인 사업 조직으로 인정받게 되며, 다른 기업들처럼 사업을 하고 수익을 내며 운영할 수 있습니다. 그렇다면 9단계만 거치면 '좋은 협동조합'이 만들어질까요? 여기에 대한 답을 보다 세밀하게 체크해 보겠습니다.

협동조합기본법의 의미와 기대 효과는 누구나 협동조합을 손쉽게 만들 수 있게 한 것입니다. 그러나 너무 쉽게 만들어서는 안 되는 것이 또한 협동조합입니다. 공장에서 같은 물건을 대량 생산하듯이 만들고 설립되면 상당수의 협동조합은 얼마 가지 않아 경쟁력을 잃고 문을 닫을 수 있기 때문입니다. 협동조합도 기업입니다. 기업이기 때문에 파산할 수 있지만, 파산할 경우 그 책임과 부담은 혼자가 아닌 참여한 다수가 함께 나누어야 합니다. 파장도, 피해도 더 커진다는 것입니다. 따라서 그냥 협동조합을 만드는 것이 아니라, '좋은 협동조합', '경쟁력 있는 협동조합', '자주·자립하는 협동조합', '지역사회에 기여하는 협동조합'을 설립하고 운영하는 것이 핵심입니다. 어떻게 보면 이번 파트가 이 책의 실무적인 내용 중에서는 가장 중요한 사안인 것 같습니다.

"어떻게 하면 좋은 협동조합을 만들 수 있나요?" 강연회에 가면 자주 등장하는 단골 질문 중 하나입니다. 이번에는 '좋은 협동조합'을 만들기 위한 네 가지 단계를 함께 살펴보겠습니다.

제1단계 : 협동조합 설립 준비 단계

여름 휴가를 떠난다는 상상을 해 보지요. 먼저 언제 휴가를 갈지 결정해야 하겠지요? 장소는 어디로 할지, 휴가비는 얼마나 사용할지 등의 여러 구상과 계획을 하게 될 것입니다. 만약 혼자가 아니라 다섯 명의 친구 또는 가족들과 함께 여행을 떠난다면 그 구상과 계획을 공동으로 고민하고 각자의 역할을 분담해야 할 것입니다.

협동조합도 이와 같습니다. '좋은 협동조합'을 만들기 위해서 구

'좋은 협동조합'을 만들기 위한 4단계

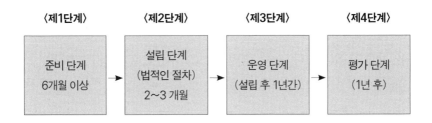

체적인 사업계획과 더불어 참여자들의 역할과 기능을 잘 분배하여 준비하는 것이 중요합니다. 협동조합기본법에는 나와 있지 않지만, 협동조합 설립 준비 과정인 제1단계에서 반드시 챙기고, 확인하고, 고려해야 할 8가지 핵심 포인트를 함께 살펴보도록 하겠습니다.

핵심 포인트 1 : 공동의 경제적, 사회적, 문화적 '가치와 필요needs'를 찾아야 합니다.

'공유가치창조CSV, creating shared value'라는 용어를 접한 적이 있나요? 최근 경영학계에서 새롭게 등장한 가장 핫hot한 용어입니다. CSR, 즉 '기업의 사회적 책임'을 넘어 차세대 경영철학으로 관심을 갖는 CSV는 세계적인 경영학자인 미국 하버드대 마이클 포터Michael Porter 교수가 2011년 제시한 개념입니다. 핵심은 간단합니다. 기업이 과거 핵심가치인 이윤의 극대화만 추구하면 안 되고, 함께하는 파트너인 생산자, 소비자들의 가치를 함께 공유하고 나눌 때 기업이 추구하는 가치와 이윤도 함께 발전하고 지속가능하다는 것입니다. 기업이 이윤만을 추구하게 되면, 장점도 있지만 단점도 많습니다. 다국적 기업들이 대규모 생산공장을 보유한 개도국에서 환경 문제, 노동 문제, 지역사회와 마찰 등의 문제가 커지는 것은 이윤 극대화만을 추구하는 행동에서 그 원인을 찾을 수 있습니다. 이런 측면에서 CSV는 환경보호, 지역개발, 공생발전, 상호 협력 등 다중의 이해관계자에게 중복되는 가치들을 함께 추구하자는 뜻을 갖고 있습니다.

공동의 기업인 협동조합의 시작도 조합원 모두가 공유하는 가치를 찾는 것에서부터 시작합니다. 앞서 ICA 원칙에서 확인하였듯이, 협동조합은 조합원 공동의 경제적, 사회적, 문화적 필요를 충족하는 조직입니다. 협동조합을 준비하기 이전에 첫 번째로 물어야 할 질문은, '나의 관심과 필요에 다른 사람들도 같이 생각하고 공감하는가?'입니다. 나만의 관심인지, 아니면 다른 이들도 같은 관심을 갖고 있는지를 먼저 확인해야 합니다. 만약 나만의 관심이라면 협동조합 대신 주식회사가 더 적합합니다. 보다 구체적으로 지역 경제에 꼭 필요한 향토기업이 매각되게 되었거나, 다른 지역이나 마을에서 감동적인 공동체 운동이나 사업을 접하게 되었다면, 이를 어떻게 우리 마을과 지역에 활용될 수 있는지를 함께 찾아보는 것이 첫째 단계의 시작이 될 것입니다.

핵심 포인트 2 : 핵심은 '사람'입니다. '사람'을 찾아야 합니다.

두 번째는 사람을 찾아야 합니다. 알고 지내는 지인 5명이 모여서 협동조합을 설립할 수 있지만, 좋은 협동조합은 지속적으로 유능한 인재와 사람들이 참여하고 공급되어야 합니다. 협동조합을 만드는 가장 큰 이유는 혼자서는 해결하기 어려운 부분을 여러 명이 힘을 모아 함께 해결하려는 것입니다.

협동조합은 초기 설립을 준비하는 단계에서 사람을 찾아야 합니다. 협동조합 시작에 앞서, 함께 받는 창립 교육도 '사람'들이 모여 시작됩니다. 설립을 위해 관계 기관에 문의하는 것도 '사람'이며, 5명 이상을 모아야 하는 설립 동의자도 '사람'입니다. 이후 협동조합이 설립된 이후에도 지속적인 조합원 모집 활동을 해야 함은 물론이고, 능력 있는 조합원들이 협동조합의 경영, 교육, 회계, 마케팅, 컨설팅, 자금 등에 참여하도록 노력을 다해야 합니다. 마지막으로 협동조합을 운영하면서 여러 가지 어려움이 생길 수 있는데, 이때 누구에게 묻고 도움을 받을 수 있는지 꼭 생각해 보기 바랍니다. 그것도 바로 '사람'입니다.

매년 여름과 가을에 우리나라에 큰 피해를 주는 태풍을 비교해 보겠습니다. 기상학자들은 태풍을 '열대성 저기압'으로 부릅니다. 그런데 태풍이 다른 저기압들과 다른 점은 주변의 더운 수증기가 지속적으로 공급되어서 태풍으로 커지고 거대한 힘을 갖게 된다는 것입니다. 협동조합의 더운 수증기, 즉 에너지의 근원은 '사람'입니다. 기업들은 자본을 더 모아 덩치를 키우고 경쟁력을 갖추지만 협동조합의 원천은 '사람'이며, 좋은 협동조합은 좋은 사람들이 지속적으로 찾고 모여서 지속적으로 커져 간다는 점을 잊어서는 안 됩니다.

핵심 포인트 3 : 협동의 시작과 끝은 '교육과 훈련'입니다.

"협동조합의 성공 비결은 무엇일까요?" 아직까지 우리나라에서는 좋은 성공모델을 찾기가 어려운 부분이 있어서, 해외로 고개를 돌려 보겠습니다. 협동조합의 종주국인 영국, 볼로냐라는 좋은 모델을 제공하는 이탈리아, 몬드라곤 기적의 나라 스페인, 그리고 퀘벡이 있는 캐나다, 이 네 나라의 공통점은 무엇일까요? 바로 좋은 교육과 훈련을 가지고 있다는 점입니다.

영국에는 국가 재정 지원을 전혀 받지 않지만, 교육 당국에서 정식 학점 과정credential으로 인정받는 수준 높은 교육을 제공하는 '협동조합대학Co-operative College'이 있습니다. '협동의 심장에 교육을, 교육의 심장에 협동'이라는 구호를 갖고 있는 영국 협동조합대학은 각 계층과 필요에 따른 체계적인 교육 프로그램을 제공합니다. '협동조합 가치와 원칙', '협동조합 지배 구조', '조합원 모집 방법', '효과적인 의사소통' 등과 같은 일반적인 내용과 더불어, '국제 협동조합 간 협력 증진', '이사장의 총회 사회 기법', '지역사회와 연계 강화', '협동조합 성과 평가'와 같은 전문적인 내용도 함께 다루고 있습니다.

스페인 몬드라곤에 가면, 몬드라곤 측에서 직접 출연하여 설립하고 운영하는 '몬드라곤대학'이 있습니다. 이탈리아 볼로냐와 캐나다 퀘벡에 가도 대학에서 협동조합을 쉽게 배우고 이론적 배경과 지식을 얻을 수 있고 협동조합만을 전문적으로 연구하는 학자들이 있습니다. 또한 이탈리아 북부 지방인 트렌토에서는 고등학교부터 협동조합의 가치와 사례를 수업 중에 가르친다고 합니다.

협력과 협동은 결코 우연의 결과로 얻어지지 않습니다. 체계적인 교육에서 시작됩니다. 우리도 최근 협동조합에 대한 관심이 높아지자, 정부와 지자체에서 다양한 교육과정을 운영하고 있습니다. 설립 동의자들은 반드시 이러한 협동조합 교육과정에 필히 참석하여야 하고, 혹시 누군가 "협동조합이 무엇인가요?" 하고 묻는다면 간단히 답할 수 있는 지식과 이해도 필요합니다.

'엘리베이터 연설elevator pitch'이라는 말이 있습니다. 엘리베이터에서 중요한 사람을 만났을 때 자신의 생각을 요약하여 30초에서 2분이라는 짧은 시간에 전달할 수 있어야 한다는 의미인데, 1분 안에 협동조합의 핵심적인 내용을 설명하고 전달할 수 있을 정도로 협동조합의 개념과 핵심을 파악하고 이를 다른 이들에게 설명할 수 있어야 합니다.

핵심 포인트 4 : 간략하고 명확한 '사업모델'을 만들어야 합니다.

협동조합, 어렵지 않습니다. 그렇지만 너무 쉽게 접근해서도 안 됩니다. 협동조합은 '동창회', '친목회', '동우회'가 아닙니다. 협동조합은 분명한 사업 아이템을 갖고 사업을 하고 경영을 해야 하는 기업입니다. 따라서 간략하지만 명확한 사업 아이템을 만들어야 합니다. '수익'과 '사업모델'이라는 용어를 제시하면, 오랜 기간 협동조합 운동을 하던 분들은 알레르기 반응을 보이기도 합니다. 공익적인 기능을 수행하고 지역사회 기여를 우선으로 하는데, '사업'을 하는 '경제조직'이라는 용어에 반감을 갖기도 합니다. 맞습니다. 그렇지만 그와 같은 공익적인 기능과 역할을 수행하기 위해서는 협동조합을 지속적으로 유지해야 하고, 이를 위해 경제적인 사업모델과 수익은 필수적입니다. 협동조합이 공익 단체, 자선 단체, 복지 사업과 다른 것은 경제 사업을 수행한다는 점입니다.

공동의 필요는 찾았지만, 구체적인 사업 아이템을 만들지 못한다면 협동조합의 성공은 장담할 수 없습니다. 이미 경쟁이 너무나 치열합니다. 이를 가르쳐 '레드오션red ocean'이라고도 하고 치열한 생존경쟁이라고도 하지요. 이제까지 자영업을 하고, 주식회사를 만들어 사업을 했는데, 사업 성과가 별로 좋지 않아서 이번에는 협동조합으로 전환하여 간판을 바꾸어 달았다면, 그 상황이 크게 개선되기를 기대할 수 없을 것입니다. 이미 수많은 기업들이 경쟁하는 영역에서 협동조합이 성공하기 위해서는 더 많이 생각하고 기존 기업들과 차별화할 수 있는 경영 전략을 갖고 있어야 합니다. 협동조합을 통해 하고자 하는 사업 분야에 대한 수요가 있는지, 다른 기업들이 이미 유사한 사업을 하는지, 보다 나은 서비스나 품질을 제공할 수 있는지, 초기 사업에 필요한 자금은 확보할 수 있는지 등등.

그렇다고 협동조합이 전혀 불가능한 것은 아닙니다. 주변에 보면, 일반적인 기업보다 협동조합이 더 잘할 수 있고 잘해 왔던 영역도 얼마든지 있습니다. 공동육아, 공동구매, 학교 매점, 돌봄과 간병인 등의 사회서비스와 공공서비스 영역에서는 협동조합의 경쟁력이 높은 것으로 확인되고 있습니다.

최초의 협동조합이었던 영국의 로치데일조합을 살펴보지요. 1844년 로치데일 이전에도 협동조합은 있었습니다. 그런데 로치데일조합을 최초의 사례로 보는 것은, 구체적인 사업모델을 갖고 성공적으로 운영하여 정착했기 때문입니다. ▲조합원이 가장 필요로 하는 생필품 판매 매장 개설, ▲무주택 조합원을 위한 공동주택 건축, ▲매장에서 물건을 구입한 실적에 따른 배당 실시, ▲매장 안에 조합원을 위한 독서실 개설 등의 사업은 당시에는 매우 구체적이고 혁신적인 아이디어였습니다. 로치데일의 성공 비결은 다양하지만, 창의적이고 차별화된 사업 아이템은 그중 가장 으뜸이 되는 요인이었습니다.

핵심 포인트 5 : 지나친 돈벌이는 절대로 금물입니다.

지금까지는 협동조합이 성공하기 위해서 해야 할 부분들을 살펴보았습니다. 이번에는 반대로 해서는 안 되는 부분을 알아보지요. 협동조합은 투기적인 행위나 지나치게 영리를 추구하는 활동을 해서는 안 됩니다. 그런 행위가 법으로 금지되어서가 아닙니다. 협동조합기본법 제정과정에 참여하여 법조문과 전체적인 법체계를 디자인했던 경험을 나눈다면, 협동조합은 결코 돈 벌기, 아니, 돈을 많이 벌기에 적합한 기업모델은 아닙니다.

일전에 한 강연회에서 "협동조합을 만들면 돈은 잘 벌 수 있나요?"라는 질문을 받은 적이 있습니다. 협동조합은 배당이 제한되고 사회적협동조합의 경우에는 금지됩니다. 협동조합은 잉여금(=이익)이 발생하면 우선적으로 적립금을 내부에 쌓아 두어야 하고, '원가주의' 경영 원칙으로 인해 구입한 가격보다 판매가격을 터무니없이 높게 책정하여 많은 이윤을 가져갈 수 없습니다. 또한 모든 조합원은 출자한 (또는 투자한) 금액과 관계없이 동등한 1인 1표의 의결권과 선거권을 갖습니다. 이는 자연스럽게 고액 투자 유치에 걸림돌이 될 수 있습니다.

더 많은 돈을 더 빨리 벌고 그 수익을 나누어 가지려면 협동조합은 바람직한 사업 조직이 아닐 수 있습니다. 이에 대한 대안은 이미 우리 주위에 있습니다. 영리 추구, 이윤 배분, 신속한 의사 결정은 모두 '주식회사'라는 모델에서 찾을 수 있습니다.

핵심 포인트 6 : 적합한 협동조합 운영모델governance을 찾아야 합니다.

2012년 12월 협동조합기본법 시행 이전에는 고민하지 않았던 부분이 여섯 번째 사항입니다. 이전에는 협동조합을 만드는 자체가 어렵거나 거의 불가능한 상황이었지만, 이제는 두 가지 형태의 협동조합이 있습니다. 일반 협동조합과 사회적협동조합입니다.

두 가지 협동조합 모델은 비슷하지만 다른 점도 많이 있습니다. 어떤 모델을 선정할지, 그리고 선정된 모델로 어떻게 조직과 임원, 직원을 구성할지에 대해서도 조합원들과 의견을 나누고 일치되는 인식을 공유하는 것이 필요합니다.

핵심 포인트 7 : 일종의 동업계약서인 '정관'을 잘 상의하여 만들어야 합니다.

일곱 번째로 협동조합을 설립할 때 중요한 서류인 '정관'을 잘 만들어야 합니다. 정관의 중요성은 협동조합 설립 시 제출하는 서류에서도 확인할 수 있는데, 두 가지 핵심 서류는 '정관 사본'과 '창립총회 의사록'입니다. '창립총회 의사록'은 공증을, '정관'은 설립 동의자(=조합원)의 서명이나 인감도장을 받아서 제출해야 합니다. 무슨 뜻일까요? 바로 법률적인 효력을 갖고 있는 문서라는 뜻입니다.

'정관'은 일종의 '동업계약서'입니다. 정관에는 협동조합 명칭으로부터 시작해서 조합의 목적, 사업, 조직, 이사장, 임원, 배당, 회계, 해산 등 모든 핵심 내용을 담고 있습니다. 한마디로 일종의 계약서인 것입니다. 그렇기 때문에 조합원들의 인감도장을 받도록 하였고, 관련 서류인 총회 의사록도 공증을 받게 한 것입니다.

'정관'은 어렵게 보이지만, 관련 사례와 샘플을 살펴보면 어렵지 않게 만들 수 있습니다. 좋은 협동조합의 시작은 좋은 정관을 만드는 것에서부터 시작합니다. 모든 조합원들은 그 해당 내용 하나하나를 꼼꼼히 챙기고 살펴보는 것이 필요합니다. 일단 정관에 합의를 했다면 정관 내용을 충실히 이행하고 존중하며, 정관에 따라 선출된 이사장, 임원의 활동을 적극 도와주어야 합니다.

핵심 포인트 8 : 협력과 협동은 시간이 더 걸리지만, 더 오래갈 수 있습니다.

일전에 근무하면서 자영업 정책 업무를 담당했던 적이 있습니다. 업무를 맡은 후 얼마 되지 않아, 당시 새로 생겨난 자영업의 85%가량이 3년 이내에 문을 닫거나 간판을 바꾸어야 한다는 현실에 크게 놀라기도 하였습니다. 그런데 10여 년이 지난 지금 그런 상황이 크게 바뀌거나 개선된 것 같지는 않습니다. 특히 최근 베이비붐 세대의 은퇴가 늘면서 이러한 수치가 늘었으면 늘었지, 줄거나 감소하지 않을 것이라는 생각이 듭니다.

한국 경제가 이 정도 빨리 성장한 데는 '빨리빨리' 문화가 큰 영향을 준 것이 분명하지만, 협동조합을 설립하는 경우에는 조금 더 생각하고 조금 더 늦게 움직이는 것이 어떨까요? 최근 협동조합법 시행 이후 6개월 만에 천 개가 넘는 협동조합이 생겨났다는 소식을 접하면서 기대와 걱정이 교차하는 것도 이 같은 점 때문입니다. 협동조합은 더 준비하고 더 대화하고 더 공부할 때 성공의 가능성이 높아집니다.

스웨덴의 한 협동조합 전문 설립지원 기관에 따르면 일반적인 협동조합 설립에는 평균 12개월이 소요된다고 합니다. 주택협동조합과 같이 여러 가지 제도 등을 감안해야 하는 복잡한 경우는 평균 18~24개월이 필요하다고 합니다. 모든 것을 빨리빨리 처리하는 한국인이라고는 하지만, 협동조합 설립에는 최소 6개월 이상의 준비 기간을 갖는 것이 바람직할 것으로 보입니다.

설립 준비 단계에서 확인해야 할 체크 포인트

① 공동의 가치와 필요는 무엇인가?

② 무엇을 하기 원하는가? 이를 실현할 수 있는 사업 아이디어는 있는가?

③ 어떤 사람들이 조합원으로 참여할 수 있는가?

④ 각자의 역할과 기능을 공정하게 배분하고 공유할 수 있는가?

⑤ 초기 단계에서 도움을 받을 수 있는 기관, 단체, 개인은 있는가?

⑥ 초기 운영에 필요한 자금은 얼마이고 어떻게 조달할 것인가?

⑦ 가장 적합한 지배 구조는 무엇인가?

⑧ 수익은 생길 수 있는가? 수익이 생기면 어떻게 활용할 것인가?

제2단계 : 협동조합 설립 단계

협동조합 설립 시 중요한 과정인 '준비 단계'를 꼼꼼히 거쳤다면, 법적인 단계인 제2단계가 있습니다. 앞서 제2편에서 9개 절차인 ▲발기인 모집, ▲정관 작성, ▲설립 동의자 모집, ▲창립총회 개최, ▲설립 신고, ▲사무 인수·인계, ▲출자금 납입, ▲설립 등기, ▲협동조합 설립은 이미 살펴보았으므로 반복하지 않고, 생략된 설립 절차 하나를 살펴보지요.

협동조합기본법에는 없는 10번 절차는 '사업자등록'입니다. 설립 등기를 거쳐 협동조합으로 설립을 마친 경우, 사업 개시일로부터 20일 이내에 주사무소로 신고한 소재지 관할 세무서에 사업자등록을 하여야 합니다. 등록을 거치면 사업자등록번호가 생기고, 이에 따라 각종 세금 등을 납부하는 주체로 등록되게 됩니다.

사업자등록증 신청 시 제출 서류

1. 법인사업자등록신청서 1부
2. 법인등기부등본 1부
3. 건물등기부등본 1부
4. 법인인감증명서 1부
5. 주택임대사업자등록증 사본1부(주택임대업을 하는 경우)
6. 법인 인감도장

7. 위임장 1부(대리인이 신청하는 경우)

8. 신분증(대리인인 경우 대리인 신분증)

* 자료 : 국세청 홈페이지

각 설립 단계별로 필요한 자료, 서식의 작성, 정관 내용 등 세부적인 설립에 대한 것은 다음 장에서 자세히 알아보겠습니다.

제3단계 : 협동조합 사업 운영 단계

협동조합을 설립하고 사업을 시작하는 첫날은 협동조합의 생일날과도 같습니다. 분명히 기뻐하고 축하하는 축제의 날이고, 다른 기업들의 오픈과 마찬가지로 흥분되는 일과 행사들이 많이 있을 것입니다. 그러나 중요한 것은 이제부터 시작이라는 것입니다. 사업자등록번호를 받은 시점부터 협동조합은 치열한 시장경제의 뛰어든 또 하나의 선수이고 경쟁자가 됩니다. 어떻게 운영하고 시장에서 경쟁력을 확보할 수 있을까요?

적절한 수익을 만들고 안정적인 사업을 유지하는 것은 모든 기업가들에 주어진 공동의 과제입니다. 협동조합도 예외는 아닙니다. 수많은 경영 전문가들이 활동하는 상황에서 경영과 사업 전략을 제시하는 것은 적절하지 않을 수 있지만, 협동조합도 잊어서는 안 되는 두 가지 부분이 있습니다.

핵심 포인트 1 : 먼저 시장에서 경쟁력을 확보해야 합니다.

시장에서 활동하고 경쟁해야 하는 점은 협동조합이라고 다르지 않습니다. 오늘 자로 협동조합이 개업하고 영업을 한다면, 무엇을 해야 할까요? 먼저 주변 사람들에게 협동조합이 있다는 사실을 알려야 합니다. 물론 광고도 해야겠지요. 이러한 새로운 사업을 하고 새로운 서비스를 기존보다 싸고 품질 좋게, 경쟁력 있게 운영한다는 것을 알리는 것이 필요합니다.

다음으로는 내 주변에 어떤 사람들이 협동조합의 잠재적인 고객인지 파악하고 접근해야 할 것입니다. 조합 설립 초기에 참여한 인원이 충분하다면 모르겠지만, 협동조합 발전을 위해서는 새로운 조합원의 가입을 촉진하는 행사나 이벤트도 필요합니다. 협동조합은 지역에 기반을 둔 사업 조직이므로 지역사회 발전에 참여하여 협동조합의 가치를 알리는 것도 좋은 마케팅의 한 방법이 될 수 있습니다.

경쟁력 확보를 위해 주식회사 등 다른 기업들의 경영 전략을 적극 활용하는 것도 필요합니다. 직원과 손님들에게 교육과 훈련을 제공하고, 창의적인 상품을 만들기 위한 연구개발(예) 맛난 음식메뉴 개발), 마케팅·홍보 등의 경영 전략 개발 등은 협동조합이 벤치마크하여 경쟁력을 제고하는 방안입니다. 또한 다양한 형태의 분야별, 업종별, 지역별 협동조합과 네트워크를 구축하여 협업의 체제를 갖추는 것도 좋은 방법입니다.

핵심 포인트 2 : 협동조합의 독특한 가치와 원칙을 잊어서는 안 됩니다.

시장경제체제에서 기업들과 경쟁을 하더라도 협동조합의 독특한 원칙과 가치를 잊어서는 안 됩니다. 조합원을 우선하고 지역사회에 기여하며, 지나치게 이윤만을 쫓지 않은 것이 바로 그것입니다. 이윤을 만들고 나름 성공적으로 운영되는 협동조합이 무너지는 이유는 협동조합의 가치와 원칙을 준수하지 않게 되어서 발생한다고 합니다. 협동조합이 성장하고 이윤이 생기다 보면, 일반 기업과 비슷하게 다시 영리 단체와 같이 운영하는 경향이 생깁니다. 이것은 협동조합의 정체성을 잃어버리는 것이고, 외국의 협동조합 역사에서도 자주 등장하는 대표적인 실패 사례 중 하나입니다.

이는 어려운 과제입니다. 시장에서 경쟁력을 유지하면서, 협동의 DNA를 조직 내부에 유지해야 하는 두 가지 과제를 동시에 달성해야 하기 때문입니다. 이러한 역할을 수행하는 전문가를 가리켜 '사회적기업가social entrepreneur[27]'라고 합니다. 사회적 가치는 존중하지만, 기업의 경영 마인드와 노하우를 갖춘 전문가가 협동조합에도 필요합니다. 우리나라에는 아직 이 영역의 전문가 풀이 넓지 않지만, 외국에서는 이들을 전문적으로 육성하는 과정이 명문대학 MBA과정에 포함되어 있습니다. 앞으로는 우리나라에도 더 많은 젊은 인재들이 '사회적기업가'로 활동하고 진출하기를 기대해 봅니다.

---

27 혁신적이고 창의적인 방법으로 다양한 사회적 문제를 해결하는 자로, 사회적기업가는 사회적 가치를 창조하고 지속하는 임무를 지닌다. 또는 사회적기업을 창업하고 경영하는 자를 뜻함.

제4단계 : 협동조합 평가 단계

협동조합을 설립하고 사업을 시작한 지 1년이 지났습니다. 지금껏 조합이 잘 운영되고 있습니까? 그렇다면 진심으로 축하드리겠습니다. 가장 힘든 기간인 첫 12개월의 항해를 무사히 마쳤다면, 한 번 정도 협동조합의 1년을 돌아보고 평가하며 필요한 전략을 수정해 가는 과정이 필요합니다.

협동조합을 하늘을 날고 있는 항공기라고 가정해 보지요. 아직 최종 목적지에는 도착하지 않았지만, 아직까지 하늘을 날고 있으며, 여러 계기판이 정상적인 수치를 보인다면 일단 지난 1년간은 안정적으로 운영되었다고 할 수 있습니다. 좀 더 구체적으로 들어가 보지요. 의사 결정을 담당하는 협동조합 이사회는 비행기의 파일럿과 같습니다. 좋은 파일럿이란, 비행기를 날게 하는 것은 물론이고 앞으로 먼 비행 일정 전반을 체크하고 악천후와 같은 비상 상황에도 선제적으로 대처해야 할 것입니다. 협동조합에서 이러한 역할은 이사회에서 예측하고 담당해야 합니다. 그리고 필요 시 조정하거나 수정해야 할 사항을 잘 점검하여 총회에 건의해야 하는 역할도 있습니다.

끝으로 협동조합 출범 1주년을 계기로 모인 전체 총회에서 돌아보아야 할 핵심 포인트를 점검해 보겠습니다.

협동조합 설립 1년이 지난 단계에서 꼭 확인해야 할 체크 포인트

① 설립 초기에 기대하고 예측했던 성과를 거두고 있는가?

② 지난 1년간의 협동조합 수익 또는 손실이 당초 예상했던 수준인가?

③ 당초 설정했던 여러 자체적인 목표를 달성했는가?

④ 세금 납부, 운영의 공개, 조합원 교육 등 최소한의 요건을 다하고 있는가?

⑤ 이사회, 총회 등 협동조합의 지배 구조는 건강하게 작동되는가?

⑥ 1년을 돌아본 시점에서 개선하고 바꾸어야 할 부분은 무엇인가?

협동조합 설립 10단계

일정	주요 내용	관련(제출) 서식
① 발기인 모집 (창립 준비자)	• (발기인) 협동조합에 뜻을 같이하고 설립을 주도하는 　　　　　 사람으로, 설립하고자 하는 협동조합의 조합원 　　　　　 자격을 가진 자 • (자격) 자연인(사람), 법인, 외국인, 외국법인 등	
② 정관 작성 (발기인)	• (정관) 협동조합의 조직, 운영, 사업 등의 기본적 사항 　　　　을 규정한 최고의 자치 법규 • (내용) 명칭, 목적, 구역, 사업, 조직, 임원 등 14가지 　　　　 필수 기재 사항	• 정관(서식 1) ☞ 정관 작성방식 및
③ 설립 동의자 모집 (조합원 자격을 가진 자)	• (설립 조합원 자격을 가진 자로서 창립총회 개의 　동의자) 전까지 발기인에게 설립동의서를 제출한 자 　　　　 - 통상 발기인은 설립 동의자로 볼 수 있음	• 설립 동의자 명부(서식 2)
④ 창립총회 개최 (설립 동의자 과반수)	• (창립 총회) 협동조합의 조직, 사업을 구성하기 위해 실질적인 　　　　　　 요소들을 결정하기 위하여 열리는 최초의 총회	• 창립총회 공고문(서식 3) • 협동조합 사업계획서(서식 4) • 협동조합 수지예산서(서식 5) • 협동조합 임원명부(서식 6) • 창립총회 의사록(서식 7)
⑤ 설립 신고 (발기인 → 시·도지사)	• (설립 절차) 시·도지사에 협동조합 설립 신고서를 제출 → 　　　　　　 시·도지사는 접수된 서류를 검토하고 30일 이 　　　　　　 내에 처리 → 시·도지사는 설립신고필증 교부	• 정관(사본) 1부 • 창립총회 의사록(사본) 1부 • 협동조합 사업계획서 1부 • 설립 동의자 명부 1부(출자액수 포함) • 임원명부 1부(이력서＋사진 포함)
⑥ 사무 인수·인계 (발기인 → 이사장)	• (인계 절차) 발기인은 시·도지사로부터 설립신고필증을 　　　　　　 받은 즉시 관련 사무를 이사장에 인계 • (인계 서류) 정관, 사업계획서, 출자좌수를 적은 서류, 설립 　　　　　　 동의자 명부, 조합 설립 관련 각종 서류 등	• 협동조합 수지예산서 1부 • 창립총회 공고문 1부 • 협동조합 설립신청서(서식 8)
⑦ 출자금 납입 (조합원 → 이사장)	• (납입) 이사장은 사무를 인수받은 날로부터 기일을 　　　　 정하여 조합원이 되려는 자에게 출자금을 납입 　　　　 하도록 함	
⑧ 설립 등기 (이사장 → 관할 등기소)	• (등기) 이사장은 출자금 납입이 끝난 날로부터 14일 　　　　 이내 관할 등기소에 설립 등기 신고	• 정관(사본) 1부 • 창립총회 의사록(사본) 1부 • 임원 취임승낙서, 인감증명서, 주민등록 　등·초본 • 출자금 납입확인 증명서면 1부 • 이사장 인감증명서 1부 • 설립신고필증 1부 • 등록면허세영수필 확인서 1부
⑨ 협동조합 설립 (법인격 부여)	• (법인격 협동조합이라는 새로운 법인으로 설립 　부여)	
⑩ 사업자등록 신청 (이사장 → 관할 세무소)	• (사업자 사업개시일로부터 20일 이내에 사업을 　등록) 하고자 하는 사업장 관할 세무서에 신청	• 법인사업자등록신청서 1부 • 법인등기부등본 1부 • 건물등기부등본 1부 • 법인인감증명서 1부 • 주택임대사업자등록증 사본 1부 (주택임 　대업을 하는 경우) • 법인 인감도장

2. 일반 협동조합 설립하기

*서식은 푸른지식 홈페이지(http://greenknow.blog.me/)에서 다운로드 가능합니다

이제 협동조합 설립 시 고려해야 할 사항에 대해 이해가 많이 됐는지요? 이번에는 더욱 실용적이고 실질적인 부분입니다. '협동조합 설립하기 1, 2, 3'입니다.

이 책을 찾아 읽고 여기까지 상세한 내용을 꼼꼼히 살핀 독자들이라면, "협동조합을 한번 만들어 볼까?"라는 마음을 가지고 있을 것입니다. 그렇지만 막상 시작하려면, "어떻게 시작하지?", "어디서 시작하지?", "궁금한 것은 누구에게 묻지?" 등 어려움도 적지 않을 것으로 보입니다. 앞서 살펴보았듯이 협동조합의 유형과 형태는 다양합니다. 그리고 각각의 설립 목적과 사업은 더더욱 다양합니다. 하지만 공통점은 있습니다. 설립하고 운영하려면 모두가 거쳐야 하는 과정인 '정관', '각종 서식'을 작성해야 합니다. 협동조합 설립 10단계별로 거쳐야 하는 ▲정관, ▲각종 서식 등을 함께 작성해 보겠습니다.

(서식 1) 정관

'정관'이란?

"협동조합, 너무 어렵습니다."라는 지적과 질문을 많이 받곤 합니다. 특히 '정관'이라는 부분에서 많은 분들이 어려워하는데 아마도 '정관'이라는 개념도 익숙하지 않고, '정관'의 내용은 더욱더 법률적이기 때문일 것입니다. '정관'이란 무엇인지, 그리고 어떻게 정관을 작성할 수 있는지 알아보겠습니다.

앞서 '정관'은 협동조합의 헌법과 같은 중요한 규정이라고 정의했습니다. 협동조합은 개인의 회사가 아닌 공동의 회사입니다. 협력과 신뢰를 기반으로 하는 회사이며, 1인 1표의 민주적인 경영과 운영을 원칙으로 합니다. 이러한 원칙은 매우 이상적 가치입니다. 그렇지만 실제 경제 영역에서 실현하기는 만만치 않은 과제이기도 합니다.

'어떤 사업을 할까? 누가 조합의 이사장, 이사로 봉사할까? 임원의 임기는 몇 년이 적합할까? 출자금 규모는? 수익 발생 시 배분 방법은?' 등 다양한 부분에 대한 조합의 규정과 규칙을 정하는 것이 바로 '정관'입니다. 또한 협동조합의 설립, 구성, 운영, 사업, 수익 배분 등의 세부 사항에 대한 일종의 '공동사업계약서'이기도 한데, 정관 작성 시 고려해야 할 핵심 사항이 있습니다.

'정관' 작성 시 주의할 사항 4가지

<u>〈핵심 포인트 1〉 14가지 필수사항을 먼저 반영한다.</u>
협동조합 정관에는 반드시 기재해야 하는 사항이 있습니다. '필수 기재 사항'이라고 하는 내용이 모두 14가지가 있습니다. 14가지 필수 기

재 사항 중 어느 한 가지라도 누락되면, 정관 전체가 효력을 상실하게 됩니다. 정관이 법적인 효력이 없으면, 협동조합 설립이 무효가 될 수 있으므로 14가지 사항을 잘 살펴야 합니다.

협동조합 정관 14가지 필수 기재 사항

① 목적

② 명칭 및 주된 사무소의 소재지

③ 조합원 및 대리인의 자격

④ 조합원의 가입, 탈퇴 및 제명에 관한 사항

⑤ 출자 1좌의 금액과 납입 방법 및 시기, 조합원의 출자좌수 한도

⑥ 조합원의 권리와 의무에 관한 사항

⑦ 잉여금과 손실금의 처리에 관한 사항

⑧ 적립금의 적립 방법 및 사용에 관한 사항

⑨ 사업의 범위 및 회계에 관한 사항

⑩ 기관 및 임원에 관한 사항

⑪ 공고의 방법에 관한 사항

⑫ 해산에 관한 사항

⑬ 출자금의 양도에 관한 사항

⑭ 그 밖에 총회·이사회의 운영 등에 필요한 사항

〈핵심 포인트 2〉 구성원들 간 충분한 대화와 토론을 거쳐라.

협동조합 설립은 대화와 토론이라는 협동에서 시작된다고 볼 수 있습니다. 일단 공동의 관심을 찾고 이를 구체적인 사업모델로 발전시키기

위해서는 충분한 대화와 토론을 가져야 합니다. '정관' 작성에 소요되는 물리적인 시간은 길지 않습니다. 그러나 정관에 담겨 있는 내용을 모두가 공감하고, 이해하며, 합의하는 데는 보다 많은 시간이 필요하고 할당해야 합니다.

〈핵심 포인트 3〉 가능한 짧고 쉬운 '정관'을 만들자.

정관의 조문 수는 가능한 한 짧을수록 좋습니다. 물론 14가지 필수 기재 사항은 모두 담아야 하지만, 정관에 너무 많은 규정과 조문을 넣는 것은 바람직하지 않습니다. 정관은 쉽게 바꾸기 어렵기 때문입니다. 정관 변경은 최고 의사 결정 기구인 총회의 승인을 얻고, 설립 등록이나 인가를 담당했던 관계 기관의 인가(또는 신고)가 필요합니다. 때문에 정관에는 가장 핵심적인 내용만 담고 직제, 인사, 계약, 보수 등의 사항은 규정이나 규칙으로 정하는 것이 바람직합니다.

〈핵심 포인트 4〉 정관의 핵심은 '사업'과 '회계', '임원'이다.

표준 정관례를 살펴보면 표준 정관을 그리 어렵지 않게 작성할 수 있습니다. 그러나 좋은 정관을 만들기는 만만치 않습니다. 정관의 핵심은 사업과 회계입니다. 어떤 사업을 할지, 어떻게 할지, 얼마나 자금이 필요하고 조달 가능한지, 수익이 생기면 어떻게, 어떤 우선순위로 배정하고 활용할지 등에 대해 체계적인 검토와 구성이 필요합니다.

그리고 '임원', 즉 지배 구조에 대한 내용도 중요합니다. 누가 이사장을, 이사를, 감사를 할지, 임기는 어떻게 할지, 이에 대한 처우 등

효율적이고 투명한 인력 관리를 위한 공동의 인식이 중요합니다. 실제 지배 구조 문제는 협동조합이 깨지는 대표적인 이유라고 합니다.

일반 협동조합 표준 정관의 구성

장		주요 조문
1	총칙	명칭, 목적, 책무, 사무소 소재, 공고, 공직 선거, 규약·규정
2	조합원	자격, 가입, 책임, 의결권, 탈퇴, 제명, 지급 청구, 손실, 출자
3	총회	총회, 대의원 총회, 선거운동, 임시총회, 소집, 의결 사항, 의사 등
4	이사회	이사회, 의결 사항, 의사, 의사록
5	임원	정수, 선임, 결격 사유, 임기, 의무·책임, 해임, 직무, 겸직 금지
6	사업	사업, 사업의 이용
7	회계	회계연도, 사업계획·예산, 공개, 적립금, 손실금, 배당, 결산
8	합병·청산	해산, 청산인, 잔여 재산 처리

'정관' 작성하기

〈제1장〉 총칙

① 제1조(명칭) : 협동조합의 이름을 정하는 것이 첫 번째 시작입니다.

② 제2조(목적) : "무엇을 하는 협동조합인가요?" 라는 질문에 한 줄로 대답할 수 있어야 합니다.

③ 제4조(사무소의 소재지), 제5조(공고) : 조합의 주된 사무소 위치를 정해 관할 시·도에 설립을 신청하고, 중요한 사항은 해당 지역의

언론사에 게재합니다.

〈제2장〉 조합원

④ 제8조(조합원의 자격), 제14조(조합원의 제명) : 개방적으로 운영되는 조합원의 자격을 일정 요건을 갖춘 자로 제한할지 검토해야 합니다. 특화된 기술자나 전문가를 대상으로 하는 조합은 일정한 자격 요건을 둘 수 있습니다.

⑤ 제17조(조합원의 출자) : 조합원이 출자하는 1좌의 금액을 정해야 합니다. 1좌의 금액에는 제한이 없습니다. 각 조합의 규모와 사업의 특징에 따라 자유롭게 정할 수 있습니다.

〈제3장〉 총회

⑥ 제22조(선거관리위원회의 구성·운영) : 선관위의 규모와 위원의 구성을 정하면 됩니다.

〈제4장〉 이사회

⑦ 제30조(이사회) : 이사회의 구성을 결정해야 합니다. 법에서 정한 최소 요건(이사 3명 이상, 감사 1명 이상)을 충족하는 범위에서 자유롭게 정할 수 있습니다.

〈제5장〉 임원

⑧ 제34조(임원의 정수), 제35조(임원의 선임), 제37조(임원의 임기) : 각 조

합의 특성과 사업 내용을 고려한 적절한 수의 임원을 정할 수 있습니다.

⑨ 제35조(감사의 직무) : 총회에 제출하는 감사보고서의 횟수를 정할 수 있습니다. 통상 년1회로 정하지만, 금융 관련 거래와 사업이 많은 조합은 그 빈도를 높이는 것도 필요합니다.

〈제6장〉 사업

⑩ 제44조(사업) : 조합은 핵심적인 사업을 결정하고 이를 정관에 반영해야 합니다. 사업은 정관의 가장 핵심적인 내용이며, 조합의 성공 여부를 결정하는 부분입니다 .

〈제7장〉 회계

⑪ 제46조(회계연도) : 통상 회계 주기는 매년 1월 1일부터 12월 31일로 합니다. 그러나 사업의 성격에 따라 다르게 정할 수도 있습니다.

⑫ 제50조(임의적립금) : 잉여금의 10%를 의무적으로 적립하는 '법정적립금'과 달리, 자율적으로 결정하는 '임의적립금'의 비율을 정할 수 있습니다. 임의적립금을 규정하지 않을 수도 있지만, 장기적인 경영과 안정된 운영을 위해서는 일정한 규모의 적립은 필요합니다.

〈제8장〉 합병·분할·해산 및 청산

⑬ 제57조(해산) : 총회 의결, 파산 이외에 해산이 가능한 사유를 정할 수 있습니다. 특정한 시기나 일시적인 사업을 고려하여 설립

된 조합의 경우 이에 해당될 수 있습니다. 만약 없는 경우 적지
않아도 됩니다.

가칭 '해피투게더 협동조합' 정관 예시

제1장 총칙

제1조(명칭)

이 조합은 협동조합기본법에 의하여 설립된, 해피투게더협동조합(이하 '조합'이라
한다)이라 한다.

제2조(목적)

조합은 자주·자립·자치적인 활동을 통하여 구성원의 복리 증진과 상부상조 및
국민경제의 균형 있는 발전에 기여하고 조합원이 필요로 하는 건강물품의 구매와
판매, 농어촌마을과의 교류와 협력을 증진하는 것을 목적으로 한다.

제3조(조합의 책무)

① 조합은 조합원 등의 권익 증진을 위하여 교육·훈련 및 정보 제공 등의 활동을 적
극적으로 수행한다.

② 조합은 다른 협동조합, 다른 법률에 따른 협동조합, 외국의 협동조합 및 관련 국제
기구 등과의 상호 협력, 이해 증진 및 공동사업 개발 등을 위하여 노력한다.

제4조(사무소의 소재지)

조합의 주된 사무소는 서울특별시에 두며, 규정에 따라 필요한 곳에 지사무소를
둘 수 있다.

제5조(공고)

① 조합의 공고는 주된 사무소의 게시판(지사무소의 게시판을 포함한다)에 게시하
고, 필요하다고 인정하는 때에는 서울특별시에서 발간되는 일간신문 및 중앙일간
지에 게재할 수 있다.

② 제1항의 공고기간은 7일 이상으로 하며, 조합원의 이해에 중대한 영향을 미칠 수
있는 내용에 대하여는 공고와 함께 서면으로 조합원에게 통지하여야 한다.

제6조(공직선거 관여 금지)

① 조합은 공직선거에 있어서 특정 정당을 지지·반대하거나 특정인을 당선되도록 하거나 당선되지 아니하도록 하는 일체의 행위를 하여서는 아니 된다.

② 누구든지 조합을 이용하여 제1항에 따른 행위를 하여서는 아니 된다.

제7조(규약 또는 규정)

조합의 운영 및 사업실시에 관하여 필요한 사항으로서 이 정관으로 정한 것을 제외하고는 규약 또는 규정으로 정할 수 있다.

제2장 조합원

제8조(조합원의 자격)

① 조합의 설립목적에 동의하고 조합원으로서의 의무를 다하고자 하는 자는 조합원이 될 수 있다.

② 조합원의 유형은 다음 각 호와 같다.

　　1. 생산자조합원 : 조합의 생산활동 등에 함께 참여하는 자

　　2. 소비자조합원 : 조합의 재화나 서비스를 이용하는 자

　　3. 직원조합원 : 조합에 고용된 자

　　4. 후원자조합원 : 조합에 필요한 물품 등을 기부하거나 자금 등을 후원하는 자

제9조(조합원의 가입)

① 조합원의 자격을 가진 자가 조합에 가입하고자 할 때에는 가입신청서를 제출하여야 한다.

② 조합은 제1항에 따른 신청서가 접수되면 신청인의 자격을 확인하고 가입의 가부를 결정하여 신청서를 접수한 날부터 2주 이내에 신청인에게 서면 또는 전화 등의 방법으로 통지하여야 한다.

③ 제2항의 규정에 따라 가입의 통지를 받은 자는 조합에 가입할 자격을 가지며 납입하기로 한 출자좌수에 대한 금액 중 제1회의 금액을 지정한 기일 내에 조합에 납부함으로써 조합원이 된다.

④ 조합은 정당한 사유 없이 조합원의 자격을 갖추고 있는 자에 대하여 가입을 거절하거나 가입에 관하여 다른 조합원보다 불리한 조건을 붙일 수 없다.

　　(이하 생략)

☞ 서식 1 '협동조합 표준정관의 작성(예시)' 참조

(서식 2) 설립동의자 명부

설립 동의자를 모집한 후에는 그 명부를 작성하여야 합니다. '설립동의자 명부'를 작성하는 특별한 서식은 없습니다. 성명, 이해관계자(사회적 협동조합에 한해), 주민번호, 연락처 등을 기재합니다. 협동조합 설립 신고 시에는 출자 금액과 출자좌수를 명시하도록 하였으므로, 이에 대한 해당란을 만들어 두는 것도 필요합니다.

☞ 서식 2 '설립동의자 명부 및 출자좌수 작성(예시)' 참조

(서식 3) 창립총회 공고문

창립총회 개최 사실을 모두에게 공개하고 여러 방법과 채널을 통해 이를 공지하였다는 내용을 확인하는 서류입니다. 공고문은 지역신문, 인터넷, 포털, 개별 방법, 이메일, 문자메시지 등 다양한 방법을 통해서 공지될 수 있습니다.

☞ 서식 3 '협동조합 창립총회 개최공고문 작성(예시)' 참조

(서식 4) 협동조합 사업계획서

협동조합 사업계획서에는 ▲조직, ▲연혁, ▲목적, ▲조직, ▲임원, ▲직원 등 협동조합에 대한 상세한 내용을 작성해야 합니다. 그리고 가장 중요한 세부 사업계획을 담아야 합니다. 협동조합으로 기업하여

성공하는 열쇠는 바로 좋은 사업계획과 이를 실천에 옮길 수 있는 계획서에서 출발합니다.

사업계획서 서식에는 '표준산업분류번호', '업종', '업태' 등을 작성하도록 하고 있습니다. 해당 번호와 업태 등은 (1) 통계청 홈페이지 (http://kostat.go.kr)에 접속하여 (2) '통계분류' 화면 이동, (3) '한국표준산업분류'에서 '검색' 선택, (4) '분류코드찾기' 화면에서 검색어를 입력하여 확인할 수 있습니다. 또는 통계청 콜센터(02-2012-9114)로 문의해도 됩니다.

통계청 홈페이지, '표준산업분류번호' 확인 예시

☞ 서식 4 '협동조합 사업계획서 작성(예시)' 참조

(서식 5) 협동조합 수지예산서

'수입·지출예산서(또는 수지예산서)'는 협동조합의 회계와 예산 상황에 대한 서식입니다. 지금까지 작성한 서류 중에서 어쩌면 가장 전문적이

다양한 협동조합, 사회적협동조합 서식

구분	① 설립 관련	② 운영 관련	③ 결산 관련
협동조합 협동조합연합회	1. 설립신고서 2. 신고필증 3. 사업계획서 4. 수입·지출(수지)예산서 5. 설립 동의자 명부	1. 정관변경신고서 2. 해산신고서 3. 조합원 모집 홍보 신고	1. 사업결산보고서 2. 총회, 이사회 활동 상황
사회적협동조합 사회적협동조합연합회	1. 설립인가신청서 2. 설립인가증 3. 사업계획서 4. 수입·지출(수지)예산서 5. 설립 동의자 명부	1. 정관변경 인가신청서 2. 해산신고서 3. 총회의사록 면제 신청 4. 총회의사록 면제 검토	1. 사업결산보고서 1 2. 사업결산보고서 2 3. 총회, 이사회 활동 상황 4. 소액대출, 상호부조 결과

고 복잡한 서식이지만, 매우 중요한 신청 서류입니다. 협동조합은 사업 조직이기 때문에 다른 기업들과 같이 매년 얼마 정도의 수입과 지출이 예상되는지를 여러 가지 상황을 고려하여 전망하고 계획하며 이에 따라 사업을 진행해야 합니다. 수지예산서의 핵심 내용은 '수입'과 '지출'인데, 예측이 100% 정확할 수는 없지만, 실제 운영 결과와 비슷할수록 협동조합은 잘 운영되 있는 것을 의미합니다.

☞ 서식 5 '협동조합 수입·지출예산서 작성(예시)' 참조

(서식 6) 협동조합 임원 명부

창립총회에서 선출된 이사장, 이사, 감사 등의 임원 명부를 작성하면

됩니다. ▲이름, ▲주민번호, ▲연락처, ▲임원 직책 등을 표기하고, ▲임원의 이력서와 ▲사진 각 1부를 첨부해 설립 신고를 합니다.

☞ 서식 6 '협동조합 임원명부 작성(예시)' 참조

(서식 7) 창립총회 의사록

발기인들이 참여하여 개최하는 창립총회 의사록은 설립과 관련된 중요한 자료입니다. 의사록을 작성하는 별도의 서식은 없지만, 의사록에는 ▲창립총회 개요, ▲참석 인원, ▲주요 안건별 결정 사항, ▲참석자의 확인(보통 인감도장을 사용) 등이 있어야 하고, 법무사 등을 통한 공증을 받아야 합니다.

☞ 서식 7 '협동조합 창립총회 의사록 작성(예시)' 참조

(서식 8) 협동조합 설립신청서

설립신청서를 작성할 시 ▲신고인의 인적 사항, ▲신고 내용, 법인인 ▲협동조합 기본 사항을 적어 넣으면 됩니다.

☞ 서식 8 '협동조합 설립신고서 작성(예시)' 참조

* 다음 서식(예시)은 독자의 이해를 돕기 위해 마련된 것이며, 실제 협동조합 설립 신청 시에는, 개별 조합의 특성을 고려하여 작성되어야 합니다.

(서식 1) 협동조합 표준 정관의 작성(예시)

제1장 총칙

제1조(명칭)

이 조합은 협동조합기본법에 의하여 설립된, ○○**협동조합**(이하 '조합'이라 한다)이라 한다.

제2조(목적)

조합은 자주·자립·자치적인 활동을 통하여 구성원의 복리증진과 상부상조 및 국민경제의 균형 있는 발전에 기여하고 **조합원이 필요로 하는 ○○물품(또는 서비스)의 구매(또는 생산, 판매)**를 목적으로 한다.

> **직원협동조합**
>
> **제2조(목적)**
>
> ...... 조합원이 필요로 하는 **안정적인 일자리를 만들어 나가는** 것을 목적으로 한다.

> **다중이해관계자협동조합**
>
> **제2조(목적)**
>
> ...... 둘 이상 유형의 조합원들이 모여 조합원이 필요로 하는 ○○물품(또는 서비스)의 구매(또는 생산, 판매)를 목적으로 한다.

제3조(조합의 책무)

① 조합은 조합원 등의 권익 증진을 위하여 교육·훈련 및 정보 제공 등의 활동을 적극적으로 수행한다.

② 조합은 다른 협동조합, 다른 법률에 따른 협동조합, 외국의 협동조합 및 관련 국제기구 등과의 상호 협력, 이해 증진 및 공동사업 개발 등을 위하여 노력한다.

제4조(사무소의 소재지)

조합의 주된 사무소는 ○○**시·도** ○○**시·군·구** ○○**읍·면·동** ○○**리**에 두며, 규정에 따라 필요한 곳에 지사무소를 둘 수 있다.

제5조(공고)

① 조합의 공고는 주된 사무소의 게시판(지사무소의 게시판을 포함한다)에 게시하고, 필요하다고 인정하는 때에는 ○○특별시·광역시·특별자치시·도·특별자치도에서 발간되는 일간신문 및 중앙일간지에 게재할 수 있다.

② 제1항의 공고기간은 7일 이상으로 하며, 조합원의 이해에 중대한 영향을 미칠 수 있는 내용에 대하여는 공고와 함께 서면으로 조합원에게 통지하여야 한다.

제6조(공직선거 관여 금지)

① 조합은 공직선거에 있어서 특정 정당을 지지·반대하거나 특정인을 당선되도록 하거나 당선되지 아니하도록 하는 일체의 행위를 하여서는 아니 된다.

② 누구든지 조합을 이용하여 제1항에 따른 행위를 하여서는 아니 된다.

제7조(규약 또는 규정)

조합의 운영 및 사업실시에 관하여 필요한 사항으로서 이 정관으로 정한 것을 제외하고는 규약 또는 규정으로 정할 수 있다.

제2장 조합원

제8조(조합원의 자격)

조합의 설립목적에 동의하고 조합원으로서의 의무를 다하고자 하는 자는 조합원이 될 수 있다.

직원협동조합

제8조(조합원의 자격)

..... 조합원이 될 수 있다. **다만, 이 조합의 직원은 ○개월 이상 계속 근무할 경우 조합원의 자격이 주어진다.**

다중이해관계자협동조합

제8조(조합원의 자격)

① 조합의 설립목적에 동의하고 ..... 조합원이 될 수 있다.

② 조합원의 유형은 다음 각 호와 같다.

　1. 생산자조합원: 조합의 생산활동 등에 함께 참여하는 자

> 2. 소비자조합원: 조합의 재화나 서비스를 이용하는 자
>
> 3. 직원조합원: 조합에 고용된 자
>
> 4. 자원봉사자조합원: 조합에 무상으로 필요한 서비스 등을 제공하는 자
>
> 5. 후원자조합원: 조합에 필요한 물품 등을 기부하거나 자금 등을 후원하는 자

제9조(조합원의 가입)

① 조합원의 자격을 가진 자가 조합에 가입하고자 할 때에는 가입신청서를 제출하여야 한다.

② 조합은 제1항에 따른 신청서가 접수되면 신청인의 자격을 확인하고 가입의 가부를 결정하여 신청서를 접수한 날부터 2주 이내에 신청인에게 서면 또는 전화 등의 방법으로 통지하여야 한다.

③ 제2항의 규정에 따라 가입의 통지를 받은 자는 조합에 가입할 자격을 가지며 납입하기로 한 출자좌수에 대한 금액 중 제1회의 금액을 지정한 기일 내에 조합에 납부함으로써 조합원이 된다.

④ 조합은 정당한 사유없이 조합원의 자격을 갖추고 있는 자에 대하여 가입을 거절하거나 가입에 관하여 다른 조합원보다 불리한 조건을 붙일 수 없다.

제10조(조합원의 책임)

조합원의 책임은 납입한 출자액을 한도로 한다.

제11조(의결권 및 선거권)

① 조합원은 출자좌수에 관계없이 각각 1개의 의결권과 선거권을 갖는다.

② 조합원은 대리인으로 하여금 의결권 및 선거권을 행사하게 할 수 있다. 이 경우 그 조합원은 출석한 것으로 본다.

③ 제12조의 자격을 갖춘 대리인이 의결권 또는 선거권을 행사할 때에는 대리권을 증명하는 서면을 의결권 또는 선거권을 행사하기 전에 조합이 정하는 양식에 따라 미리 조합에 제출하여야 한다.

제12조(대리인의 자격)

제11조 제2항에 따른 대리인은 다른 조합원 또는 본인과 동거하는 가족(조합원의 배우자, 조합원 또는 그 배우자의 직계 존속·비속과 형제자매, 조합원의 직계 존속·비속 및 형제자매의 배우자를 말한다. 이하 같다)이어야 하며, 대리인이 대리할 수 있는 조합원의 수는 1인에 한한다.

제13조(조합원의 탈퇴)

① 조합원은 예고하고 조합을 탈퇴할 수 있다.

② 조합원은 다음 각 호의 어느 하나에 해당하는 때에는 당연히 탈퇴된다.

　　1. 조합원 지위의 양도 등 조합원으로서의 자격을 상실한 경우

　　2. 사망한 경우

　　3. 파산한 경우

　　4. 금치산선고를 받은 경우

　　5. 조합원인 법인이 해산한 경우

제14조(조합원의 제명)

① 조합은 조합원이 다음 각 호의 어느 하나에 해당하면 총회의 의결을 얻어 제명할 수 있다.

　　1. ○년 이상 계속해서 조합의 시설 또는 사업을 이용하지 아니한 경우

　　2. 출자금 및 경비의 납입 등 조합에 대한 의무를 이행하지 아니한 경우

　　3. 조합의 목적사업과 관련된 법령·행정처분·정관 및 규정을 위반한 경우

　　4. 고의 또는 중대한 과실로 조합의 사업을 방해하거나 신용을 상실하게 하는 행위를 한 경우

직원협동조합

> **제14조(조합원의 제명)** ......
>
> 　　5. ○년 이상 계속해서 조합의 활동에 참여하지 아니한 경우

---

② 조합은 제1항에 따라 조합원을 제명하고자 할 때에는 총회 개최 10일 전에 그 조합원에게 제명의 사유를 알리고 총회에서 의견을 진술할 기회를 주어야 한다.

③ 제2항에 따른 의견진술의 기회를 주지 아니하고 행한 총회의 제명 의결은 해당 조합원에게 효력이 없다.

④ 조합은 제명결의가 있었을 때에 제명된 조합원에게 제명이유를 서면으로 통지하여야 한다.

제15조(탈퇴·제명조합원의 지분환급청구권)

① 조합을 탈퇴하거나 조합으로부터 제명된 조합원은 다음 각 호의 정하는 바에 따라 지분의 환급을 청구할 수 있다.

　　1. 제13조의 규정에 의한 탈퇴의 경우에는 탈퇴조합원의 출자금에 해당하는 금액

2. 제14조 제1항의 1호 및 2호의 규정에 의한 제명의 경우에는 제명조합원의 출자금에 해당하는 금액

② 제1항의 지분은 제명 또는 탈퇴한 회계연도 말의 조합의 자산과 부채에 따라 정한다.

③ 조합은 탈퇴 조합원이 조합에 대한 채무를 다 갚을 때까지는 제1항에 따른 지분의 환급을 정지할 수 있다.

④ 조합은 탈퇴하거나 제명된 조합원이 조합에 대하여 채무가 있을 때에는 제1항에 따른 환급금과 상계할 수 있다.

⑤ 제1항에 따른 청구권은 탈퇴하거나 제명된 날부터 2년간 행사하지 아니하면 소멸된다.

⑥ 제1항에 따른 청구권은 탈퇴하거나 제명된 당시의 회계연도의 다음 회계연도부터 청구할 수 있다. 다만, 이사회의 승인이 있을 경우 탈퇴 또는 제명 당시에 바로 지급할 수 있다.

제16조(탈퇴조합원의 손실액 부담)

① 탈퇴한 조합원의 지분 환급분을 계산할 때 이 조합의 재산으로 그 채무를 다 갚을 수 없는 경우에는 탈퇴한 조합원은 납입의무를 이행하지 아니한 출자액의 범위에서 그가 부담하여야 할 손실액을 납입한다.

② 제1항에 따른 손실액의 납입 청구에 관하여는 제15조 제5항을 준용한다.

제17조(조합원의 출자)

① 조합원은 1좌 이상의 출자를 하여야 하며 출자 1좌의 금액은 ○○○ 원으로 한다.

② 한 조합원의 출자좌수는 총 출자좌수의 100분의 30을 넘어서는 아니 된다.

③ 출자금은 일시에 납입한다. 다만, 불가피할 경우에는 2회로 나누어 납입할 수 있다.

④ 제3항 단서의 경우 출자 제1회의 납입금액은 출자금액의 2분의 1로 하고, 제2회 납입일자는 제1회 출자납입일로부터 6개월 이내로 한다.

⑤ 조합에 납입할 출자금은 조합에 대한 채권과 상계하지 못한다.

⑥ 출자는 현물로도 할 수 있고, 현물출자의 경우 규약이 정하는 바에 따라 출자액을 계산한다. 이 경우 현물출자자는 출자의 납입기일에 출자의 목적인 재산의 전부를 조합 또는 조합에서 지정한 장소에 납입하여야 한다.

제18조(지분등의 양도와 취득금지)

① 조합원 지위의 양도 또는 조합원 지분의 양도는 총회의 의결을 받아야 한다.

② 조합원이 아닌 자가 지분을 양수하려고 할 때에는 가입의 예에 따른다.

③ 지분의 양수인은 그 지분에 관하여 양도인의 권리의무를 승계한다.

④ 조합원은 지분을 공유하지 못한다.

⑤ 조합은 조합원의 출자지분을 취득하거나 이를 질권의 목적으로 하여서는 아니 된다.

제3장 총회

제19조(총회)

① 조합은 총회를 둔다.

② 총회는 정기총회와 임시총회로 구분한다.

③ 총회는 이사장과 조합원으로 구성하며, 이사장이 그 의장이 된다.

제20조(대의원총회)

① 조합원의 수가 200인을 초과하는 경우 총회에 갈음할 대의원 총회를 둘 수 있다.

② 대의원은 조합원 중에서 선출한다.

다중이해관계자협동조합

제20조(대의원총회)

....

② 대의원은 조합원 중에서 제9조제2항의 조합원 유형에 따라 각각 선출한다.
다만, 선출할 대의원 수는 이사회에서 정한다.

③ 대의원의 의결권 및 선거권은 대리인으로 하여금 행사하게 할 수 없다.

④ 대의원의 정수는 50명 이상으로 하며 임기는 3년으로 한다.

⑤ 결원으로 인하여 선출된 대의원의 임기는 전임자 임기의 남은 기간으로 한다.

⑥ 대의원은 조합원의 선거를 통하여 선출하며, 선거방법에 관한 사항은 선거관
리규약으로 정한다.

⑦ 대의원총회에 관하여는 총회에 관한 사항을 준용하며, 이 경우 "조합원"은
"대의원"으로 본다.

⑧ 대의원총회는 조합의 합병, 분할 및 해산에 관한 사항은 의결할 수 없다.

제21조(선거운동의 제한)

① 누구든지 자기 또는 특정인을 조합의 임원 또는 대의원으로 당선되도록 하거나 당
선되지 아니하도록 할 목적으로 다음 각 호의 어느 하나에 해당하는 행위를 할 수
없다.

1. 조합원(협동조합에 가입신청을 한 자를 포함한다. 이하 이 조에서 같다)이나 그 가족 또는 조합원이나 그 가족이 설립·운영하고 있는 기관·단체·시설에 대한 다음 각 목의 어느 하나에 해당하는 행위

가. 금전·물품·향응이나 그 밖의 재산상의 이익을 제공하는 행위

나. 공사의 직을 제공하는 행위

다. 금전·물품·향응, 그 밖의 재산상의 이익이나 공사의 직을 제공하겠다는 의사표시 또는 그 제공을 약속하는 행위

2. 후보자가 되지 못하도록 하거나 후보자를 사퇴하게 할 목적으로 후보자가 되려는 사람이나 후보자에게 제1호 각 목에 규정된 행위를 하는 행위

3. 제1호 또는 제2호의 이익이나 직을 제공받거나 그 제공의 의사표시를 승낙하는 행위 또는 그 제공을 요구하거나 알선하는 행위

② 임원 또는 대의원이 되려는 사람은 후보자등록마감일의 다음날부터 선거일 전일까지의 선거운동기간을 제외하고는 선거운동을 위하여 조합원을 호별로 방문하거나 특정 장소에 모이게 할 수 없다.

③ 누구든지 협동조합의 임원 또는 대의원 선거와 관련하여 연설·벽보, 그 밖의 방법으로 거짓의 사실을 공표하거나 공연히 사실을 적시하여 후보자를 비방할 수 없다.

④ 누구든지 임원 또는 대의원 선거와 관련하여 다음 각 호의 방법 이외의 선거운동을 할 수 없다.

1. 선전 벽보의 부착

2. 선거 공보의 배부

3. 소형 인쇄물의 배부

4. 합동 연설회 또는 공개 토론회의 개최

5. 전화·컴퓨터통신을 이용한 지지 호소

제22조(선거관리위원회의 구성·운영)

① 조합의 임원 및 대의원 선거사무를 공정하게 관리하기 위하여 본 조합에 선거관리위원회(이하 "위원회"라 한다)를 둘 수 있다.

② 위원회는 조합원(대의원을 포함한다)중에서 이사회의 의결을 거쳐 이사장이 위촉하는 **○명 이내의 위원**으로 구성한다. 이 경우 당해 선거에 임원으로 후보등록한 자는 위원이 될 수 없다.

③ 위원회는 다음 각 호의 사무를 관장한다.

1. 후보자의 자격심사

2. 선거인 명부의 확정

3. 후보자 추천의 유 · 무효 판정

4. 선거공보의 작성과 선거운동방법 결정 및 계도

5. 선거관리, 투표관리 및 개표관리

6. 투표의 유 · 무효의 이의에 대한 판정

7. 선거관련 분쟁의 조정

8. 선거운동 제한규정 위반여부 심사 및 조치

9. 당선인의 확정

10. 그 밖에 선거에 필요한 사항

④ 그 밖에 위원회의 구성 · 운영 등에 관하여 필요한 사항은 선거관리규약으로 정한다.

제23조(정기총회)

정기총회는 매년 1회 회계연도 종료 후 3개월 이내에 이사장이 소집한다.

제24조(임시총회)

① 임시총회는 다음 각 호의 어느 하나에 해당하는 경우에 이사장이 소집한다.

1. 이사장 및 이사회가 필요하다고 인정할 때

2. 조합원이 조합원 5분의 1 이상의 동의를 받아 소집의 목적과 이유를 적은 서면을 제출하여 이사장에게 소집을 청구한 때

3. 감사가 조합의 재산상황이나 업무집행에 부정한 사실이 있는 것을 발견하고 그 내용을 총회에 신속히 보고할 필요가 있다고 인정하여 이사장에게 소집을 청구한 때

② 이사장은 제1항 제2호(제39조 규정에 따른 해임 요구를 포함한다) 및 제3호의 청구를 받으면 정당한 사유가 없는 한 2주 이내에 소집절차를 밟아야 한다.

③ 제1항 제2호 및 제3호의 규정에 의하여 총회의 소집을 청구하였으나 총회를 소집할 자가 없거나 그 청구가 있은 날부터 2주 이내에 이사장이 총회의 소집절차를 밟지 아니한 때에는 감사가 7일 이내에 소집절차를 밟아야 한다. 이 경우 감사가 의장의 직무를 수행한다.

④ 감사가 제3항의 기한 이내에 총회의 소집절차를 밟지 아니하거나 소집할 수 없는 경우에는 제1항 제2호의 규정에 의하여 총회의 소집을 청구한 조합원의 대표가 이를 소집한다. 이 경우 조합원의 대표가 의장의 직무를 수행한다.

제25조(총회의 소집)

① 이사장은 총회 개최 7일 전까지 회의목적 · 안건 · 일시 및 장소를 정하여 우편 또는

전자메일 등으로 각 조합원에게 통지하여야 한다.

② 이사장이 궐위 또는 부득이한 사유로 총회를 소집할 수 없는 때에는 제40조에서 정하고 있는 순으로 이를 소집한다.

제26조(총회의 의결사항)

다음 각 호의 사항은 총회의 의결을 얻어야 한다.

1. 정관의 변경
2. 규약의 제정과 변경 또는 폐지
3. 임원의 선출과 해임
4. 사업계획 및 예산의 승인
5. 대차대조표, 수지계산서, 결산보고서의 승인과 잉여금의 처분 및 손실금의 처리
6. 감사보고서의 승인
7. 조합의 합병·분할·해산 또는 휴업
8. 조합원의 제명
9. 그 밖에 이사장 또는 이사회가 필요하다고 인정하는 사항

제27조(총회의 의사)

① 총회의 의사는 법령상 다른 규정이 있는 경우를 제외하고는 총 조합원 과반수의 출석으로 개회하고 출석조합원 과반수의 찬성으로 의결한다.

② 제1항의 규정에 의한 총회의 개의 정족수 미달로 총회가 유회된 때에는 이사장은 20일 이내에 다시 총회를 소집하여야 한다.

③ 총회는 제25조에 따라 미리 통지한 사항에 한하여 의결할 수 있다. 다만, 긴급을 요하여 총 조합원의 3분의 2이상의 출석과 출석조합원 3분의 2 이상의 찬성이 있는 때에는 그러하지 아니하다.

④ 총회에서 조합과 조합원간의 이익이 상반되는 사항에 대하여 의결을 행할 때에는 해당 조합원은 의결에 참가하지 못한다.

제28조(합병·분할 및 해산등의 의결)

다음 각 호의 사항은 조합원 과반수의 출석과 출석조합원 3분의 2 이상의 찬성으로 의결한다.

1. 정관의 변경
2. 조합의 합병·분할·해산 또는 휴업
3. 조합원의 제명

제29조(총회의 의사록)

① 총회의 의사에 관하여 의사록을 작성하여야 한다.

② 의사록에는 의사의 진행 상황과 그 결과를 적고 의장과 총회에서 선출한 조합원 3인 이상이 기명날인하거나 서명하여야 한다.

제4장 이사회

제30조(이사회)

① 조합에 이사회를 두고, 이사회는 조합의 업무집행을 결정한다.

② 이사회는 이사로서 구성하고 이사장 1인 **외 부이사장, 전무이사, ○○○** 등을 둘 수 있다.

③ 이사장은 이사회를 소집하고 그 의장이 된다.

④ 이사회의 소집은 회의일 7일전까지 회의의 목적사항, 일시 및 장소를 기재한 서면을 각 이사에게 통지하여야 한다. 다만 긴급을 요하여 이사회 구성원 과반수의 동의가 있을 때에는 소집절차를 생략할 수 있다.

⑤ 이사 3분의 1 이상 또는 감사 전원이 회의목적 사항과 회의 소집이유를 기재한 서류를 제출하고 이사회의 소집을 요구할 수 있다.

⑥ 이사장은 제5항의 요구가 있는 때에는 7일 이내에 이사회를 소집하여야 한다.

제31조(이사회의 의결사항)

① 이사회는 다음 각 호의 사항을 의결한다.

  1. 조합의 재산 및 업무집행에 관한 사항

  2. 총회의 소집과 총회에 상정할 의안

  3. 규정, 규칙 등의 제정과 변경 및 폐지

  4. 사업계획 및 예산안 작성

  5. 간부 직원의 임면 승인

  6. 기본자산의 취득과 처분

  7. 그 밖에 조합의 운영에 중요한 사항

  8. 이사장이 부의하는 사항

② 이사회는 제44조 각 호의 사업을 수행하기 위하여 필요한 위원회를 설치 운영할 수 있다.

③ 제2항의 위원회 구성 및 운영에 관하여는 별도 규약으로 정한다.

제32조(이사회의 의사)

① 이사회는 구성원 과반수의 출석으로 개회하고 출석이사 과반수의 찬성으로 의결한다.

② 이사장은 의결에 참가하지 아니하며, 가부동수일 때에는 결정권을 갖는다.

③ 이사의 개인 이익과 조합의 이익이 상반되는 사항이나 신분에 관련되는 사항에 관하여는 당해이사는 이사회의 의결에 관여할 수 없다.

제33조(이사회의 의사록)

이사회의 의사에 관하여는 의사의 경과와 그 결과를 기재한 의사록을 작성하고 참석이사 전원이 이에 기명날인하거나 서명하여야 한다.

제5장 임원

제34조(임원의 정수)

조합의 임원으로 이사장 1명을 포함한 **3명 이상 ○○명 이내의** 이사와 1명 이상의 감사를 둔다.

제35조(임원의 선임)

① 이사 및 감사는 총회가 조합원 중에서 선출한다. 다만, 이사는 정수의 5분의 1의 범위 내에서, 감사는 2분의 1의 범위 내에서 이사회의 추천에 따라 조합원 외의 자를 선출할 수 있다.

② 이사장은 이사 중에서 총회에서 선출하고, **부이사장, 전무이사, ○○○** 등은 이사회가 이사 중에서 호선한다.

③ 제1항, 제2항의 선거 방법, 절차 등에 관하여는 별도의 선거관리규약으로 정한다.

제36조(임원의 결격사유)

① 다음 각 호의 어느 하나에 해당하는 자는 이 조합의 임원이 될 수 없다.

1. 금치산자

2. 한정치산자

3. 파산선고를 받고 복권되지 아니한 사람

4. 금고 이상의 실형을 선고받고 그 집행이 끝나거나(집행이 끝난 것으로 보는 경우를 포함한다) 집행이 면제된 날부터 3년이 지나지 아니한 사람

5. 금고 이상의 형의 집행유예를 선고받고 그 유예기간 중에 있거나 유예기간이 끝난 날부터 2년이 지나지 아니한 사람

6. 금고 이상의 형의 선고유예를 받고 그 선고유예기간 중에 있는 사람

7. 법원의 판결 또는 다른 법률에 따라 자격이 상실 또는 정지된 사람

② 제1항 각호의 사유가 발생하면 해당 임원은 당연히 퇴직된다.

③ 제2항에 따라 퇴직된 임원이 퇴직 전에 관여한 행위는 그 효력을 상실하지 아니한다.

제37조(임원의 임기)

① 임원의 임기는 ㅇ년으로 한다.

② 임원은 연임할 수 있다. 다만, 이사장은 2차에 한하여 연임할 수 있다.

③ 결원으로 인하여 선출된 임원의 임기는 전임자의 임기종료일까지로 한다.

제38조(임원의 의무와 책임)

① 임원은 법령과 조합의 정관, 규약, 규정 및 총회와 이사회의 의결을 준수하고 조합을 위하여 성실히 그 직무를 수행하여야 한다.

② 임원이 법령 또는 정관을 위반하거나 그 임무를 게을리하여 조합에 손해를 가한 때에는 연대하여 그 손해를 배상하여야 한다.

③ 임원이 고의 또는 중대한 과실로 그 임무를 게을리하여 제3자에게 손해를 끼친 때에는 제3자에게 연대하여 그 손해를 배상하여야 한다.

④ 제2항 및 제3항의 행위가 이사회의 의결에 의한 것일 때에는 그 의결에 찬성한 이사도 제2항 및 제3항의 책임이 있다.

⑤ 제4항의 의결에 참가한 이사로서 명백한 반대의사를 표시하지 아니한 자는 그 의결에 찬성한 것으로 본다.

⑥ 제2항부터 제5항까지의 규정에 따른 구상권의 행사는 감사 및 이사에 대하여는 이사장이, 이사장에 대하여는 감사가, 전체 임원에 대하여는 조합원 5분의 1 이상의 동의를 받은 조합원 대표가 한다.

제39조(임원의 해임)

① 조합원은 조합원 5분의 1 이상의 동의로 총회에 임원의 해임을 요구할 수 있다. 이 경우 해임의 사유를 서면으로 조합에 제출하여야 한다.

② 조합은 제1항에 따른 서면 제출이 있을 때에는 총회 개최 10일 전에 해당 임원에게 해임 이유를 서면으로 통보하고, 총회에서 의견을 진술할 기회를 주어야 한다.

제40조(이사장 및 이사의 직무)

① 이사장은 이사회의 결정에 따라 조합의 업무를 집행하고 조합을 대표한다.

② 이사는 이사장을 보좌하며 조합의 업무를 집행한다.

③ 이사장이 사고가 있을 때에는 **부이사장, 전무이사,** ㅇㅇㅇ, 감사의 순으로 그 직무

를 대행하고 해당자가 2인 이상일 경우에는 연장자 순으로 한다.

④ 제3항의 경우와 이사장이 권한을 위임한 경우를 제외하고는 이사장이 아닌 이사
는 조합을 대표할 수 없다.

제41조(감사의 직무)

① 감사는 **연 ○회 이상** 조합의 업무집행 상황, 재산상태, 장부 및 서류 등을 감사하
여 총회에 보고하여야 한다. 반기별 감사보고서는 이사회에, 반기별 감사보고서를
종합한 종합감사보고서는 정기총회에 각각 제출하여야 한다.

② 감사는 예고 없이 조합의 장부나 서류를 대조 확인할 수 있다.

③ 감사는 이사장 및 이사가 법령·정관·규약·규정 또는 총회의 의결에 반하여 업무
를 집행한 때에는 이사회에 그 시정을 요구하여야 한다.

④ 감사는 총회 또는 이사회에 출석하여 의견을 진술할 수 있다.

⑤ 제1항 및 제2항의 감사보고서 제출에 있어서 감사가 2인 이상인 경우 감사의 의견
이 일치하지 아니할 경우에는 각각 의견을 제출할 수 있다.

제42조(감사의 대표권)

조합이 이사장을 포함한 이사와 소송, 계약 등의 법률행위를 하는 때에는 감사가 조
합을 대표한다.

제43조(임직원의 겸직금지)

① 이사장은 다른 조합의 이사장을 겸직할 수 없다.

② 이사장을 포함한 이사와 직원은 감사를 겸직할 수 없다.

③ 임원은 이 조합의 직원을 겸직할 수 없다. 다만, 조합원의 수가 10인 이하인 조합
은 해당 기간 동안 그러하지 아니하다.

직원협동조합

제43조(임직원의 겸직금지)

① 이사장은 다른 조합의 이사장을 겸직할 수 없다.

② 이사장을 포함한 이사와 직원은 감사를 겸직할 수 없다.

③ ~~임원은 이 조합의 직원을 겸직할 수 없다. 다만, 조합원의 수가 10인 이하인 조
합은 해당 기간 동안 그러하지 아니하다.~~

제6장 사업

제44조(사업)

① 이 조합은 그 목적을 달성하기 위하여 다음 각 호의 사업을 할 수 있다.

　1. 조합원과 직원에 대한 상담, 교육·훈련 및 정보제공

　2. 조합간 협력을 위한 사업

　3. 조합의 홍보 및 지역사회를 위한 사업

　4. ○○○ 사업

　5. ○○○ 사업

　6. ○○○ 사업

② 제1항에도 불구하고 조합은 통계법 제22조제1항에 따라 통계청장이 고시하는 한 국표준산업분류에 의한 금융 및 보험업을 영위할 수 없다.

제45조(사업의 이용)

조합은 조합원이 아닌 자에게 조합의 사업을 이용하게 하여서는 아니 된다. 다만, 다음 각 호의 경우에는 조합원이 아닌 자도 사업을 이용할 수 있다.

　1. 조합이 재고로 보유하고 있는 물품으로서 부패 또는 변질의 우려가 있어 즉시 유통되지 아니하면 제품의 품질을 유지하기 어려운 물품을 처리하기 위한 경우

　2. 조합원으로 가입하도록 홍보하기 위하여 견본품을 유상 또는 무상으로 공급하는 경우. 다만, 조합이사회서비스 이용 및 이용권 관리에 관한 법률제2조제4호에 따른 사회서비스 제공자인 경우는 제외한다.

　3. 공공기관·사회단체 등이 공익을 목적으로 주최하는 행사에 참여하는 경우

　4. 조합이 정부, 지방자치단체 및 공공기관 운영에 관한 법률제4조에 따른 공공기관과 공동으로 추진하는 사업에서 일반 국민이 해당 사업의 목적에 따라 사업을 이용하는 경우

　5. 다른 법령에서 조합원이 아닌 자에게 의무적으로 물품을 공급하게 하거나 용역을 제공하도록 규정하는 경우

　6. 천재지변이나 그 밖에 이와 유사한 긴급한 상황일 때 공중(公衆)에게 생활필수품 또는 용역을 공급하는 경우

　7. 학교를 사업구역으로 하는 조합이 그 사업구역에 속하는 학생·교직원 및 학교 방문자를 상대로 물품을 공급하거나 용역을 제공하는 경우

　8. 조합(사회서비스 이용 및 이용권 관리에 관한 법률제2조제4호에 따른 사회서

비스 제공자에 해당하는 협동조합은 제외한다)이 가입을 홍보하기 위하여 시·도지사에게 신고하는 기간(이하 이 호에서 '홍보기간'이라 하며, 그 기간은 1년에 3개월을 넘지 못한다) 동안 전년도 총공급고(總供給高)의 100분의 5 범위에서 물품을 유상 또는 무상으로 공급하는 경우. 다만, 조합이 설립신고필증을 받은 날부터 1년(단위매장의 경우에는 매장 개장일부터 1년) 동안은 홍보기간이 6개월을 넘지 아니하는 범위에서 총공급고에 대한 제한 없이 물품을 유상 또는 무상으로 공급할 수 있다.

9. 조합원과 같은 가구에 속하는 자가 조합의 사업을 이용하는 경우

직원협동조합

제45조(사업의 이용)

조합은 조합원이 아닌 자를 직원으로 고용해서는 아니 된다. 다만, 다음 각 호의 경우에는 조합원이 아닌 자를 고용할 수 있다.

1. 전체 직원의 3분의 1을 넘지 아니하는 범위에서 조합원이 아닌 자를 고용하는 경우

2. 조합이 정부, 지방자치단체 및 공공기관의 운영에 관한 법률제4조에 따른 공공기관과 공동으로 추진하는 사업에서 일반 국민을 해당 사업의 목적에 따라 고용하는 경우

제7장 회계

제46조(회계연도 등)

① 조합의 회계연도는 매년 **1월 1일부터 12월 31일까지**로 한다.

② 조합의 회계는 일반회계와 특별회계로 구분하되, 당해 조합의 주 사업은 일반회계로 하고 그 외의 사업은 특별회계로 한다.

제47조(사업계획과 수지예산)

① 이사회는 매 회계연도 경과 후 3개월 이내에 해당 연도의 사업계획을 수립하고 동계획의 집행에 필요한 수지예산을 편성하여 총회의 의결을 받아야 한다.

② 제1항에 따른 사업계획과 예산이 총회에서 확정될 때까지는 전년도 예산에 준하여 가예산을 편성하여 집행할 수 있다. 이 경우 총회의 사후 승인을 받아야 한다.

③ 이사회가 총회에서 확정된 사업계획과 예산을 변경한 때에는 차기 총회에서 사후 변경승인을 받아야 한다.

제48조(운영의 공개)

① 이사장은 결산결과의 공고 등 운영사항을 적극 공개하여야 한다.

② 이사장은 정관·규약·규정과 총회·이사회의 의사록, 회계장부 및 조합원 명부를 주된 사무소에 비치하여야 한다.

③ 결산보고서는 정기총회 7일 전까지 주된 사무소에 비치하여야 한다.

④ 조합원과 조합의 채권자는 이사장에게 제2항 및 제3항의 서류의 열람 또는 그 사본을 청구할 수 있다.

⑤ 이사장은 제4항의 청구가 있을 때에는 정당한 이유 없이 이를 거부하지 못한다.

⑥ 이사장은 결산일로부터 3개월 이내에 설립신고를 한 ○○특별시·광역시·특별자치시·도·특별자치도 또는 협동조합연합회의 홈페이지에 다음 각 호의 자료를 게재하여야 한다.

　1. 정관, 규약, 규정

　2. 사업계획서

　3. 결산서

　4. 조합원·직원 등에 대한 교육·홍보 실적

　5. 총회, 대의원총회, 이사회의 활동 상황

제49조(법정적립금)

① 조합은 매 회계년도 결산의 결과 잉여금이 있는 때에는 자기자본의 3배가 될 때까지 잉여금의 100분의 10 이상을 적립하여야 한다.

② 제1항의 법정적립금은 손실금의 보전에 충당하거나 해산하는 경우 외에는 사용하여서는 아니 된다.

제50조(임의적립금)

① 조합은 매 회계연도의 잉여금에서 제49조에 따른 법정적립금을 빼고 나머지가 있을 때에는 총회에서 결정하는 바에 따라 매 회계연도 잉여금의 100분의 20이상을 임의적립금으로 적립할 수 있다.

② 임의적립금은 총회에서 결정하는 바에 따라 사업준비금, 사업개발비, 교육 등 특수목적을 위하여 지출할 수 있다.

제51조(손실금의 보전)

조합은 매 회계연도의 결산 결과 손실금(당기손실금을 말한다)이 발생하면 미처분이

월금, 임의적립금, 법정적립금 순으로 이를 보전하고, 보전 후에도 부족이 있을 때에
는 이를 다음 회계연도에 이월한다.

제52조(잉여금의 배당 및 이월)

① 조합은 제51조에 따른 손실금의 보전과 제49조 및 제50조의 법정적립금 및 임의
   적립금 등을 적립한 후에 잔여가 있을 때에는 총회의 결의로 조합원에게 잉여금을
   배당할 수 있다.
② 제1항의 배당시 조합원별 배당금의 계산은 조합사업의 이용실적 또는 조합원이
   납입한 출자액의 비율에 따라 이를 행한다. 이 경우 잉여배당금은 다음 각 호의 원
   칙을 준수하여야 한다.
   1. 이용실적에 대한 배당은 전체 배당액의 100분의 50 이상이어야 한다.
   2. 납입출자액에 대한 배당은 납입출자금의 100분의 10을 초과하여서는 아니 된다.
③ 잉여금배당의 방법, 절차 등은 규약으로 정한다.
④ 조합은 제51조에 따른 보전과 제49조 및 제50조에 따른 적립금 적립 및 제1항에
   따른 배당을 실시한 후에 잔여가 있을 때에는 총회의 결의로 잉여금을 다음 회계
   연도에 이월할 수 있다.

제53조(결산등)

① 조합은 정기총회일 7일 전까지 결산보고서(사업보고서, 대차대조표, 손익계산서,
   잉여금처분안 또는 손실금처리안 등을 말한다)를 감사에게 제출하여야 한다.
② 조합은 제1항에 따른 결산보고서와 감사의 의견서를 정기총회에 제출하여 승인을
   받아야 한다.

제54조(출자금액의 감소의결)

① 조합은 부득이한 사유가 있을 때에는 조합원의 신청에 의하여 출자좌수를 감소할
   수 있다.
② 조합은 출자 1좌의 금액 또는 출자좌수의 감소(이하 "출자감소"라 한다)를 총회에
   서 의결한 경우에는 그 의결을 한 날부터 14일 이내에 대차대조표를 작성한다.
③ 조합은 제1항에 따른 의결을 한 날부터 14일 이내에 채권자에 대하여 이의가 있으
   면 조합의 주된 사무소에 이를 서면으로 진술하라는 취지를 공고하고, 이미 알고
   있는 채권자에게는 개별적으로 최고하여야 한다.
④ 제3항에 따른 이의신청 기간은 30일 이상으로 한다.
⑤ 그 밖의 출자감소 절차와 방법에 관하여는 별도의 규약으로 정할 수 있다.

제55조(출자감소 의결에 대한 채권자의 이의)

① 채권자가 제54조의 이의신청 기간에 출자감소에 관한 의결에 대하여 이의를 신청하지 아니하면 출자감소를 승인한 것으로 본다.

② 채권자가 이의를 신청하면 조합은 채무를 변제하거나 상당한 담보를 제공하여야 한다.

제8장 합병 · 분할 · 해산 및 청산

제56조(합병과 분할)

① 조합은 합병계약서 또는 분할계획서를 작성한 후 총회의 의결을 얻어 합병 또는 분할할 수 있다.

② 합병 또는 분할로 인하여 존속 또는 새로 설립되는 조합은 합병 또는 분할로 인하여 소멸되는 조합의 권리 · 의무를 승계한다.

제57조(해산)

① 조합은 다음 각 호의 어느 하나에 해당하는 사유가 발생하였을 때에는 해산하고 해산절차는 민법 등 관련 법령에 의한다.

  1. 총회의 의결

  2. 합병 · 분할 또는 파산

  3. ○○○ 하는 경우

② 이사장은 조합이 해산한 때에는 지체 없이 조합원에게 통지하고 공고하여야 한다.

제58조(청산인)

① 조합이 해산한 때에는 파산으로 인한 경우를 제외하고는 이사장이 청산인이 된다. 다만, 총회에서 다른 사람을 청산인으로 선임하였을 경우에는 그에 따른다.

② 청산인은 취임 후 지체 없이 재산상태를 조사하고 재산목록과 대차대조표를 작성하여 재산처분의 방법을 정하여 총회의 승인을 얻어야 한다.

③ 청산사무가 종결된 때에는 청산인은 지체 없이 결산보고서를 작성하여 총회의 승인을 얻어야 한다.

④ 제2항 및 제3항의 경우에 총회를 2회 이상 소집하여도 총회가 구성되지 아니할 때에는 출석 조합원 3분의 2 이상의 찬성이 있으면 총회의 승인이 있는 것으로 본다.

제59조(청산 잔여재산의 처리)

① 조합이 해산 후 채무를 변제하고 청산잔여재산이 있을 때에는 출자좌수의 비율에 따라 총회가 정한 산정방법에 의하여 이를 조합원에게 분배한다.

② 조합의 청산잔여재산은 총회에서 정하는 바에 따라 이 조합과 유사한 목적을 가진 비영리법인에 증여할 수 있다.

부칙

제1조(시행일)

이 정관은 ○○○시·도지사의 신고서류 수리가 완료된 날부터 시행한다.

*출처 : 기획재정부, '아름다운 협동조합 만들기' 자료 참고

(서식 2) 설립동의자 명부 및 출자좌수 작성(예시)

- 조합 명칭 : 해피투게더 협동조합
- 출자 1좌당 금액 : 10만 원

번	성명	이해관계자*	주민등록번호	연락처	출자	
					좌수	현물
1	김다라	소비자	681111-1******	01*-****-1111	10	
2	김바다	소비자	750101-2******	01*-****-2222	10	
3	박소망	생산자	720303-1******	01*-****-3333	10	
4	윤바램	직원	820606-1******	01*-****-4444	10	
5	최희망	후원자	580205-1******	01*-****-5555	10	200만 원
6	...	...	...	...	...	...
7	...	...	...	...	...	...
8	...	...	...	...	...	...
9	...	...	...	...	...	...
10	...	...	...	...	...	...
11	...	...	...	...	...	...
12						
13						
14						
15						
16						
17						
18						
19						
20						

* '이해관계자'는 사회적협동조합의 경우에는 작성해야 함.

(서식 3) 협동조합 창립총회 개최 공고문 작성(예시)

「해피투게더 협동조합」 창립 총회 개최 공고

2014년 5월 10일

〈 "해피투게더 협동조합(가칭)" 창립총회 개최 공고 〉

「협동조합기본법」 제28조제4항에 의거하여 "해피투게더 협동조합 (가칭)" 창립총회를 아래와 같이 개최하오니, 설립동의자는 참석하여 주시기 바랍니다.

– 아 래 –

• 일시 : 2014년 6월 1일 15:00
• 장소 : 서울특별시 중구 세종대로 200, 협동빌딩 3층 회의실
• 참석 : "해피투게더 협동조합" 참여를 희망하는 설립동의자
• 안건 :
  – 창립총회 개최
  – 정관 승인
  – 사업계획서, 수지예산계획서 승인
  – 이사장 등 임원 선출
  – 기타 사항

2014년 5월 10일

해피투게더 협동조합(가칭)
발기인 대표 홍길동 (인)

(서식 4) 협동조합 사업계획서 작성(예시)

• 협동조합기본법 시행규칙 [별지 제4호서식]

협동조합등 사업계획서

<table>
<tr><td rowspan="7">조직 개요</td><td colspan="2">조합명(연합회명) 해피투게더 협동조합</td><td colspan="2">업종(표준산업분류번호) 소매(47214)</td></tr>
<tr><td colspan="2">설립 연월일 2014. 6. 1</td><td>업태</td><td>과실 및 채소</td></tr>
<tr><td colspan="2">신고번호</td><td colspan="2">사업자등록번호</td></tr>
<tr><td colspan="4">연합회 가입 현황(*협동조합만 작성)</td></tr>
<tr><td rowspan="3">주소</td><td>주사무소</td><td colspan="2">서울특별시 중구 세종대로 200, 협동빌딩 700호</td></tr>
<tr><td>제1 지사무소</td><td colspan="2"></td></tr>
<tr><td>제2 지사무소</td><td colspan="2"></td></tr>
</table>

<table>
<tr><td></td><td colspan="3">출자금</td><td colspan="2">25 백만원</td></tr>
<tr><td rowspan="5">조직 연혁</td><td>연월일</td><td colspan="4">주요내용</td></tr>
<tr><td>2013년 1월 1일</td><td colspan="4">'해피투게더 협동조합' 준비모임 1</td></tr>
<tr><td>2013년 3월 3일</td><td colspan="4">'해피투게더 협동조합' 준비모임 2</td></tr>
<tr><td>2013년 4월 15일</td><td colspan="4">'해피투게더 협동조합' 창립 공고 및 발기인 모집</td></tr>
<tr><td>2013년 6월 1일</td><td colspan="4">'해피투게더 협동조합' 창립총회 개최</td></tr>
</table>

설립 목적	• (친환경 공동구매) 품질좋은 친환경 과실과 채소를 저렴하게 공동구매
	• (농촌마을 지원) 친환경마을 직거래를 통해 유통구조상 마진을 줄이고, 농가소득 증대
	• (농촌체험 행사) 년2회씩 자매결연 농촌마을과 공동행사를 개최, 자연교육 장으로 활용

의사결정 기구	〔∨〕조합원 총회　〔　〕대의원 총회　〔∨〕이사회 ※ 중복 표시 가능

조직도

```
        이사회
          │
        사무국
          │
┌──────┬──────┬──────┬──────┐
친환경 공동구매팀  농촌마을 지원팀  농촌체험 행사팀  교육 및 홍보팀
```

임원 현황	직위	성명	경력	직원 겸직 여부
	이사장	이다라	○○회사 대표	무
	이사	김바다	○○전문 건축가	무
	이사	박소망	○○학교 교사	무
	이사	윤바램	학부모	유
	감사	최희망	○○상사 부장	무

조합원 현황 *해당유형에만 표기	생산자	소비자	직원	자원봉사자	후원자	계
	2 명	16 명	2 명	3 명	2 명	25 명

직원 현황	2 명

해당연도 사업계획	**1. 개 요** · 배경 : · 목적 : · 그간의 연혁 : · 주요 사업 : · 조합원 : **2. 세부사업 1 : 친환경 과실 및 채소 공동구매 사업** · 목적 : · 사업 내용 : · 수익 및 지출 : **3. 세부사업 2 : 농어촌마을 지원 및 협력 사업** · 목적 : · 사업 내용 : · 수익 및 지출 : **4. 세부사업 3 : 농어촌마을 체험 사업** · 목적 : · 사업 내용 : · 수익 및 지출 : **5. 세부사업 4 : 조합원 교육 및 홍보 등 지역사회 기여 사업** · 목적 : · 세부 사업 내용 : · 수익 및 지출 : **〈첨부〉 월별 주요 사업계획 및 추진일정표**

작성방법

해당연도 사업계획란에는 「협동조합기본법」 제45조에 따른 사업계획을 반드시 포함하여 적어주시기 바랍니다.

(서식 5) 협동조합 수입·지출 예산서 작성(예시)

협동조합 등 수입·지출 예산서

회계연도: 2013 년도

조직 개요	조합명(연합회명)	**해피투게더 협동조합**		업종(표준산업분류번호)	**소매(47214)**
	설립 연월일	**2014. 6. 1**		업태	**과실 및 채소**
	신고번호			사업자등록번호	
	주소	주사무소	**서울특별시 중구 세종대로 200, 협동빌딩 700호**		
		제1 지사무소			
		제2 지사무소			
	출자금			**25 백만원**	

수입(단위: 원)			지출(단위: 원)		
구분		금액	구분		금액
① 전기이월금		–	① 경상비	인건비	2,000,000
② 사업수입	**공동구매 사업**	15,000,000		운영비	1,000,000
	농촌마을 지원 사업	–		소계	3,000,000
	농촌체험 사업	5,000,000	② 사업비	**공동구매 사업**	10,000,000
	소계	20,000,000		**농촌마을 지원**	2,000,000
③ 사업외수입	기부출연금	2,000,000		**농촌체험 사업**	3,000,000
	지원금	1,000,000		소계	15,000,000
	기타	–	③ 사업외지출	기부출연금	2,000,000
	소계	3,000,000		지원금	–
④ 출자금		25,000,000		기타	–
⑤ 차입금		–		소계	2,000,000
⑥ 기타수입		–	④ 출자금반환		–
			⑤ 차입금상환		–
			⑥ 배당금		–
			⑦ 기타지출		–
			⑧ 차기이월금		25,000,000
합계		45,000,000	합계		45,000,000

작성방법
예시된 항목 외의 수입 또는 지출항목이 있을 경우 모두 적습니다.

(서식 6) 협동조합 임원명부 작성(예시)

번	성명	주민등록번호	연락처	직책
1	김다라	681111-1******	01*-****-1111	이사장
2	김바다	750101-2******	01*-****-2222	이사
3	박소망	720303-1******	01*-****-3333	이사
4	윤바램	820606-1******	01*-****-4444	이사
5	최희망	7820505-1******	01*-****-5555	감사

〈첨부〉임원 이력서 및 사진 각1부

(서식 7) 협동조합 창립총회 의사록 작성(예시)

「해피투게더 협동조합」 창립총회 의사록

2014년 6월 1일 15:00

개요	• 일시	2014년 6월 1일 15:00 – 18:00
	• 장소	서울특별시 중구 세종대로 200, 협동빌딩 3층 회의실
	• 참석	설립동의자 25명 중 22명
	안건	1. 창립총회 개최 2. 정관 승인 3. 사업계획서 및 수지예산 승인 4. 이사장 및 임원 선출 5. 기타 사항
안건 1호		• 창립총회 개최 2014년 6월 1일 15시, 서울 중구 협동빌딩 3층 회의실에서 "해피투게더 협동조합" 설립에 뜻을 모은 발기인 총 25명 중 22명이 모여 창립총회를 개최함. 발기인들은 지금까지 총 5차례 준비모임(1월 1일, 2월 2일, 3월 3일, 4월 4일, 5월 5일)을 통해 창립총회를 준비하였고 2014년 4월15일에는 "해피투게더 협동조합" 창립을 알리고 발기인을 모집하는 공고문을 ▲지역 ○○신문, ▲온라인 ○○매체 등을 통해 알렸다. 2014년 6월 1일 창립총회에 참석한 발기인 22명의 명단은 다음과 같다. (김가나, 이다라, 윤가자 ....)
안건 2호		• 정관 승인
안건 3호		• 사업계획서 및 수지예산 승인
안건 4호		• 이사장 및 임원 선출
안건 5호		• 기타 사항
작성자 : 김가나		
검토 : 이다라		

(서식 8) 협동조합 설립신고서 작성(예시)

• 협동조합기본법 시행규칙 [별지 제1호서식]

<table>
<tr><td colspan="6" align="center">〔 〕 협동조합
〔 〕 협동조합연합회   설립신고서</td></tr>
</table>

※ 첨부서류를 확인하시기 바라며, 색상이 어두운 난은 신청인이 작성하지 않습니다.

<table>
<tr><td>접수번호</td><td colspan="2">접수일</td><td colspan="2">처리기간 30일</td></tr>
<tr><td>설립신고인</td><td colspan="2">성명(명칭) 김가나</td><td colspan="2">생년월일(사업자등록번호)1980.01.02</td></tr>
<tr><td></td><td colspan="2">주소 서울특별시 중구 세종대로 100</td><td colspan="2">전화번호 02-700-1234</td></tr>
<tr><td>신고내용</td><td>설립동의자 수</td><td>총출자 금액</td><td colspan="2">발기일 및 창립 총회 개최일</td></tr>
<tr><td></td><td>25명</td><td>2,500만원</td><td colspan="2">2014. 6. 1.</td></tr>
<tr><td>법인</td><td colspan="2">조합명(연합회명) 해피투게더 협동조합</td><td colspan="2">전화번호 02-701-1234</td></tr>
<tr><td></td><td colspan="4">소재지   중구 세종대로 200, 협동빌딩 700호</td></tr>
<tr><td></td><td colspan="2">이사장(회장) 성명 이다라</td><td colspan="2">주민등록번호 670101-1234567
(외국인등록번호)</td></tr>
<tr><td></td><td colspan="2">주소 서울특별시 성북구 보문로 300</td><td colspan="2">전화번호 010-0702-1234</td></tr>
</table>

「협동조합기본법」 제15조제1항 또는 제71조제1항에 따라 위와 같이 설립하였음을 신고합니다.

2014년 7월 1일

신고인   김 가 나 (서명 또는 인)

기획재정부장관

시 · 도지사   귀하

<table>
<tr><td>첨부서류</td><td>1. 정관 사본 1부
2. 창립총회 의사록 사본 1부
3. 사업계획서 1부
4. 임원 명부(임원의 이력서 및 사진 첨부) 1부
5. 설립동의자 명부 1부
6. 수입 · 지출 예산서 1부
7. 출자 1좌당 금액과 조합원 또는 회원별로 인수하려는 출자좌수를 적은 서류 1부
8. 창립총회 개최 공고문 1부
9. 합병 또는 분할을 의결한 총회 의사록(「협동조합기본법」 제56조(제83조에서
준용하는 경우를 포함한다)에 따른 합병 또는 분할로 인하여 설립하는 경우에만
제출합니다) 1부</td><td>수수료
없음</td></tr>
</table>

처리 절차

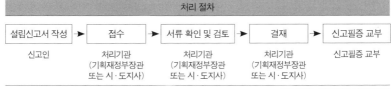

210㎜×297㎜[백상지 80g/㎡(재활용품)]

사회적협동조합 설립 10단계

일정	주요 내용	관련(제출) 서식
① 발기인 모집 (창립 준비자)	• (발기인) (발기인) 사회적협동조합에 뜻을 같이하고 설립을 주도하는 사람 • (자격) 자연인(사람), 법인, 외국인, 외국법인 등	
② 정관 작성 (발기인)	• (정관) 협동조합의 조직, 운영, 사업 등의 기본적 사항을 규정한 최고의 자치 법규 ※ (차이) 주사업과 부수사업으로 구분, 잉여금 30/100 적립, 배당금지, 청산지 잔여재산 비영리법인에 귀속	• 사회적협동조합 정관(서식 1) ☞ 정관 작성 방식
③ 설립 동의자 모집 (조합원 자격을 가진 자)	• (설립 동의자) 조합원 자격을 가진 자로서 창립총회 개의 전까지 발기인에게 설립동의서를 제출한 자 ※ (차이) 생산자, 소비자 등 다른 이해관계자 2인 이상 참여	• 설립 동의자 명부(서식 2)
④ 창립총회 개최 (설립 동의자 과반수)	• (창립총회) 협동조합의 조직, 사업을 구성하기 위해 실질적인 요소들을 결정하기 위하여 열리는 최초의 총회	• 창립총회 공고문(동일) • 사업계획서(서식 2) • 수지예산서(서식 3) • 임원명부(동일) • 창립총회 의사록(동일)
⑤ 설립 인가 (발기인 → 관계 중앙행 정기관의 장)	• (설립 절차) 발기인은 관계 중앙행정기관의 장에 사회적협동조합 '설립인가신고서'를 제출 → 관계 중앙행정기관의 장은 접수된 서류를 검토하고 60일 이내에 처리 → 관계 중앙행정기관의 장은 '설립인가증' 교부 ※ (차이) 설립 신고 대신 설립 인가를 관계 중앙행정기관의 장에게 받아야 함	• 정관(사본) 1부 • 창립총회 의사록(사본) 1부 • 협동조합 사업계획서 1부 • 설립 동의자 명부 1부(출자액수 포함) • 임원명부 1부(이력서＋사진 포함) • 협동조합 수지예산서 1부 • 창립총회 공고문 1부 • 설립인가신청서(서식 4)
⑥ 사무 인수·인계 (발기인 → 이사장)	• (인계 절차) 발기인은 관계 중앙행정기관의 장으로부터 설립신고필증을 받은 즉시 관련 사무를 이사장에 인계	
⑦ 출자금 납입 (조합원 → 이사장)	• (납입) 이사장은 사무를 인수받은 날로부터 기일을 정하여 조합원이 되려는 자에게 출자금을 납입하도록 함	
⑧ 설립 등기 (이사장 → 관할 등기소)	• (등기) 이사장은 '설립인가증'을 받은 날로부터 21일 이내 관할 등기소에 설립 등기 신고 ※ (차이) 총회 의사록 공증 절차를 면제받을 수 있음.	• 정관(사본) 1부 • 창립총회 의사록(사본) 1부 • 임원 취임승낙서, 인감증명서, 주민등록 등·초본 • 출자금 납입확인 증명서면 1부 • 이사장 인감증명서 1부 • 설립신고필증 1부 • 등록면허세영수필 확인서 1부
⑨ 사회적협동조합 설립 (법인격 부여)	• (법인격 부여) '사회적협동조합'이라는 새로운 비영리법인으로 설립	
⑩ 사업자등록 신청 (이사장 → 관할 세무소)	• (사업자 등록) 사업개시일로부터 20일 이내에 사업을 하고자 하는 사업장 관할 세무서에 신청	• 법인사업자등록신청서 1부 • 법인등기부등본 1부 • 건물등기부등본 1부 • 법인인감증명서 1부 • 주택임대사업자등록증 사본 1부 (주택임대업을 하는 경우)·법인 인감도장

3. 사회적협동조합 설립하기

*서식은 푸른지식 홈페이지(http://greenknow.blog.me/)에서 다운로드 가능합니다

관계 중앙행정기관 장의 설립 인가를 받아야 하는 사회적협동조합도 원칙적으로 동일한 서식과 서류를 작성하여 제출해야 합니다. 그러나 달라지는 부분들도 있습니다. 바뀌거나 추가되는 서류인 ▲정관, ▲사업계획서, ▲수지예산서, ▲설립인가신청서에 대해 알아보겠습니다.

(서식 1) 사회적협동조합 정관

협동조합기본법의 많은 조문들이 앞선 내용을 그대로 반영(법률적으로 준용)하듯이, 정관도 같은 원리가 적용됩니다. 사회적협동조합의 정관도 대부분 일반 협동조합의 정관 내용을 그대로 따르고 있습니다. 그렇지만 다른 부분들도 있습니다. 중복되는 내용은 생략하고 사회적협동조합 정관 작성 시 달라지는 내용을 중점적으로 살펴보겠습니다.

(서식 2) 사회적협동조합 사업계획서

관계 중앙행정기관 장의 설립 인가를 받아야 하는 사회적협동조합도

사회적협동조합 정관 작성 시 바뀌는 조문

〈제1장〉 총칙

제1조(명칭), 제2조(목적)

먼저 명칭에 '사회적협동조합'이라는 단어가 사용되어야 합니다. 그리고 설립목적도 공익적인 가치와 원칙이 더 추가로 반영됩니다.

〈제2장〉 조합원

제8조(조합원의 자격)

사회적협동조합은 필히 두 개 이상의 유형의 조합원이 참여해야 합니다. 생산자와 소비자가 함께하고, 직원조합원과 후원자조합원이 모여서 만들 수 있습니다.

제15조(출자금환급청구권), 제16조(손실액의 부담)

일반협동조합은 지분환급청구권을 갖지만, 사회적협동조합은 이보다 조금 더 작은 출자금환급청구권만 갖습니다.

〈제3장〉 총회, 〈제4장〉 이사회, 〈제5장〉 임원

(협동조합 정관과 동일)

〈제6장〉 사업

제44조(사업)

일반협동조합 정관과의 가장 두드러진 차이는 사업관련 조문입니다. 사회적협동조합은 '주 사업'으로 지역사회활성화, 지역주민기여, 일자리사업 등을 40% 이상 수행하고, 이와는 별도의 일반사업을 '기타 사업'으로 추진할 수 있습니다.

제46조(소액대출 사업), 제47조(상호부조 사업)

사회적협동조합 정관에만 있는 조문도 있는데, 바로 소액대출과 상호부조 사업에 관한 내용입니다.

〈제7장〉 회계

제50조(운영의 공개)
사회적협동조합은 주요 자료를 기획재정부 또는 사회적협동조합연합회 홈페이지 등에 공개해야 합니다. 이때 공개하는 자료의 범위는 조금 더 추가됩니다.

제51조(법정적립금)
사회적협동조합은 잉여금의 30%를 의무적으로 적립합니다.

잉여금의 배당 및 이월 규정
사회적협동조합은 배당이 금지되기 때문에 일반협동조합 정관 제52조(잉여금의 배당 및 이월)에 대한 내용은 삭제됩니다.

〈제8장〉 합병 · 분할 · 해산 및 청산

제58조(해산)
사회적협동조합은 관계기관의 '인가'를 통해 설립되므로, '설립인가의 취소'로 사회적협동조합이 해산될 수 있습니다.

제60조(청산 잔여재산의 처리)
사회적협동조합이 해산하는 경우에는 잔여재산은 유사조합, 연합회, 국고 등으로 귀속됩니다.

☞ 서식 1 '사회적협동조합 표준정관 작성(예시)' 참조

원칙적으로 동일한 서식과 서류를 작성하여 제출해야 합니다. 그러나 달라지는 부분들도 있습니다. 그중 하나가 '사업계획서'입니다.

사회적협동조합의 '사업계획서'에는 '주 사업'이라는 개념이 추가됩니다. 공익적인 사업을 의미하는 '주 사업'이 전체 사업 중 40% 이상을 수행할 계획을 수립하고 이를 사업계획서에 반영해야 합니다. 예를 들어 저소득층 등 취약 계층에게 일자리를 제공하는 사회적협동조합

의 경우, 구체적인 취약 계층 이름, 여건, 경력, 활용방안 등을 적은 자료가 필요합니다.

☞ 서식 2 '사회적협동조합 사업계획서 작성(예시)' 참조

(서식 3) 사회적협동조합 수지예산서

사회적협동조합의 '수지예산서'에는 수지예산서 서식 이외에 '추정재무제표'라는 회계 자료를 첨부해야 합니다. 부록에는 관련 서식의 작성 예시가 있지만, 세무사, 회계사 등 관련 전문가의 상담을 받는 것도 추천합니다. 회계 관련 부분은 공정한 세무신고와 밀접하며, 잘못 기입하고 신고할 경우 세무당국으로부터 과징금을 부과받을 수 있으므로, 정확한 내용을 기입하고 이를 잘 점검하는 것이 중요합니다.

☞ 서식 3 '사회적협동조합 수지예산서 작성(예시)' 참조

(서식 4) 사회적협동조합 설립인가신청서

인가신청서를 작성하는 ▲신고인의 인적 사항, ▲신고 내용, ▲사회적협동조합 기본사항, ▲설립 목적 등을 작성하면 됩니다.

☞ 서식 4 '사회적협동조합 설립인가신청서 작성(예시)' 참조

* 다음 서식(예시)은 독자의 이해를 돕기 위해 마련된 것이며, 실제 협동조합 설립 인가 신청 시에는, 개별 조합의 특성을 고려하여 작성되어야 합니다.

(서식 1) 사회적협동조합 표준 정관의 작성(예시)

제1장 총칙

제1조(명칭)

이 조합은 협동조합기본법에 의하여 설립된, ○○**사회적협동조합**(이하 '조합'이라 한다)이라 한다.

제2조(목적)

조합은 자주·자립·자치적인 활동을 통하여 구성원의 복리증진과 상부상조 및 국민경제의 균형 있는 발전에 기여하기 위하여 둘 이상의 유형의 조합원들이 모여 조합원의 경영 개선 및 생활 향상과 지역사회 발전을 목적으로 한다.

제3조(조합의 책무)(동일)

제4조(사무소의 소재지)(동일)

제5조(공고)(동일)

제6조(공직선거 관여 금지)(동일)

제7조(규약 또는 규정)(동일)

제2장 조합원

제8조(조합원의 자격)

① 조합의 설립목적에 동의하고 조합원으로서의 의무를 다하고자 하는 자는 조합원이 될 수 있다.

② 조합원의 유형은 다음 각 호와 같다.

　1. 생산자조합원: 조합의 생산활동 등에 함께 참여하는 자

　2. 소비자조합원: 조합의 재화나 서비스를 이용하는 자

　3. 직원조합원: 조합에 고용된 자

　4. 자원봉사자조합원: 조합에 무상으로 필요한 서비스 등을 제공하는 자

　5. 후원자조합원: 조합에 필요한 물품 등을 기부하거나 자금 등을 후원하는 자

제9조(조합원의 가입)(동일)

제10조(조합원의 책임)(동일)

제11조(의결권 및 선거권) (동일)

제12조(대리인의 자격) (동일)

제13조(조합원의 탈퇴) (동일)

제14조(조합원의 제명) (동일)

제15조(탈퇴·제명조합원의 출자금환급청구권)

① 조합을 탈퇴하거나 조합으로부터 제명된 조합원은 다음 각 호의 정하는 바에 따라 출자금의 환급을 청구할 수 있다.

　1. 제13조의 규정에 의한 탈퇴의 경우에는 탈퇴조합원의 출자금에 해당하는 금액

　2. 제14조 제1항의 1호 및 2호의 규정에 의한 제명의 경우에는 제명조합원의 출자금에 해당하는 금액

② 조합은 탈퇴 조합원이 조합에 대한 채무를 다 갚을 때까지는 제1항에 따른 출자금의 환급을 정지할 수 있다.

③ 조합은 탈퇴하거나 제명된 조합원이 조합에 대하여 채무가 있을 때에는 제1항에 따른 환급금과 상계할 수 있다.

④ 제1항에 따른 청구권은 탈퇴하거나 제명된 날부터 2년간 행사하지 아니하면 소멸된다.

⑤ 제1항에 따른 청구권은 탈퇴하거나 제명된 당시의 회계연도의 다음 회계연도부터 청구할 수 있다. 다만, 이사회의 승인이 있을 경우 탈퇴 또는 제명 당시에 바로 지급할 수 있다.

제16조(탈퇴조합원의 손실액 부담)

① 탈퇴한 조합원의 지분 환급분을 계산할 때 이 조합의 재산으로 그 채무를 다 갚을 수 없는 경우에는 탈퇴한 조합원은 납입의무를 이행하지 아니한 출자액의 범위에서 그가 부담하여야 할 손실액을 납입한다.

② 제1항에 따른 손실액의 납입 청구에 관하여는 제15조 제5항을 준용한다.

제17조(조합원의 출자) (동일)(2항 추가)

② 조합의 출자금 납입총액은 ○○○원 이다.

제18조(지분등의 양도와 취득금지) (동일)

제3장 총회

제19조(총회) (동일)

제20조(대의원총회)(동일)

제21조(선거운동의 제한)(동일)

제22조(선거관리위원회의 구성·운영)(동일)

제23조(정기총회)(동일)

제24조(임시총회)(동일)

제25조(총회의 소집)(동일)

제26조(총회의 의결사항)(동일)

제27조(총회의 의사)(동일)

제28조(합병·분할 및 해산등의 의결)(동일)

제29조(총회의 의사록)(동일)

제4장 이사회

제30조(이사회)(동일)

제31조(이사회의 의결사항)(동일)

제32조(이사회의 의사)(동일)

제33조(이사회의 의사록)(동일)

제5장 임원

제34조(임원의 정수)

① 조합의 임원으로 이사장 1명을 포함한 **3명 이상 ○○명 이내의** 이사와 1명 이상의 감사를 둔다. 다만, 이사는 제9조제2항의 조합원 유형에 따라 다양한 이해관계자들로 구성하여야 한다.

② 제1항의 임원중 이사회의 호선에 의해 상임임원을 둘 수 있다.

제35조(임원의 선임)(동일)

제36조(임원의 결격사유)(동일)

제37조(임원의 임기)(동일)

제38조(임원의 의무와 책임)(동일)

제39조(임원의 해임)(동일)

제40조(이사장 및 이사의 직무)(동일)

제41조(감사의 직무)(동일)

제42조(감사의 대표권)(동일)

제43조(임직원의 겸직금지)(동일)

제6장 사업

제44조(사업)

① 이 조합은 그 목적을 달성하기 위하여 다음 각 호의 사업 중 하나 이상을 주 사업으로 하여야 하고, 주 사업은 협동조합 전체 사업량의 100분의 40이상이어야 한다.

1. <u>○○○ **사업**</u>

2. <u>○○○ **사업**</u>

3. <u>○○○ **사업**</u>

(예시) 지역사회 활성화사업

1. 지역특산품·자연자원 활용사업

2. 전통시장·상가 활성화 사업

3. 농산물·임산물·축산물·수산물의 생산 및 유통에 관한 사업 등

(예시) 지역주민 권익증진사업

1. 지역주민의 생활환경 개선사업

2. 지역의 공중접객업소 위생 개선 사업

3. 지역의 감염병 또는 질병 예방에 관한 사업

4. 지역의 재해, 화재 또는 안전사고의 예방에 관한 사업

5. 지역주민들의 고충상담을 위한 사업

6. 지역주민에게 사회서비스를 제공하는 사업 등

(예시) 사회서비스 또는 일자리사업

1. 교육, 보건·의료, 사회복지, 환경 및 문화 분야의 관련 사업

2. 보육, 간병 및 가사 지원 서비스를 제공하는 사업

3. 직업안정법 제2조의2제9호에 따른 고용서비스를 제공하는 사업

4. 예술·관광 및 운동 분야의 사업

5. 산림 보전 및 관리 서비스를 제공하는 사업

6. 문화재 보존 또는 활용과 관련된 사업

7. 청소 등 사업시설 관리 사업

8. 범죄 예방 및 상담치료 관련 사업 등

② 이 조합은 그 목적을 달성하기 위하여 다음 각 호의 사업을 기타 사업으로 할 수 있다.

1. ○○○ **사업**

2. ○○○ **사업**

3. ○○○ **사업**

(예시) 기타 사업

1. 재화 또는 용역의 구매·생산·판매·제공 등을 협동으로 영위하는 사업

2. 조합원에 대한 소액대출 사업 및 상호부조 사업

3. 직원에 대한 상담, 교육·훈련 및 정보제공 사업, 조합간 협력을 위한 사업, 조합의 홍보 및 지역사회를 위한 사업 등

---

③ 이 조합은 주 사업의 목적 및 판단기준을 적용하기 위하여 수행할 **사업방식은** ○○ 로 한다.

1. 목적사업이 '지역사회 재생, 지역경제 활성화, 지역 주민들의 권익·복리 증진 및 그 밖에 지역사회가 당면한 문제 해결에 기여하는 사업' 또는 '그 밖에 공익증진에 이바지 하는 사업'에 해당하는 경우 '수입·지출 예산서상 전체 사업비의 100분의 40 이상을 주 사업 목적으로 지출할 것' 또는 '사업계획서상 주 사업에 해당하는 서비스 대상인원, 시간, 횟수 등이 전체 서비스의 100분의 40 이상일 것'으로 한다.

2. 목적사업이 '취약계층에게 복지·의료·환경 등의 분야에서 사회서비스를 제공하는 사업'에 해당하는 경우 '사업계획서상 취약계층에게 제공된 사회서비스 대상인원, 시간, 횟수 등이 전체 사회서비스의 100분의 40 **이상일 것**'으로 한다.

3. 목적사업이 '취약계층에게 복지·의료·환경 등의 분야에서 일자리를 제공하는

사업'에 해당하는 경우 '수입·지출 예산서상 전체 인건비 총액 중 취약계층인 직원에게 지급한 인건비 총액이 차지하는 비율이 100분의 40 이상일 것' 또는 '사업계획서상 전체 직원 중 취약계층인 직원이 차지하는 비율이 100분의 40 이상일 것'으로 한다.

4. 목적사업이 '국가·지방자치단체로부터 위탁받은 사업'에 해당하는 경우 '수입·지출 예산서상 전체 사업비의 100분의 40 이상이 국가 및 지방자치단체로부터 위탁받은 사업의 예산일 것'으로 한다.

5. 목적사업이 위 '제1호부터 제4호까지의 사업에 중복'하여 해당하는 경우 '목적사업이 제1호부터 제4호까지의 사업에 해당하는 비율의 합이 100분의 40 이상일 것'으로 한다.

④ 이 경우 주 사업 및 기타 사업은 구분하여 따로 회계처리되어야 한다.

제45조(사업의 이용)(동일)(10호 추가)

....

10. 조합이 법령에 따라 국가나 공공단체로부터 위탁받은 사회서비스를 제공하거나 취약계층의 일자리 창출을 위한 사업을 하는 경우

제46조(소액대출 사업)

① 조합은 상호복리 증진을 위하여 제44조의 주 사업 이외의 사업으로 조합원을 대상으로 납입 출자금 총액의 3분의 2를 초과하지 않는 범위에서 소액대출을 할 수 있다.

② 조합원 가입 후 12개월이 경과한 조합원에 한해서 대출자격을 가진다.

③ 제1항에 따른 소액대출을 할 때 조합원 1인당 한도는 ○○○만원으로 한다.

④ 소액대출 이자율은 년 ○% 으로 한다.

⑤ 소액대출 연체이자율은 년 ○○% 으로 한다.

⑥ 대출 종류, 대출 종류별 이자율 및 연체이자율, 대출절차와 상환 등 소액대출 사업 운영에 대한 세부 사항은 별도의 규약으로 정한다.

⑦ 조합은 정기적으로 대출 조합원의 채무상환능력과 금융거래내용 등을 감안하여 적정한 수준의 대손충당금을 적립·유지하여야 하며, 대손충당의 구체적 적립수준 등에 관해서는 별도의 규약으로 정한다.

⑧ 소액대출 사업은 제44조에 따른 주 사업 및 기타 사업과 구분하여 따로 회계처리되어야 한다.

제47조(상호부조 사업)

① 조합은 조합원 간 상부상조를 목적으로 조합원들이 각자 나눠 낸 상호부조회비를 기금으로 적립하여 그 기금으로 상호부조회비를 낸 조합원에게 혼례, 사망, 질병 등의 사유가 생긴 경우 일정 금액의 상호부조금을 지급한다.

② 조합원 가입 후 **12개월**이 경과한 조합원 가운데 심사위원회의 승인을 얻은 조합원에 한해서 상호부조사업 참여자격을 가진다.

③ 조합원 1인당 상호부조의 범위는 ○○○원 이내로 한다.

④ 제1항의 상호부조회비는 ○○○원으로 한다. 상호부조 사업에 참여하는 조합원은 상호부조 회비를 매월 납부하여야 한다.

⑤ 상회부조 계약은 조합의 상호부조사업부 또는 계약사업부와 조합원 간에 직접 이루어지도록 해야 하며, 제3의 판매조직이나 금융기관과의 제휴를 통한 계약은 허용되지 않는다.

⑥ 상호부조 회비 적립금의 운영은 지나친 위험에 노출되지 않도록 하여야 한다. 이를 위해 예금 및 국공채 이외의 주식, 회사채, 여타 시장성 증권에 투자하여서는 아니 된다.

⑦ 상호부조계약의 양식, 상호부조 회비의 사용, 상호부조 회비의 환급 등 사업 운영에 대한 세부 사항은 별도의 규약으로 정한다.

⑧ 상호부조 사업은 제55조에 따른 주 사업 및 기타 사업과 구분하여 따로 회계처리되어야 한다.

제7장 회계

제48조(회계연도 등)(동일)
제49조(사업계획과 수지예산)(동일)
제50조(운영의 공개)(동일)(6항 수정)

⑥ 이사장은 결산일로부터 3개월 이내에 설립신고를 한 기획재정부 또는 사회적협동조합연합회의 홈페이지에 다음 각 호의 자료를 게재하여야 한다.

1. 정관, 규약, 규정
2. 사업계획서
3. 결산서
4. 조합원·직원 등에 대한 교육·홍보 실적

5. 총회, 대의원총회, 이사회의 활동 상황

6. 수지예산서

7. 사업결과보고서

8. 소액대출 및 상호부조 사업현황

제51조(법정적립금)

① 조합은 매 회계년도 결산의 결과 잉여금이 있는 때에는 자기자본의 3배가 될 때까지 잉여금의 100분의 30 이상을 적립하여야 한다.

② 제1항의 법정적립금은 손실금의 보전에 충당하거나 해산하는 경우 외에는 사용하여서는 아니 된다.

제52조(임의적립금)

① 조합은 매 회계연도의 잉여금에서 제51조에 따른 법정적립금을 빼고 나머지가 있을 때에는 총회에서 결정하는 바에 따라 매 회계연도 **잉여금의 100분의 20이상**을 임의적립금으로 적립할 수 있다.

② 임의적립금은 총회에서 결정하는 바에 따라 사업준비금, 사업개발비, 교육 등 특수목적을 위하여 지출할 수 있다.

제53조(손실금의 보전)

① 조합은 매 회계연도의 결산 결과 손실금(당기손실금을 말한다)이 발생하면 미처분이월금, 임의적립금, 법정적립금 순으로 이를 보전하고, 보전 후에도 부족이 있을 때에는 이를 다음 회계연도에 이월한다.

② 조합은 제1항에 따른 손실금을 보전하고 제51조에 따른 법정적립금 등을 적립한 이후에 발생하는 잉여금은 임의적립금으로 적립하여야 하고, 이를 조합원에게 배당할 수 없다.

제54조(출자금액의 감소의결)(동일)

제55조(출자감소 의결에 대한 채권자의 이의)

① 채권자가 제54조의 이의신청 기간에 출자감소에 관한 의결에 대하여 이의를 신청하지 아니하면 출자감소를 승인한 것으로 본다.

② 채권자가 이의를 신청하면 조합은 채무를 변제하거나 상당한 담보를 제공하여야 한다.

제56조(결산등)(동일)

418

제8장 합병·분할·해산 및 청산

제57조(합병과 분할) (동일)

제58조(해산)

① 조합은 다음 각 호의 어느 하나에 해당하는 사유가 발생하였을 때에는 해산하고 해산절차는 민법 등 관련 법령에 의한다.

    1. 총회의 의결

    2. 합병·분할 또는 파산

    3. 설립인가의 취소

② 이사장은 조합이 해산한 때에는 지체 없이 조합원에게 통지하고 공고하여야 한다.

제59조(청산인) (동일)

제60조(청산 잔여재산의 처리)

조합이 해산 후 채무를 변제하고 청산잔여재산이 있을 때에는 다음 각 호의 어느 하나에 귀속한다.

    1. 상급 사회적협동조합연합회

    2. 유사한 목적의 사회적협동조합

    3. 비영리법인·공익법인

    4. 국고

부칙

제1조(시행일)

이 정관은 ○○○○장관의 인가를 받은 날부터 시행한다.

*출처 : 기획재정부, '아름다운 협동조합 만들기' 자료

(서식 2) 사회적협동조합 사업계획서 작성(예시)

• 협동조합기본법 시행규칙 [별지 제12호서식]

사회적협동조합등 사업계획서

(제1쪽)

조직 개요	조합명(연합회명)	**해피투게더 협동조합**		업종(표준산업분류번호)	**소매(47214)**	
	설립 연월일	**2014. 6. 1**		업태	**과실 및 채소**	
	인가번호	**–**		사업자등록번호	**–**	
	연합회 가입 현황(*사회적협동조합만 작성)					
	주소	주사무소	**서울특별시 중구 세종대로 200, 협동빌딩 700호**			
		제1 지사무소				
		제2 지사무소				
	출자금		**25 백만원**			
	주 사업 유형	〔 〕지역사업형 〔 〕취약계층배려형 〔 〕위탁사업형 〔 〕기타 공익증진형 〔∨〕혼합형				
조직 연혁	연월일	주요내용				
	2014년 1월 1일	**'해피투게더 협동조합' 준비모임 1**				
	2014년 3월 3일	**'해피투게더 협동조합' 준비모임 2**				
	2014년 4월 15일	**'해피투게더 협동조합' 창립 공고 및 발기인 모집**				
	2014년 6월 1일	**'해피투게더 협동조합' 창립총회 개최**				
설립 목적	**•농촌마을 지원 : 친환경마을 직거래(공동)를 통해 유통구조상 마진을 줄이고, 농가소득 증대**					
	•초등학생 대상 농촌마을체험행사 실시 : 학생들의 자연과 생태에 대한 인식 제고					
	•기타 : 농촌마을 봉사 활동, 방학중 학생들 봉사행사 집중 개최					
의사결정 기구	〔∨〕조합원 총회 〔 〕대의원 총회 〔∨〕이사회 ※ 중복 표시 가능					

조직도

이사회
사무국

친환경 공동구매팀	농촌마을 지원팀	농촌체험 행사팀	교육 및 홍보팀

임원 현황	직위	성명	경력	직원 겸직 여부
	이사장	**이다라**	**OO회사 대표**	**무**
	이사	**김바다**	**OO전문 건축가**	**무**
	이사	**박소망**	**OO학교 교사**	**무**
	이사	**윤바램**	**학부모**	**유**
	감사	**최희망**	**OO상사 부장**	**무**

조합원 현황 *해당유형에만 표기	생산자	소비자	직원	자원봉사자	후원자	계
	2 명	16 명	2 명	3 명	2 명	25 명

직원 현황	성별	남성	2 명	여성	0 명	계	2 명
	고용 형태	정규직	0 명	비정규직	2 명	계	2 명
	취약계층 고용	취약계층	2 명	비취약계층	0 명	계	2 명

210㎜×297㎜[백상지 80g/㎡(재활용품)]

해당 연도 사업계획 (* 해당 내용만 작성. 다만, 혼합형은 해당 내용을 모두 작성)

① 지역사업형 (판단기준: 사업비 / 서비스 공급 비율 중 택일)

구분		사업비 (원)		서비스 공급 (인원수/시간/회)	
		직전연도 결산	해당연도 예산	직전연도 실적	해당연도 계획
총계(A)			75,000,000		
지역 사업	소계(B)		50,000,000		
	친환경 농산물 공동구매 사업		35,000,000		
	농촌마을 체험사업		15,000,000		
기타 사업	소계		25,000,000		
	공동구매 농산물 배달사업		15,000,000		
	마을농촌학교 사업		10,000,000		
지역사업 비율(C=B/A)(%)			66.67%		

② 취약계층배려형 (판단기준: 인건비 / 직원수 / 서비스 공급 비율 중 택일)

구분	인건비 (원)		직원수 (명)		서비스 공급 (인원수/시간/회)	
	직전연도 결산	해당연도 예산	직전연도 결산	해당연도 예산	직전연도 실적	해당연도 계획
총계(A)		15,000,000		2		
취약계층(B)		15,000,000		2		
기타						
취약계층비율 (C=B/A)(%)		100.00%				

③ 위탁사업형 (판단기준 : 사업비 비율)

구분		사업비 (원)	
		직전연도 결산	해당연도 예산
총계(A)			
위탁사업	소계(B)		
	○○사업(위탁기관)		
	□□사업(위탁기관)		
	…		
자체사업	소계		
	○○사업		
	□□사업		
	…		
위탁사업 비율(C=B/A)(%)			

④ 기타 공익증진형 (판단기준 : 사업비 / 서비스 공급 비율 중 택일)

구분		사업비 (원)		서비스 공급 (인원/시간/회)	
		직전연도 결산	해당연도 예산	직전연도 실적	해당연도 계획
총계(A)					
공익 사업	소계(B)				
	○○사업				
	□□사업				
	…				
기타 사업	소계				
	○○사업				
	□□사업				
	…				
공익사업 비율(C=B/A)(%)					

⑤ 혼합형 (판단기준 : ①+②+③+④비율의 합계)

구분	비율(%)		내용
	직전연도 실적	해당연도 계획	
① 지역사업 비율		66.67%	**총 사 업 비 : 75,000,000원** **지역사업비 : 50,000,000원**
② 취약계층배려형 사업 비율		100.00%	**전체직원 수 : 2명** **취약계층 수 : 2명**
③ 위탁사업 비율			
④ 기타공익증진형 사업 비율			
합계		166.67%	

(서식 3) 사회적협동조합 수입·지출 예산서 작성(예시)

• 협동조합기본법 시행규칙 [별지 제9호서식]

사회적협동조합등 수입·지출 예산서

회계연도: **000** 년도

조직 개요	조합명(연합회명)	**해피투게더 협동조합**		업종(표준산업분류번호)	**소매(47214)**	
	설립 연월일	**2014. 6. 1**		업태	**과실 및 채소**	
	신고번호			사업자등록번호		
	주소	주사무소	**서울특별시 중구 세종대로 200, 협동빌딩 700호**			
		제1 지사무소				
		제2 지사무소				
	출자금			**30 백만원**		
	주 사업 유형	〔 〕지역사업형 〔 〕취약계층배려형 〔 〕위탁사업형 〔 〕기타 공익증진형 〔∨〕혼합형				

수입(단위: 원)				지출(단위: 원)			
구분		금액	구성비(%)	구분		금액	구성비(%)
① 주 사업	공동구매	35,000,000	36.84%	① 주 사업	공동구매	33,000,000	34.73%
	농촌체험	3,000,000	3.16%		농촌체험	10,000,000	10.53%
② 기타사업	배달사업	5,000,000	5.27%	② 기타사업	배달사업	5,000,000	5.26%
	농촌학교	2,000,000	2.11%		농촌학교	10,000,000	10.53%
③ 사업비 합계		45,000,000	47.38%	③ 사업비 합계		58,000,000	61.05%
④ 사업외수입	이자수익	–		④ 경상비 (판매비와	인건비		
	후원금	20,000,000	21.05%		취약계층 관리비)	15,000,000	15.79%
	〃				운영비 등		
	〃						
⑤ 출자금		30,000,000	31.57%	⑤ 사업외비용	이자비용		
⑥ 차입금					잡손실 등	2,000,000	2.11%
	〃			⑥ 출자금 반환			
	〃			⑦ 차입금 상환			
	〃			⑧ 예비비 등		20,000,000	21.05%
합계		95,000,000(100%)		합계		95,000,000(100%)	

작성방법

1. 예시된 항목 외의 수입 또는 지출항목이 있을 경우 모두 적습니다.
2. 사회적협동조합이 「협동조합기본법 시행규칙」 제12조 제1항 제3호 가목에 따라 전체 인건비 총액 중 취약계층인 직원에게 지급한 인건비가 40% 이상일 것을 판단기준으로 하는 경우 인건비와 취약계층 인건비 항목을 구분하여 작성하시기 바랍니다.

210㎜×297㎜[백상지 80g/㎡(재활용품)]

(서식 3-1) 사회적협동조합 추정재무제표

• 사회적협동조합 추정재무제표

사회적협동조합 추정대차대조표

(단위:원)

과목		년도		비고
		2014-12-31	2015-12-31(추정)	
자산				
유동자산				
	현금 및 현금등가물	2,000,000	5,000,000	
	기타 당좌자산			
	재고자산	1,000,000	500,000	
비유동자산(고정자산)				
	투자 자산			
	유형자산(토지등)	10,000,000	10,000,000	
	무형자산			
	기타 비유형자산(임차보증금등)			
자산총계		**13,000,000**	**15,500,000**	
부채				
유동부채				
	매입 채무			
	단기차입금	1,500,000	500,000	
	유동성 장기차입금			
	기타 유동부채			
비유동부채(고정부채)				
	장기차입금			
	사채			
	퇴직급여충당금	1,500,000	3,000,000	
	기타 비유동부채			
부채총계(A)		**3,000,000**	**3,500,000**	
자본				
	출자금	30,000,000	30,000,000	
	자본잉여금			
	자본조정			
	이익잉여금	△20,000,000	△18,000,000	
자본총계(B)		**10,000,000**	**12,000,000**	
부채 및 자본총계(A+B)	**13,000,000**	**15,500,000**		

(서식 3-2) 사회적협동조합 추정재무제표

• 사회적협동조합 추정재무제표

사회적협동조합 추정손익계산서

(단위:원)

과목		년도		비고
		2014-12-31		
Ⅰ 매출액			45,000,000	
	친환경 농산물 직거래 구매사업	35,000,000		
	농촌마을 협력(체험)사업	3,000,000		
	농산물 배달사업	5,000,000		
	농촌학교 사업	2,000,000		
Ⅱ 매출 원가			95,000,000	
	직거래 구매사업 운영	33,000,000		
	농촌마을 협력(체험)사업 운영	10,000,000		
	구매물품 희망가정 배달업 운영	5,000,000		
	농촌학교 운영	10,000,000		
	취약계층 인건비	15,000,000		
	잡손실 등	2,000,000		
	예비비 및 기타	20,000,000		
Ⅲ 매출총 이익			△50,000,000	
Ⅳ 관리비			(기포함)	
Ⅴ 영업 이익			△50,000,000	
Ⅵ 영업 외 수익			20,000,000	
	후원금	20,000,000		
Ⅶ 영업 외 비용			0	
Ⅷ 법인세차감전이익			△30,000,000	
Ⅸ 법인세 등			0	
Ⅹ 당기 순이익			△30,000,000	

(서식 3-3) 사회적협동조합 세부경비내역

• 사회적협동조합 추정재무제표

사회적협동조합 세부경비내역

(단위:원)

항목 (주 4회)	공동구매사업) (년 2회)	농촌체험사업 (매주)	배달 사업 (년2회)	농촌학교 일자리	취약계층
임금					15,000,000
강사비		1,800,000		1,800,000	
임대료	5,000,000				
통신비	300,000	200,000	200,000	200,000	
교통비	700,000		3,000,000		
물품구입비	20,000,000	5,000,000		5,000,000	
차량유지비	500,000	300,000	500,000	400,000	
운반비					
소모품비	2,000,000	500,000	500,000	500,000	
관리비	3,000,000	1,500,000		1,500,000	
교육훈련비		300,000		200,000	
업무추진비	500,000				
연구비					
봉사자 식비	1,000,000	400,000	600,000	400,000	
예비비			200,000		
계	**33,000,000**	**10,000,000**	**5,000,000**	**10,000,000**	**15,000,000**

(서식 4) 사회적협동조합 설립인가신청서 작성(예시)

• 협동조합기본법 시행규칙 [별지 제8호서식]

〔 〕 사회적협동조합
〔 〕 사회적협동조합연합회 설립인가 신청서

※ 첨부서류를 확인하시기 바라며, 색상이 어두운 난은 신청인이 작성하지 않습니다.

접수번호		접수일		처리기간　60일	
설립신고인	성 명(명칭) **김가나**			생년월일(사업자등록번호) **1980.01.02**	
	주소 **서울특별시 중구 세종대로 100**			전화번호 **02-700-1234**	
법인	조합명(연합회명) **해피투게더 협동조합**			전화번호 **02-701-1234**	
	소재지 　**중구 세종대로 200, 협동빌딩 700호**				
	이사장(회장) 성명 **이다라**			주민등록번호 **670101-1234567** (외국인등록번호)	
	주소 **서울특별시 성북구 보문로 300**			전화번호 **010-0702-1234**	
설립신청 내용	설립동의자 수	총 출자금액 / 1인당 최저출자금(*)	출자금 납입 총액(*) 및 총자산 대비 비중(%)(*)	발기일 및 창립 총회 개최일	
	25명	**3,500만원**		**2014. 6. 1.**	
	(*) 항목은 보건의료 사업을 하는 사회적협동조합의 경우에만 작성				
설립목적	〔 〕 지역사업형(「협동조합기본법」 제93조제1항제1호) 〔 〕 취약계층 사회서비스 제공형(「협동조합기본법」 제93조제1항제2호) 〔 〕 취약계층 고용형(「협동조합기본법」 제93조제1항제2호) 〔 〕 위탁사업형(「협동조합기본법」 제93조제1항제3호) 〔 〕 기타 공익증진형(「협동조합기본법」 제93조제1항제4호) 〔∨〕 혼합형				

「협동조합기본법」 제85조제1항 또는 제114조제1항에 따라 위와 같이 설립인가를 신청합니다.

2014년 **7**월 **1**일

신고인　　　　　　　　　　　　　　　**김 가 나** (서명 또는 인)

기획재정부장관

시 · 도지사　　　　　　　　　　　　　　　　　　　　　　　　　　　　　　귀하

첨부서류	1. 정관 사본 1부 2. 창립총회 의사록 사본 1부 3. 사업계획서(추정재무제표 포함) 1부 4. 임원 명부(임원의 이력서 및 사진 첨부) 1부 5. 설립동의자 명부 1부 6. 합병 또는 분할을 의결한 총회의사록(「협동조합기본법」 제101조 및 제115조에 따른 합병 또는 분할로 인하여 설립하는 경우에만 제출합니다) 1부 7. 수입 · 지출 예산서 1부 8. 출자 1좌당 금액과 조합원 또는 회원별로 인수하려는 출자좌수를 적은 서류 1부 9. 창립총회 개최 공고문 10. 주 사업의 내용이 설립인가 기준을 충족함을 증명하는 서류	수수료 없음

처리 절차				

신청서 작성	→	접수	→	서류 확인 및 검토	→	결재	→	설립인가증 발급
신청인		처리기관 (기획재정부장관 · 중앙행정기관장)		처리기관 (기획재정부장관 · 중앙행정기관장)		처리기관 (기획재정부장관 · 중앙행정기관장)		

210㎜×297㎜[백상지 80g/㎡(재활용품)]

427

4. 다른 법인에서 협동조합으로 전환하기

협동조합, 사회적협동조합을 만들 수 있는 숨겨진 방법 하나가 있습니다. 과거 협동조합기본법이 없어서 협동조합 대신 주식회사나 사단법인을 설립했던 경우에는 법 시행 2년 이내인 2014년 11월까지는 기존 법인, 비영리법인 또는 공동으로 운영하는 개인사업자는 협동조합으로 전환이 가능합니다. 어떤 절차를 거쳐야 할까요?

타 법인의 '협동조합'으로 전환 절차

① 전환요건 확인 → ② 설립 최소기준 확보 → ③ 전환총회 개최 → ④ 발기인 모집 → ⑤ 정관 작성 → ⑥ 설립동의자 모집 → ⑦ 창립총회 개최 → ⑧ 설립 인가 → ⑨ 사무 인수·인계 → ⑩ 출자금 납입 → ⑪ 설립등기 신청 → ⑫ 법인격 부여

* 참조 ▨ 전환 시 추가절차 □ 기존의 설립 절차

〈1단계〉 전환요건을 확인합니다.

먼저, 협동조합으로 전환하기 위한 요건을 갖추고 있는지 확인하는 것이 필요합니다. 세 가지의 전환요건이 있는데, 첫째 전환이 가능한 법적인 형태를 가지고 있어야 합니다. 상법상 5개의 회사(주식, 유한, 유한책임, 합자, 합명)는 모두 협동조합으로 전환이 가능합니다. 민법과 각종 특별법상의 법인, 소비자생활협동조합 등도 전환할 수 있습니다. 또한 개인사업자라고 할지라도 1인 주인이 아닌 사실상 공동으로 운영하는 체제를 가지고 있었다면 가능합니다.

　둘째, 전환이 가능한 시기를 점검해야 합니다. 전환을 하려면 법 시행일인 2012년 12월 1일 당시 설립되어 활동하고 있어야 하며, 2년 기한인 2014년 11월 30일까지 전환의 모든 절차를 완료해야 합니다.

　셋째, 전환되는 기업이나 단체가 협동조합과 유사한 목적을 달성하기 위해 설립되었는지를 확인해 보아야 합니다.

〈2단계〉 협동조합 설립에 필요한 최소 기준을 확보합니다.

앞의 세 가지 기본 전환요건을 갖춘다면 기초적인 자격은 갖춘 것으로 보입니다. 다음으로 협동조합 '설립최소기준'을 확보해야 합니다. 설립 최소 기준은 앞에서 이미 다루었지만, 복습을 한다면, ▲5인 이상의 설립 동의자 확보, ▲1인 1표의 민주적인 의사 결정, ▲열린 조합원 제도 운영, ▲배당의 제한 또는 금지, ▲법정적립금 의무 수행 등이 있습니다.

〈3단계〉 전환총회를 개최합니다.

이러한 요건을 갖추었다면, 전환을 희망하는 주주, 회원, 조합원들이 참여하는 전환총회를 개최해야 합니다. 전환총회는 전체 구성원 절반의 참석과 출석자의 2/3 이상 찬성으로 의결되며, 전환총회 결과는 의사록을 기록하여 필요한 공증 등을 받아 두어야 합니다.

〈4~12단계〉 기존의 설립 절차를 따르면 됩니다.

다음 순서는 기존의 협동조합 또는 사회적협동조합 설립 절차와 동일한 과정을 거쳐서 진행됩니다.

부록

1. 유용한 협동조합 지원 제도 살펴보기

'국가 및 공공단체는 협동조합의 사업에 적극적으로 협조하여야 하고, 그 사업에 필요한 자금 등을 지원할 수 있다.' 협동조합기본법 제10조의 내용입니다. 협동조합 활동을 돕는 데 정부의 바람직한 역할은 무엇일까요? 어느 정도까지 정부가 지원하고 도와야 하고, 어느 정도까지 협동조합 핵심가치인 자율과 자치가 존중되어야 할까요? 여기에 대한 논의를 확정하고 정책 방향을 결정하기는 아직 이른 것 같습니다. 그런데 일반적으로 받아들여지는 기준과 원칙은 어느 정도 형성되어 있습니다.

첫째로 정부와 협동조합이 너무 가까우면 안 된다는 것입니다. 과거 사례를 보면, 가까워서 좋은 점보다는 좋지 않은 점들이 더 많았던 것이 부인할 수 없는 사실입니다.

둘째로 그럼에도 불구하고 새롭게 생기는 협동조합이 시장에서 다른 경제조직과 차별받지 않고 경쟁할 수 있는 기반은 마련해 주어야 한다는 것입니다. 지금은 한국 경제를 이끌고 세계적인 기업으로 성장한 유수의 대기업들도 설립 초기에는 유치산업infant industry28으로 지정되어 정부의 다양한 지원과 보호를 받아 지금의 이 자리에 올랐기 때문입니다.

이번에는 협동조합을 설립하고 운영하는 데 도움을 받고 참고할 수 있는 중앙정부와 지방정부의 주요 정책과 지원 방안을 알아보겠습니다.

기획재정부(정책 · 제도)

협동조합에 대한 정책과 지원 제도는 3개 기관으로 구분됩니다. 기획재정부, 관계 중앙행정기관, 지방자치단체입니다. 기획재정부는 협동조합 정책의 주무기관으로 협동조합에 관한 정책을 총괄하고 협동조합에 대한 기본 계획을 수립하는 등의 종합적인 컨트롤타워 역할을 수행합니다. 구체적으로 기획재정부는 크게 두 가지 방법으로 협동조합 활성화를 지원합니다.

첫째는 협동조합이 시장에서 다른 법인들과의 차별을 해소하고 공정하게 경쟁할 수 있도록 관련 법과 제도를 개선하고 협동조합의 자주 · 자치 · 자립적인 생태계를 조성하는 것입니다. 2012년 7월 기획재정부 자료에 따르면, '협동조합'이 민법, 상법 등 다른 일반법에 의한 법인 및 개별법에 의한 협동조합에 비해 불이익을 받지 않도록 개선되고 개정되어야 할 법률과 제도가 무려 17가지나 된다고 합니다. 2013

---

28 장래에는 성장 가능성이 있지만 아직은 미성숙하여 국가가 보호하지 않으면 시장 경쟁에 견딜 수 없는 산업으로 정부의 일정 부분에 대한 지원과 보호가 필요한 산업 영역을 지칭한다.

년 5월 정부가 발표한 협동조합기본법 개정 법률안에 새롭게 추가된 사회적협동조합의 '공공기관 우선 구매 촉진' 규정도 바로 이러한 법·제도 개선 노력의 일환입니다. 따라서 협동조합을 설립하여 경영하는 데 불합리한 차별이나 불이익을 받는 경우에는 기획재정부(협동조합정책과)에 개선 방안을 문의할 수 있습니다 .

둘째는 교육, 훈련, 홍보 등 다양한 간접지원 활동을 통해 협동조합을 지원합니다. 협동조합 설립 상담에서부터 경영컨설팅까지 원스톱으로 서비스받을 수 있는 '협동조합 중간지원 기관'을 설치하여 운영(전화 1800-2012) 중입니다. 전국에 15개 설치된 중간지원 기간은 협동조합에 대한 법·제도, 설립 절차 등 단순 상담에서 시장조사, 사업계획 수립 등 경영 컨설팅 업무를 수행하고 지역 내 네트워크를 활용하여 지역사정에 맞는 지역밀착형 사업모델을 중점적으로 발굴하고 보급하는 역할을 수행합니다. 또한 매월 협동조합 설립 희망자, 협동조합의 임직원, 일반 시민 등 다양한 계층을 대상으로 정기적인 교육사업도 수행합니다.

이와 더불어 기획재정부는 협동조합 설립을 희망하는 분들의 편의를 도모하기 위하여 협동조합 설립 운영 안내서 '아름다운 협동조합 만들기'를 발간하여 배포하였습니다. 필요한 사람은 정부 협동조합 공식 홈페이지(www.cooperatives.or.kr)에서 다운로드받을 수 있습니다. 또한 협동조합 정보를 누구나 실시간으로 확인할 수 있는 '협동조합 포털(종합정보시스템)'도 본격적으로 가동되어서, 향후 협동조합에 대한 정보와 자료는 보다 쉽고 편하게 접근이 가능하게 되었습니다.

협동조합 e-러닝 교육 목차

출처 : 정부 협동조합포털 교육홈페이지 (http://www.coop.go.kr/COOP/edu/main.do)

최근에는 늘어나는 협동조합에 대한 전문적인 교육을 지원하기 위해서 '협동조합 온라인 교육사이트'가 개설되었습니다. 협동조합을 알고 싶은 분들, 협동조합을 지인들에게 소개하고 싶은 분들 그리고 협동조합을 교육과 훈련의 목적으로 알리고 싶은 분들에게 가장 적합하고 유용한 교육훈련 콘텐츠를 제공하는 곳입니다.

온라인 교육 자료는 총 20가지의 동영상으로 구성되어 있습니다. 가능한 시간과 여건이 된다면 모든 영상을 시청하는 것을 추천하지만 초보 협동조합인이 반드시 클릭 버튼을 눌러야 하는 콘텐츠 5개만을 추천한다면 다음과 같습니다.

초보 협동조합인이 반드시 알아야 하는 협동조합 교육 콘텐츠

① 협동조합의 의미와 역사

② 협동조합의 정의, 가치, 원칙

③ 협동조합의 특징

④ 협동조합의 설립절차

⑤ 성공 사례 및 실패 사례

협동조합 상품몰 온라인 판매 사이트

출처 : 정부 협동조합포털 온라인 판매 사이트 http://www.coop.go.kr/COOP/mall/main.do

협동조합 공식 홈페이지 www.cooperatives.or.kr   협동조합 설립 운영 안내서

추가로 우수한 제품이나 서비스를 생산하거나 제공하려 하지만 마땅한 판매 경로를 찾기 어려운 협동조합을 위한 '협동조합 온라인 판매 사이트'도 유익한 정보와 도움을 제공할 것으로 보입니다.

담당 기관 기획재정부(협동조합정책과, 협동조합운영과), 사회적기업진흥원
주요 기능 협동조합 정책 주무기관, 기본 계획 수립, 협동조합연합회 설립 등록 등
지원 내용 ① 차별적인 법·제도 개선, ② 중간지원 기관 운영, ③ 교육·훈련·홍보 등
문의처   기획재정부(1800-2012, 044-215-2114),
            사회적기업진흥원(031-697-7700)

중소기업청(특례보증)

대부분의 협동조합이 중소기업이며 소상공인들의 결합체라는 현실을 감안할 때 중소기업청의 두 가지 사업에 주목할 필요가 있습니다. 바

로 소상공인 협업화 지원 사업과 협동조합 특례보증 사업입니다.

소상공인 협업화 지원 사업은 소상공인들이 공동브랜드, 공동마케팅, 공동시설 운영 등의 협업 사업을 통해 대형 프랜차이즈 등에 대응할 수 있는 경쟁력을 제고하기 위해 운영되는 사업입니다. 협동조합과 같이 5인 이상의 동일 업종 또는 이종 업종의 자발적인 협업체(협동조합 우선)에 한하여 지원 자격을 부여하며, ▲공동구매, ▲공동장소임차, ▲공동설비, ▲공동R&D, ▲ 공동브랜드, ▲공동마케팅, ▲공동네트워크 등에 소요되는 사업비용이 지원됩니다. 비용 부담은 총 사업비의 80%는 정부가, 20%는 자부담(현금 납입 원칙)을 하는 원칙입니다. 2013년 사업은 지난 2월 소상공인지원센터(1588-5302)를 통한 신청이 이미 마감되었다고 하네요. 앞으로 협동조합 설립을 준비하는 독자라면 사업계획과 자금계획을 수립할 때 이런 방안을 함께 검토하는 것도 좋을 것으로 보입니다.

담당 기관 중소기업청(소상공인지원과), 소상공인진흥원, 소상공인지원센터
주요 기능 소상공인의 기업 활동 촉진, 정책연구, 컨설팅 등 다양한 지원 사업
지원 내용 5인 이상의 자발적인 협업화 사업(구매, 브랜드, 설비 등)에 사업비 지원
신청 방법 소상공인지원센터 통해 신청
　　　　　 * 2013년 사업은 2월에 신청 마감
문의처　 소상공인지원센터(1588-5302), 소상공인진흥원(042-363-7681~8)

협동조합 특례보증 사업은 2013년 5월부터 새롭게 시작된 사업으로, 협동조합으로 사업하는 사람들의 자금 조달에 대한 애로를 해

결하는 데 실질적인 도움이 될 수 있을 것으로 보입니다. 협동조합기본법에 따라 설립되는 협동조합과 사회적협동조합(단 사회적기업 인증 시)을 대상으로 하는 사업으로 대출금 100% 전액이 보증되므로 ▲낮은 대출금리, ▲보증료 0.2% 감면, ▲약식심사 등을 통한 신속한 지원이 가능합니다. 보증한도는 출자금의 1/2 범위 이내에서 총 3천만 원까지이며, 5년 이내 장기 분할상환도 가능한 '특례보증 사업'입니다. 이는 신용보증재단의 '일반보증(85% 부분보증)', '햇살론(95% 부분보증)' 보다 우대한 조건이 적용되는 것입니다. 신청 접수는 각 지역별 신용보증재단을 통해 이루어집니다.

담당 기관 중소기업청(기업금융과), 신용보증재단중앙회
주요 기능 기업에 대한 신용공여, 소기업·소상공인 육성, 사회안정화 기여
지원 내용 '협동조합', '사회적협동조합(사회적기업 인증)' 대상 특례보증 지원
신청 방법 지역신용보증재단을 통해 신청
문의처 지역신용보증재단(1588-7365)
　　　　예시) 서울신용보증재단(1577-6119), 전북신용보증재단(063-230-3333)

미래창조과학부(지원센터)

2011년 기준 미취업 과학기술인들이 62만 명으로 추정되고 있습니다. 미취업, 경력 단절 등으로 일자리를 찾지 못하는 과학기술인이라면 이곳을 꼭 한번 방문해 볼 것을 추천합니다. 개별 부처로는 최초로 미

래창조과학부는 과학기술인을 대상으로 특화된 지원 기관인 과학기술인협동조합지원센터를 운영하고 있습니다. 센터에서는 ▲연구개발, ▲연구지원, ▲과학교육, ▲안전관리 등 다양한 형태의 과학기술인 협동조합 설립을 지원하고, 유연하고 창의적인 형태의 모임을 지원합니다. 센터는 설립 초기인 관계로 협동조합에 홍보, 교육, 컨설팅을 우선적으로 시행하고 앞으로는 우수한 시범 사업을 발굴하여 육성하고 지원할 계획이라고 합니다.

담당 기관 미래창조과학부(과기인재정책과), 과학기술인협동조합지원센터
지원 내용 ① 과기인 협동조합 창업 지원, ② 홍보, 교육, 운영 컨설팅, ③ 시범 사업 발굴 및 육성 지원, ④ 기타 : 과기인 협력 네크워크, 해외 진출 지원 등
신청 방법 과학기술인협동조합지원센터 문의
문의처 미래창조과학부(1335), 과학기술인협동조합지원센터(02-6411-1000)

고용노동부(사회적기업)

협동조합의 고유의 가치와 원칙에 따라 조합을 운영한다면 반드시 살펴볼 제도가 있습니다. 바로 2007년부터 운영되어 온 '사회적기업' 제도입니다. 앞서 살펴보았듯이 사회적협동조합은 사회적기업과 매우 유사합니다. 실제로 사회적협동조합은 모두 사회적기업으로 볼 수 있습니다. 왜냐하면 사회적협동조합 인가 기준과 사회적기업의 인증 기준은 사실상 같기 때문입니다. 또한 일반 협동조합 상당수도 지역사회 기여, 취약 계층에 일자리를 제공하고 있다면, 사회적기업으로 인

증받을 수 있는 요건을 갖추고 있는 것으로 보입니다.

사회적기업으로 인증을 받는 협동조합 또는 사회적협동조합은 ▲5년
간 인건비 지원, ▲사회보험료 지원, ▲경영 컨설팅 지원, ▲창업 자금
지원, ▲공공기관 우선 구매 제도 등의 여러 직·간접적인 혜택도 있습
니다. 아직까지 협동조합에 대한 직접적인 지원 제도는 마련되어 있지
않습니다. '사회적기업' 지원 제도는 협동조합 초기 설립 시 경영상의
어려움에 대한 도움을 받을 수 있는 대안으로 보입니다.

담당 기관 고용노동부(사회적기업과), 사회적기업진흥원
주요 기능 사회적기업 육성, 설립 지원, 사회적기업 자생적인 생태계 조성
지원 내용 ① 인건비 지원, ② 경영 컨설팅, ③ 판로 지원, ④ 자금 대부, ⑤ 세제 지원 등
신청 방법 사회적기업진흥원에 '예비사회적기업' 신청
문의처 고용노동부(1350), 사회적기업진흥원(031-697-7700)

안전행정부(마을기업)

협동조합을 통해 지역 특산품을 활용한 지역개발 사업을 준비 중인가
요? 지역의 멋진 자연을 활용하여 자연생태 관광 사업을 구상 중인가
요? 그렇다면 안전행정부의 '마을기업' 제도를 자세히 살펴보고 활용
할 필요가 있습니다.

　'마을기업' 사업은 마을 주민들이 주도적으로 지역의 각종 자원을
활용한 수익 사업을 통해 ▲지역공동체를 활성화하고 ▲주민에게 소

득 및 일자리를 제공하여 ▲지역 발전에 기여하는 마을 단위의 지방경제 활성화 사업입니다. 대표적인 사업으로는 지역 관광, 농촌 체험, 전통 시장 활성화, 지역 축제, 쓰레기 재활용 등이 있습니다. 2013년부터는 회사나 법인 이외에 협동조합도 '마을기업' 대상 단체로 기초자치단체(시·군·구)에 신청이 가능합니다. 최종적인 선정은 광역자치단체(시·도)와 안전행정부의 심사를 통해 결정되며, '마을기업'으로 선정이 되면 최장 2년간 사업비 지원이 가능합니다.

마을기업으로 운영하여 얻어지는 수익금은 적립하여 다시 마을로 재투자하는 것이 원칙이며, 사업계획서에서 제시한 지역사회 공헌 활동은 반드시 이행되어야 합니다. 이러한 원칙을 감안한다면, 협동조합은 지역경제 활성화를 돕는 '마을기업'의 가장 바람직한 법인 형태로 판단됩니다.

담당 기관 안전행정부(지역경제과), 광역시·도, 기초자치단체
지원 내용 최장 2년간(1+1) 사업비 지원(1차년도 5천만 원 한도, 2차년도 3천만 원 한도)
신청 방법 개별 지방자치단체별로 신청
문의처 안전행정부(02-2100-3399), 지방자치단체(시·군·구)

서울특별시 (협동조합 상담센터)

"맘 맞는 사람 다섯 명 있으세요?"

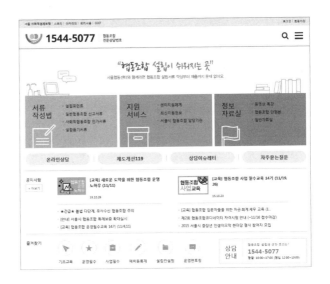

http://15445077.sehub.net/ 서울시 협동조합상담지원센터

 길거리를 다니면 심심치 않게 보이는 포스터가 있습니다. 바로 서울시에서 협동조합을 알리고 홍보하기 위해 제작한 협동조합 포스터입니다. 협동조합 정책의 상당 부분은 서울시와 같은 지방자치단체에서 맡아서 수행합니다. 실제로 2013년 5월까지 생겨난 협동조합의 94% 이상이 시·도지사가 직접 설립 신고를 수리하는 일반 협동조합임을 감안할 때 협동조합 활성화에 있어 지자체의 역할은 아주 중요하다고 할 수 있습니다.

 서울특별시를 비롯하여 부산, 인천, 대전, 광주, 경기, 전북, 충남, 강원 등 대부분의 광역시·도에서 협동조합 활성화에 손을 걷어붙였습니다. 협동조합 조례를 제정하고 관련 업무를 담당할 전담조직인 '사회적경제과'를 설치하는 곳도 있습니다. 뿐만 아닙니다. 서울시 노원구, 성북구, 서대문구, 지방의 광주시 동구, 광산구, 전북 완주군 등의 기초단체는 광역시·도와 별도로 자체적인 협동조합 교육과 홍보 사업을 추진하고 있습니다. 다양한 전국의 사례를 알아보면 이 책의 지면이 부족하지 않을까 하는데, 가장 대표적인 서울특별시 협동조합 지원 제도를 살펴보겠습니다.

서울시는 1회성 사업이나 단기적인 성과를 거두기에 앞서 이를 추진할 체계적인 틀을 마련하였습니다. 첫째로, 협동조합, 사회적기업 등 사회적경제 영역을 담당할 전담조직인 사회적기업과를 설치하고 '협동조합 기본계획'을 수립하였으며 서울시 협동조합 활성화 지원조례도 제정하였습니다.

둘째로, 교육과 홍보라는 협동조합 기본 가치에 충실한 다양한 사업을 추진합니다. 별도의 협동조합 '교육상담지원센터'를 두고, 민원실에는 협동조합 전담 민원 창구가 설치되었습니다. 그리고 시민들이 협동조합을 보다 쉽게 접근하는 데 도움이 되도록 ▲협동조합 사례집 발간, ▲협동조합 토크 콘서트 개최 등을 시행하고 있습니다.

셋째로, 다양한 기관들과 협업하고 협력하여 협동의 규모를 확대하고 있습니다. 신용협동조합과 '협동조합 활성화를 위한 상호 협력 협약'을 체결하고 예술인을 위한 '협동조합형 공공주택' 조성은 협동조합이 시민들의 삶에 실질적인 도움을 줄 수 있다는 점을 보여 줄 수 있는 좋은 사례로 보입니다.

담당 기관 서울시(사회적기업과), 서울시 협동조합 상담센터

지원 내용 ① 협동조합 설립·운영 상담, ② 각종 교육 및 컨설팅 지원, ③ 사례집 발간, ④ 협동조합 토크 콘서트 등 다양

신청 방법 상담센터 통해 문의

문의처 서울시(120), 협동조합 상담센터(1544-5077)

2. 우리나라 협동조합 설립 현황 분석

협동조합 설립신고 현황(2012.12.2 ~ 2014.12.31)

(단위 : 개, %)

	합계	협동조합	협동조합연합회	사회적협동조합	사회적협동조합연합회
신고·수리건수	6,251	5,985	31	233	2
비중(A)	(100.0)	(95.8)	(0.5)	(3.7)	(0.0)

출처 : 기획재정부 협동조합 포털(http://www.coop.go.kr)

〈FACT 1〉 매달 260개 협동조합이 설립됩니다.

협동조합은 법 시행 2년이 지난 지금까지 아주 빠른 속도로 늘어나고 있습니다. 법 시행이후 2년이 조금 지난 2015년 1월 25일 기준 총 6,251 협동조합이 설립신고/인가 절차를 마쳤습니다. 이는 매일 평균 8.5개, 매월 평균 250개가 넘는 협동조합이 설립된 것을 의미합니다. 연도별로 보더라도 매년 3천개의 협동조합이 법인격을 획득하고 있습니다. 법 시행 원년은 2013년 총 3,234개가 설립되었고 지난해(2014년)에도 2,962개의 협동조합이 설립되었습니다. 단순한 설립 수치만 놓고 본다면, 전 세계적으로 유례를 찾아볼 수 없는 높은 실적입니다.

협동조합은 법인격으로 세분화하면 4개로 구분됩니다. 일반 법인으로는 협동조합과 협동조합연합회이 있고, 비영리법인으로는 사회적협동조합과 사회적협동조합연합회가 있습니다. 지금까지 설립된 협동조합의 96%는 「상법」상 회사와 흡사한 일반협동조합입니다. 기본법 제정이 협동조합 활성화에 적지 않은 기여를 했다는 점을 확인할 수 있는 부분입니다.

〈FACT 2〉 일반협동조합은 도시를 중심으로 활발히 설립되었습니다.

해당 광역시장·도지사의 설립신고를 통해 설립이 마무리되는 일반 협동조합은 세종시를 비롯한 전국의 17개 광역시·도에서 고르게 설립되고 있는 것으로 확인됩니다. 의미 있는 특징도 있습니다. 협동조합이 대도시를 중심으로 보다 적극적으로 만들어지고 있다는 점입니다. 서울 1,643개, 광주 427개, 부산 343개, 대구 258개 등 7개 광역시에는 총 3200개의 조합이 설립되었습니다. 이는 공동체보다는 개인주의 성향이 강하고 협동보다는 경쟁이 익숙한 도시에서도 협력의 공유의 가치의 씨앗이 자라날 수 있다는 희망을 의미합니다.

〈FACT 3〉 소상공인, 자영업자, 근로자 등 경제적 약자들이 협동조합을 활용합니다.

협동조합의 설립 실태를 확인할 수 있는 또 다른 방법은 설립유형별로 협동조합을 구분하는 것입니다. 정부는 협동조합 설립 신고 시 4가지 유형 중 하나를 체크하도록 하고 있는 있는데, 다중이해관계자, 사

시도별 일반협동조합 설립 현황(2012.12.2 ~ 2014.12.31)

(단위 : 개)

	합계	서울	부산	대구	인천	광주	대전	울산	경기	강원	충북	충남	전북	전남	경북	경남	제주	세종
건수	5,985	1,643	343	258	177	427	225	127	918	293	193	203	360	236	261	214	80	24

*출처 : 기획재정부 협동조합 포털(http://www.coop.go.kr)

업자, 소비자, 직원 중 하나로 신고하여야 합니다. 4가지 유형 중 가장 두드러진 형태는 사업자협동조합입니다.

사업자협동조합이란 기존 개인사업자나 법인이 모여 공동사업, 공동구매, 공동브랜드, 공동물류 등을 통해 규모를 키워 경쟁력을 확보하는 형태의 협동조합인데, 총 4,938개(79.1%)의 사업자협동조합이 설립되었습니다. 이는 지속되는 경제 불황으로 인한 골목상권의 어려움을 간접적으로 확인할 수 있는 대목입니다.

세부 업종별로 살펴본다면, 도매 및 소매 1,721개, 교육서비스(학원) 796개, 농업·어업·임업(1차 산업) 741개, 여가관련 서비스 499개, 기

일반협동조합의 설립유형(2012.12.2 ~ 2015.1.23)

(단위 : 개, %)

	합계(중복포함)	다중이해관계자	사업자(생산자)	소비자	직원(근로자)
신청건수	6,421	867	4,938	195	253
비중	(100)	(13.8)	(79.1)	(3.1)	(4.0)

*출처 : 기획재정부 협동조합 포털(http://www.coop.go.kr)

타 개인서비스 487개 등 서민경제 곳곳으로 협동조합이 뿌리를 내리고 있습니다.

협동조합의 주요 설립 업종(2012.12.2 ~ 2015.1.23)

교육서비스	농업, 어업, 임업	도매 및 소매	사회복지서비스	숙박 및 음식점
796	741	1,721	324	216
여가관련 서비스	과학, 기술서비스	제조	출판, 정보서비스	기타 개인서비스
499	201	533	259	487

*출처 : 기획재정부 협동조합 포털(http://www.coop.go.kr)

〈FACT 4〉 협동조합 사무가 19개 중앙행정기관으로 확대되었습니다.

설립된 숫자는 적지만, 의미 있는 협동조합도 있습니다. 바로 사회적 협동조합입니다. 시·도지사 설립신고만으로 만들 수 있는 일반 협동조합과 달리 업무소관별로 해당 중앙행정기관의 심사(통상 60일 가량) 및 인가절차를 거치기 때문에 사회적협동조합의 숫자는 많지 않습니다. 그러나 의미 있는 부분을 두 가지 찾을 수 있습니다. 먼저 총 19개 중앙행정기관에서 사회적협동조합 업무를 맡고 있다는 점이고, 다음으로는 고용부, 복지부, 농림부 등 전통적인 취약계층 지원업무를 맡은 사회복지부처에서 협동조합이 활발히 설립(전체 239개 중 179개) 되었습니다.

사회적협동조합 설립현황(2012.12.2 ~ 2015.1.23)

(단위 : 개)

	합계	기재	교육	고용	복지	문화	농림	산업	여성	환경	국토	산림	행자	중기	외교	기타5
건수	239	30	41	52	43	16	10	7	10	4	4	6	6	3	2	5

*출처 : 기획재정부 협동조합 포털(http://www.coop.go.kr)

3. '좋은 협동조합' 유형별 사례

'보는 것이 믿는 것'이라는 말이 있습니다. 협동조합을 공부하는 가장 좋은 방법도 실제로 설립, 운영되는 협동조합 성공 사례를 많이 살펴보는 것이라는 생각이 듭니다. 이번에는 지금까지 살펴본 주요 5가지 유형별 협동조합(소비자, 사업자, 직원, 다중이해관계자, 사회적)의 국내외 사례를 알아보겠습니다.

소비자협동조합 사례

① 하버드-MIT대학협동조합

하버드-MIT대학협동조합 상점 로고

Serving the Harvard and MIT
Community since 1882

하버드-MIT대학협동조합 로고

　미국에서 가장 오래된 대학은 1636년 설립된 하버드대입니다. 학교 매점도 미국에서 가장 오랜 역사를 자랑하는데, 이 매점은 바로 학생들이 소유한 협동조합입니다. 1882년 설립된 The COOP는 학생들에게 필요한 교과서, 서적, 기념품 등을 판매합니다. 초기에는 판매 물건 중에 석탄도 있었다고 합니다. 조합원이 필요로 하는 물건을 값싸게 판매한 것이지요. 하버드협동조합의 특징은 가입할 때 조합원들이 납부해야 하는 출자금입니다. 단돈 1달러(한화 1,100원)입니다. 그리고 130년이 지난 지금까지 1달러만을 받고 있습니다.

　미국 내 최대 대학 매점으로는 성장한 The COOP는 아직까지 협동조합 방식의 운영과 경영으로 유명합니다. 하버드대 학생과 교직원은 조합원으로 가입하면 The COOP에서 구입하는 물건을 저렴한 가격에 구입할 수 있습니다. 그리고 연말정산 결과에 따라 1년간 구매한 금액의 일부분을 돌려받는rebate 혜택이 있습니다. 예를 들어 연간 500달러어치를 구입했는데 리베이트비율이 8.5%로 결정되었다면, 총 42.50달러를 돌려받을 수 있습니다. 구입한 실적만큼 혜택이 돌아가는 실적 배당을 하는 것입니다.

또 다른 특징은 협동조합을 인근에 위치한 MIT대학과 함께 운영한다는 점입니다. 1916년 보스턴 지역에 있던 MIT대학이 하버드 인근의 캠브리지로 이사오면서 협동조합을 같이 경영하게 된 것입니다. 두 학교의 거리는 지하철역으로 두 정거장밖에 되지 않습니다. 두 학교 학생과 교직원들이 협동조합 매점을 함께 운영하여 매점의 규모를 키우고 이로 인한 혜택을 더 많이 얻을 수 있게 되었습니다.

한국에도 대학생 협동조합이 있습니다. 서울대, 연세대, 경희대 등 31개 대학에 생활협동조합이 활동 중입니다. 최근 학교협동조합에 있어 의미 있는 움직임도 있습니다. 학생, 교직원, 부모들이 참여하는 협동조합을 설립하여 고등학교 학교 매점을 운영하는 시도입니다. 경기도교육청, 성남시, 한국사회적기업진흥원이 공동으로 주관하여 시도하는 학교협동조합 사업은 학생들에게 건강한 간식거리를 제공하고, 영리 위주로 치우쳐 열악했던 학교 매점 시설을 개선하는 한편, 바람직한 경제 교육의 기회가 마련될 것으로 보입니다.

② 성미산마을 (공동육아, 마을공동체)

서울시 마포구 성산동에는 '성미산마을'이라는 동네가 있습니다. 동네에 와서 성미산마을이 어디냐고 물어보면 다들 어리둥절해합니다. 왜냐하면 성미산마을은 행정구역이 아니기 때문입니다. 높은 아파트 건물 사이에 아스팔트길이 서울의 대명사가 된 지 오래된 상황에서 성미산마을은 완전히 다른 개념의 마을입니다. 성미산마을은 성미산을 중심으로 성산동, 서교동, 망원동을 중심으로 거주하는 주민 1천여 명이

성미산학교 학생들의 모습   성미산 마을극장 모습

'공동육아', '공동교육', '공동문화' 등의 활동을 함께하면서 행정구역이 중심이 아닌 공동체 정신을 중심으로 마을을 이루고 살아갑니다. 주민들이 스스로의 필요에 의해 마을커뮤니티를 마련하고 운영해 오던 것이 지금의 '성미산마을'로 불리기 시작한 것입니다.

성미산마을의 시작은 1994년으로 거슬러 올라갑니다. 초기 이들의 목적은 간단했습니다. 맞벌이생활을 하게 되는 도시민들의 큰 고민거리 중 하나는 육아입니다. 젊은 부부들이 모여 육아라는 과제를 '공동육아'를 통해 해결해 보자는 평범한 고민에서 시작된 것입니다. 그래서 처음 시작된 사업이 어린이집을 직접 만들자는 것이었습니다. 주민들이 십시일반 모은 돈으로 공동육아 어린이집을 만들고 부모들이 직접 운영에 참여했습니다. 공동육아 어린이집 운영과 성과에 만족한 부모들은 다시 초·중등과정 대안학교를 만들었고 아이들과 가족들에게 안전한 먹을거리를 제공하고자 친환경 유기농산물을 판매하는 생활협동조합과 재활용 가게, 유기농 식당 등도 만들었습니다. 이

454

어 아이들이 유기농 아이스크림을 먹을 수 있게 카페를 만들고, 주민들이 모여 공연도 보고 회의도 할 곳이 필요해 마을극장도 생겨났습니다. 성미산마을은 주민들 공동의 필요와 이익이 나의 주변, 나의 사회를 변화시킬 수 있다는 점을 보여 주는 좋은 사례입니다.

이후 주민들이 직접 참여하여 필요한 주거, 경제, 문화, 복지공동체를 구성하여 주민이 중심이 되어 지역을 개발하고 재생하는 모델로 발전되었습니다. 기본법 시행으로 협동조합 설립 장벽이 사라진 상황에서, 주민들이 직접 참여하여 1인 1표의 민주적인 운영을 하는 협동조합 방식의 제2, 제3의 성미산마을이 많이 생겨나기를 기대해 봅니다.

사업자(또는 생산자)협동조합 사례

③ 주얼리 협동조합

아이 돌잔치에 빠지지 않는 것이 있습니다. 바로 돌반지입니다. 그런데 최근 국제 금값은 크게 올라 돌잔치에 돌반지 구경이 쉽지 않습니다. 국제 금값과 더불어 국내 주얼리 산업은 어려움이 지속되어 왔습니다. 불경기로 인해 주얼리에 대한 수요는 크게 줄었고 해외 유명브랜드 수입 증가로 국내 시장의 경쟁은 더욱더 치열해졌습니다. 이러한 어려움을 협력과 협업으로 극복하기 위해 오랜 역사를 가진 종로 금은방 사장 11명이 뭉쳤습니다. 이들은 소비자들이 찾고 원하는 제품을 공동으로 개발하고 판매 활성화를 통해 위기 상황을 극복하기 위해 주얼리협동조합을 설립하게 되었습니다.

주얼리 협동조합 홈페이지

주얼리와 같은 귀금속은 일평생 한두 번 정도만 구입하는 물건입니다. 꼭 필요한 물건이 아니기에 경기에 민감하고 인터넷의 발달로 전 세계 유명 제품을 손쉽게 접할 수 있는 상황에서 수공업자들이 경쟁하고 생존하기는 갈수록 어려워질 수밖에 없습니다. 이를 극복하기 위해 주얼리협동조합은 공동으로 인터넷 쇼핑몰과 SNS를 이용해 에코주얼리 제품을 공동판매하고, 마케팅을 통해 판로를 개척하고, 재활용 금을 활용하여 적정 가격의 결혼 예물 제품을 제공해 나갈 계획입니다. 2~3명의 인원으로는 도저히 생각할 수 없었던 일들을 이제는 시작하게 된 것입니다.

앞으로 주얼리협동조합이 극복해 나가야 할 과제도 적지 않습니다. 지금까지는 개개인의 사업자들이 혼자서 운영하였다면, 앞으로는 홍보, 디자인, 생산, 경영, 판매 등의 모든 절차와 과정을 협의하고 결정해야 하기 때문입니다. 그리고 수익이 생기면 이를 어떻게 합리적으로 배분하고 사용할지도 협의해야 합니다. 바람이라면, 최근 우리사회에 불고 있는 착한 소비, 작은 결혼식, 다문화가족 결혼 지원 사업 등과 잘 협력하여 합리적 가격의 예물 주얼리를 마련할 수 있는 착한 사업모델을 개발하였으면 하는 점입니다.

④ 교통문화 협동조합(택시 협동조합)

우리나라는 택시잡기의 천국입니다. 외국에 머물다가 한국에 도착해서 가장 편리한 점은 택시 이용일 것입니다. 요금도 저렴하고 한밤중에 나가도 쉽게 택시를 잡을 수 있는 나라는 전 세계적으로 많지 않습니다. 택시는 이렇게 우리 주위에 많지만, 택시기사들의 근로 환경은 열악하다고 합니다.

하루 12시간 이상 근무하는 장시간 근로이지만, 현재 도시 지역 택시기사들의 월평균 수입은 도시근로자 가구당 월평균 소득의 50% 수준으로 알려져 있습니다. 2012년에는 택시를 대중교통으로 인정하는 일명 '택시법'인 '대중교통 육성 및 이용촉진법'에 대한 논란이 있기도 하였는데, 과연 택시업계의 왜곡된 업무 환경을 개선할 수 있는 대안은 없을까요?

울산 지역에 이색적인 협동조합이 출범해 주목을 받고 있습니다. 2013년 3월 울산시로부터 설립필증을 받은 '울산교통문화협동조합'은 울산의 개인택시, 법인택시 기사와 교통문화시민연대 회원 7명이 700만 원을 출자하여 설립하였습니다. 교통문화협동조합은 우선적으로 LPG공급업체와 계약을 맺고 공동구매 형식으로 유류비를 구입하여 가격을 낮출 계획이며, 조합원 수가 500명 정도로 일정 규모를

퇴근길의 택시 모습

넘어서면 직접 가스충전소를 운영하는 방법도 구상 중입니다.

또한 조합원(기사)들의 비용 부담을 줄이기 위해, 택시 공동구입, 타이어와 소모품 공동구매 등도 추진할 계획이라고 합니다. 이러한 공동구매 및 구입을 통해 얻어지는 수익(잉여금)은 연말에 정산하여 배당금으로 돌려준다는 구체적인 사업계획을 가지고 있습니다.

개인사업자 비율이 특히 높은 우리나라에서 자영업자, 소상공인들이 모여 설립한 사업자협동조합은 많은 비용을 쓰지 않고 경쟁력을 높이는 좋은 대안으로 보입니다. 관련 사업에 꼭 필요한 물품을 공동으로 구매한다면 소매가격이 아닌 저렴한 도매가격으로 구입이 가능하므로 조합원들에게 실질적인 혜택을 제공할 수 있을 것으로 보입니다.

직원(또는 근로자)협동조합 사례

⑤ 한국대리운전협동조합, 클린광산 협동조합(환경미화)

한국대리운전협동조합 창립총회 *출처 : 재단법인 행복세상

우리 시대의 최대 관심과 현안을 무엇일까요? 바로 일자리입니다. 일자리는 질적으로도 부족하고 양적으로는 더더욱 부족합니다. 쉽게 만들어지지 않고, 있었던 일자리도 쉽게 사라지곤 합니다. 아직까지 '협동조합기본법' 시행 초기이지만 상징적이고 의미 있는 협동조합 두 곳이 생겨났습니다. 안정적인 일자리 창출이 최대 과제인 시대에서 자신들이 필요한 일자리를 직접 만들기 위해 뭉친 협동조합이 있습니다.

기본법 시행 후 제1호 협동조합은 '한국대리운전협동조합'입니다. 대리운전기사들이 직접 참여하여 자금을 출자하여 설립한 직원(근로자)협동조합입니다. 대리운전협동조합은 대리운전 프로그램 회사와 콜대행업체의 과도한 수수료, 가격 출혈 경쟁, 불합리한 벌금 부과 등의 횡포로 어려움을 겪는 대리운전기사들의 권익과 경제적 이익을 보호하고, 좋은 서비스를 제공하기 위하여 설립되었습니다. 이들은 매

광주 광산구 환경미화원의 '클린광산 협동조합'
*출처 : 광산구청 자료

달 두 차례 밤샘 일을 마치고 새벽 퇴근길에 연구모임을 갖고 세부 방안을 논의하고 자신들의 근무 환경 개선, 고용 안정을 위한 세부 전략을 마련하여 본격적인 사업 시작을 준비하고 있습니다.

　광주시 광산구에서는 환경미화 업무를 대행하던 근로자들이 계약해지로 실업자가 될 처지에 놓이자 협동조합을 설립했습니다. 고용 불안에 대한 고민을 말끔히 해소함은 물론이고 환경미화근로자들이 협동조합 방식으로 안정된 일자리를 확보하는 성과를 거두었습니다. 이러한 형태의 협동조합은 1석 3조의 성과를 거뒀다는 평가를 받고 있습니다. 먼저 환경미화근로자들에게는 회사의 주인이자 직원으로 일하는 협동조합을 설립하여 안정적인 일자리가 생겼고, 구청에는 항상 잡음이 많았던 환경미화용역을 투명하게 집행할 수 있게 되었습니다. 그리고 무엇보다 주민들은 안정적인 환경미화 서비스를 제공하는 협동조합이 생겨 한층 개선된 공공서비스를 받을 수 있게 된 것입니다.

　두 개의 협동조합은 의미 있는 사례입니다. 모두 서비스를 제공하는 근로자들이 조합원으로 모여 '직원협동조합'을 설립하였기 때문입니다. 영역은 다르지만, 앞으로도 이러한 형태의 직원협동조합은 활성화될 것으로 보입니다. 앞으로의 과제도 있습니다. 향후 이들 협동조합도 다른 경제주체들과 경쟁을 해야 한다는 점입니다. 대리운전의 경우, 이미 수많은 대리운전업체들이 활동하는 상황에서 이들보다 더 좋은 서비스를 신속하게 제공하지 않는다면 어려움을 겪을 수 있습니다.

클린광산협동조합은 지자체인 광산구청의 사업을 위탁받아 수행하므로, 안정적인 사업기반을 구축했다는 장점은 있습니다. 그러나 구청 위탁사업에만 안주하다 보면 협동조합이 성장하고 커질 수 없는 한계에 봉착하게 됩니다. 대리운전사업과 같은 치열한 경쟁은 하지 않더라도 지역 주민들이 만족하는 높은 수준의 환경미화서비스를 제공하는 것이 중요하며, 향후 구청과의 위탁사업에만 100% 의지하지 않고, 민간기업 등의 분야에서도 다른 청소업체와 경쟁할 수 있도록 사업 다변화 경영 전략을 구상하고 준비하는 것이 필요합니다. 구체적으로 지역 내 다른 협동조합의 사업장, 건물 등의 환경미화사업을 병행하여 추진하는 것도 좋은 대안이 될 수 있습니다.

⑥ 캐나다 생해몽마을협동조합(관광)

생해몽Saint Raymond은 캐나다의 작은 마을입니다. 캐나다 퀘벡 서쪽에 위치한 생해몽은 면적은 서울시보다 크지만 인구는 1만 명이 채 안 되는 곳입니다. 외지고 낙후된 이 마을에 어떤 변화가 생겼을까요?

이 마을 주민들은 경치가 아름다운 관광자원을 공동으로 개발하

캐나다 생해몽 마을관광 협동조합 *출처 : 생해몽시 자료

는 마을관광 협동조합을 설립하여 운영하고 있습니다. 주민들이 직접 나서서 관광지도를 만들고 관광안내자로 근무하고 있습니다. 카누, 카약, 승마, 등산 등 특색 있는 산악 체험 프로그램을 개발하여 주민들이 공동으로 운영한 결과, 생해몽을 방문하는 관광객이 늘어나고 이에 맞춰 주민들의 수입은 증대되었습니다. 그리고 마을 주민들 간의 유대가 높아짐은 물론 마을에 필요한 일자리도 만들어지는 1석 4조의 효과를 거두고 있습니다.

생해몽 마을관광 협동조합은 우리도 적용할 수 있는 좋은 사례입니다. 이미 마을기업, 사회적기업과 같은 지역사회 활성화 정책 제도를 가지고 있으므로 주민들이 자발적으로 참여하는 협동조합과 결합한다면, 낙후되고 접근이 어려워 상대적으로 발전이 더딘 산악마을, 오지 섬마을도 멋진 생태 관광마을로 다시 태어날 수 있지 않을까요? 그리고 마을의 어르신과 젊은이 모두가 같이 일하고 봉사할 수 있는 기회도 생기게 됩니다.

다중이해관계자협동조합 사례

⑦ 영국 George and Dragon 협동조합(마을주점)

영국의 협동조합 성공 사례로 빠지지 않은 조합이 있습니다. 바로 'George and Dragon'이라는 마을주점Pub 협동조합입니다. 'George and Dragon'은 영국 북부에 위치한 작은 마을인 리치몬드에 있습니다. 2008년 8월 8일 'George and Dragon'은 경영난을 이기지 못하고 문을 닫았습니다. 이후 2년간 이 마을에는 펍, 마을주점이 없었습니다. 영국인들에게 펍은 주점이나 술집 이상의 의미를 갖습니다. 퇴근길에 서로의 안부를 묻고 좋아하는 축구 경기를 보며 응원하고 주말이면 가족들과의 식사나 맥주 한 잔을 하는 마을사랑방이 사라진 것은 주민들에게 큰 충격으로 다가왔습니다.

드디어 80명의 마을 주민들이 모여 손을 걷어붙이고 'George and Dragon' 살리기 작전에 직접 나섰습니다. 그리고 주위의 친구 및 후원자 90명이 이에 동참하여 24만 파운드(우리 돈으로 약 4억 원)를 모금하고 2010년 드디어 'George and Dragon'은 다시 영업을 하게 되었습니다. 이전에는 한 개인이 운영했던 주점pub이었지만, 이제는 마을 주민들이 공동으로 출연하여 설립한 협동조합(마을기업 형태의 Hudswell Community Pub Ltd.)이 주관이 되어 운영하게 되었습니다.

'George and Dragon' 협동조합이 성공하면서, 영국에는 작은 마을 단위로 '마을기업'을 설립하는 움직임이 생겨났습니다. 마을카페, 마을서점, 마을주얼리가게, 마을빵집, 마을요가학원 등 종류도 다양

George and Dragon 마을주점(Pub) 협동조합
*출처 : George and Dragon 협동조합 홈페이지 자료

하고 숫자도 늘어가고 있습니다. 'George and Dragon' 사례는 우리에게 다양하고 창의적인 상상력을 제공합니다. 공동의 이익과 가치를 찾는다면, 혼자서는 해결이 어렵지만 힘을 모으면 가능하다는 교훈도 제공하고 있습니다.

사회적협동조합 사례

⑧ 행복도시락, ⑨ 카페오아시아 사회적협동조합

우리나라 제1호 사회적협동조합은 '행복도시락'입니다. 행복도시락은 취약 계층에게 급식 사업을 제공하는 사업체였는데, 기본법 제정에 맞추어 사회적협동조합으로 설립하게 되었습니다. 행복도시락은 대기업인 SK가 '후원(행복나눔재단)'하고 '후원받는 곳(사회적기업)'이 조합원으로 함께 참여해 공동으로 운영하는 독특한 형태의 협동조합입니다.

SK 행복도시락 사회적협동조합　　　　포스코 카페오아시아 사회적협동조합
*출처 : SK 행복나눔재단 홈페이지 자료　　*출처 : 포스코 사회공헌 자료

협동조합 설립은 기존 복지사업의 투명성과 공공성을 제고하고 경제적인 약자를 지원할 수 있는 '윈-윈'의 선택입니다.

포스코는 회사 사옥에 결혼 이주 여성이 참여하는 다문화카페 '카페오아시아'를 사회적협동조합 방식으로 설립하였습니다. 태국, 베트남, 캄보디아에서 온 3명의 결혼 이주 여성이 바리스타로 일하고 있는 '카페오아시아'는 이주 여성들에게 일자리를 제공하는 사회적협동조합입니다. 이러한 일자리는 결혼 이주 여성들이 우리 사회에 안정적으로 적응할 수 있는 기반을 마련해 준 것으로 높게 평가될 수 있습니다.

협동조합은 초기 성공모델을 만드는 것은 중요합니다. 그런 측면에서 대기업이 직접 참여하여 사회공헌사업을 협동조합 방식으로 운영하는 것은 매우 바람직하다고 볼 수 있습니다. 또한 기본법 제정 취지 중 하나인 '경제 영역'과 '복지 영역'의 유기적인 결합을 보여 주는 모범적인 사례이기도 합니다. 협동조합은 초기 설립 단계에서 어려움이 많습니다. 인식도 부족하고 자금도 부족하며 체계적인 경영 전략을 갖추기도 어렵고 무엇보다 생산—홍보—판매의 순환 구조를 개척하는 데 어려움이 많습니다. 이런 초기 단계에서 대기업들이 협동조합의 설립과 운영을 도와준다면 설립 초기의 어려움을 극복하는 데 큰 도움이 될 것으로 생각됩니다. 협동조합은 사람(자연인)뿐만 아니라 회사나 사단법인도 조합원으로 참여가 가능합니다. 기업들이 자립적인 경제활동을 시작하기 어려운 취약 계층을 돕고 이들의 사회 적응을 지원하는 복지 사업, 사회공헌 사업을 수행할 때 협동조합, 사회적협동조합이 창의적이고 효과적인 사회공헌모델 중 하나로 자리매김할 수 있지 않을까 기대해 봅니다.

4. 협동조합기본법 전문

*시행령과 시행규칙을 담은 기본법3단 비교표는 푸른지식 홈페이지(http://greenknow.blog.me/)의 부록자료 참조

협동조합기본법

〔시행 2016.3.2.〕 〔법률 제14053호, 2016.3.2., 일부개정〕

기획재정부(협동조합정책과) 044-215-5912

제1장 총칙

제1조(목적)

이 법은 협동조합의 설립·운영 등에 관한 기본적인 사항을 규정함으로써 자주적·자립적·자치적인 협동조합 활동을 촉진하고, 사회통합과 국민경제의 균형 있는 발전에 기여함을 목적으로 한다.

제2조(정의)

이 법에서 사용하는 용어의 뜻은 다음과 같다.

1. "협동조합"이란 재화 또는 용역의 구매·생산·판매·제공 등을 협동으로 영위함으로써 조합원의 권익을 향상하고 지역 사회에 공헌하고자 하는 사업조직을 말한다.
2. "협동조합연합회"란 협동조합의 공동이익을 도모하기 위하여 제1호에 따라 설립된 협동조합의 연합회를 말한다.
3. "사회적협동조합"이란 제1호의 협동조합 중 지역주민들의 권익·복리 증진과 관련된 사업을 수행하거나 취약계층에게 사회서비스 또는 일자리를 제공하는 등 영리를 목적으로 하지 아니하는 협동조합을 말한다.
4. "사회적협동조합연합회"란 사회적협동조합의 공동이익을 도모하기 위하여 제3호에 따라 설립된 사회적협동조합의 연합회를 말한다.

제3조(명칭)

① 협동조합은 협동조합이라는 문자를, 협동조합연합회는 협동조합연합회라는 문자를, 사회적협동조합은 사회적협동조합이라는 문자를, 사회적협동조합연합회는 사회적협동조합연합회라는 문자를 각각 명칭에 사용하여야 한다.

② 이 법에 따라 설립되는 협동조합과 협동조합연합회(이하 "협동조합등"이라 한다) 및 이 법에 따라 설립되는 사회적협동조합과 사회적협동조합연합회(이하 "사회적협동조합등"이라 한다)는 대통령령으로 정하는 바에 따라 다른 협동조합등 및 사회적협동조합등의 명칭과 중복되거나 혼동되는 명칭을 사용하여서는 아니 된다.

③ 이 법에 따라 설립된 협동조합등 및 사회적협동조합등이 아니면 제1항에 따른 문자 또는 이와 유사한 문자를 명칭에 사용할 수 없다. 〈개정 2014.1.21.〉

④ 협동조합연합회 또는 사회적협동조합연합회는 그 명칭에 국가나 특별시·광역시·특별자치시·도 또는 특별자치도(이하 "시·도"라 한다)의 명칭을 사용하여 국가나 시·도의 대표성이 있는 것으로 일반인의 오해나 혼동을 일으켜서는 아니 된다. 다만, 출자금, 회원 등 대통령령으로 정하는 요건을 충족하는 경우에는 기획재정부장관의 인가를 받아 국가나 시·도의 명칭을 사용할 수 있다. 〈신설 2014.1.21., 2016.3.2.〉

⑤ 기획재정부장관은 협동조합연합회 또는 사회적협동조합연합회가 그 명칭에 제4항에 따른 국가나 시·도의 명칭을 사용함으로써 국가나 지역에 대한 대표성 등에 일반인의 오해나 혼동을 일으킬 우려가 있는 경우에는 대통령령으로 정하는 바에 따라 협동조합연합회 또는 사회적협동조합연합회에 그 명칭의 사용을 금지하거나 수정을 명할 수 있다. 〈신설 2014.1.21.〉

〔시행일 : 2016.9.3.〕 제3조제4항

제4조(법인격과 주소)

① 협동조합등은 법인으로 한다.

② 사회적협동조합등은 비영리법인으로 한다.

③ 협동조합등 및 사회적협동조합등의 주소는 그 주된 사무소의 소재지로 하고, 정관으로 정하는 바에 따라 필요한 곳에 지사무소를 둘 수 있다.

제5조(설립 목적)

협동조합등 및 사회적협동조합등은 구성원(협동조합의 경우 조합원을, 연합회의 경우 회원을 말한다. 이하 "조합원등"이라 한다)의 복리 증진과 상부상조를 목적으로 하며, 조합원등의 경제적·사회적·문화적 수요에 부응하여야 한다.

제6조(기본원칙)

① 협동조합등 및 사회적협동조합등은 그 업무 수행 시 조합원등을 위하여 최대한 봉사하여야 한다.

② 협동조합등 및 사회적협동조합등은 자발적으로 결성하여 공동으로 소유하고 민주적으로 운영되어야 한다.

③ 협동조합등 및 사회적협동조합등은 투기를 목적으로 하는 행위와 일부 조합원등의 이익만을 목적으로 하는 업무와 사업을 하여서는 아니 된다.

제7조(협동조합등의 책무)

협동조합등 및 사회적협동조합등은 조합원등의 권익 증진을 위하여 교육·훈련 및 정보 제공 등의 활동을 적극적으로 수행하여야 한다.

제8조(다른 협동조합 등과의 협력)

① 협동조합등 및 사회적협동조합등은 다른 협동조합, 다른 법률에 따른 협동조합, 외국의 협동조합 및 관련 국제기구 등과의 상호 협력, 이해 증진 및 공동사업 개발 등을 위하여 노력하여야 한다.

② 협동조합등 및 사회적협동조합등은 제1항의 목적 달성을 위하여 필요한 경우에는 다른 협동조합, 다른 법률에 따른 협동조합 등과 협의회를 구성·운영할 수 있다.

제9조(공직선거 관여 금지)

① 협동조합등 및 사회적협동조합등은 공직선거에서 특정 정당을 지지·반대하는 행위 또는 특정인을 당선되도록 하거나 당선되지 아니하도록 하는 행위를 하여서는 아니 된다.

② 누구든지 협동조합등 및 사회적협동조합등을 이용하여 제1항에 따른 행위를 하여서는 아니 된다.

제10조(국가 및 공공단체의 협력 등)

① 국가 및 공공단체는 협동조합등 및 사회적협동조합등의 자율성을 침해하여서는 아니 된다.

② 국가 및 공공단체는 협동조합등 및 사회적협동조합등의 사업에 대하여 적극적으로 협조하여야 하고, 그 사업에 필요한 자금 등을 지원할 수 있다.

③ 국가 및 공공단체는 협동조합등 및 사회적협동조합등의 의견을 듣고 그 의견이 반영되도록 노력하여야 한다.

④ 국가 및 공공단체는 협동조합과 관련하여 국제기구, 외국 정부 및 기관과 교류·협력 사업을 할 수 있다. 〈신설 2014.1.21.〉

제10조의2(경영 지원)

기획재정부장관은 협동조합등 및 사회적협동조합등의 설립·운영에 필요한 경영·기술·세무·노무(勞務)·회계 등의 분야에 대한 전문적인 자문 및 정보 제공 등의 지원을 할 수 있다.

〔본조신설 2014.1.21.〕

제10조의3(교육훈련 지원)

기획재정부장관은 협동조합등 및 사회적협동조합등의 설립·운영에 필요한 전문인력의 육성, 조합원등의 능력향상을 위하여 교육훈련을 실시할 수 있다.

〔본조신설 2014.1.21.〕

제11조(협동조합에 관한 정책)

① 기획재정부장관은 협동조합에 관한 정책을 총괄하고 협동조합의 자율적인 활동을 촉진하기 위한 기본계획(이하 "기본계획"이라 한다)을 3년마다 수립하여야 한다.

② 기본계획에는 다음 각 호의 내용이 포함되어야 한다.

  1. 협동조합등 및 사회적협동조합등을 활성화하기 위한 기본방향

  2. 협동조합등 및 사회적협동조합등을 활성화하기 위한 관련 법령과 제도의 개선

  3. 협동조합등 및 사회적협동조합등의 발전 전략 및 기반 조성에 관한 사항

  4. 협동조합등 및 사회적협동조합등의 상호협력 및 협동조합 정책과 관련된 관계기관 간 협력에 관한 사항

  5. 제6항에 따른 협동조합 실태조사의 결과 및 협동조합 정책의 개선에 관한 사항

  6. 그 밖에 협동조합을 활성화하기 위한 여건 조성에 관한 사항

③ 기획재정부장관은 제1항과 제2항에 따라 협동조합에 관한 정책을 총괄하고 기본계획을 수립함에 있어 관계 중앙행정기관의 장과 협의하여야 하고, 특별시장·광역시장·특별자치시장·도지사·특별자치도지사(이하 "시·도지사"라 한다), 관계 기관 및 단체의 장에게 의견의 제출을 요청할 수 있다. 이 경우 그 요청을 받은 자는 정당한 사유가 없으면 그 요청에 따라야 한다.

④ 기획재정부장관은 협동조합에 관한 정책과 협동조합의 자율적인 활동 등에 관한 사항에 대하여 대통령령으로 정하는 바에 따라 시·도지사와 협의·조정할 수 있다.

⑤ 제1항부터 제4항까지의 규정에 따른 협동조합에 관한 정책 총괄 및 기본계획의 수립과 협의·조정 등을 위하여 필요한 사항은 대통령령으로 정한다.

⑥ 기획재정부장관은 협동조합의 활동현황·자금·인력 및 경영 등에 관한 실태파악을 위하여 2년마다 실태조사를 실시한 후 그 결과를 공표하고, 국회 소관 상임위

원회에 보고하여야 한다.

⑦ 관계 중앙행정기관의 장 또는 시·도지사는 제6항에 따른 실태조사를 위하여 필요한 자료를 기획재정부장관에게 제출하여야 한다.

〔전문개정 2014.1.21.〕

제11조의2(협동조합정책심의위원회)

① 협동조합의 정책에 관한 주요 사항을 심의하기 위하여 기획재정부장관 소속으로 협동조합정책심의위원회(이하 "심의회"라 한다)를 둔다.

② 심의회는 다음 각 호의 사항을 심의한다.

  1. 기본계획의 수립·변경에 관한 사항

  2. 협동조합등 및 사회적협동조합등의 설립·합병·분할의 신고 또는 인가에 관련된 사항

  3. 협동조합등 및 사회적협동조합등의 관리·감독에 관련된 사항

  4. 협동조합 정책과 관련된 관계 행정기관과의 협의·조정 등에 관련된 사항

  5. 그 밖에 협동조합과 관련된 법·제도의 개선 등 협동조합등 및 사회적협동조합등의 활성화를 위하여 대통령령으로 정하는 사항

③ 심의회의 위원장은 기획재정부차관이 되며, 위원은 다음 각 호의 위원으로 구성한다.

  1. 대통령령으로 정하는 관계 중앙행정기관의 고위공무원단에 속하는 공무원

  2. 협동조합에 관한 학식과 경험이 풍부한 사람 중에서 기획재정부장관이 위촉하는 사람

④ 제1항부터 제3항까지에서 규정한 사항 외에 심의회의 구성 및 운영 등에 필요한 사항은 대통령령으로 정한다.

〔본조신설 2014.12.30.〕

제12조(협동조합의 날)

① 국가는 협동조합에 대한 이해를 증진시키고 협동조합의 활동을 장려하기 위하여 매년 7월 첫째 토요일을 협동조합의 날로 지정하며, 협동조합의 날 이전 1주간을 협동조합 주간으로 지정한다.

② 국가와 지방자치단체는 협동조합의 날의 취지에 적합한 행사 등 사업을 실시하도록 노력하여야 한다.

제13조(다른 법률과의 관계)

① 다른 법률에 따라 설립되었거나 설립되는 협동조합에 대하여는 이 법을 적용하지

아니한다.

② 협동조합의 설립 및 육성과 관련되는 다른 법령을 제정하거나 개정하는 경우에는 이 법의 목적과 원칙에 맞도록 하여야 한다.

③ 대통령령으로 정하는 요건에 해당하는 협동조합등 및 사회적협동조합등의 행위에 대하여는 「독점규제 및 공정거래에 관한 법률」을 적용하지 아니한다. 다만, 불공정거래행위 등 일정한 거래분야에서 부당하게 경쟁을 제한하는 경우에는 그러하지 아니하다.

④ 협동조합연합회 및 사회적협동조합연합회의 공제사업에 관하여는 「보험업법」을 적용하지 아니한다. 〈신설 2014.1.21.〉

제14조(다른 법률의 준용)

① 제4조제1항의 협동조합등에 관하여 이 법에서 규정한 사항 외에는 「상법」 제1편 총칙, 제2편 상행위, 제3편제3장의2 유한책임회사에 관한 규정을 준용한다. 이 경우 "상인"은 "협동조합등"으로, "사원"은 "조합원등"으로 본다.

② 제4조제2항의 사회적협동조합등에 관하여 이 법에서 규정한 사항 외에는 「민법」 제1편제3장 법인에 관한 규정을 준용한다. 이 경우 "사단법인"은 "사회적협동조합등"으로, "사원"은 "조합원등"으로, "허가"는 "인가"로 본다.

제2장 협동조합

제1절 설립

제15조(설립신고 등)

① 협동조합을 설립하려는 경우에는 5인 이상의 조합원 자격을 가진 자가 발기인이 되어 정관을 작성하고 창립총회의 의결을 거친 후 주된 사무소의 소재지를 관할하는 시·도지사에게 신고하여야 한다. 신고한 사항을 변경하는 경우에도 또한 같다. 〈개정 2014.1.21.〉

② 창립총회의 의사는 창립총회 개의 전까지 발기인에게 설립동의서를 제출한 자 과반수의 출석과 출석자 3분의 2 이상의 찬성으로 의결한다.

③ 시·도지사는 제1항에 따라 협동조합의 설립신고를 받은 때에는 즉시 기획재정부장관에게 그 사실을 통보하여야 한다.

④ 제1항부터 제3항까지에서 규정한 사항 외에 협동조합의 설립신고 및 변경신고에

필요한 사항은 대통령령으로 정한다. 〈신설 2014.1.21.〉

제15조의2(신고확인증의 발급 등)

① 제15조에 따라 설립신고를 받은 시·도지사는 대통령령으로 정하는 바에 따라 그 설립신고를 반려하거나 보완을 요구하는 경우를 제외하고는 신고확인증을 발급하여야 한다.

② 제1항에 따른 신고확인증의 발급에 필요한 사항은 대통령령으로 정한다.

[본조신설 2014.1.21.]

제16조(정관)

① 협동조합의 정관에는 다음 각 호의 사항이 포함되어야 한다.

1. 목적

2. 명칭 및 주된 사무소의 소재지

3. 조합원 및 대리인의 자격

4. 조합원의 가입, 탈퇴 및 제명에 관한 사항

5. 출자 1좌의 금액과 납입 방법 및 시기, 조합원의 출자좌수 한도

6. 조합원의 권리와 의무에 관한 사항

7. 잉여금과 손실금의 처리에 관한 사항

8. 적립금의 적립방법 및 사용에 관한 사항

9. 사업의 범위 및 회계에 관한 사항

10. 기관 및 임원에 관한 사항

11. 공고의 방법에 관한 사항

12. 해산에 관한 사항

13. 출자금의 양도에 관한 사항

14. 그 밖에 총회·이사회의 운영 등에 필요한 사항

② 제1항제5호에 따른 출자 1좌의 금액은 균일하게 정하여야 한다. 〈신설 2014.1.21.〉

③ 협동조합의 정관의 변경은 설립신고를 한 시·도지사에게 신고를 하여야 그 효력이 발생한다. 〈개정 2014.1.21.〉

제17조(규약 또는 규정)

협동조합의 운영 및 사업실시에 필요한 사항으로서 정관으로 정하는 것을 제외하고는 규약 또는 규정으로 정할 수 있다.

제18조(설립사무의 인계와 출자납입 등)

① 발기인은 제15조의2에 따라 신고확인증을 발급받으면 지체 없이 그 사무를 이사

장에게 인계하여야 한다. 〈개정 2014.1.21.〉

② 제1항에 따라 이사장이 그 사무를 인수하면 기일을 정하여 조합원이 되려는 자에게 출자금을 납입하게 하여야 한다.

③ 현물출자자는 제2항에 따른 납입기일 안에 출자 목적인 재산을 인도하고 등기·등록, 그 밖의 권리의 이전에 필요한 서류를 구비하여 협동조합에 제출하여야 한다.

④ 협동조합의 자본금은 조합원이 납입한 출자금의 총액으로 한다. 〈신설 2014.1.21.〉
〔제목개정 2014.1.21.〕

제19조(협동조합의 설립)

① 협동조합은 주된 사무소의 소재지에서 제61조에 따른 설립등기를 함으로써 성립한다.

② 협동조합의 설립 무효에 관하여는 「상법」 제328조를 준용한다.

제2절 조합원

제20조(조합원의 자격)

조합원은 협동조합의 설립 목적에 동의하고 조합원으로서의 의무를 다하고자 하는 자로 한다.

제21조(가입)

① 협동조합은 정당한 사유 없이 조합원의 자격을 갖추고 있는 자에 대하여 가입을 거절하거나 가입에 있어 다른 조합원보다 불리한 조건을 붙일 수 없다.

② 협동조합은 제1항에도 불구하고 정관으로 정하는 바에 따라 협동조합의 설립 목적 및 특성에 부합되는 자로 조합원의 자격을 제한할 수 있다.

제22조(출자 및 책임)

① 조합원은 정관으로 정하는 바에 따라 1좌 이상을 출자하여야 한다. 다만, 필요한 경우 정관으로 정하는 바에 따라 현물을 출자할 수 있다.

② 조합원 1인의 출자좌수는 총 출자좌수의 100분의 30을 넘어서는 아니 된다.

③ 조합원이 납입한 출자금은 질권의 목적이 될 수 없다.

④ 협동조합에 납입할 출자금은 협동조합에 대한 채권과 상계하지 못한다.

⑤ 조합원의 책임은 납입한 출자액을 한도로 한다.

제23조(의결권 및 선거권)

① 조합원은 출자좌수에 관계없이 각각 1개의 의결권과 선거권을 가진다.

② 조합원은 대리인으로 하여금 의결권 또는 선거권을 행사하게 할 수 있다. 이 경우 그 조합원은 출석한 것으로 본다.

③ 제2항에 따른 대리인은 다른 조합원 또는 본인과 동거하는 가족(조합원의 배우자, 조합원 또는 그 배우자의 직계 존속·비속과 형제자매, 조합원의 직계 존속·비속 및 형제자매의 배우자를 말한다. 이하 같다)이어야 하며, 대리인이 대리할 수 있는 조합원의 수는 1인에 한한다.

④ 제2항에 따른 대리인은 정관으로 정하는 바에 따라 대리권을 증명하는 서면을 협동조합에 제출하여야 한다.

제24조(탈퇴)

① 조합원은 정관으로 정하는 바에 따라 협동조합에 탈퇴의사를 알리고 탈퇴할 수 있다.

② 조합원이 다음 각 호의 어느 하나에 해당하면 당연히 탈퇴된다.

1. 조합원의 자격이 없는 경우

2. 사망한 경우

3. 파산한 경우

4. 금치산선고를 받은 경우

5. 조합원인 법인이 해산한 경우

6. 그 밖에 정관으로 정하는 사유에 해당하는 경우

③ 조합원지위의 양도 또는 조합원지분의 양도는 총회의 의결을 받아야 한다.

제25조(제명)

① 협동조합은 조합원이 다음 각 호의 어느 하나에 해당하면 해당 조합원을 제명할 수 있다.

1. 정관으로 정한 기간 이상 협동조합의 사업을 이용하지 아니한 경우

2. 출자 및 경비의 납입 등 협동조합에 대한 의무를 이행하지 아니한 경우

3. 그 밖에 정관으로 정하는 사유에 해당하는 경우

② 협동조합은 제1항에 따라 조합원을 제명하고자 할 때에는 총회 개최 10일 전까지 해당 조합원에게 제명사유를 알리고, 총회에서 의견을 진술할 기회를 주어야 한다.

③ 제2항에 따른 의견진술의 기회를 주지 아니하고 행한 총회의 제명 의결은 해당 조합원에게 대항하지 못한다.

제26조(지분환급청구권과 환급정지)

① 탈퇴 조합원(제명된 조합원을 포함한다. 이하 이 조와 제27조에서 같다)은 탈퇴(제명을 포함한다. 이하 이 조와 제27조에서 같다) 당시 회계연도의 다음 회계연도부터 정관으로 정하는 바에 따라 그 지분의 환급을 청구할 수 있다.

② 제1항에 따른 지분은 탈퇴한 회계연도 말의 협동조합의 자산과 부채에 따라 정한다.

③ 제1항에 따른 청구권은 2년간 행사하지 아니하면 시효로 인하여 소멸된다.

④ 협동조합은 탈퇴 조합원이 협동조합에 대한 채무를 다 갚을 때까지는 제1항에 따른 지분의 환급을 정지할 수 있다.

제27조(탈퇴 조합원의 손실액 부담)

협동조합은 협동조합의 재산으로 그 채무를 다 갚을 수 없는 경우에는 제26조에 따른 지분의 환급분을 계산할 때 정관으로 정하는 바에 따라 탈퇴 조합원이 부담하여야 할 손실액의 납입을 청구할 수 있다. 이 경우 제26조제3항을 준용한다.

제3절 기관

제28조(총회)

① 협동조합에 총회를 둔다.

② 총회는 이사장과 조합원으로 구성한다.

③ 이사장은 총회를 소집하며, 총회의 의장이 된다.

④ 정기총회는 매년 1회 정관으로 정하는 시기에 소집하고, 임시총회는 정관으로 정하는 바에 따라 필요하다고 인정될 때 소집할 수 있다.

⑤ 이사장은 총회 개최 7일 전까지 회의목적·안건·일시 및 장소를 정하여 정관으로 정한 방법에 따라 총회소집을 통지하여야 한다.

제29조(총회의 의결사항 등)

① 다음 각 호의 사항은 총회의 의결을 받아야 한다. 〈개정 2014.1.21.〉

  1. 정관의 변경

  2. 규약의 제정·변경 또는 폐지

  3. 임원의 선출과 해임

  4. 사업계획 및 예산의 승인

  5. 결산보고서의 승인

6. 감사보고서의 승인

7. 협동조합의 합병·분할·해산 또는 휴업

8. 조합원의 제명

8의2. 탈퇴 조합원(제명된 조합원을 포함한다)에 대한 출자금 환급

9. 총회의 의결을 받도록 정관으로 정하는 사항

10. 그 밖에 이사장 또는 이사회가 필요하다고 인정하는 사항

② 제1항제1호, 제7호, 제8호, 제8호의2의 사항은 총조합원 과반수의 출석과 출석자 3분의 2 이상의 찬성으로 의결하며, 그 밖의 사항은 총조합원 과반수의 출석과 출석자 과반수의 찬성으로 의결한다. 〈개정 2014.1.21.〉

제30조(총회의 의사록)

① 총회의 의사에 관하여 의사록을 작성하여야 한다.

② 의사록에는 의사의 진행 상황과 그 결과를 적고 의장과 총회에서 선출한 조합원 3인 이상이 기명날인하거나 서명하여야 한다.

제31조(대의원총회)

① 조합원 수가 대통령령으로 정하는 수를 초과하는 경우 총회를 갈음하는 대의원총회를 둘 수 있다.

② 대의원총회는 조합원 중에서 선출된 대의원으로 구성한다.

③ 대의원총회를 구성하는 대의원 정수는 대의원 선출 당시 조합원 총수의 100분의 10 이상이어야 한다. 다만, 그 대의원 총수가 100명을 초과하는 경우에는 100명으로 할 수 있다. 〈신설 2014.1.21.〉

④ 대의원의 의결권 및 선거권은 대리인으로 하여금 행사하게 할 수 없다. 〈개정 2014.1.21.〉

⑤ 대의원의 임기, 선출방법 및 자격 등 대의원총회의 운영에 필요한 사항은 정관으로 정한다. 〈신설 2014.1.21.〉

⑥ 대의원총회에 관하여는 총회에 관한 규정을 준용하며, 이 경우 "조합원"은 "대의원"으로 본다. 다만, 대의원총회는 협동조합의 합병·분할 및 해산에 관한 사항은 의결할 수 없다. 〈개정 2014.1.21.〉

제32조(이사회)

① 협동조합에 이사회를 둔다.

② 이사회는 이사장 및 이사로 구성한다.

③ 이사장은 이사회를 소집하고 그 의장이 된다.

④ 이사회는 구성원 과반수의 출석과 출석원 과반수의 찬성으로 의결하며, 그 밖에 이사회의 개의 및 의결방법 등 이사회의 운영에 관하여 필요한 사항은 정관으로 정한다.

⑤ 제1항에도 불구하고 조합원 수가 10인 미만인 협동조합은 총회의 의결을 받아 이사회를 두지 아니할 수 있다. 〈신설 2014.1.21.〉

제33조(이사회의 의결사항)

이사회는 다음 각 호의 사항을 의결한다.

1. 협동조합의 재산 및 업무집행에 관한 사항

2. 총회의 소집과 총회에 상정할 의안

3. 규정의 제정·변경 및 폐지

4. 사업계획 및 예산안 작성

5. 법령 또는 정관으로 이사회의 의결을 받도록 정하는 사항

6. 그 밖에 협동조합의 운영에 중요한 사항 또는 이사장이 부의하는 사항

제34조(임원)

① 협동조합에 임원으로서 이사장 1명을 포함한 3명 이상의 이사와 1명 이상의 감사를 둔다.

② 이사의 정수 및 이사·감사의 선출방법 등은 정관으로 정한다.

③ 이사장은 이사 중에서 정관으로 정하는 바에 따라 총회에서 선출한다.

④ 조합원인 법인이 협동조합의 임원인 경우 그 조합원인 법인은 임원의 직무를 수행할 사람을 선임하고, 그 선임한 사람의 성명과 주소를 조합원에게 통지하여야 한다. 〈신설 2014.1.21.〉

⑤ 제1항에도 불구하고 사업의 성격, 조합원 구성 등을 감안하여 대통령령으로 정하는 협동조합은 총회의 의결을 받아 감사를 두지 아니할 수 있다. 〈신설 2014.1.21.〉

제35조(임원의 임기 등)

① 임원의 임기는 4년의 범위에서 정관으로 정한다.

② 임원은 연임할 수 있다. 다만, 이사장은 2차에 한하여 연임할 수 있다.

③ 결원으로 인하여 선출된 임원의 임기는 전임자의 임기종료일까지로 한다.

제36조(임원 등의 결격사유)

① 다음 각 호의 어느 하나에 해당하는 사람은 협동조합의 임원이나 제34조제4항에 따른 임원의 직무를 수행할 사람이 될 수 없다. 〈개정 2014.1.21.〉

1. 피성년후견인

2. 피한정후견인

3. 파산선고를 받고 복권되지 아니한 사람

4. 금고 이상의 실형을 선고받고 그 집행이 끝나거나(집행이 끝난 것으로 보는 경우를 포함한다) 집행이 면제된 날부터 3년이 지나지 아니한 사람

5. 금고 이상의 형의 집행유예를 선고받고 그 유예기간 중에 있거나 유예기간이 끝난 날부터 2년이 지나지 아니한 사람

6. 금고 이상의 형의 선고유예를 받고 그 선고유예기간 중에 있는 사람

7. 법원의 판결 또는 다른 법률에 따라 자격이 상실 또는 정지된 사람

② 제1항 각 호의 사유가 발생하면 해당 임원이나 제34조제4항에 따른 임원의 직무를 수행할 사람은 당연히 퇴직된다. 〈개정 2014.1.21.〉

③ 제2항에 따라 퇴직된 임원이나 제34조제4항에 따른 임원의 직무를 수행할 사람이 퇴직 전에 관여한 행위는 그 효력을 상실하지 아니한다. 〈개정 2014.1.21.〉

〔제목개정 2014.1.21.〕

제37조(선거운동의 제한)

① 누구든지 자기 또는 특정인을 협동조합의 임원 또는 대의원으로 당선되도록 하거나 당선되지 아니하도록 할 목적으로 다음 각 호의 어느 하나에 해당하는 행위를 할 수 없다. 〈개정 2014.1.21.〉

1. 조합원(협동조합에 가입신청을 한 자를 포함한다. 이하 이 조에서 같다)이나 그 가족(조합원의 배우자, 조합원 또는 그 배우자의 직계 존속·비속과 형제자매, 조합원의 직계 존속·비속 및 형제자매의 배우자를 말한다. 이하 같다) 또는 조합원이나 그 가족이 설립·운영하고 있는 기관·단체·시설에 대한 다음 각 목의 어느 하나에 해당하는 행위

가. 금전·물품·향응이나 그 밖의 재산상의 이익을 제공하는 행위

나. 공사의 직을 제공하는 행위

다. 금전·물품·향응, 그 밖의 재산상의 이익이나 공사의 직을 제공하겠다는 의사표시 또는 그 제공을 약속을 하는 행위

2. 후보자가 되지 못하도록 하거나 후보자를 사퇴하게 할 목적으로 후보자가 되려는 사람이나 후보자에게 제1호 각 목에 규정된 행위를 하는 행위

3. 제1호 또는 제2호의 이익이나 직을 제공받거나 그 제공의 의사표시를 승낙하는 행위 또는 그 제공을 요구하거나 알선하는 행위

② 임원 또는 대의원이 되려는 사람은 정관으로 정하는 기간 중에는 선거운동을 위하

여 조합원을 호별로 방문하거나 특정 장소에 모이게 할 수 없다.

③ 누구든지 협동조합의 임원 또는 대의원 선거와 관련하여 연설·벽보, 그 밖의 방법으로 거짓의 사실을 공표하거나 공연히 사실을 적시하여 후보자를 비방할 수 없다.

④ 누구든지 임원 또는 대의원 선거와 관련하여 다음 각 호의 방법 외의 선거운동을 할 수 없다. 〈개정 2014.1.21.〉

1. 선전 벽보의 부착

2. 선거 공보의 배부

3. 소형 인쇄물의 배부

4. 합동 연설회 또는 공개 토론회의 개최

5. 전화(문자메시지를 포함한다)·팩스·컴퓨터통신(전자우편을 포함한다)을 이용한 지지 호소

제38조(선거관리위원회의 구성·운영)

① 협동조합은 임원 및 대의원 선거를 공정하게 관리하기 위하여 선거관리위원회를 구성·운영할 수 있다.

② 선거관리위원회의 기능·구성 및 운영 등에 관하여 필요한 사항은 정관으로 정할 수 있다.

제39조(임원의 의무와 책임)

① 임원은 이 법, 이 법에 따른 명령, 정관·규약·규정 및 총회와 이사회의 의결을 준수하고 협동조합을 위하여 성실히 그 직무를 수행하여야 한다.

② 임원이 법령 또는 정관을 위반하거나 그 임무를 게을리하여 협동조합에 손해를 가한 때에는 연대하여 그 손해를 배상하여야 한다.

③ 임원이 고의 또는 중대한 과실로 그 임무를 게을리하여 제3자에게 손해를 끼친 때에는 제3자에게 연대하여 그 손해를 배상하여야 한다.

④ 제2항 및 제3항의 행위가 이사회의 의결에 의한 것일 때에는 그 의결에 찬성한 이사도 제2항 및 제3항의 책임이 있다.

⑤ 제4항의 의결에 참가한 이사로서 명백한 반대의사를 표시하지 아니한 자는 그 의결에 찬성한 것으로 본다.

제40조(임원의 해임)

① 조합원은 조합원 5분의 1 이상의 동의로 총회에 임원의 해임을 요구할 수 있다.

② 임원의 해임을 의결하려면 해당 임원에게 해임의 이유를 알리고, 총회에서 의견을 진술할 기회를 주어야 한다.

제41조(이사장 및 이사의 직무)

① 이사장은 협동조합을 대표하고 정관으로 정하는 바에 따라 협동조합의 업무를 집행한다.

② 이사는 정관으로 정하는 바에 따라 협동조합의 업무를 집행하고, 이사장이 사고가 있을 때에는 정관으로 정하는 순서에 따라 그 직무를 대행한다.

③ 제2항의 경우와 이사장이 권한을 위임한 경우를 제외하고는 이사장이 아닌 이사는 협동조합을 대표할 수 없다.

제42조(감사의 직무)

① 감사는 협동조합의 업무집행상황, 재산상태, 장부 및 서류 등을 감사하여 총회에 보고하여야 한다.

② 감사는 예고 없이 협동조합의 장부나 서류를 대조·확인할 수 있다.

③ 감사는 이사장 및 이사가 이 법, 이 법에 따른 명령, 정관·규약·규정 또는 총회의 의결에 반하여 업무를 집행한 때에는 이사회에 그 시정을 요구하여야 한다.

④ 감사는 총회 또는 이사회에 출석하여 의견을 진술할 수 있다.

⑤ 제34조제5항에 따라 감사를 두지 아니하는 때에는 총회가 제1항부터 제3항까지의 규정에 따른 감사의 직무를 수행한다. 〈신설 2014.1.21.〉

제43조(감사의 대표권)

① 협동조합이 이사장을 포함한 이사와 소송을 하는 때에는 감사가 협동조합을 대표한다. 〈개정 2014.1.21.〉

② 제34조제5항에 따라 감사를 두지 아니하는 협동조합이 제1항에 따른 소송을 하는 때에는 협동조합, 이사 또는 이해관계인은 법원에 협동조합을 대표할 자를 선임하여 줄 것을 신청하여야 한다. 〈신설 2014.1.21.〉

제44조(임직원의 겸직금지)

① 이사장은 다른 협동조합의 이사장을 겸직할 수 없다.

② 이사장을 포함한 이사와 직원은 감사를 겸직할 수 없다.

③ 임원은 해당 협동조합의 직원을 겸직할 수 없다. 〈개정 2014.1.21.〉

④ 제2항 및 제3항에도 불구하고 임원은 사업의 성격과 조합원의 구성 등을 고려하여 대통령령으로 정하는 바에 따라 직원을 겸직할 수 있다. 〈신설 2014.1.21.〉

⑤ 협동조합의 임직원은 국회의원 또는 지방의회의원을 겸직할 수 없다. 〈신설 2014.1.21.〉

제45조(사업)

① 협동조합은 설립 목적을 달성하기 위하여 필요한 사업을 자율적으로 정관으로 정하되, 다음 각 호의 사업은 포함하여야 한다.

    1. 조합원과 직원에 대한 상담, 교육·훈련 및 정보 제공 사업

    2. 협동조합 간 협력을 위한 사업

    3. 협동조합의 홍보 및 지역사회를 위한 사업

② 협동조합의 사업은 관계 법령에서 정하는 목적·요건·절차·방법 등에 따라 적법하고 타당하게 시행되어야 한다.

③ 협동조합은 제1항과 제2항에도 불구하고 「통계법」 제22조제1항에 따라 통계청장이 고시하는 한국표준산업분류에 의한 금융 및 보험업을 영위할 수 없다.

제46조(사업의 이용)

협동조합은 대통령령으로 정하는 사업을 제외하고는 조합원의 이용에 지장이 없는 범위에서 정관으로 정하는 바에 따라 조합원이 아닌 자에게 그 사업을 이용하게 할 수 있다.

〔전문개정 2014.12.30.〕

제5절 회계

제47조(회계연도 등)

① 협동조합의 회계연도는 정관으로 정한다.

② 협동조합의 회계는 일반회계와 특별회계로 구분하되, 각 회계별 사업부문은 정관으로 정한다.

제48조(사업계획서와 수지예산서)

협동조합은 매 회계연도의 사업계획서와 수지예산서를 작성하여 총회의 의결을 받아야 한다.

제49조(운영의 공개)

① 협동조합은 다음 각 호의 사항을 적극 공개하여야 한다. 〈개정 2014.1.21.〉

    1. 정관과 규약 또는 규정

    2. 총회·이사회의 의사록

3. 조합원 명부

4. 회계장부

5. 그 밖에 정관으로 정하는 사항

② 협동조합은 제1항 각 호의 사항이 포함된 서류를 주된 사무소에 갖추어 두어야 한다. 〈개정 2014.1.21.〉

③ 협동조합의 채권자 및 조합원은 제1항 각 호의 사항이 포함된 서류를 열람하거나 그 사본을 청구할 수 있다. 〈개정 2014.1.21.〉

④ 삭제 〈2014.1.21.〉

제49조의2(경영공시)

① 대통령령으로 정하는 일정 규모 이상의 협동조합은 제15조에 따라 설립신고를 한 시·도 또는 협동조합연합회의 인터넷 홈페이지에 경영에 관한 다음 각 호의 사항에 대한 공시(이하 이 조에서 "경영공시"라 한다)를 하여야 한다.

1. 정관과 규약 또는 규정

2. 사업결산 보고서

3. 총회, 대의원총회 및 이사회의 활동 상황

4. 제45조제1항제1호부터 제3호까지의 사업을 포함한 사업결과 보고서

② 제1항에도 불구하고 기획재정부장관은 경영공시를 대신하여 같은 항 각 호의 사항을 별도로 표준화하고 이를 통합하여 공시할 수 있다.

③ 기획재정부장관은 제2항에 따른 통합 공시를 하기 위하여 필요한 자료를 협동조합에 요구할 수 있다. 이 경우 협동조합은 특별한 사정이 없으면 그 요구에 따라야 한다.

④ 제1항부터 제3항까지에서 규정한 사항 외에 협동조합의 경영공시 또는 통합 공시의 절차 등에 관하여 필요한 사항은 대통령령으로 정한다.

〔본조신설 2014.1.21.〕

제50조(법정적립금 및 임의적립금)

① 협동조합은 매 회계연도 결산의 결과 잉여금이 있는 때에는 해당 회계연도말 출자금 납입총액의 3배가 될 때까지 잉여금의 100분의 10 이상을 적립(이하 "법정적립금"이라 한다)하여야 한다. 〈개정 2014.1.21.〉

② 협동조합은 정관으로 정하는 바에 따라 사업준비금 등을 적립(이하 "임의적립금"이라 한다)할 수 있다.

③ 협동조합은 손실의 보전에 충당하거나 해산하는 경우 외에는 법정적립금을 사용

하여서는 아니 된다.

제51조(손실금의 보전과 잉여금의 배당)

① 협동조합은 매 회계연도의 결산 결과 손실금(당기손실금을 말한다)이 발생하면 미처분이월금, 임의적립금, 법정적립금의 순으로 이를 보전하고, 보전 후에도 부족이 있을 때에는 이를 다음 회계연도에 이월한다.

② 협동조합이 제1항에 따른 손실금을 보전하고 제50조에 따른 법정적립금 및 임의 적립금 등을 적립한 이후에는 정관으로 정하는 바에 따라 조합원에게 잉여금을 배당할 수 있다.

③ 제2항에 따른 잉여금 배당의 경우 협동조합사업 이용실적에 대한 배당은 전체 배당액의 100분의 50 이상이어야 하고, 납입출자액에 대한 배당은 납입출자금의 100분의 10을 초과하여서는 아니 된다.

제52조(결산보고서의 승인)

① 협동조합은 정기총회일 7일 전까지 결산보고서(사업보고서, 대차대조표, 손익계산서, 잉여금처분안 또는 손실금처리안 등을 말한다)를 감사에게 제출하여야 한다.

② 협동조합은 제1항에 따른 결산보고서와 감사의 의견서를 정기총회에 제출하여 승인을 받아야 한다.

제53조(출자감소의 의결)

① 협동조합은 출자 1좌 금액의 감소를 의결하면 의결한 날부터 14일 이내에 대차대조표를 작성하여야 한다.

② 협동조합은 제1항의 기간에 채권자에 대하여 이의가 있으면 일정한 기간에 신청하여야 할 것을 공고함과 동시에 이미 알고 있는 채권자에 대하여는 개별적으로 최고하여야 한다.

③ 제2항에 따른 이의신청 기간은 30일 이상으로 하여야 한다.

제54조(출자감소에 대한 채권자의 이의)

① 채권자가 제53조제2항에 따른 이의신청 기간에 이의를 신청하지 아니하면 출자 1좌의 금액의 감소를 승인한 것으로 본다.

② 채권자가 이의를 신청하면 협동조합은 채무를 변제하거나 상당한 담보를 제공하여야 한다.

제55조(출자지분 취득금지 등)

협동조합은 조합원의 출자지분을 취득하거나 이를 질권의 목적으로 하여서는 아니 된다.

제56조(합병 및 분할)

① 협동조합은 합병계약서 또는 분할계획서를 작성한 후 총회의 의결을 받아 합병 또는 분할할 수 있다.

② 협동조합이 합병할 경우 합병 후 존속하는 협동조합은 합병신고를, 분할 후 새로 설립되는 협동조합은 설립신고를, 합병으로 소멸되는 협동조합은 해산신고를 각각 그 주된 사무소의 소재지를 관할하는 시 · 도지사에게 하여야 한다. 〈개정 2014.1.21.〉

③ 합병 또는 분할로 인하여 존속하거나 설립되는 협동조합은 합병 또는 분할로 소멸되는 협동조합의 권리 · 의무를 승계한다.

④ 제1항에 따라 설립되는 협동조합에 대하여는 제15조, 제15조의2, 제16조 및 제17조를 준용한다. 〈개정 2014.1.21.〉

⑤ 협동조합은 이 법에 따른 협동조합 이외의 법인, 단체 및 협동조합 등과 합병하거나 이 법에 따른 협동조합 이외의 법인, 단체 및 협동조합 등으로 분할할 수 없다.

⑥ 제5항에도 불구하고 협동조합이 기획재정부장관의 인가를 받은 경우에는 다음 각 호의 법인을 흡수합병할 수 있다. 〈신설 2014.1.21.〉

　1. 「상법」에 따라 설립된 주식회사

　2. 「상법」에 따라 설립된 유한회사

　3. 「상법」에 따라 설립된 유한책임회사

⑦ 제6항에 따른 인가의 기준 · 절차 등에 관하여 필요한 사항은 대통령령으로 정한다. 〈신설 2014.1.21.〉

⑧ 협동조합의 합병 및 분할에 관하여는 제53조 및 제54조를 준용한다. 〈개정 2014.1.21.〉

제57조(해산)

① 협동조합은 다음 각 호의 어느 하나에 해당하는 사유로 해산한다.

　1. 정관으로 정한 해산 사유의 발생

　2. 총회의 의결

　3. 합병 · 분할 또는 파산

② 협동조합이 해산한 때에는 청산인은 파산의 경우를 제외하고는 그 취임 후 14일 이내에 기획재정부령으로 정하는 바에 따라 설립신고를 한 시 · 도지사에게 신고하

여야 한다. 〈개정 2014.1.21.〉

제58조(청산인)

① 협동조합이 해산하면 파산으로 인한 경우 외에는 이사장이 청산인이 된다. 다만, 총회에서 다른 사람을 청산인으로 선임하였을 경우에는 그에 따른다.

② 청산인은 취임 후 지체 없이 협동조합의 재산상태를 조사하고 재산목록과 대차대조표를 작성한 다음 재산처분의 방법을 정하여 총회의 승인을 받아야 한다.

③ 청산사무가 종결된 때에는 청산인은 지체 없이 결산보고서를 작성하여 총회의 승인을 받아야 한다.

④ 제2항 및 제3항의 경우 총회를 2회 이상 소집하여도 총회가 구성되지 아니할 때에는 출석조합원 3분의 2 이상의 찬성이 있으면 총회의 승인이 있은 것으로 본다.

제59조(잔여재산의 처리)

① 협동조합이 해산할 경우 채무를 변제하고 잔여재산이 있을 때에는 정관으로 정하는 바에 따라 이를 처분한다. 〈개정 2014.1.21.〉

② 제1항에도 불구하고 제60조의2제4항에 따라 조직변경 시 협동조합의 적립금으로 한 사내유보금은 정관으로 정하는 바에 따라 상급 협동조합연합회 또는 다른 협동조합에 기부할 수 있다. 〈신설 2014.1.21.〉

제60조(「민법」 등의 준용)

협동조합의 해산과 청산에 관하여는 「민법」 제79조, 제81조, 제87조, 제88조제1항·제2항, 제89조부터 제92조까지, 제93조제1항·제2항 및 「비송사건절차법」 제121조를 준용한다.

제6절의2 조직변경 〈신설 2014.1.21.〉

제60조의2(법인등의 조직변경)

① 상법」에 따라 설립된 유한책임회사, 주식회사, 유한회사 및 그 밖에 다른 법령에 따라 설립된 영리법인(이하 "법인등"이라 한다)은 소속 구성원 전원의 동의에 따른 총회의 결의(총회가 구성되지 아니한 경우에는 소속 구성원 전원의 동의를 말한다. 이하 이 조와 제105조의2에서 같다)로 이 법에 따른 협동조합으로 그 조직을 변경할 수 있다. 이 경우 기존의 법인등과 조직이 변경된 협동조합은 권리·의무 관계에서는 같은 법인으로 본다.

② 제1항에 따른 총회의 결의에서는 조직이 변경되는 협동조합에 대한 다음 각 호의

사항을 정한다.

1. 정관

2. 출자금

3. 그 밖에 협동조합으로의 조직변경에 필요한 사항

③ 제1항에 따른 협동조합으로의 조직변경은 기존의 법인등의 현존하는 순재산액보다 많은 금액을 협동조합의 출자금 총액으로 하지 못한다.

④ 법인등이 보유하고 있는 대통령령으로 정하는 사내유보금은 총회의 결의를 통하여 제50조에 따른 적립금으로 할 수 있다.

⑤ 법인등은 제1항에 따른 협동조합으로의 조직변경을 위한 총회의 결의사항 중 관계 행정기관의 장의 신고·인가·허가·승인 등(이하 "인허가등"이라 한다)이 필요한 경우에는 그 인허가등을 먼저 받아야 한다.

⑥ 법인등은 제1항에 따른 총회의 결의가 있는 경우에는 법인등의 주된 사무소를 관할하는 시·도지사에게 대통령령으로 정하는 바에 따라 협동조합으로의 조직변경에 관한 사항을 신고하여야 한다.

〔본조신설 2014.1.21.〕

제7절 등기

제61조(설립등기)

① 협동조합은 출자금의 납입이 끝난 날부터 14일 이내에 주된 사무소의 소재지에서 설립등기를 하여야 한다.

② 설립등기신청서에는 다음 각 호의 사항을 적어야 한다. 〈개정 2014.1.21., 2016.3.2.〉

1. 제16조제1항제1호와 제2호의 사항

2. 출자 총좌수와 납입한 출자금의 총액

3. 설립신고 연월일

4. 임원의 성명·주민등록번호 및 주소(임원이 법인인 경우에는 법인의 명칭, 법인등록번호 및 주소). 다만, 이사장이 아닌 임원의 주소는 제외한다.

③ 설립등기를 할 때에는 이사장이 신청인이 된다.

④ 제2항의 설립등기신청서에는 설립신고서, 창립총회의사록 및 정관의 사본을 첨부하여야 한다.

⑤ 합병이나 분할로 인한 협동조합의 설립등기신청서에는 다음 각 호의 서류를 모두 첨부하여야 한다. 〈개정 2014.1.21.〉

1. 제4항에 따른 서류

2. 제53조에 따라 공고하거나 최고한 사실을 증명하는 서류

3. 제54조에 따라 이의를 신청한 채권자에게 변제나 담보를 제공한 사실을 증명하는 서류

제62조(지사무소의 설치등기)

협동조합이 지사무소를 설치하였으면 주된 사무소의 소재지에서는 21일 이내에, 지사무소의 소재지에서는 28일 이내에 등기하여야 한다.

제63조(이전등기)

① 협동조합이 사무소를 이전하였으면 전소재지와 현소재지에서 각각 21일 이내에 이전등기를 하여야 한다.

② 제1항에 따른 등기를 할 때에는 이사장이 신청인이 된다.

제64조(변경등기)

① 협동조합은 제61조제2항 각 호의 사항이 변경되면 주된 사무소 및 해당 지사무소의 소재지에서 각각 21일 이내에 변경등기를 하여야 한다.

② 제61조제2항제2호의 사항에 관한 변경등기는 제1항에도 불구하고 회계연도 말을 기준으로 그 회계연도가 끝난 후 3개월 이내에 등기하여야 한다. 〈개정 2016.3.2.〉

③ 제1항과 제2항에 따른 변경등기를 할 때에는 이사장이 신청인이 된다.

④ 제3항에 따른 등기신청서에는 등기 사항의 변경을 증명하는 서류를 첨부하여야 한다.

⑤ 출자감소, 합병 또는 분할로 인한 변경등기신청서에는 다음 각 호의 서류를 모두 첨부하여야 한다.

1. 제4항에 따른 서류

2. 제53조에 따라 공고하거나 최고한 사실을 증명하는 서류

3. 제54조에 따라 이의를 신청한 채권자에게 변제나 담보를 제공한 사실을 증명하는 서류

제65조(합병등기)

① 협동조합이 합병한 경우에는 합병신고를 한 날부터 14일 이내에 그 사무소의 소재지에서 합병 후 존속하는 협동조합은 변경등기를, 합병으로 소멸되는 협동조합

은 해산등기를, 합병으로 설립되는 협동조합은 제61조에 따른 설립등기를 각 사무소의 소재지에서 하여야 한다.

② 제1항에 따른 해산등기를 할 때에는 합병으로 소멸되는 협동조합의 이사장이 신청인이 된다.

③ 제2항의 경우에는 해산 사유를 증명하는 서류를 첨부하여야 한다.

제66조(해산등기)

① 협동조합이 해산한 경우에는 합병과 파산의 경우 외에는 주된 사무소의 소재지에서는 14일 이내에, 지사무소의 소재지에서는 21일 이내에 해산등기를 하여야 한다.

② 제1항에 따른 해산등기를 할 때에는 청산인이 신청인이 된다.

③ 해산등기신청서에는 해산 사유를 증명하는 서류를 첨부하여야 한다.

제67조(청산인등기)

① 청산인은 그 취임일부터 14일 이내에 주된 사무소의 소재지에서 그 성명·주민등록번호 및 주소를 등기하여야 한다.

② 제1항에 따른 등기를 할 때 이사장이 청산인이 아닌 경우에는 신청인의 자격을 증명하는 서류를 첨부하여야 한다.

제68조(청산종결등기)

① 청산이 끝나면 청산인은 주된 사무소의 소재지에서는 14일 이내에, 지사무소의 소재지에서는 21일 이내에 청산종결의 등기를 하여야 한다.

② 제1항에 따른 등기신청서에는 제58조제3항에 따른 결산보고서의 승인을 증명하는 서류를 첨부하여야 한다.

제68조의2(조직변경의 등기)

법인등이 제60조의2에 따라 협동조합으로 조직변경을 한 경우에는 제60조의2제6항에 따라 신고를 한 날부터 본점 소재지에서는 14일 이내에, 지점 소재지에서는 21일 이내에 조직변경 전의 법인등은 해산등기를, 협동조합은 제61조에 따른 설립등기를 하여야 한다.

〔본조신설 2014.1.21.〕

제69조(등기부)

등기소는 협동조합등기부를 갖추어 두어야 한다.

제70조(「비송사건절차법」 등의 준용)

협동조합의 등기에 관하여 이 법에서 정한 사항 외에는 「비송사건절차법」 및 「상업등

기법」중 등기에 관한 규정을 준용한다.

제3장 협동조합연합회

제1절 설립

제71조(설립신고 등)
① 협동조합연합회(이하 "연합회"라 한다)를 설립하려는 경우에는 회원 자격을 가진
   셋 이상의 협동조합이 발기인이 되어 정관을 작성하고 창립총회의 의결을 거친 후
   기획재정부장관에게 신고하여야 한다. 신고한 사항을 변경하려는 경우에도 또한
   같다. 〈개정 2014.1.21.〉
② 창립총회의 의사는 창립총회 개의 전까지 발기인에게 설립동의서를 제출한 협동
   조합 과반수의 출석과 출석자 3분의 2 이상의 찬성으로 의결한다.
③ 제1항과 제2항에서 규정한 사항 외에 연합회의 설립신고 및 변경신고에 필요한 사
   항은 대통령령으로 정한다. 〈신설 2014.1.21.〉

제71조의2(신고확인증의 발급 등)
① 제71조에 따라 설립신고를 받은 기획재정부장관은 대통령령으로 정하는 바에 따
   라 그 설립신고를 반려하거나 보완 요구를 하는 경우를 제외하고는 신고확인증을
   발급하여야 한다.
② 제1항에 따른 신고확인증의 발급에 필요한 사항은 대통령령으로 정한다.
   〔본조신설 2014.1.21.〕

제72조(준용규정)
연합회의 설립에 관하여는 제16조부터 제19조까지의 규정을 준용한다. 이 경우 "협동
조합"은 "연합회"로, "조합원"은 "회원"으로, "시·도지사"는 "기획재정부장관"으로 보
고, 제16조제1항제3호 중 "조합원 및 대리인"은 "회원"으로 본다.

제2절 회원

제73조(회원의 자격)
① 연합회의 회원은 연합회의 설립 목적에 동의하고 회원으로서의 의무를 다하고자
   하는 협동조합으로 한다.

② 연합회는 정관으로 정하는 바에 따라 회원의 자격을 제한할 수 있다.

제74조(탈퇴)

① 회원은 정관으로 정하는 바에 따라 연합회에 탈퇴 의사를 알리고 탈퇴할 수 있다.

② 회원은 다음 각 호의 어느 하나에 해당하면 당연히 탈퇴된다.

    1. 회원으로서의 자격을 상실한 경우

    2. 해산 또는 파산한 경우

    3. 그 밖에 정관으로 정하는 사유에 해당하는 경우

제75조(의결권 및 선거권)

연합회는 회원인 협동조합의 조합원 수, 연합회 사업참여량, 출자좌수 등 정관으로 정하는 바에 따라 회원의 의결권 및 선거권을 차등하여 부여할 수 있다.

제76조(준용규정)

연합회의 회원에 관하여는 제21조, 제22조 및 제25조부터 제27조까지의 규정을 준용한다. 이 경우 "협동조합"은 "연합회"로, "조합원"은 "회원"으로 보고, 제22조제2항 중 "조합원 1인"은 "한 회원"으로, "100분의 30"은 "100분의 40"으로 본다. 〈개정 2014.1.21.〉

제3절 기관

제77조(총회)

① 연합회에 총회를 둔다.

② 총회는 회장과 회원으로 구성한다.

제78조(임원)

임원은 정관으로 정하는 바에 따라 총회에서 회원에 속한 조합원 중에서 선출한다.

제79조(준용규정)

연합회의 기관에 관하여는 제28조제3항부터 제5항까지, 제29조부터 제44조까지의 규정을 준용한다. 이 경우 "협동조합"은 "연합회"로, "이사장"은 "회장"으로, "조합원"은 "회원"으로 보고, 제40조제1항 중 "5분의 1"은 "3분의 1"로 보며, 제37조 중 "조합원"은 "회원에 속한 조합원"으로, "가입신청을 한 자"는 "가입신청을 한 협동조합에 속한 조합원"으로 본다. 〈개정 2014.1.21.〉

제4절 사업

제80조(사업)

① 연합회는 설립 목적을 달성하기 위하여 필요한 사업을 정관으로 정하되, 다음 각 호의 사업은 포함하여야 한다.

　1. 회원에 대한 지도 · 지원 · 연락 및 조정에 관한 사업

　2. 회원에 속한 조합원 및 직원에 대한 상담, 교육 · 훈련 및 정보 제공 사업

　3. 회원의 사업에 관한 조사 · 연구 및 홍보 사업

② 연합회의 사업은 관계 법령에서 정하는 목적 · 요건 · 절차 · 방법 등에 따라 적법하고 타당하게 시행되어야 한다.

③ 연합회는 제1항과 제2항에도 불구하고 「통계법」 제22조제1항에 따라 통계청장이 고시하는 한국표준산업분류에 의한 금융 및 보험업을 영위할 수 없다.

제80조의2(공제사업)

① 제80조제3항에도 불구하고 연합회는 회원들의 상호부조를 위한 공제사업(회원 간 상호부조를 목적으로 회원들이 각자 나누어 낸 공제료를 적립금으로 하여 그 적립금의 한도 내에서 공제료를 낸 회원들을 위하여 실시하는 사업을 말한다)을 할 수 있다. 다만, 회원의 채무 또는 의무 이행 등에 필요한 보증사업은 제외한다.

② 연합회가 제1항에 따른 공제사업을 하려는 때에는 기획재정부장관의 인가를 받아야 한다. 인가받은 사항을 변경하려는 때에도 또한 같다.

③ 제2항에 따른 인가의 요건 및 절차 등 인가에 필요한 사항은 대통령령으로 정한다.

④ 기획재정부장관은 공제사업의 건전한 육성 및 계약자의 보호를 위하여 공제사업의 감독에 필요한 기준을 정하여 운영할 수 있다.

〔본조신설 2014.1.21.〕

제81조(사업의 이용)

① 연합회는 대통령령으로 정하는 사업을 제외하고는 회원의 이용에 지장이 없는 범위에서 정관으로 정하는 바에 따라 회원이 아닌 자에게 그 사업을 이용하게 할 수 있다. 〈개정 2014.12.30.〉

② 회원인 조합의 조합원이 사업을 이용하는 경우에는 이를 회원이 이용한 것으로 본다. 다만, 제80조의2에 따른 공제사업의 경우에는 그러하지 아니하다. 〈개정 2014.1.21.〉

제82조(준용규정)

연합회의 회계에 관하여는 제47조부터 제49조까지, 제49조의2 및 제50조부터 제
55조까지의 규정을 준용한다. 이 경우 "협동조합"은 "연합회"로, "조합원"은 "회원"으
로 본다. 〈개정 2014.1.21.〉

제6절 합병·분할·해산 및 청산

제83조(준용규정)

연합회의 합병·분할·해산 및 청산에 관하여는 제56조제1항부터 제5항까지 및 제7
항, 제57조, 제58조, 제59조제1항, 제60조를 준용한다. 이 경우 "협동조합"은 "연합
회"로, "조합원"은 "회원"으로, "시·도지사"는 "기획재정부장관"으로 보고, 제56조제4
항 중 "제15조, 제15조의2, 제16조 및 제17조"는 "제71조, 제71조의2 및 제72조"로
보며, 제58조제4항 중 "조합원"은 "회원"으로 본다. 〈개정 2014.1.21.〉

제7절 등기

제84조(준용규정)

연합회의 등기에 관하여는 제61조부터 제68조까지, 제69조 및 제70조를 준용한다.
이 경우 "협동조합"은 "연합회"로, "이사장"은 "회장"으로 본다. 〈개정 2014.1.21.〉

제4장 사회적협동조합

제1절 설립

제85조(설립인가 등)

① 사회적협동조합을 설립하고자 하는 때에는 5인 이상의 조합원 자격을 가진 자가
   발기인이 되어 정관을 작성하고 창립총회의 의결을 거친 후 기획재정부장관에게
   인가를 받아야 한다.
② 창립총회의 의사는 창립총회 개의 전까지 발기인에게 설립동의서를 제출한 자 과

반수의 출석과 출석자 3분의 2 이상의 찬성으로 의결한다.

③ 기획재정부장관은 제1항에 따라 설립인가 신청을 받으면 다음 각 호의 경우 외에는 신청일부터 60일 이내에 인가하여야 한다. 다만, 부득이한 사유로 처리기간 내에 처리하기 곤란한 경우에는 60일 이내에서 1회에 한하여 그 기간을 연장할 수 있다.

  1. 설립인가 구비서류가 미비된 경우

  2. 설립의 절차, 정관 및 사업계획서의 내용이 법령을 위반한 경우

  3. 그 밖에 설립인가 기준에 미치지 못하는 경우

④ 제1항 및 제3항의 설립인가에 관한 신청 절차와 조합원 수, 출자금, 그 밖에 인가에 필요한 기준, 인가 방법에 관한 상세한 사항은 대통령령으로 정한다.

⑤ 삭제 〈2014.1.21.〉

제86조(정관)

① 사회적협동조합의 정관에는 다음 각 호의 사항이 포함되어야 한다.

  1. 목적

  2. 명칭 및 주된 사무소의 소재지

  3. 조합원 및 대리인의 자격

  4. 조합원의 가입, 탈퇴 및 제명에 관한 사항

  5. 출자 1좌의 금액과 납입 방법 및 시기, 조합원의 출자좌수 한도

  6. 조합원의 권리와 의무에 관한 사항

  7. 잉여금과 손실금의 처리에 관한 사항

  8. 적립금의 적립방법 및 사용에 관한 사항

  9. 사업의 범위 및 회계에 관한 사항

  10. 기관 및 임원에 관한 사항

  11. 공고의 방법에 관한 사항

  12. 해산에 관한 사항

  13. 출자금의 양도에 관한 사항

  14. 그 밖에 총회·이사회의 운영 등에 관하여 필요한 사항

② 제1항제5호에 따른 출자 1좌의 금액은 균일하게 정하여야 한다. 〈신설 2014.1.21.〉

③ 사회적협동조합의 정관의 변경은 기획재정부장관의 인가를 받아야 그 효력이 발생한다. 〈개정 2014.1.21.〉

제87조(설립사무의 인계와 출자납입)

① 발기인은 제85조제1항에 따라 설립인가를 받으면 지체 없이 그 사무를 이사장에게 인계하여야 한다.

② 제1항에 따라 이사장이 그 사무를 인수하면 기일을 정하여 조합원이 되려는 자에게 출자금을 납입하게 하여야 한다.

③ 현물출자자는 제2항에 따른 납입기일 안에 출자 목적인 재산을 인도하고 등기·등록, 그 밖의 권리의 이전에 필요한 서류를 구비하여 협동조합에 제출하여야 한다.

④ 사회적협동조합의 자본금은 조합원이 납입한 출자금의 총액으로 한다. 〈신설 2014.1.21.〉

제88조(준용규정)

사회적협동조합의 설립에 관하여는 제17조 및 제19조를 준용한다. 이 경우 "협동조합"은 "사회적협동조합"으로 보고, 제19조제1항 중 "제61조에 따른 설립등기"는 "제106조에 따른 설립등기"로 본다.

제2절 조합원

제89조(출자금환급청구권과 환급정지)

① 탈퇴 조합원(제명된 조합원을 포함한다. 이하 이 조와 제90조에서 같다)은 탈퇴(제명을 포함한다. 이하 이 조와 제90조에서 같다) 당시 회계연도의 다음 회계연도부터 정관으로 정하는 바에 따라 그 출자금의 환급을 청구할 수 있다.

② 제1항에 따른 청구권은 2년간 행사하지 아니하면 시효로 인하여 소멸된다.

③ 사회적협동조합은 탈퇴 조합원이 사회적협동조합에 대한 채무를 다 갚을 때까지는 제1항에 따른 출자금의 환급을 정지할 수 있다.

제90조(탈퇴 조합원의 손실액 부담)

사회적협동조합은 사회적협동조합의 재산으로 그 채무를 다 갚을 수 없는 경우에는 제89조에 따른 출자금의 환급분을 계산할 때 정관으로 정하는 바에 따라 탈퇴 조합원이 부담하여야 할 손실액의 납입을 청구할 수 있다. 이 경우 제89조제2항을 준용한다.

제91조(준용규정)

사회적협동조합의 조합원에 관하여는 제20조부터 제25조까지의 규정을 준용한다. 이 경우 "협동조합"은 "사회적협동조합"으로 본다.

제3절 기관

제92조(준용규정)

사회적협동조합의 기관에 관하여는 제28조부터 제33조까지, 제34조제1항부터 제3항까지, 제35조부터 제41조까지, 제42조제1항부터 제4항까지, 제43조제1항, 제44조를 준용한다. 이 경우 "협동조합"은 "사회적협동조합"으로 본다. 〈개정 2014.1.21.〉

제4절 사업

제93조(사업)

① 사회적협동조합은 다음 각 호의 사업 중 하나 이상을 주 사업으로 하여야 한다. 〈개정 2014.1.21.〉

　1. 지역(시·도의 관할 구역을 말하되, 실제 생활권이 둘 이상인 시·도에 걸쳐 있는 경우에는 그 생활권 전체를 말한다. 이하 이 호에서 같다) 사회의 재생, 지역 경제의 활성화, 지역 주민들의 권익·복리 증진 및 그 밖에 지역 사회가 당면한 문제 해결에 기여하는 사업

　2. 대통령령으로 정하는 취약계층에 복지·의료·환경 등의 분야에서 사회서비스를 제공하는 사업

　3. 대통령령으로 정하는 취약계층에 일자리를 제공하는 사업

　4. 국가·지방자치단체로부터 위탁받은 사업

　5. 그 밖에 공익증진에 이바지 하는 사업

② 제1항 각 호에 따른 주 사업은 협동조합 전체 사업량의 100분의 40 이상이어야 한다. 〈개정 2014.1.21.〉

③ 제1항 각 호에 따른 주 사업의 판단기준은 대통령령으로 정한다. 〈신설 2014.1.21.〉

④ 제1항부터 제3항까지에서 규정한 사항 외에 사회적협동조합의 사업에 관하여는 제45조를 준용한다. 이 경우 "협동조합"은 "사회적협동조합"으로 본다. 〈신설 2014.1.21.〉

제94조(조합원에 대한 소액대출 및 상호부조)

① 사회적협동조합은 제93조제4항에서 준용하는 제45조제3항에도 불구하고 상호복리 증진을 위하여 주 사업 이외의 사업으로 정관으로 정하는 바에 따라 조합원을 대상으로 납입 출자금 총액의 한도에서 소액대출과 상호부조를 할 수

있다. 다만, 소액대출은 납입 출자금 총액의 3분의 2를 초과할 수 없다. 〈개정 2014.1.21.〉

② 제1항의 사업에 따른 소액대출 이자율, 대출한도, 상호부조의 범위, 상호부조금, 상호부조계약 및 상호부조회비 등 필요한 세부 사항은 대통령령으로 정한다.

제95조(사업의 이용)

사회적협동조합은 대통령령으로 정하는 사업을 제외하고는 정관으로 정하는 바에 따라 조합원이 아닌 자에게 그 사업을 이용하게 할 수 있다.

〔전문개정 2014.1.21.〕

제95조의2(공공기관의 우선 구매)

① 「중소기업제품 구매촉진 및 판로지원에 관한 법률」 제2조제2호에 따른 공공기관의 장은 구매하려는 재화나 서비스에 사회적협동조합이 생산하는 재화나 서비스가 있는 경우에는 해당 재화나 서비스의 우선 구매를 촉진하여야 한다.

② 제1항에 따른 공공기관의 장은 사회적협동조합이 생산하는 재화나 서비스의 구매 증대를 위한 구매 계획과 전년도 구매 실적을 기획재정부장관에게 통보하여야 한다.

③ 제2항에 따른 구매 계획과 구매 실적의 통보에 필요한 사항은 대통령령으로 정한다.

〔본조신설 2014.1.21.〕

제5절 회계 등

제96조(운영의 공개)

① 사회적협동조합은 다음 각 호의 사항을 적극 공개하여야 한다. 〈개정 2014.1.21.〉

　1. 정관과 규약 또는 규정

　2. 총회·이사회의 의사록

　3. 조합원 명부

　4. 회계장부

　5. 그 밖에 정관으로 정하는 사항

② 사회적협동조합은 제1항 각 호의 사항이 포함된 서류를 주된 사무소에 갖추어 두어야 한다. 〈개정 2014.1.21.〉

③ 협동조합의 채권자와 조합원은 제1항 각 호의 사항이 포함된 서류를 열람하거나 그 사본을 청구할 수 있다. 〈개정 2014.1.21.〉

④ 삭제 〈2014.1.21.〉

제96조의2(경영공시)

① 사회적협동조합은 기획재정부 또는 사회적협동조합연합회의 인터넷 홈페이지에 경영에 관한 다음 각 호의 사항에 대한 공시(이하 이 조에서 "경영공시"라 한다)를 하여야 한다.

　1. 정관과 규약 또는 규정

　2. 사업결산 보고서

　3. 총회, 대의원총회 및 이사회의 활동 상황

　4. 제93조제4항에서 준용하는 제45조제1항제1호부터 제3호까지의 사업을 포함한 사업결과 보고서

② 제1항에도 불구하고 기획재정부장관은 경영공시를 대신하여 같은 항 각 호의 사항을 별도로 표준화하고 이를 통합하여 공시할 수 있다.

③ 기획재정부장관은 제2항에 따른 통합 공시를 하기 위하여 필요한 자료를 사회적협동조합에 요구할 수 있다. 이 경우 사회적협동조합은 특별한 사정이 없으면 그 요구에 따라야 한다.

④ 제1항부터 제3항까지에서 규정한 사항 외에 사회적협동조합의 경영공시 또는 통합 공시의 절차 등에 관하여 필요한 사항은 대통령령으로 정한다.

〔본조신설 2014.1.21.〕

제97조(법정적립금 및 임의적립금)

① 사회적협동조합은 매 회계연도 결산의 결과 잉여금이 있는 때에는 해당 회계연도 말 출자금 납입총액의 3배가 될 때까지 잉여금의 100분의 30 이상을 법정적립금으로 적립하여야 한다. 〈개정 2014.1.21.〉

② 사회적협동조합은 정관으로 정하는 바에 따라 사업준비금 등을 임의적립금으로 적립할 수 있다.

③ 사회적협동조합은 손실의 보전에 충당하거나 해산하는 경우 외에는 법정적립금을 사용하여서는 아니 된다.

제98조(손실금의 보전과 잉여금의 배당)

① 사회적협동조합은 매 회계연도의 결산 결과 손실금(당기손실금을 말한다)이 발생하면 미처분이월금, 임의적립금, 법정적립금의 순으로 이를 보전하고, 보전 후에도 부족이 있을 때에는 이를 다음 회계연도에 이월한다.

② 사회적협동조합이 제1항에 따른 손실금을 보전하고 제97조에 따른 법정적립금 등을 적립한 이후에 발생하는 잉여금은 임의적립금으로 적립하여야 하고 이를 조

합원에게 배당할 수 없다.

제99조(부과금의 면제)

사회적협동조합의 사업과 재산에 대하여는 국가와 지방자치단체의 조세 외의 부과금을 면제한다.

제100조(준용규정)

사회적협동조합의 회계에 관하여는 제47조, 제48조 및 제52조부터 제55조까지의 규정을 준용한다. 이 경우 "협동조합"은 "사회적협동조합"으로 본다.

제6절 합병·분할·해산 및 청산

제101조(합병 및 분할)

① 사회적협동조합은 합병계약서 또는 분할계획서를 작성한 후 총회의 의결을 받아 합병 또는 분할할 수 있다.

② 사회적협동조합이 합병 또는 분할할 경우 기획재정부장관의 인가를 받아야 한다.

③ 합병 또는 분할로 인하여 존속하거나 설립되는 사회적협동조합은 합병 또는 분할로 소멸되는 사회적협동조합의 권리·의무를 승계한다.

④ 제1항에 따라 설립되는 사회적협동조합에 대하여는 제85조, 제86조 및 제88조를 준용한다.

⑤ 삭제〈2014.1.21.〉

⑥ 사회적협동조합은 이 법에 따른 사회적협동조합 이외의 법인, 단체 및 협동조합 등과 합병하거나 이 법에 따른 사회적협동조합 이외의 법인, 단체 및 협동조합 등으로 분할할 수 없다.

⑦ 제6항에도 불구하고 사회적협동조합이 기획재정부장관의 인가를 받은 경우에는 다음 각 호의 법인을 흡수합병할 수 있다. 〈신설 2014.1.21.〉

　1.「상법」에 따라 설립된 주식회사

　2.「상법」에 따라 설립된 유한회사

　3.「상법」에 따라 설립된 유한책임회사

　4.「민법」에 따라 설립된 사단법인

　5. 협동조합

⑧ 제7항에 따른 인가의 기준·절차 등에 관하여 필요한 사항은 대통령령으로 정한다. 〈신설 2014.1.21.〉

⑨ 사회적협동조합의 합병 및 분할에 관하여는 제53조 및 제54조를 준용한다. 〈개정 2014.1.21.〉

제102조(해산)

① 사회적협동조합은 다음 각 호의 어느 하나에 해당하는 사유로 해산한다.

1. 정관으로 정한 해산 사유의 발생

2. 총회의 의결

3. 합병·분할 또는 파산

4. 설립인가의 취소

② 사회적협동조합이 제1항제1호부터 제3호까지의 규정에 따라 해산한 때에는 청산인은 파산의 경우를 제외하고는 그 취임 후 14일 이내에 기획재정부령으로 정하는 바에 따라 기획재정부장관에게 신고하여야 한다. 〈개정 2014.1.21.〉

제103조(청산인)

① 사회적협동조합이 해산하면 파산으로 인한 경우 외에는 이사장이 청산인이 된다. 다만, 총회에서 다른 사람을 청산인으로 선임하였을 경우에는 그에 따른다.

② 청산인은 취임 후 지체 없이 사회적협동조합의 재산상태를 조사하고 재산목록과 대차대조표를 작성한 다음 재산처분의 방법을 정하여 총회의 승인을 받아야 한다.

③ 청산사무가 종결된 때에는 청산인은 지체 없이 결산보고서를 작성하여 총회의 승인을 받아야 한다.

④ 제2항 및 제3항의 경우 총회를 2회 이상 소집하여도 총회가 구성되지 아니할 때에는 출석조합원 3분의 2 이상의 찬성이 있으면 총회의 승인이 있은 것으로 본다.

⑤ 기획재정부장관은 사회적협동조합의 청산 사무를 감독한다.

제104조(잔여재산의 처리)

사회적협동조합이 해산할 경우 부채 및 출자금을 변제하고 잔여재산이 있을 때에는 정관으로 정하는 바에 따라 다음 각 호의 어느 하나에 귀속된다.

1. 상급 사회적협동조합연합회

2. 유사한 목적의 사회적협동조합

3. 비영리법인·공익법인

4. 국고

제105조(「민법」 등의 준용)

사회적협동조합의 해산과 청산에 관하여는 「민법」 제79조, 제81조, 제87조, 제88조 제1항·제2항, 제89조부터 제92조까지, 제93조제1항·제2항 및 「비송사건절차법」

제121조를 준용한다.

제6절의2 조직변경 〈신설 2014.1.21.〉

제105조의2(협동조합, 비영리사단법인 및 법인등의 조직변경)

① 다음 각 호에 따른 조합 또는 법인(이하 이 조 및 제108조의2에서 "조직변경대상법인"이라 한다)은 소속 구성원 전원의 동의에 따른 총회의 결의로 이 법에 따른 사회적협동조합으로 그 조직을 변경할 수 있다. 이 경우 기존의 조직변경대상법인과 조직이 변경된 사회적협동조합은 권리·의무 관계에서는 같은 법인으로 본다. 〈개정 2016.3.2.〉

  1. 이 법에 따라 설립된 협동조합

  2. 「민법」에 따라 설립된 비영리 사단법인

  3. 「소비자생활협동조합법」에 따라 설립된 소비자생활협동조합 등 「민법」 외의 법률에 따라 설립된 비영리 사단법인

  4. 법인등

② 제1항에도 불구하고 제1항제2호 및 제3호의 조직변경대상법인의 소속 구성원이 200명을 초과하는 경우에는 구성원 3분의 2 이상의 동의에 따른 총회의 결의로 이 법에 따른 사회적협동조합으로 그 조직을 변경할 수 있다. 〈신설 2016.3.2.〉

③ 제1항에 따른 총회의 결의에서는 조직이 변경되는 사회적협동조합에 대한 다음 각 호의 사항을 정한다. 〈개정 2016.3.2.〉

  1. 정관

  2. 출자금

  3. 그 밖에 사회적협동조합으로의 조직변경에 필요한 사항

④ 제1항에 따른 사회적협동조합으로의 조직변경은 기존의 조직변경대상법인의 현존하는 순재산액보다 많은 금액을 사회적협동조합의 출자금 총액으로 하지 못한다. 〈개정 2016.3.2.〉

⑤ 조직변경대상법인이 보유하고 있는 대통령령으로 정하는 사내유보금은 총회의 결의를 통하여 제97조에 따른 적립금으로 할 수 있다. 〈개정 2016.3.2.〉

⑥ 조직변경대상법인은 제1항에 따른 사회적협동조합으로의 조직변경을 위한 총회의 결의사항 중 관계 행정기관의 장의 인허가등이 필요한 경우에는 그 인허가등을 먼저 받아야 한다. 〈개정 2016.3.2.〉

⑦ 조직변경대상법인은 제1항에 따른 총회의 결의가 있는 경우에는 기획재정부장관에게 대통령령으로 정하는 바에 따라 사회적협동조합으로의 조직변경에 대하여 인가를 받아야 한다. 〈개정 2016.3.2.〉

〔본조신설 2014.1.21.〕

제105조의3(준용규정)

사회적협동조합으로의 조직변경에 관하여 이 법에서 규정한 사항을 제외하고는 「상법」 중 주식회사의 유한책임회사로의 조직변경에 관한 규정을 준용한다.

〔본조신설 2014.1.21.〕

제7절 등기

제106조(설립등기)

① 사회적협동조합은 설립인가를 받은 날부터 60일 이내에 주된 사무소의 소재지에서 설립등기를 하여야 한다. 〈개정 2016.3.2.〉

② 설립등기신청서에는 다음 각 호의 사항을 적어야 한다. 〈개정 2016.3.2.〉

1. 제86조제1항제1호와 제2호의 사항

2. 출자 총좌수와 납입한 출자금의 총액

3. 설립인가 연월일

4. 임원의 성명·주민등록번호 및 주소. 다만, 이사장이 아닌 임원의 주소는 제외한다.

③ 설립등기를 할 때에는 이사장이 신청인이 된다.

④ 제2항의 설립등기신청서에는 설립인가서, 창립총회의사록 및 정관의 사본을 첨부하여야 한다.

⑤ 합병이나 분할로 인한 사회적협동조합의 설립등기신청서에는 다음 각 호의 서류를 모두 첨부하여야 한다.

1. 제4항에 따른 서류

2. 제53조에 따라 공고하거나 최고한 사실을 증명하는 서류

3. 제54조에 따라 이의를 신청한 채권자에게 변제나 담보를 제공한 사실을 증명하는 서류

제107조(합병등기)

① 사회적협동조합이 합병한 경우에는 합병인가를 받은 날부터 14일 이내에 그 사무

소의 소재지에서 합병 후 존속하는 사회적협동조합은 변경등기를, 합병으로 소멸되는 사회적협동조합은 해산등기를, 합병으로 설립되는 사회적협동조합은 제106조에 따른 설립등기를 각 사무소의 소재지에서 하여야 한다.

② 제1항에 따른 해산등기를 할 때에는 합병으로 소멸되는 사회적협동조합의 이사장이 신청인이 된다.

③ 제2항의 경우에는 해산 사유를 증명하는 서류를 첨부하여야 한다.

제108조(해산등기)

① 사회적협동조합이 해산한 경우에는 합병과 파산의 경우 외에는 주된 사무소의 소재지에서는 14일 이내에, 지사무소의 소재지에서는 21일 이내에 해산등기를 하여야 한다.

② 제1항에 따른 해산등기를 할 때에는 제4항의 경우 외에는 청산인이 신청인이 된다.

③ 해산등기신청서에는 해산 사유를 증명하는 서류를 첨부하여야 한다.

④ 기획재정부장관은 설립인가의 취소로 인한 해산등기를 촉탁하여야 한다.

제108조의2(조직변경의 등기)

조직변경대상법인이 제105조의2에 따라 사회적협동조합으로 조직변경을 한 경우에는 제105조의2제7항에 따라 인가를 받은 날부터 본점 소재지에서는 14일 이내에, 지점 소재지에서는 21일 이내에 조직변경 전의 조직변경대상법인은 해산등기를, 사회적협동조합은 제106조에 따른 설립등기를 하여야 한다. 〈개정 2016.3.2.〉

〔본조신설 2014.1.21.〕

제109조(등기일의 기산일)

등기 사항으로서 기획재정부장관의 인가 등이 필요한 것은 그 인가 등의 문서가 도달한 날부터 등기 기간을 계산한다.

제110조(준용규정)

사회적협동조합의 등기에 관하여는 제62조부터 제64조까지, 제67조, 제68조, 제69조 및 제70조를 준용한다. 이 경우 "협동조합"은 "사회적협동조합"으로 본다. 〈개정 2014.1.21.〉

제8절 감독

제111조(감독)

① 기획재정부장관은 사회적협동조합의 자율성을 존중하여야 하며, 이 법에서 정하는 바에 따라 그 업무를 감독하고 감독상 필요한 명령을 할 수 있다.

② 기획재정부장관은 다음 각 호의 어느 하나에 해당하는 경우 사회적협동조합(설립 중인 경우를 포함한다. 이하 이 조에서 같다)에 대하여 그 업무 및 재산에 관한 사항을 보고하게 하거나 소속 공무원으로 하여금 해당 사회적협동조합의 업무상황·장부·서류, 그 밖에 필요한 사항을 검사하게 할 수 있다.

1. 제85조에 따른 설립인가 및 절차에 적합한지 확인할 필요가 있는 경우

2. 이 법, 이 법에 따른 명령 또는 정관을 위반하였는지 확인할 필요가 있는 경우

3. 사회적협동조합의 사업이 관계 법령을 위반하였는지 확인할 필요가 있는 경우

③ 제2항에 따른 검사를 하는 공무원은 그 권한을 표시하는 증표를 지니고 이를 관계인에게 내보여야 한다.

④ 기획재정부장관은 제1항에 따른 감독의 결과 사회적협동조합이 이 법, 이 법에 따른 명령 또는 정관을 위반한 사실이 발견된 때에는 해당 사회적협동조합에 대하여 시정에 필요한 조치를 명할 수 있다.

⑤ 기획재정부장관은 이 법의 효율적인 시행과 사회적협동조합에 대한 정책을 수립하기 위하여 필요한 경우 관계 중앙행정기관의 장에게 사회적협동조합에 대한 조사·검사·확인 또는 자료의 제출을 요구하게 하거나 시정에 필요한 조치를 명하게 할 수 있다.

⑥ 삭제 〈2014.1.21.〉

제112조(설립인가의 취소)

① 기획재정부장관은 사회적협동조합이 다음 각 호의 어느 하나에 해당하게 되면 설립인가를 취소할 수 있다. 다만, 제4호에 해당하는 경우에는 설립인가를 취소하여야 한다. 〈개정 2014.1.21., 2016.3.2.〉

1. 정당한 사유 없이 설립인가를 받은 날부터 1년 이내에 제93조제1항에 따른 주 사업을 개시하지 아니하거나 1년 이상 계속하여 사업을 실시하지 아니한 경우

2. 2회 이상 제111조제4항 및 제5항에 따른 처분을 받고도 시정하지 아니한 경우

3. 제85조제4항에 따라 대통령령으로 정한 설립인가 기준에 미달하게 된 경우

4. 거짓이나 그 밖의 부정한 방법으로 설립인가를 받은 경우

5. 제106조제1항에 따른 기한 내에 설립등기를 하지 아니한 경우

② 기획재정부장관은 제1항에 따라 사회적협동조합의 설립인가를 취소하면, 즉시 그 사실을 대통령령으로 정하는 바에 따라 공고하여야 한다. 〈개정 2014.1.21.〉

제113조(청문)

기획재정부장관은 제112조에 따라 설립인가를 취소하고자 하는 경우에는 청문을 실

시하여야 한다.

제5장 사회적협동조합연합회

제114조(설립인가 등)
① 사회적협동조합연합회를 설립하고자 하는 때에는 회원 자격을 가진 셋 이상의 사회적협동조합이 발기인이 되어 정관을 작성하고 창립총회의 의결을 거친 후 기획재정부장관의 인가를 받아야 한다.
② 창립총회의 의사는 창립총회 개의 전까지 발기인에게 설립동의서를 제출한 사회적협동조합 과반수의 출석과 출석자 3분의 2 이상의 찬성으로 의결한다.
③ 제1항에 따른 사회적협동조합연합회 설립인가의 기준 및 절차 등에 관하여 필요한 사항은 대통령령으로 정한다. 〈신설 2014.1.21.〉

제115조(준용규정)
① 사회적협동조합연합회에 관하여는 제2장 중 제17조, 제19조, 제21조, 제22조, 제25조, 제28조제3항부터 제5항까지, 제29조부터 제33조까지, 제34조제1항부터 제3항까지, 제35조부터 제41조까지, 제42조제1항부터 제4항까지, 제43조제1항, 제44조, 제47조, 제48조, 제52조부터 제55조까지, 제62조부터 제64조까지, 제67조, 제68조, 제69조 및 제70조를 준용한다. 이 경우 "협동조합"은 "사회적협동조합연합회"로, "이사장"은 "회장"으로, "조합원"은 "회원"으로 보고, 제19조체1항 중 "제61조에 따른 설립등기"는 "제106조에 따른 설립등기"로 보며, 제22조제2항 중 "조합원 1인"은 "한 회원"으로, "100분의 30"은 "100분의 40"으로 보고, 제40조제1항 중 "5분의 1"은 "3분의 1"로 보며, 제37조 중 "조합원"은 "회원에 속한 조합원"으로, "가입신청을 한 자"는 "가입신청을 한 협동조합에 속한 조합원"으로 본다. 〈개정 2014.1.21.〉
② 사회적협동조합연합회에 관하여는 제3장 중 제73조부터 제75조까지, 제77조, 제78조, 제80조, 제80조의2 및 제81조제2항을 준용한다. 이 경우 "연합회"는 "사회적협동조합연합회"로 본다. 〈개정 2014.1.21.〉
③ 사회적협동조합연합회에 관하여는 제4장 중 제86조, 제87조, 제89조, 제90조, 제96조, 제96조의2, 제97조부터 제99조까지, 제101조제1항부터 제6항까지 및 제9항, 제102조부터 제105조까지, 제106조부터 제108조까지, 제109조 및 제111조부터 제113조까지의 규정을 준용한다. 이 경우 "사회적협동조합"은 "사회적

협동조합연합회"로, "조합원"은 "회원"으로 보고, 제86조제1항제3호 중 "조합원 및 대리인"은 "회원"으로 보며, 제101조제4항 중 "제85조, 제86조 및 제88조"는 "제114조 및 제115조"로 보고, 제103조제4항 중 "조합원"은 "회원"으로 본다. 〈개정 2014.1.21.〉

제6장 보칙

제116조(권한의 위임 및 위탁)

① 이 법에 따른 기획재정부장관의 권한은 그 일부를 대통령령으로 정하는 바에 따라 시·도지사에게 위임할 수 있다.

② 이 법에 따른 기획재정부장관의 권한은 그 일부를 대통령령으로 정하는 바에 따라 제93조에 따른 사회적협동조합의 주 사업 소관 중앙행정기관의 장에게 위탁할 수 있다. 이 경우 주 사업이 둘 이상인 경우 등으로서 그 소관 중앙행정기관의 장이 분명하지 아니한 경우에는 사회적협동조합이 수행하는 구체적인 사업 내용, 성격 등을 고려하여 기획재정부장관이 소관 중앙행정기관의 장을 정하여 위탁한다.

③ 기획재정부장관은 이 법에 따른 권한의 일부를 대통령령으로 정하는 바에 따라 정부출연기관이나 민간단체에 위탁할 수 있다. 이 경우 위탁을 받은 기관 또는 단체의 업무 수행에 필요한 경비를 출연할 수 있다.

〔전문개정 2014.1.21.〕

〔시행일 : 2014.7.22.〕 제116조제3항

제7장 벌칙

제117조(벌칙)

① 협동조합등 및 사회적협동조합등의 임직원 또는 청산인이 다음 각 호의 어느 하나에 해당하는 행위로 협동조합등 및 사회적협동조합등에 손해를 끼친 때에는 7년 이하의 징역 또는 7천만원 이하의 벌금에 처한다. 이 경우 징역형과 벌금형은 병과할 수 있다. 〈개정 2014.1.21.〉

1. 협동조합등 및 사회적협동조합등의 사업목적 이외의 다른 용도로 자금을 사용한 경우

2. 투기를 목적으로 협동조합등 및 사회적협동조합등의 재산을 처분하거나 이용

한 경우

② 협동조합등 및 사회적협동조합등의 임직원 또는 청산인이 다음 각 호의 어느 하나에 해당하는 행위를 한 때에는 3년 이하의 징역 또는 3천만원 이하의 벌금에 처한다. 〈개정 2014.1.21.〉

1. 제45조제3항, 제50조제1항·제3항, 제51조부터 제53조까지, 제55조, 제58조, 제80조제3항, 제97조제1항·제3항, 제98조, 제103조 및 제104조(제82조·제83조·제100조 또는 제115조에 따라 준용되는 경우를 포함한다)를 위반한 경우

2. 거짓 또는 부정한 방법으로 등기를 한 경우

3. 총회의 의결을 받아야 하는 사항에 대하여 의결을 받지 아니하고 집행한 경우

③ 다음 각 호의 어느 하나에 해당하는 자는 2년 이하의 징역 또는 2천만원 이하의 벌금에 처한다. 〈개정 2014.1.21.〉

1. 제9조제2항을 위반하여 공직선거에 관여한 자

2. 제37조(제79조·제92조 및 제115조에 따라 준용되는 경우를 포함한다)를 위반한 자

제118조(양벌규정)

협동조합등 및 사회적협동조합등의 임직원 또는 청산인이 그 협동조합등 및 사회적협동조합등의 업무에 관하여 제117조제1항 및 제2항의 위반행위를 하면 그 행위자를 벌하는 외에 그 협동조합등 및 사회적협동조합등에도 해당 조문의 벌금형을 과(科)한다. 다만, 협동조합등 및 사회적협동조합등이 그 위반행위를 방지하기 위하여 해당 업무에 관하여 상당한 주의와 감독을 게을리하지 아니한 경우에는 그러하지 아니하다.

제119조(과태료)

① 다음 각 호의 어느 하나에 해당하는 자에게는 200만원 이하의 과태료를 부과한다. 〈개정 2014.1.21.〉

1. 제3조제2항을 위반하여 중복되거나 혼동되는 명칭을 사용한 협동조합등 또는 사회적협동조합등

2. 제3조제3항을 위반하여 같은 조 제1항에 따른 문자 또는 이와 유사한 문자를 명칭에 사용한 자

3. 제3조제5항에 따른 명칭의 사용 금지 또는 수정 명령을 따르지 아니한 협동조합연합회 또는 사회적협동조합연합회

② 협동조합등 및 사회적협동조합등이 다음 각 호의 어느 하나에 해당하는 경우에는

200만원 이하의 과태료를 부과한다.

1. 제22조제2항(제76조·제91조 및 제115조제1항에 따라 준용되는 경우를 포함한다)을 위반하여 조합원등 1인의 출자좌수 제한을 초과하게 한 경우

2. 제23조제1항(제91조에 따라 준용되는 경우를 포함한다)을 위반하여 조합원의 의결권·선거권에 차등을 둔 경우

3. 제46조, 제81조 및 제95조(제115조제2항에 따라 준용되는 경우를 포함한다)를 위반하여 조합원등이 아닌 자에게 협동조합등의 사업을 이용하게 한 경우

4. 제94조를 위반하여 소액대출 및 상호부조의 총사업한도, 이자율, 대출한도, 상호부조의 범위, 상호부조금, 상호부조계약 및 상호부조회비 등을 초과하게 한 경우

③ 협동조합등 및 사회적협동조합등의 임직원 또는 청산인이 다음 각 호의 어느 하나에 해당하는 때에는 100만원 이하의 과태료를 부과한다. 〈개정 2014.1.21.〉

1. 신고·등기를 게을리한 때

2. 제49조제2항(제82조에 따라 준용되는 경우를 포함한다) 및 제96조제2항(제115조제3항에 따라 준용되는 경우를 포함한다)에 따른 서류비치를 게을리한 때

3. 제49조(제82조에 따라 준용되는 경우를 포함한다), 제49조의2(제82조에 따라 준용되는 경우를 포함한다), 제96조(제115조제3항에 따라 준용되는 경우를 포함한다) 및 제96조의2(제115조제3항에 따라 준용되는 경우를 포함한다)에 따른 운영의 공개를 게을리한 때

4. 감독기관 또는 총회에 대하여 거짓의 진술 또는 보고를 하거나 사실을 은폐한 때

5. 감독기관의 검사를 거부·방해 또는 기피한 때

④ 제1항부터 제3항까지의 규정에 따른 과태료는 대통령령으로 정하는 바에 따라 기획재정부장관 또는 시·도지사가 부과·징수한다.

부칙 〈제14053호, 2016.3.2.〉

제1조(시행일)

이 법은 공포한 날부터 시행한다. 다만, 제3조제4항 단서의 개정규정은 공포 후 6개월이 경과한 날부터 시행한다.

제2조(설립등기 기한에 관한 적용례)

제106조제1항의 개정규정은 이 법 시행 전에 설립인가를 받고 이 법 시행 당시 설립인가를 받은 날부터 21일이 경과되지 아니한 사회적협동조합에 대해서도 적용한다.

제3조(협동조합 등에 대한 경과조치)

① 2012년 12월 1일 이전에 협동조합과 유사한 목적을 위하여 이미 설립된 사업자가 이 법에 따른 협동조합이 되려면 2016년 11월 30일까지 제15조에서 정하는 설립 최소기준을 갖추어 구성원 과반수의 출석과 출석자 3분의 2 이상의 찬성으로 총회의 의결을 거친 후 제15조, 제15조의2 및 제16조부터 제19조까지의 설립절차를 거쳐 제61조에 따른 설립등기를 하여야 한다. 이 경우 설립등기 전 사업자와 설립등기 후 협동조합은 동일한 법인으로 본다.

② 2012년 12월 1일 이전에 사회적협동조합과 유사한 목적을 위하여 이미 설립된 사업자가 이 법에 따른 사회적협동조합이 되려면 2016년 11월 30일까지 제85조에서 정하는 설립 최소기준을 갖추어 구성원 과반수의 출석과 출석자 3분의 2 이상의 찬성으로 총회의 의결을 거친 후 제85조부터 제88조까지의 설립절차를 거쳐 제106조에 따른 설립등기를 하여야 한다. 이 경우 설립등기 전 사업자와 설립등기 후 사회적협동조합은 동일한 비영리법인으로 본다.

참고 문헌

위키피디아 Wikipedia.org

협동조합에 대한 해외 사례, 연구 내용이 절대적으로 부족한 상황에서 이 책은 위키 피디아가 없었다면 출판이 어렵지 않았나 생각해 봅니다. 책의 내용 중 해외 사례, 유형, 역사 등은 대부분 위키피디아의 정보를 기초하여 작성되었습니다. 이 자리를 빌어 20만 명이 넘는 전 세계 위키피디언들에게 감사의 인사를 드립니다.

참고 자료

국회(기획재정위원회), 기획재정위원회 경제소위원회, 협동조합기본법 심사자료, 2011

기획재정부, 비영리법인관리 업무편람, 2011

기획재정부, 경제정책조정백서, 2011

기획재정부, 한국사회적기업진흥원, 협동조합 심포지엄, 2012

기획재정부, 협동조합 업무지침 (업무편람), 2012

기획재정부, 아름다운 협동조합 만들기, 2012

기획재정부, 특임장관실, 협동조합기본법 합동교육, 2012

기획재정부, 특임장관실, 상생과 통합의 미래, 협동조합과 함께, 2012

농협경제연구소, 협동조합 길라잡이, 2010

(사)한국협동조합연구소, 조합원을 위한 농업협동조합의 이해, 2010

아나톨 칼레츠키, 자본주의 4.0, 2011

아이쿱(iCoop생협연합회), 협동조합 이해, icoop생협 활동가를 위한 학습자료
    시리즈 I, 2011

이대중, 특임장관실, 해피투게더 협동조합, 2012

이바노 바르베리니, 뒤영벌은 어떻게 나는가, 2012

자마니 스테파노 & 자마니 베라, 협동조합으로 기업하라, 2012

한국보건사회연구원, 기획재정부, 협동조합기본법 관련 현황조사 연구, 2012

Robin Murray, Co-operation in the Age of Google

사진 출처

302쪽 사진은 이대중,
앞표지와 표제지 사진은 김현대, 하종란, 차형석에게 저작권이 있습니다.

《협동조합, 참 쉽다》독자 북펀드에 참여해주신 분들(가나다순)

강석여 강순아 강주한 김기남 김봉원 김재욱 김주현 김태규
김희곤 나준영 민경준 박기자 박나윤 박무자 박혜미 설진철
손소희 손진희 신영수 신정훈 심만석 심상순 양지연 윤윤자
이나나 이동일 이세형 이수진 이영기 이영희 이하나 이현진
임상훈 임성진 임창민 장경훈 장순옥 정대영 정미영 정민수
정상욱 정진우 정진헌 정해승 조익상 주희원 채대광 채재수
최경호 최선희 최지혜 최현주 한성구 함중현 허준호 현웅선 (총 56명 참여)